政协委员文库

爱在郴州

潘碧灵◎著

中国文史出版社

《政协委员文库》丛书
编辑委员会

潘碧灵（2017年）

目錄

辑三　开放篇：实施"开放兴郴"首选战略

辑一

理论篇：郴州发展之问

郴州市旅游资源开发和旅游业可持续发展

摘要：本文通过对郴州旅游资源的种类、地理位置、分布特点、资源品位等的阐述，分析旅游资源开发条件的优劣及可开发利用价值。本文还将论述旅游资源的合理开发、利用、保护和旅游业持续发展的关系，并就如何协调两者关系来进行开发，提出因地制宜的开发建议和应采取的有效措施。

郴州自 1995 年撤地建市以来，旅游业得到各级领导、各部门以及全社会的广泛重视。许多旅游资源加大了开发深度，推陈出新，占领新的客源市场。新开发的旅游景点适应了现代游客的心理需求，正以超常发展的势头迎头赶上。随着旅游资源开发力度的加大和旅游业的快速发展，资源合理开发和持续利用的问题也随即提上了议事日程。本文就如何更合理有效地开发旅游资源、保持旅游业可持续发展谈一些看法。

一、郴州市概况

位于湖南省东南部的郴州，自秦代设立郡县以来，迄今已有 2000 多年历史。1995 年，郴州地区撤地建市，全市现辖二区（北湖区、苏仙区）、一市（资兴市）和八县（桂阳、嘉禾、临武、宜章、汝城、桂东、永兴、安仁），全市总面积 1.94 万平方公里，人口 444.2 万。

（一）地理位置

郴州市位于衡岳之南，南岭山系骑田岭下，介于东经 112°14′—114°10′，北纬 24°54′—26°51′之间，南北长 217 公里，东西宽 194 公里，总面积 1.94 万平方公里，约占全省总面积的 9.2%。郴州市东界江西、南连广东，是湘粤赣三省交界之地，市内省界总长达 500 多公里。郴州是湖南"南大门"，自古以来就成为内地通往广东沿海的咽喉要冲，是我国南北商品交换的重要集散地，也是对外贸易的重要渠道，区位优势十分显著。

（二）自然条件

1. 地形、地势

郴州市以山地、丘陵为主，尤其是市境东南部山地多，山地与山间盆地相间隔，西北部则以丘岗、平原为主，整个地势由东南向西北趋于低缓。东部属罗霄山系的诸广山、八面山、五盖山等北东—西南走向，多字形排列，八面山主峰海拔2042米，是全市最高峰。南部的莽山、西山、香花岭、骑田岭与永州市的九嶷山、萌诸岭横贯相连，皆为南岭山系，大致是东西走向，横亘于湘粤两省之间，成为长江和珠江流域的分水岭，以及南亚热带气候带和中亚热气候带的重要分界线。

2. 气候条件

由于南岭山地东西横亘于市境南部，北阻寒潮南下，南滞暖湿的东南气流北上，造成本区与岭南气候的显著差异。

郴州市与粤北地区气候条件比较简表

项目	郴州市	粤北地区
年平均气温／℃	17.8	20
最高月平均气温（7月）／℃	29.4	29.3
最低月平均气温（1月）／℃	5.9	10
积温／℃	5566.3	6648
年降水量／毫米	1466.5	1725
无霜期／天	292	311

由表可知，郴州市年平均气温和1月平均气温低于粤北，热量偏少，降水较少，无霜期较短，并且寒潮和梅雨影响都很明显。郴州市气温年较差为23.5℃，降水量曲线图为双峰型，属华中地区典型的中亚热带季风性湿润气候。但由于地形复杂，小气候区多，气候垂直变化较显著。

3. 土壤、植被

受地形、成土母质、生物、气候、时间、人类活动等多种因素的综合影响，土壤的形成和分布具有复杂性、差异性以及规律性，主要以红、黄壤为主，土壤呈弱酸性，适宜多种经济林、用材林和果树、茶叶生长。

本区热量优势明显，降水颇丰，且光热水条件配合较好，有利于植物的生长繁茂，森林覆盖率达 60% 以上。本区属中亚热带常绿阔叶林带南部区域，除具有亚热带优势树种及珍稀树种外，还有大量热带性树种北移渗入，具有典型的植物过渡带特征。越往北，热带性树种渗入越少，呈地带性分布。此外，垂直性分布特征较明显，全市主要高峰均位于东南部，海拔都在 1500 米以上，山体较高大，构成完整的山地自然景观带谱。500 米以下为常绿阔叶林，主要有马尾松、人工杉木、人工欧美杨、油茶、松、杉、楠竹林；500—800 米为常绿、落叶阔叶混交林，主要有槠、栲、人工杉木、杉、松；800—1000 米为落叶阔叶林，主要有楠竹、黄山松、木荷、栎类植物；1000 米以上为灌木林、草丛带，主要有黄山松、杜鹃花、茅栗、山苍子、枸杞、蕨。

全市植物类型丰富多样。现已初步查明国家一级保护树种银杉在市境内有大量分布，主要集中在资兴市烟坪一带，二级保护树种有白豆杉等 17 种，三级保护树种有华南五针松等 20 种。

目前，莽山（宜章县）、天鹅山（资兴市）、五盖山（苏仙区）已被确定为国家森林公园。

郴州山区成为我国南方天然的生物基因库，是湖南省重要林区。

4. 地质、地貌

郴州市处于南岭（东段北坡）纬向构造与罗霄山（南段）华夏构造。市域内自古生代泥盆纪至中生代三叠纪的广泛海侵，沉积了一整套厚达 2500—3500 米的石灰岩地层，三叠纪以后在一些内陆湖盆又沉积了侏罗纪—白垩纪—第三纪的砂岩和红色砂岩地层。加里东、印支、燕山等几次大规模岩浆侵入活动，使得在骑田岭、莽山、八面山等地区形成大面积花岗岩岩体，在印支运动、燕山运动、喜马拉雅运动、第四纪新构造运动等构造的作用下，地壳受到挤压抬升，地面不断隆起，凹陷、褶皱、断层、节理发育明显，并长期受到外力地质作用的影响，形成了多种多样的地貌景观，如丹霞地貌、花岗岩风化地貌、岩溶地貌等，并广泛分布构成了郴州市独特的地貌特征。

二、郴州市旅游资源概况

据调查，郴州市旅游资源共有110处，其中有较大开发价值的共30多处。无论是从数量上，还是从类型上来说，资源是相当丰富的。

（一）资源种类

根据资源性质不同，郴州市旅游资源共分为两大类：

1. 自然旅游资源

郴州古有"林邑"之称，山川景色突出在一个"秀"字。韩愈、柳宗元、秦观、周敦颐、张栻、宋之问等著名文人墨客在此留下许多佳句名篇，赞美山川胜景。现已开发一定程度的山地旅游资源有苏仙岭（郴州市）、五盖山（苏仙区），具有较大开发潜力的有莽山（宜章县）、天鹅山（资兴市）。

（1）山景

苏仙岭位于城区东1.5公里外，属骑田岭山系余脉，海拔526米，步行登至山顶，大约有1780多个台阶。苏仙岭风景秀美，郴州古八景之一的"苏岭云松"就是对它的实景写照。苏仙岭面积达17平方公里，森林覆盖率为94.2%，山间有竹木87亩，木本植物81科，共365种。苏仙岭因其美好的传说而得名。山巅的苏仙观就是为纪念传说中的苏仙而建的，多年来一直香火不断。据唐杜光庭著《洞天福地说》记载：此观为道教"七十二福地"中的"天下第十八福地"，曾受历代皇朝多次册封，党和国家领导人李鹏、乔石、胡耀邦等和原国家女排队员都曾登上此山，苏仙岭因此而具有较高知名度，是郴州市开发最早的旅游景区之一，现为省级风景名胜区。

五盖山位于郴州市东南面，距市中心45公里，海拔400—1619米，整个山区为10万亩，森林覆盖率达到78%。这里自古流传下来了一副绝对，"霜、雪、云、雾、露盖山头"，其中前五字都是"雨"字头，反映五盖山五种气象状态，又同时体现了水的三种状态，故至今无人工整对出下联。而《湘中记》中又有"山有五峰，状如盖"一说，"五盖山"究竟因何得名就无可考证了。

由于五盖山山高林密，10万亩大山中无一农户，长久以来人迹罕至，并受到妥善的保护性管理，因而维持着良好的生态环境，原始次生林保持有

1466 公顷，为生物栖息繁衍提供了净土乐园。据专家考证，场内有野生动物130 余种，其中有狩猎价值的 36 种，如水鹿、麂子、野猪、獾、果子狸、野兔、山鸡等，使五盖山成为天然的理想狩猎场所。自 1998 年以来，五盖山投资已达 2000 多万元，建成一座粗具规模的国际狩猎场，以 10 万亩大山作为开放式狩猎区，并建成了 80 公顷的大型封闭式围猎场，成为目前我国第二、南方唯一的国际狩猎场。

莽山位于宜章县南部，属五岭山系。巍巍莽山，20 万亩原始次生林。这里雨量充沛，气候温和，平均温度为 17.2℃，一年中最热时的月平均气温也只有 25.4℃，是舒适的避暑胜地。优越的自然条件，使莽山成为全省最大的生物基因库，已发现的有花植物 1500 多种，木本植物 102 科、700 余种，珍稀树种 10 科 15 种。有属国家二级重点保护的鹅掌楸（楠科）、毛枝五针松（松科）等，有属国家三级重点保护的长苞铁杉（松科）等，这里的植被由下至上呈热带、亚热带、温带的垂直带分布，在海拔较高处还有少数亚寒带的植被分布，莽山汇集了我国南北的植物，因此有"第二西双版纳"和"南国天然树木园"之称。已发现的兽类有 8 目 19 科 51 种、鸟类 11 目 23 科 54 种、爬行类 35 种，属国家一类保护、濒危珍稀动物有华南虎，属二类保护的有穿山甲、水鹿、娃娃鱼等。现为国家森林公园。

（2）水景

当人们赞叹山的雄伟之势时，更喜于看见水的衬托，山是沉稳有余而缺乏灵气，洁白如带的水赋予山之动感和生命力。正是因为山的阳刚和水的阴柔相济，才创造出如此美妙的大自然。桂林山水之所以"甲天下"，无不在于其山水之间，水缠绕着山，山倒映于水，青山绿水相掩映，人行江中，宛如画中游。在郴州，我们同样也欣喜地看到一幅幅优美的山水彩绘。

东江湖东江是湘江支流耒水上游段。1986 年东江大坝拦河一锁，扼住东江滔滔流水，高峡出平湖，自此东江湖诞生。

东江湖总面积 160 平方公里，当水位升至 285 米高程时，湖岸线长达 738 公里，湖面最宽处有 10 公里多，蓄水量 81 亿立方米，相当于半个洞庭湖水量，因此有"湘南洞庭"之称。

东江湖最具魅力的就是其湖光山色，它充分展现了江南青山秀水的旖旎风姿。东江水水质清冽，绿如翡翠。湖中微波荡漾，在阳光的沐浴下浮光跃金，湖周峰峦叠翠，如一座座青屏守护着这一汪圣水。湖山相映，俨然一幅三维立体的油画。东江湖有大小岛屿30多个，或平坦伏于水中，或陡峭耸出水面，形状不一，各具特色。由于半岛、岛屿众多，湖岸线曲折复杂，形成许多港汊、湖港。从资兴秀流到黄草的拥翠峡，全长20公里，山扶水转，水贯山行，让人领略到"山重水复疑无路，柳暗花明又一村"的真正意境，整个山体空间如空谷般宁静幽寂，"待到山花烂漫时"，整个拥翠峡又变得绚丽夺目，让人目不暇接。

东江漂流的浙水发源于汝城大围山，流经资兴黄草，最后注入东江湖，是东江的主要支流之一。浙水河流经黄草马桥乡的霞留后，河道陡然变窄，河床中的石壁、石滩增多，河水在峡谷中翻滚呼啸，一个激浪吞噬一个激浪地前进。浙水河流域的原始次生林保存十分完好，长期以来被作为杉木、楠木等经济木材的采伐基地。木排就是通过浙水这条重要的水运航道将采伐的木材运出去。今天，木排工已不复存在，而幽静的峡谷、茂密的森林、惊险的急滩有了更新的景象。资兴市在这里开辟了一项极富刺激的"中国生态旅游第一漂"项目——东江漂流，又称"南国百浪漂"。东江漂流全程总长28公里，漂流所需时间为三小时，共分为两段：上段从起漂点龙王庙至燕子排约20公里，落差75米，有急滩108个，水流湍急；下段从燕子排至黄草镇约8公里，为东江湖平湖流，水流趋于平缓。起漂点设在浙水电站大坝之下，电站水库可充分调剂漂流的水流量，使东江漂流成为有惊无险的刺激性旅游项目。香港中国旅游协会会长马志民先生到此一漂后，对此漂流赞不绝口，把它誉为"亚太第一漂"。

雾漫小东江。由于东江大坝的拦截造成东江湖与小东江平湖的水温差异，人们可以在小东江湖面看到云雾蒸腾。一条条、一缕缕玉带在翠谷中飘荡，虚无缥缈，形成著名"雾漫小东江"景观。而大坝泄洪时，又是另一番盛况，湖水从滑雪式溢洪道直泻而下，又飞溅而起，化成浓浓的雨雾，其声如万马奔腾，其势如万钧雷霆，蔚为壮观。

（3）泉景

热泉：汝城热水温泉位于湘、粤、赣三省交界之处，大庾岭余脉，距县城47公里。这里地热资源极为丰富，已建立了地热农用研究所，进行培育良种的科学研究。温泉四季滚烫，如沸水开锅，又名"汤河"，温泉水温一般在

91.5℃，最高时达 98℃，天然流量 3000 吨／日，是我省水温最高、流量最大的天然热泉，名列我省现有 158 处温泉之首。经化验，温泉水呈弱碱性，水质优良，可加工制作矿泉水和啤酒等饮料，含有硅、钠、钙、锂等 30 多种矿物质元素，具有促进人体新陈代谢、消除疲劳的作用，对皮肤病、关节炎、慢性胃病、妇科病等均有一定疗效。温泉所处自然环境优美，气候温和，是疗养、度假的胜地。汝城罗泉位于距县城 10 公里的暖水镇，该泉被国家鉴定为含低钠偏硅酸锶型优质矿泉水，水温 49℃。

冷泉：郴州有丰富的地下水资源。地下水出露于地表而成泉。较为著名的有：蒙泉（桂阳）、圆泉（苏仙区）、潮泉（桂阳）、珠泉（嘉禾）等。其中，茶神陆羽在圆泉煎茶品评天下水质时说，"论水目之二十，而此第十八者也"，故又名天下第十八泉。"圆泉香雪"为郴州古八景之一。蒙泉在桂阳芙蓉峰下，《方舆胜览》载："芙蓉山下蒙泉，泉甘冽，从石罅中涌出。"潮泉是一个天然石潭，长 20 米，宽 15 米，每天涨潮三次。涨潮时先是发出隆隆声，继而水泡串串，泉水翻涌而上；退潮时，也有轰响声，水面一荡，平静如镜。一般水面涨高 1 米，有时可达 3 米，故名曰"潮泉"。珠泉得名可想而知。泉从沙碛间上涌，如串串水珠，时疏时密，故名。

（4）地貌构景

①丹霞地貌

永兴便江、资兴程江口至苏仙区飞天山一带是典型的丹霞地貌区域，总面积达 400 平方公里。全国丹霞地貌旅游开发研究会会长、中山大学的黄进教授于 1996 年先后两次来郴考察丹霞地貌景观。他认为郴州的丹霞地貌面积达 400 平方公里，在全国可谓首屈一指，便江一处大面积蜂窝状风化和深 120 米的丹霞洞穴均属全国之最，石面坦的穿坦高 50 多米，也是全国之最，同时认为石面坦为国内一流的丹霞地貌景区。现石面坦已被开发为飞天山风景区。

飞天山位于苏仙区北部，距市中心 32 公里，由九寨（喻家寨、独石寨、南寨、神仙寨、铁钉寨、老虎寨、首家寨、鲤鱼寨、猫王寨）、四坦（穿坦、黑坦、黄坦、飞天山）、三庙（宝丰庵、石佛寺、清油仙）、二江（郴江、东江）、一村站（瓦窑坪村、飞天山水电站）组成，共 48 巷道，形成以"寨堡"形态为中心、面积达 40 平方公里的丹霞景观。在这里，我们可以看到丹崖绿水、秀峰险寨、奇石怪洞构成的自然景观和村宅街巷、石佛庙宇、陵墓悬棺组成的人文景观相结合，独具特色。东江自东南向西北穿流景区腹地，在瓦窑坪与郴江汇合，两岸赤壁丹岩耸立，这种红色砂岩成土母质特殊，土壤层较薄，不利于植物生长，只在山顶部有低矮的灌木丛生长。其韵颇似桂林山水，因此有"小桂林"之称。

②岩溶地貌

郴州复杂的地质条件，造就了多种多样的地貌旅游资源，除了飞天山、便江、程江口的丹霞地貌资源外，岩溶地貌在郴州也有广泛分布。

万华岩位于郴州市西南方向，距城区 17 公里，是一处仍在发育中的地下河溶洞。洞口有银瀑飞泻而下，高 50 多米，并有南宋著名理学家张栻手书的"万华岩"三个大字镌刻于洞口绝壁上。万华岩具有洞大、景奇、恒温三大特点。主洞长 2245 米，洞内有 12 个大厅，共 21 个主要景点，洞内常年温度保持在 19℃—21℃，洞内最高处 35 米，最宽处 70 米。两条地下阴河呈丁字形贯穿全洞，至洞前则汇成面积约 6000 平方米的湖面。万华岩洞中有洞，已探明的支洞就有 12 个，短的有四五十米，最长的可达 7000 米。1988 年 3 月，中美联合考察队赞誉道："万华岩是世界最壮丽的洞穴之一，它可以与世界任何一个洞穴媲美"，并称之为"世界洞穴奇观"。特别是在洞内还发现一处"国宝"——"水下钙膜晶锥"，这在世界上是第二次发现如此奇观（第一次在美国），现已对游客开放。

兜率灵岩坐落在兜率岛上。兜率岛是东江湖，也是全省最大的内陆湖中岛屿，距资兴市区 25 公里，兜率灵岩有石奇、景异、音美的特点，距今 270 余万年。最高处近 40 米，最宽处约 70 米，最窄处不到 1 米。现已探明，洞内有 18 个洞，洞洞相连，其经迂回曲折，洞深仍无法具体探明，估计不下 5000 米，现已开发 1/3。洞内钟乳石最高一柱达 36 米，堪称世界之最。

此外还有宜章的法官坦、艮岩等石灰岩溶洞，由此可见岩溶地貌在郴州分布十分广泛。

北湖区芙蓉乡与宜章县交界处，离城区约 80 公里，分布着一处大面积的石林景观，规模超过云南路南石林。千百座石柱石峰主要由大理岩构成，造型千姿百态，鬼斧神工。远望而去，颜色以黑白为主，浓淡相宜，俨然是一幅天然的水墨画。

（5）高山草原

仰天湖草原位于市区西南部，东起永春乡，南抵石林，西达金仙寨顶，北至江口，总面积达 40 多平方公里。草原腹地的仰天湖，是面积约 20 余亩的淡水湖泊，海拔 1350 米。它是第四纪冰川时期造山运动遗留下来的死火山口，汇集周边高地的泉水而成。春夏秋冬，随着季节更替，仰天湖也呈现出不同的画卷。新近在仰天湖草原不远处发现的"仰天佛"，观其形态，像一尊仰卧的巨佛，惟妙惟肖。仰天佛仅头部高度就超过了 300 米，远超乐山大佛，有待积极开发。

2. 人文旅游资源

郴州历史悠久，源远流长。1988 年，郴州被列为全省首批四个省级历史文化名城之一。"郴"字最早见于秦代，古为"林邑"，即"林中之邑"也。郴州即为历代县、郡、州、府的政治经济文化中心，已有 2000 多年的历史。自秦朝修筑通往岭南的新道以来，郴州成为军事重镇和交通要道。项羽"徙义帝于郴"，赵子龙大战桂阳郡，黄巢起义转战岭南，岳飞驻军郴州，洪秀全屯兵郴州，这些在史册上都有记载。而唐宋文化给郴州带来的影响最大。初唐的沈佺期、宋之问，盛唐的王昌龄、杜甫、刘长卿，晚唐的杜荀鹤等，此外还有韩愈、柳宗元、刘禹锡、秦观、周敦颐、张栻，地理学家李吉甫等文人墨客都曾涉足郴州，并留下宝贵的历史文物。

郴州有着光荣的革命史，全市 11 个县（市、区）均属革命老区。郴州是 1928 年湘南起义的策源地，毛泽东、朱德、陈毅等老一辈无产阶级革命家都曾在这里留下战斗的足迹。

（1）历史古迹

苏仙岭拥有众多的文化古迹，它将自然景观和人文景观融为一体，其中又以三绝碑、屈将室等最引人注目。

三绝碑：三绝碑的"三绝"指的是秦观的词、苏轼的跋、米芾的书法。北宋词人秦观遭贬流放郴州，住在"郴州旅舍"，因怀才不遇，作了《踏莎行·郴州旅舍》，该词具有典型的婉约派风格。苏轼见到这首词时，正因"乌台诗案"被贬，而此时秦观早已西去，苏东坡感其怀，将词写于扇面，并附了两句话"少游已矣，虽万人何赎"。之后，书法家米芾又把秦词苏跋写下刻在碑上，史称"三绝碑"，现已被确定为省重点保护文物。

屈将室：1936 年西安事变之后，张学良被蒋介石软禁于南京鸡鸣寺宋子文公馆，后又经辗转迁徙，于 1938 年来到郴州，被拘禁于苏仙岭上，住在苏仙观大殿左侧的一间厢房里，名曰"屈将室"。此时的张学良壮志难酬，抑郁不堪，因此挥笔在墙上写下"恨天低，大鹏有翅愁难展"！今天，"屈将室"修复一新，又重新开放。

义帝陵：公元前 206 年，秦亡，项羽佯尊楚怀王之孙熊心为义帝，暗中又命英布追杀于郴。前 205 年，刘邦为义帝发丧，葬于现郴州市城区。义帝陵几经铲平、修复，到 1985 年沿袭汉制复堆陵冢，冢高 5.2 米，底径 8.5 米，并竖"义帝之墓"汉白玉碑和华表。1956—1982 年，曾先后四次被公布为省级重点文物保护单位。

（2）革命纪念地

1928 年初，朱德、陈毅和湖南特委在郴州发动和领导了著名的湘南暴动。1988 年，为纪念湘南起义 60 周年而建"湘南起义纪念塔"。纪念塔立于市城郊东塔岭顶端，由邓小平亲笔题字，萧克将军撰碑文。这里已成为进行革命传统教育的重要基地。

郴州被列为省级重点文物保护单位的还有湘南年关暴动旧址、毛泽东同志迎还红军大队旧址——唐家大屋（包括毛泽东同志革命活动旧址——城隍庙）、工农革命军活动旧址——万寿宫（包括沙田戏台）。

湘南年关暴动旧址位于宜章县城关镇，占地 4300 平方米。1928 年 1 月"年关暴动"时，朱德、陈毅在此指挥作战。

唐家大屋位于桂东县城西隅，是"中国工农红军在桂东革命活动纪念馆"的主要建筑之一，占地 360 平方米。1928 年，毛泽东率红军二十八团来城隍庙迎接红军大队，在唐家大屋召开前委会议。

万寿宫和沙田戏台均在桂东沙田镇，共占地 2000 平方米。1928 年，毛泽东率工农革命军第一军第一师第一团进驻沙田，就住在万寿宫，并登沙田戏台演讲，发动民众创建苏维埃政府。在此，毛泽东颁布了著名的《三大纪律六项注意》。

（3）现代建筑

郴州拥有众多令人缅怀的史迹，如今旧貌换新颜，郴州涌现了一大批旅游价值较高的人文旅游资源。

东江大坝是国家"六五"计划重点工程东江水电站的拦河大坝，兼有发电、防洪、灌溉、渔业等作用，大坝本身也成为东江湖上一道绚丽的风景。大坝为双曲薄拱型高坝，坝高 157 米，坝后式厂房，坝底厚 35 米，坝顶厚 7 米，坝顶中心弧长 438 米，坝顶高程 294 米。其结构之新颖、造型之美观、气势之雄伟，在建成的同类坝址中居亚洲第一位、世界第二位。

位于北湖湖畔的郴州体育训练基地是国家重点建设的十大体育基地之一。自 1979 年以来，中国女排曾多次来此集训练兵，并从这里出发夺得"五连冠"，成为"中国女排起飞之地"，宋任穷同志为基地题词"排球之家"。

（4）园林

北湖公园位于市中心，是以北湖为中心建的综合性公园，其中北湖面积 12 公顷，占整个公园面积的 1/3。"北湖水月"为郴州古八景之一。唐贞元二十一年（805 年），韩愈与郴州刺史李柏康泛舟游湖叉鱼，写下了《叉鱼招张功曹》一诗。后人为了纪念韩愈，在湖心筑岛造亭，取名"叉鱼亭"，并铸造了韩愈大型铜像。

桂阳县鹿头山西麓的东塔，明朝万历元年（1573 年）建造，于 1972 年确定为省级重点保护文物。现以东塔为中心辟为东塔公园。园内有 19 个景点，将自然景观与人文景观融为一体，成为桂阳县一处重要的旅游资源。

（5）地方戏曲

郴州艺人将昆剧、祁剧、湘剧和地方语言、音乐、风俗民情相糅合，使昆剧具有湘南乡土气息，形成有地方特色的湖南昆剧。1982 年，湖南湘昆剧团被确定为全国五个保护的专业昆剧团之一，代表剧目有《雾失楼台》《浣纱江》《牡丹亭》《十五贯》等。此外，还有嘉禾的花灯戏。这些地方戏曲具有浓郁的地方特色、极高的欣赏价值，不失为一种重要的人文旅游资源。

（6）民族风情

郴州有 31 个少数民族，共 7 万多人口，占全区总人口的 1.75%，其中又以瑶、畲两族历史最悠久、人口最多。全市 10 多个少数民族乡（镇），主要分布在骑田岭、大庾岭、莽山等山区，并在语言、服饰、村寨、住宅、风尚习俗、喜庆节日、婚丧嫁娶等方面仍保留着民族特色，如瑶族盘王节祭庆活动，畲族人唱山歌，部分中老年人用龙头手杖、戴尖顶斗笠、系绣花腰带、绣花鞋护，穿尖嘴绣花鞋等，各种民族风情对都市游客具有很大的吸引力，是可开发利用的重要人文资源。

（7）地方特产

郴州资源丰富多样，具有地方特色。在旅游商品资源方面，有北湖醋汁酒、矿泉水，桂东的玲珑茶、苡米、方竹、红嘴相思鸟，资兴的木纹碗、玉兰片、狗脑贡茶、山珍蕨粉，汝城的白毛茶、香菇、木耳，桂阳烤烟、水晶项链、临武板鸭、龙须草席，安仁豪峰茶，五盖山的米茶等。这些产品经加大投入开发，前景相当可观。

综上所述，郴州旅游资源种类繁多，具有多样性和层次性的特点，而资源配置又体现出地表与地下形态相结合、自然和人文景观相辉映、观赏性和参与性旅游项目相补充的特点。

（二）资源分布特点及相互依托关系

资源分布特点是旅游线路安排的重要因素。总的来说，郴州主要旅游资源分布分散而又相对集中。

位于市区内的景点主要有苏仙岭、北湖公园、体育训练基地、义帝陵，往北有飞天山、永兴便江，往南有万华岩、仰天湖、石林、莽山，东南方有汝城热水温泉，往东有五盖山国际狩猎场、资兴东江湖、桂东沙田，往西有桂阳度假村、东塔公园。在以城区为中心的四方都有比较重要的旅游资源分布，而以偏东方向分布最为集中，各景区之间还没有建立良好的交通网络，部分景点之间或没有直接的交通相连，或交通状况还亟待改善。这些都给旅游线路的确定造成一定难度，不利于我们集中力量推出重点旅游景点和路线。相对说来，这些旅游资源大多在离市区50公里的范围内，分布相对集中。纵向的107国道，横向的桂阳—郴州—资兴高等级公路，这纵横两条主道贯穿市区，构成郴州旅游资源交通网络的基本骨架。主要景点配合交通干线较有规律地分布，形成"南一点，中一圈，东一带"的格局。"南一点"指莽山，"中一圈"包括市区内的景点，还有五盖山、万华岩、仰天湖、石林、桂阳旅游区，"东一带"即永兴便江、飞天山、东江湖、桂东、汝城一带。东中部旅游资源丰富多样，有较大的吸引力和较好的开发利用前景，是郴州资源开发工作的重点所在。以东中部的发展作为巨大的推动力，以开发趋于成熟的旅游资源带动开发处于起步阶段的旅游资源，以参与性、刺激性的旅游资源激励观赏性、游览型的旅游资源向更深层次发展，从而使整个郴州旅游资源的开发利用形成有计划有步骤实施的一个过程。

在旅游网络组织上，未来将形成东边一大圈（五盖山—东江漂流—东江湖—飞天山—苏仙岭），西边一小圈（万华岩—四清湖—桂阳度假村—仰天湖）。

（三）资源的交通位置条件

南北大动脉京广铁路穿过郴州，使郴州南接广东，北连湖南金三角—长株潭，成为广东沿海与内地联系的一条重要通道。现已开通长沙—郴州、广州—郴州的始发列车，107 国道、106 国道如两条平行线由北至南穿过境内。其中107 国道大致沿京广线延伸，经衡阳、耒阳至郴州市区，往南出宜章县境到达广东省。106 国道位于 107 国道东面，北经株洲炎陵县，连接我市的桂东、汝城二县，最后通往广东。沟通 107 国道和 106 国道的是省道 1813 线，它经过资兴，往西延伸经市区即到桂阳县，再向西经嘉禾县可通往零陵、永州和广西桂林。郴州市的交通主动脉呈"H"形。运输构成以公路运输占主导地位，铁路运输是重要组成部分。

距离郴州较近的著名旅游区，北有南岳衡山，南有广东丹霞山，西有桂林，东有炎帝陵、井冈山，郴州有公路直接通往这些景区，路程不足一天，这些无疑为郴州旅游资源的"内引外联"提供了便利条件。加强区域间的横向联系，建立旅游网络，借助于这些名胜景区知名度来推销自己的产品，不失为旅游产品宣传促销的一个重要手段。

广东、港澳、东南亚地区民众消费层次较高，旅游意识也较强。郴州毗邻我国国内旅游最大的客源市场广东，靠近我省境外和国外的主要客源地港澳台和东南亚地区，有利于吸引客源来郴旅游。同时，长、株、潭、岳、衡地区是我省经济发达地区，经济发展较快，也是我省外来游客重要集散地，这些地区到郴州的交通十分便利，尤其是火车提速后，将吸引更多游客来郴。

（四）资源品位分析

从资源类型、特点、知名度及公众评价来看，郴州旅游资源品位较高的有五盖山国际狩猎场、东江湖风景区、莽山国家森林公园等。

五盖山国际狩猎场森林覆盖率高，气候温和宜人，动植物资源丰富。中华人民共和国成立前该山区就是一个猎区，现已开发为我国南方唯一的国际狩猎场，其中有国家二级保护动物水鹿、麂子、野猪等，面向高消费阶层，是郴州占领国际旅游市场的王牌产品。1996 年日本狩猎协会大世界俱乐部会长一行先后两次到五盖山考察，认为五盖山距城区仅 45 公里，植被很好，在离市区如此近且交通便利的地方有如此规模的狩猎场，在全世界都不多。

东江湖湖面宽阔，水质优良，基本无污染，岛屿绿化较好，无水土流失现象，较好地保持了生态环境。1991 年，东江湖被确定为省级风景名胜区。东江漂流，落差大，滩多水急却有惊无险，符合现代人旅游追求新奇、刺激的心理。东江湖景区融山、水、石、林、坝、岛、庙、溶洞、漂流等自然旅游资源和以水上项目为主的各种游乐项目于一体，体现了历险、探幽、拾趣、猎奇、休闲、度假等功能。1996 年东江湖、东江漂流在湖南公众评选活动中被评为湖南省最佳旅游观光度假目的地和最佳专项旅游活动。

莽山原始次生林面积广，有效的自然保护措施为动植物的繁衍生长提供和保持了良好的生态环境。1992 年莽山被批准为国家级自然保护区，辟为国家森林公园，这里有极丰富的动植物资源，还有许多典型的亚热带珍稀树种和动物，是极为重要的生物基因库。1997 年 4 月芬兰专家曾专门到莽山考察生物基因，并惊叹于莽山资源之丰富。目前莽山仍以保护为主，兼以适当的开发利用，已吸引了不少的客人到此领略大自然的魅力。

郴州不少旅游资源由于在开发利用过程中没有采取有效的保护措施，遭受了不同程度的破坏。

飞天山风景旅游区的水质问题已严重影响到飞天山景观，不少游客到了飞天山后认为丹霞景观固然好看，但在半个多小时的水路上将看到触目惊心的水上垃圾，给自然景色大大地打了个折扣。

东江漂流方面，浙水两岸的原始次生林遭到破坏，许多树木被砍伐，甚至有大块石块滚落至河中，不仅给漂流者造成生命威胁，同时又破坏了两岸原始生态，势必影响旅游资源的可持续利用。

还有一些人文旅游资源，几度受到人为破坏而未得到应有的重视和保护，使得景观失去足够的吸引力。

三、郴州旅游资源开发状况

郴州拥有如此丰富的旅游资源，长期以来"养在深闺人未识"。自郴州撤地建市以来，新一届市委、市政府决定"开放兴郴"，并把旅游开发作为创建社会主义现代化开放城市的五大战略工程之一，把旅游业作为支柱产业和第三产业的龙头来发展，创建旅游大市。要加快旅游业发展、实现旅游业发展的战略目标，要创建旅游大市，就必须使郴州丰富的旅游资源优势转化为产品优势、经济优势。为此，我们进行全面规划、合理布局、突出重点，举全市之力进行分步开发，尤其是景区景点开发。这些开发利用已初见成效。

（一）开发重点

要发展就要确定发展重点，有重点才有突破。中国经济发展由沿海地区向内陆推移，将发展重点定在资金、技术力量雄厚、地理位置优越的沿海地区。同样，郴州旅游业的发展也要确定自己的重点。如何找重点呢？应该全面考虑资源条件，包括自然条件、交通条件、基础设施、接待设施等方面，以及未来旅游市场的需求趋向。基于对上述几方面的考虑，我们确定了郴州旅游开发的重点是五盖山国际狩猎场和东江湖旅游区。其中前者是进入国际市场的拳头产品，后者是面向国内市场的拳头产品。

五盖山狩猎和东江漂流专项旅游项目参与性强，富有强烈的刺激感，符合现代人追求新奇、刺激的旅游心理需求。正是这两个专项旅游项目，树立了郴州作为全省专项旅游重点地区的形象。

郴州旅游业发展实施的各项举措，不论是发展规划、建设投资、宣传促销，还是政策倾斜，都以五盖山和东江湖作为重中之重，通过重点景区、重点旅游项目的开发来实现整个地区知名度的提高，也带动了其他景区景点的开发建设。

重点旅游线路的确定也体现了这点。万华岩—苏仙岭—五盖山—东江湖—东江漂流这条线路将开发成熟、知名度较高的景点和新兴的、发展前景广阔的景点连接起来，融山、水、洞、林、宗教、漂流于一体，参与性和观赏性旅游项目相结合，有很大的吸引力。同时各县（市、区）也明确了各自的拳头产品：资兴市以东江湖为拳头，苏仙区以飞天山为拳头，北湖区以四清湖、仰天湖为拳头，桂阳县以休闲度假、独特人文景观为拳头，永兴以便江为拳头，宜章以莽山为拳头，汝城以热水温泉为拳头。

（二）基础设施建设情况

旅游资源的开发利用，首要问题是搞好基础设施建设，旅游配套化程度高不高，直接影响旅游业发展进程，基础设施建设搞得好是旅游业加速发展的重要保障。电气化铁路复线京广线、一级水泥路面的 107 国道和 106 国道贯穿了全市六个县（市、区），现已开通了长沙—郴州、广州—郴州的始发列车，朝发夕至，便于旅游日程安排，通往主要景区的道路已在逐步完善的过程中。

五盖山国际狩猎场历经九年建设，累计投资1500多万元，变化日新月异。作为狩猎宿营地已具备相当规模，基础设施建设基本完善，从柿竹园到狩猎场的砂石路改柏油路工程已完工，并且开通了从市区到狩猎场的班车，安装了卫星电视接收器，至此完成了通路、通水、通电、通话四项基础工程。

东江湖景区投入的开发资金达7000多万元，有力地改善了通信交通条件。到1995年初，资兴黄草镇至汝城岭秀的40公里路扩改工程完工，极大地改善了漂流路段的交通条件，兴建了大坝码头、兜率岛码头。1995年底，黄草镇、东坪乡开通500门程控电话，可直拨世界各地，一改过去乡村通信设施落后的面貌。

飞天山修缮景区道路2公里，改造码头4个，大大改善了景区交通状况。

仰天湖风景区的基础设施建设正在进一步的完善中，万华岩至四清水库的6公里公路路基已完工。

（三）相应的配套服务设施建设情况

在旅游资源得到开发和利用、景区景点基础设施形成一定规模的同时，我们还应不断加大开发深度和力度，使"吃、住、行、游、娱、购"旅游服务体系六大要素配套完善，这样客源市场才能不断巩固扩大。五盖山兴建了1500亩的大型狩猎场、野生动物驯养中心、门楼、游泳池、军事体育射击场，修复凤林寺，凤林山庄综合配套日趋完善。五盖山初步形成以狩猎为龙头，集休闲、度假、森林旅游为一体，具有多功能的旅游风景区。东江湖风景区开发水上跳伞项目，兴建了漂流接待站、黄草宾馆、南国明珠度假村。东江黄草镇从1995年开漂至今，兴建商业门面摊位80多个，餐馆增加到20家，住宿床位增加至430多个。东江漂流购置皮划艇60艘，可同时接待500名游客；万华岩兴建万华岩宾馆，整修游廊，增设了名人书法雕刻；苏仙岭修缮桃花居、白鹿洞、三绝碑、苏仙观、屈将室，修通盘山公路，使苏仙岭面貌焕然一新。桂阳度假村的整体建筑为园林别墅式，占地272亩。靠近东塔公园，服务设施齐全。仰天湖修筑了水坝。

全市具备了一定的接待能力和条件：共有10家涉外饭店，其中5家二星级宾馆、5家国内旅行社、2家旅游车队、3家旅游船队。

目前，全市旅游宾馆共有800多间客房，1700多个床位，客房出租率年平均在 70% 以上。正在建造和改造的几家三星级宾馆，有五连冠宾馆、晶星宾馆、体育宾馆等，郴州的服务接待条件无论是硬件还是软件，都将上一个更高的台阶。

（四）郴州旅游资源开发利用成果

郴州旅游业起步晚，基础差，底子薄。长期以来，资源开发一直在温冷线徘徊，没有得到足够重视和扶持。从 1995 年旅游业的产业地位得到确立以后，旅游业立于更高的战略地位，不仅得到政府的高度重视，而且各行各业都对旅游业有了新的认识，"国家、地方、部门、集体、个人五个一起上"，全社会办旅游的格局正逐步形成并完善。1996 年全市旅游业投入达 5000 万元以上，比 1995 年翻了一番，到 1997 年这种增长势头仍保持不变。

随着资源开发力度和宣传促销力度的不断加大，郴州知名度日益提高，游客数量、旅游收入显著增加，1996 年全市接待游客 105 万人次，比上年增长 50%，旅游收入超过 9000 万元，比 1995 年的 5470 万元增长了 65%，实现了旅游业超常规发展，其中郴州宾馆 2000 多万元、晶阳大酒店 1500 万元、东江漂流直接创收 800 万元。在全市许多国有企业亏损严重的境况下，旅游企业尤其是涉外星级宾馆和东江漂流效益看好，成为国民经济新的增长点。

四、资源开发与旅游业可持续发展的关系

（一）旅游产品自身存在的生命周期影响了旅游业可持续发展

任何一个旅游产品的开发对客源市场的吸引力是有周期性变化的，它必然经过从开发启动，经过一段时期的发展走向成熟，最后又逐渐衰减，这是旅游产品开发的生命周期。因此，为了实现旅游业可持续发展，在旅游产品开发时，一方面要尽快使产品达到成熟，另一方面对于成熟的旅游产品要加大开发力度，对产品进行新包装，增加新内容，延长成熟期，推迟进入衰减期的时间或减缓衰减速度。

深圳"锦绣中华""中华民族村"和"世界之窗"分别于 1989 年 11 月、1991 年 10 月、1994 年 6 月开业，在中国掀起了一股微缩景观、民族文化旅游热潮。短短几年来，不仅收回投资成本，还取得了相当可观的经济效益。1989 年底至 1996 年，这一段时期是深圳这三个旅游产品快速发展的阶段，并走到了成

熟期。由于对旅游业"投资少、见效快、收益高"特征的错误性认识，在全国许多大城市掀起一股兴建大型微缩景观景区的投资热潮，在众多类似深圳"锦绣中华"的景区的竞争中，深圳的文化旅游产品现在就应考虑怎样进一步创新，以延长成熟期。对于"山水甲天下"的桂林来说，这种生命周期现象也同样存在。旅游资源的开发，应从满足旅游者需求层次的不断提高而呈螺旋式上升进而逐步更新包装，满足人们需求的多样性和多变性，以达到持续获利的目的。

（二）不同时期的客源市场需求和消费心理不同，对旅游资源开发的要求不同

我国辽阔的地域、优越的地理位置和悠久的历史文化为旅游业的发展奠定了雄厚的物质基础。从 20 世纪 70 年代中国向世界敞开了大门，旅游业在开放浪潮的推动下正蓬勃地发展起来，随着人民生活水平的日益提高，旅游成为人们精神文化生活的主要取向之一。在旅游业发展的不同阶段，游客对景观特色、游乐项目、住宿条件的看法和要求不同，市场需求存在阶段性变化，导致了旅游格局的阶段性发展。70 年代末到 80 年代初，旅游产品的性质以观光型为主，游客多是静观或踏看的游览方式，到 80 年代末 90 年代初，旅游格局发生了变化，除观光型旅游产品外，专项旅游产品迅速发展，人们对旅游需求层次越来越高，要求旅游产品集食、住、行、游、购、娱于一体，强调旅游产品的综合化配套，旅游格局向多元化发展，其中休闲度假旅游产品又迅速发展起来。在旅游资源开发上，如果不了解市场需求，不掌握市场变化，坐井观天，盲目上马，就会出现事倍功半，甚至劳而无功的艰难局面。

（三）旅游产品综合配套建设跟不上市场步伐，也会影响旅游资源的持续利用

考察和评定旅游区资源品位是一个综合性指标体系，受许多因素的制约。那些资源条件好，具有较强垄断性的旅游区，固然对游客具有极大的吸引力，但随着旅游需求层次的提高、市场格局的转变，人们不再满足于资源条件的优势，而是对其综合配套程度的要求越来越高。一个好的旅游资源如果没有好的配套建设，其品位也不高，势必影响资源的持续利用。因此，从旅游资源可持续利用的角度来讲，就应该考虑综合配套建设，包括景区小配套和景区周围大配套，完善旅游产品包装。

（四）资源开发对旅游业可持续发展的影响

旅游经济的不断增长，旅游资源开发强度的不断加大，对环境产生的压力越来越大。一些旅游区存在着不同程度的环境污染和生态破坏问题，环境形势很严峻，阻碍了旅游资源的永续利用。"三废"的排放、水土流失、植被破坏、景观破坏、旅游区环境容量过载等问题已引起人们的高度关注，我们深刻地认识到，实施可持续发展战略，必须使环境与经济相协调，环境保护工作不容忽视和滞后。

改革开放以来，党中央、国务院高度重视环保工作，并把环境保护确定为一项基本国策。在邓小平建设有中国特色社会主义理论指导下，中央确定了环境与经济、社会协调发展的指导方针，并实施可持续发展战略。全国人大常委会制定颁布了六部环保法律和九部相关资源法律，初步形成了符合国情的环保法律体系。其中《环境保护法》《森林法》《文物保护法》《城市规划法》《食品卫生法》《自然保护区条例》《城市绿化条例》《风景名胜区管理暂行条例》和《城市市容和环境卫生管理条例》等有关法律、法规与旅游业息息相关，为旅游资源开发利用中的环保工作提供了较为健全的法律依据。

黄山最高峰莲花峰过去因未采取有效的保护措施，植被遭到局部破坏。生态环境的破坏直接影响了旅游业的持续发展，在 1989 年，不得不对其施行特别保护措施，进行专人巡护，投巨资修葺山道，恢复生态环境。经过九年休养生息，莲花峰又以新的面貌迎接'97 旅游年。全国六大水系近一半的河段污染严重，湖泊、水库富营养化程度不断加剧，太湖、巢湖、滇池最为严重，尤其是滇池作为云南昆明具有象征意义的景点，水质破坏严重，使游客大失所望，损害了云南形象。昆明人由此深刻地认识到环保的重要性，正采取积极的办法以恢复滇池的洁净。

郴州石林目前正遭受着严重破坏，当地乡、村、个体户在此采大理石矿，有三四十家大理石加工厂遍布山界之间，石林中心景区已有 1/3 被人为破坏，还有香花岭锡矿的安源工区在此掘洞采矿、炼砷，严重破坏了石林资源，污染了环境。郴州人也应敲响环保警钟，决不能坐视资源遭受破坏再想补救的办法，那样做只能是得不偿失。显然，我们既要实现经济的持续健康发展，又要把一个比较好的环境带入 21 世纪，任务十分艰巨，我们必须坚定不移地执行环境保护的基本国策，使经济建设与环境保护、资源利用相协调，绝不能走先污染、后治理的老路，绝不能以牺牲环境为代价去换取一时的发展。

　　资源与环境是旅游业持续发展的根本所在，在保护的基础上开发利用旅游资源，这是我国旅游资源开发和旅游项目建设一贯遵循的原则。没有好的资源环境，就根本谈不上旅游业持续发展。要使旅游资源可持续利用，就必须建立和完善环境与发展综合决策机制，从制定旅游经济政策、安排旅游区基本建设计划的最初，综合考虑经济、社会和环境效益，在保护的基础上对旅游资源进行合理开发，保证可持续发展战略的实施，这一点必须坚定不移地贯彻执行。如果旅游业发展会造成环境质量的逐渐恶化，这是我们所不愿看到的。

　　只有保护好旅游区内的资源，防止旅游区的环境污染和生态破坏，保障旅游资源的永续利用，才能促进旅游业的持续发展，同样地，只有旅游业持续发展战略得到实施，才能更有利于已开发旅游资源，加大开发力度、深度，提高资源利用率，最终达到增加效益的目的。

　　资源开发与环境保护是矛盾两方，对立而统一，将两者的关系协调好，就能促进旅游事业的不断前进。否则，我们将受到客观规律的惩罚。

五、今后郴州旅游资源开发应采取积极有效的措施

（一）认识和利用生命周期客观规律，掌握开发节奏

　　首先要承认生命周期的客观规律，我们不可能违背它，只有使客观规律为我们所利用，才能实现旅游资源的持续利用，这就需要开发者掌握开发节奏。

　　在开发初期阶段，要使旅游产品尽早步入成熟期，需要开发规划全面合理，资金、技术等的投入尽早到位。五盖山国际狩猎场投资1800多万元，投资建设期长达八年之久，目前仍在不断的完善之中。资金不到位等方面的影响，造成旅游产品开发期过长、投资成本难以在短期内收回，直接影响五盖山的经济效益。如果从开始规划到资金筹措、基础建设等一步到位，缩短建设期，使五盖山专项旅游项目早日进入成熟期，五盖山客源市场会更广泛，经济效益会更好。

　　对于已处在成熟期的旅游区产品来说，将要面临的是对旅游产品继续开发利用的一大威胁。万华岩作为郴州开发最早的旅游区之一，被称作"世界洞穴奇观"，知名度较高，客源市场也较大。然而由于国内溶洞大量的开发，特别

是东江漂流和五盖山狩猎两个专项旅游区产品的开发，人们的目光转移到新项目上来，引走了不少客源，万华岩便由最初的鼎盛时期开始走下坡路，旅游者数量前几年是逐年下降。要怎样持续延长成熟期、减缓下降速度，使旅游产品的吸引力得到一定回升呢？万华岩加大了洞口的开发力度，修建了人工湖、观览游道等，进行产品新包装，形成了新特色，从1997年开始，客源又有了较大幅度的增加。

（二）以市场为导向，进行适度超前开发

工业产品如果打不开市场销路，企业的日子就很难过，旅游业也一样。我们要根据资源实际和市场需求，针对一定的客源，有重点地开发旅游资源。不同文化、不同信仰、不同年龄的旅游者各有不同的旅游需求。世界旅游正在向散客化、家庭化方向发展，旅游需求也日益多样化，这更要求我们的资源开发和建设一定要注意市场定位。

郴州要找到市场定位，就要从客源市场中找答案。郴州的客源市场主要在本省和广东省，其中又以长、株、潭、衡和广州、韶关地区的游客为最多。这些游客的消费需求层次较高，但他们本地区的旅游资源尤其是山水旅游资源相对缺乏，海外客源市场主要是港澳台及东南亚国家，这些地区的人们生活水平很高，城市化高度发展，回归大自然的旅游需求趋向明显。根据我市现有的资源条件，我们确定了两个重点，一是东江湖水上游乐和东江漂流，二是五盖山狩猎，均以参与型为主。当然还有众多本市居民游客，他们的需求层次相对较低，苏仙岭、万华岩、飞天山、仰天湖等旅游区的开发正适应此类需求，以观览型为主，兼以发展参与型。我们要打开眼界，以"人无我有，人有我特"的建设方针，大做特色文章，找到郴州的市场定位。

在准确的市场预测前提下，旅游开发还要做到适当超前。我国人民生活水平和文明程度日益提高，群众的消费心理和消费习惯有了很大改变，国内旅游市场前景十分广阔。旅游者讲求行、游、住、食、购、娱诸要素的配套，这个配套不仅指旅游区的小配套，还有景区周围的大配套。

东江湖旅游区应当加快完善接待服务设施建设的步伐，包括宾馆建设、码头兴建与完善，形成"一条龙"的服务体系；万华岩兴建了宾馆、洞前游廊，修建停车场；仰天湖要提高接待水平等。

在市区，在加强现有星级宾馆改造的基础上，几家按三星级标准建造的宾馆已经上马；土特产品一条街已在议事日程之中，商服繁华区的购物中心已上档次。

正确的市场定位、适度的超前开发为旅游业的持续发展奠定坚实的基础。

（三）实行环境保护，进行合理开发

环境保护是一项十分艰巨的任务，需要下大功夫，真抓实干。

1. 增强环保意识

从地区总体规划、旅游业发展规划到旅游区管理机构制订的景区发展规划，都应包含环境保护的内容，明确环境保护的目标，加强对旅游区环境容量的研究。开发建设和旅游活动的规模不得超过旅游区的环境容量，旅游区内的规划布局和建设应当同周围环境相协调，在规划布局和建设的同时也要合理规划环保设施建设，对开发新的旅游区和在旅游区内兴建新的旅游景点及旅游接待设施进行环境影响评估，其废水、废气、废渣的处理处置设施和防止水土流失、植被破坏、景观破坏的措施必须与主体工程同步规划、同时设计、同时施工、同时投入使用。禁止规划建设污染环境的工业设施和对环境有害的项目。

2. 加强宣传教育

旅游区环境污染、生态破坏的问题日益严重，在很大程度上，是因为公民环境意识不强。因此，旅游行政主管部门和各旅游区应在环保部门的配合下，积极开展旅游行业的环境保护宣传教育和培训，认真实施中宣部、国家教委、国家环保局联合制定的《全国环境宣传教育行动的纲要》，将环境保护作为精神文明建设的一项重要内容，提高人民群众的环境意识，充分利用宣传册、展览、说明书、门票、导游图、纪念品等多形式宣传。旅游区管理机构应在旅游线路和景点集中的地带设立环境保护标语牌或提示牌。在对导游人员的培训中应当包含有关环境保护的内容，在导游工作中因地制宜地进行有关环境保护的宣传。充分发挥各类媒体的作用，进行全方位、多角度的环境保护宣传教育。

3. 健全管理体制

根据"谁主管，谁负责"的原则，切实加强对各类旅游区的环境管理，严格执行和遵守环境保护有关法律、法规，建立健全相应的规章制度和考核办法，努力防治旅游区的环境污染和生态破坏，做到有法可依、有法必依、执法必严、违法必究。各旅游区应根据旅游区环境保护工作的任务，配备专职或兼职环境保护工作人员，建立健全相应的管理机构，通过"三五"普法教育或其

他有效措施提高工作人员的业务素质和管理水平。旅游区所在地的环境保护行政主管部门和其他有关部门应加强对旅游区的环境监测工作，及时报告环境状况和发展趋势，对出现的环境破坏问题，如石林遭破坏、飞天山水质恶化等问题采取及时有效的对应措施。

4. 增加环保投入

政府和各有关部门应广开渠道，积极筹措旅游区污染防治资金。各旅游区应当集中一部分专项资金用于环境保护，各有关部门对有利于环境保护的旅游活动和建设项目，予以积极支持。从长远利益来考虑，这笔专项资金带来的收益远远超过其现有价值，设立专项资金是一件造福子孙后代的好事。

5. 加大工作力度

合理的规划为环境保护工作提出指导方针，宣传教育、管理体制的健全，专项资金的设立为环境保护工作提供思想、制度、经济上的保证。要切实抓好环保工作，还必须加大工作力度。具体工作如下：

随着五盖山狩猎场建设不断发展、规模逐步扩大、设施进一步完善、游客日趋增加，对猎场的需求也越来越多，而动物资源是极其有限的，为确保不同层次游客的需要，有利于野生动物资源的保护和利用，适应狩猎场不断发展的趋势，要在资金、技术、人才上加大投入，兴建野生动物驯养繁殖场，使野生动物驯养走在开发建设的前面。

禁止在浙水流域采伐林木和其他破坏植被的行为，防止水土流失，保护浙水两岸的原始生态，取缔在该区域内一切损害旅游资源的设施和项目。

东江湖湖区、飞天山、仰天湖等景区禁止随意倾倒、堆放或扔弃建筑垃圾，食品和饮料包装物、果皮、废纸等生活垃圾及其他固体废弃物。在景区推行随票进入旅游区、发放清洁袋并有效回收的制度。污染物排放超过国家或地方规定标准的项目或设施，限期治理，逾期达不到要求的，必须依法关闭、搬迁。

在莽山国家森林公园，以保护为主进行适当开发，大力开展植树造林、护林防火，以及动植物病虫防治；禁止采伐旅游区内的林木和其他破坏植物的行为；保护生物资源，禁止捕猎野生动物和破坏野生动物的生存环境。

禁止开山采石以及进行可能改变旅游区地貌的其他活动，保护丹霞地貌资源、喀斯特地貌资源和石林景观，对于已经造成破坏的，必须积极整治、妥善保护。

环境保护工作不是哪些人或哪个部门的责任，它需要全社会各级领导、各部门、各组织来进行监督管理，需要每一个人爱惜大家共同的宝贵的旅游资源财富。

6. 实行奖罚制度

各有关部门密切合作，加强对旅游区环境保护工作的领导，并进行认真检查，及时发现问题、解决问题。设立奖励资金，对于严格执行环境保护法律法规、在防治环境污染和生态破坏工作中取得成绩的，应给予表彰和奖励。对于违反国家法律法规、破坏和污染旅游区环境的行为，必须予以纠正；对情节严重、构成犯罪的，依法追究刑事责任。

（1997 年 5 月）

郴州旅游发展战略案例研究

第1章 引　言

1.1　论文的目的和意义

郴州旅游 1995 年起步，通过 10 多年的发展，完成了郴州旅游的一次创业，从湖南南部一个知名度不高的小城，发展成为中国优秀旅游城市、中国温泉之乡和粤港澳的"后花园"，被誉为华南的一匹黑马，创造了"郴州模式"。郴州旅游能取得良好的佳绩，与郴州市委、市政府在深入调研、分析论证的基础上提出了一系列的发展战略并采取切实有效的措施实施是分不开的。

本论文通过对郴州旅游发展历程、战略制定和实施的案例分析，进一步佐证了发展战略的正确与否和能否有效实施不论是对于企业发展，还是行业发展、地区发展都是十分重要的。

本案例对于其他地区旅游发展，其他行业、地区发展、企业发展，特别是对于旅游资源不是十分突出的地区旅游产业发展有一定的参考、借鉴作用。

1.2　论文的内容

第 1 章介绍了论文的目的和意义。

第 2 章首先描述了郴州旅游十年取得的成绩，引出郴州旅游发展历程和战略的制定、实施。

第 3 章描述了郴州通过外部环境、行业环境、内部环境、SWOT、价值链、关键成功要素等多方面的综合分析，确定的战略愿景、使命和目标。

第 4 章介绍了郴州制定的一系列发展战略，包括 SO 和 WO 战略、增长型战略、集中战略、渐进式战略、品牌战略、战略联盟等。

第 5 章介绍了郴州为实现发展战略而采取的一系列行之有效的措施。

第 6 章介绍了郴州在完成第一次旅游创业任务之后，根据变化的情况和自身条件、能力的改变提出的战略创新和产业升级。

第 7 章描绘了郴州旅游未来的美好前景和可能的发展周期。

第 2 章 导 论

2006 年 2 月，郴州迎来了一批重要客人。受湖南省委书记张春贤之邀，由国家旅游局原副局长程文栋带队，包括魏小安、保继纲等国内著名旅游专家组成的专家组，为诊断咨询湖南旅游业发展战略来到了郴州，在实地考察了东江湖、苏仙岭、天堂温泉等旅游景点后，听取了郴州主管旅游的副市长代表市委、市政府的汇报。他说："在国家旅游局的大力支持和指导下，在湖南省委、省人民政府正确领导下，经过全市上下十年坚持不懈的努力，郴州旅游发展迅速，成效显著，接待国内外游客由 1995 年的 70 万人次，增加到 2005 年的 735 万人次，年均增长 26.51%；旅游综合收入由 1995 年的 3 亿元，增加到 2005 年的 42 亿元，年均增长 30.2%；旅游综合收入占 GDP 的比重由 1995 年的 2.5%，增加到 2005 年的 8.6%；旅游业总体发展水平由 1995 年的全省第 10 位跃升到了前三位；已经形成了以生态休闲、漂流探险、寿地福城、温泉健身、红色摇篮等为主要特色的旅游发展格局，郴州下一步将紧跟世界旅游潮流，充分发挥资源、区位、交通优势，大力发展休闲度假旅游，推动郴州旅游转型升级。"

表 1 郴州旅游经济发展一览表

年份	旅游人数（万人次）	年增长（%）	旅游综合收入（亿元）	年增长（%）	旅游综合收入占 GDP 的比重（%）
1995	70	—	3	—	2.5
1996	105	50	4	33.3	2.7
1997	145.3	38.4	6	50	3.5

年份	旅游人数（万人次）	年增长（%）	旅游综合收入（亿元）	年增长（%）	旅游综合收入占GDP的比重（%）
1998	230	58.3	9.5	26.4	5
1999	250	8.7	11.5	21.1	5.5
2000	300	20	13	13	5.6
2001	360	20	15.6	19.2	6
2002	440.3	22.3	20.8	33.2	7.3
2003	530.6	20.5	25.2	21.2	7.7
2004	630	19	33	31	8.4
2005	735	16.7	42	27.3	8.6
总计	3825.3		183.6		

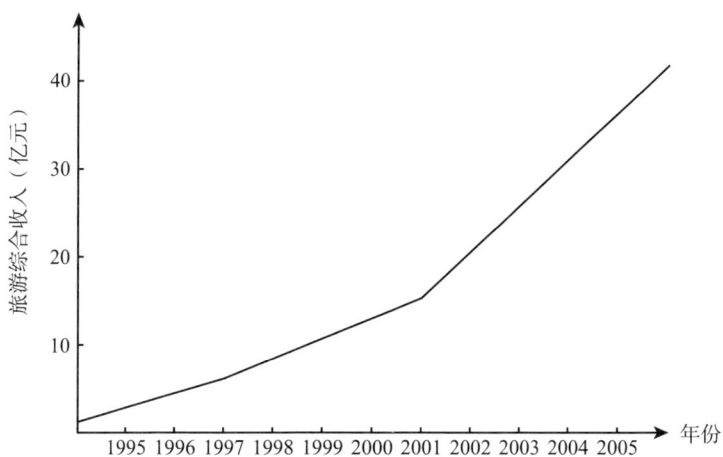

图 1　郴州旅游综合收入增长图

表 2   郴州接待能力一览表

	1995 年	2005 年
等级旅游区	0	11（其中 4A 级 3 处）
工农业旅游示范点	0	5（其中国家级 1 处）
红色旅游经典景区	0	4（其中国家级 1 处）
星级宾馆	4	37（其中 4 星级以上 4 个）
旅行社	4	33（其中国际社 1 个）

资料来源：郴州市旅游局

专家们充分肯定了郴州旅游十年来取得的成绩和大力发展休闲度假旅游的设想。作为专家组组长，程文栋局长更是感慨万千。十年前，时任国家旅游局副局长的他在南岳参加完首届全国旅游商品展销会之后，抽出一天时间来到郴州，到当时江南唯一的五盖山国际狩猎场视察，那时郴州的旅游刚刚起步，而十年之后，郴州旅游远不可同日而语。郴州旅游在短短十年之内迅速崛起，给程局长留下了深刻的印象。程局长在汇报会最后的总结讲话中说："郴州在全国相比旅游资源不是特别突出，国家也没有给予多少支持，但通过全市上下的艰苦努力，在短短十年之内，取得如此骄人的成绩，不愧为华南的一匹黑马；只要湖南全省都像郴州一样，加大政府主导力度，大力发展旅游产业，旅游业完全可以成为湖南的支柱产业；而郴州旅游发展许多成功的做法，创造了'郴州模式'，对于全国而言，特别是对一些旅游资源不是特别突出的地区发展旅游产业具有很好的借鉴和推广价值。"

"十年磨一剑"，郴州旅游十年的发展历程绝非一日之功，十年前，程局长一行来郴州视察时入住的是当时最好的二星级相思宾馆，而今天下榻的已是五岭广场周边的现代化的五星级郴州华天大酒店，广场周边还有一家五星级、一家四星级的宾馆正在紧张建设之中。郴州旅游发展的十年历程一幕幕呈现出来。

第3章 战略愿景和目标

时间回到 1995 年，当时郴州刚刚地改市，作为一个刚刚诞生的市，未来将走一条什么发展道路十分重要。立足于郴州丰富的资源优势、区位优势、交通优势，郴州市委、市政府提出了创建社会主义现代化开放城市的总目标，并提出了"开放带动、重农富民、兴工强市、科教兴业"的发展战略。而旅游业在整个经济社会发展中应该处于一个什么位置，当时在这个问题上，郴州有部分干部群众有一些不同的看法，有些人认为"旅游就是吃、喝、玩、乐，是为接待服务的，不是一个产业"，有些人认为"郴州旅游资源不够丰富、品位不高，搞不出什么大名堂"。

对于第一个疑问，在改革开放前的中国确实如此。但改革开放以后，按照邓小平同志"旅游事业大有文章可做，要突出地搞，要加快地搞"的指示，我国旅游业快速发展，在增加外汇收入、加速货币回笼、扩大就业机会、带动相关产业发展、积累建设发展资金、促进贫困地区脱贫致富等方面发挥了重要作用，成为国民经济的重要组成部分。从国外情况来看，旅游业顺应了世界经济发展的总潮流，是一个永不衰落的"朝阳产业"，美国著名游游专家戴维逊（Davison）更认为旅游远不只是一个一般意义的产业，旅游更像是一个"部门"，它影响着一大批产业。国内外的发展实践，已经正面地回答了部分同志的疑问。

对于第二个疑问，则需要对郴州旅游发展的内外部环境进行认真的分析。

3.1 总体环境分析

对宏观环境的分析，众所周知的是 PEST（Political，Economical，Social，Technological）分析，对于旅游业发展而言，自然环境（Environmental）也能产生重要影响，故旅游业战略管理常用的 PEST 分析框架扩展为 STEEP 分析框架。

3.1.1 政治因素

国家从赚取外汇、积累资金、扩大就业、促进发展、加强交流等方面考虑明确提出，"大力发展国际旅游，积极发展国内旅游"，并出台了一系列鼓励优惠政策。

3.1.2　经济因素

一是现代旅游快速发展，远高于世界经济发展。

表 3　20 世纪 50—90 年代全球国际入境旅游人数和国际旅游收入表

年份	国际入境旅游者		国际旅游收入		人均消费水平
	人数（万人次）	年均增长率（%）	金额（亿美元）	年均增长率（%）	美元（人次）
1950	2530	—	21	—	83.01
1960	6930	10.6	69	12.6	99.57
1970	16580	9.1	179	10.1	107.96
1980	27810	5.3	1044	19.4	375.41
1990	43950	4.7	2702	9.8	614.79

资料来源：UNWTO. Data as collected in UNWTO database, November 2008

从上表 3 可以看出，20 世纪 50 年代以来，国际旅游收入年均增长在 10% 以上。

表 4　20 世纪 50—90 年代世界旅游经济增长水平比较表

比较项目	50 年代	60 年代	70 年代	80 年代	90 年代
世界旅游经济增长率（%）	12.6	10.1	19.4	9.8	4.5
世界经济增长率（%）	5.4	4.9	3.5	2.8	3.0
世界工业经济增长率（%）	6.8	6.5	5.3	2.6	3.2

资料来源：1.World Touris Organization, 2001。2.《世界经济年鉴》，2000—2001 年

从表 4 可以看出，20 世纪 50 年代以来，世界旅游经济的年均增长速度不仅远远高于世界经济的年均增长速度，也远远高于世界工业经济的年均增长速度。

二是中国经济快速发展，人民生活水平不断提高。

表 5　1978—1994 年中国经济及城市居民收入增长水平

年份	GDP（亿元）	年均增长率（%）	人均 GDP（元）	城市居民收入（元）
1978	3645.2	11.7	381	343.4
1979	4062.6	7.6	419	405
1980	4545.6	7.8	463	477.6
1981	4891.6	5.2	492	500.4
1982	5323.4	9.1	528	535.3
1983	5962.7	10.9	583	564.6
1984	7208.1	15.2	695	652.1
1985	9016.0	13.9	858	739.1
1986	1027.5	8.8	963	900.9
1987	12058.6	11.6	1112	1002.1
1988	15042.8	11.3	1366	1180.2
1989	16992.3	4.1	1519	1373.9
1990	18667.8	3.8	1644	1510.2
1991	21781.5	9.2	1893	1700.6
1992	26923.5	14.2	2311	2026.6
1993	35333.9	14.0	2998	2577.4
1994	48197.9	13.1	4044	3496.2

资料来源：根据历年《中国旅游统计年鉴》及有关资料整理

从表 5 可以看出，1978 年以来，中国 GDP 年均增长达 10.1%，位居全球第 1 位，城市居民的收入迅速增长，使得居民用于旅游的消费能力不断增强。

三是中国入境旅游、国内旅游快速发展，远高于 GDP 增长。

表 6　1985—1994 年中国国际、国内旅游增长水平

年份	GDP 年均增幅	入境旅游人数（万人次）	外汇收入（亿美元）	年均增幅（%）	国内旅游人数（万人次）	国内旅游收入（亿元）	年均增幅
1985	13.9	1783.31	12.50	10.5	24000	80	—
1986	8.8	2139.97	15.31	22.5	27000	106	32.5
1987	11.6	2690.2	18.62	21.6	29000	140	32.1
1988	11.3	3228.24	22.47	20.7	32000	187.1	33.5
1989	4.1	2679.44	18.60	−17.2	28000	150	−19.7
1990	3.8	2746.2	22.18	19.2	29000	170	13.3
1991	9.2	3335	28.41	28.1	30000	200	17.6
1992	14.2	3811.49	39.47	38.9	36000	250	25
1993	14.0	4160.85	46.83	18.6	42300	864	—②
1994	13.1	4368.4	73.23	—①	52400	1023.5	18.5

注：①因数据调整而不可比。②从 1993 年开始国内旅游抽样调查，当年国内旅游收入与上年不可比。

资料来源：根据历年《中国统计年鉴》《中国旅游统计年鉴》及有关资料整理

从表 6 可以看出，1985 年以来，中国 GDP 年均增长超过 10%，而同期国际旅游、国内旅游收入年均增长均超过 20%，远高于 GDP 增长。

3.1.3　社会因素
城市化进程不断加快，受教育程度不断提高，闲暇时间不断增加。

表 7　1985—1994 年中国城市化和受教育程度增长水平

年份	总人口（万人）	城市人口（万人）	城镇化率（%）	普通高校在校学生数（万人）
1985	105851	25094	23.7	170.3
1986	107507	26366	24.5	188.0
1987	109300	27674	25.3	195.9
1988	111026	28661	25.8	206.6
1989	112704	29540	26.2	208.2
1990	114333	30195	26.4	206.3
1991	115823	31203	26.9	204.4
1992	117171	32175	27.5	218.4
1993	118517	33173	28.0	253.6
1994	119850	34169	28.5	279.9

从表 7 可以看出，中国城镇化率每年平均新增 0.53 个百分点，每年约新增 1000 万城市人口，而每年大学生在校人数增加 11 万人左右，这无疑将增加每年外出旅游人数，而双休日、年度休假制度的实行，又给国民出游提供了时间保障。

3.1.4　技术因素

全球及中国信息技术的飞速发展使全球变成了"地球村"，通信联络更加方便快捷，计算机管理系统极大地提高了旅游业的效率和管理水平，互联网为旅游促销、旅游预订、散客服务提供了优质高效的平台。

3.1.5　环境因素

对生态、绿色、健康的关注在不断增加，这一方面促进了更多城市居民回归大自然，另一方面也促进了在旅游业发展过程中更加注意环境保护，实现旅游业的可持续发展。

从以上外部环境的五大关键因素可以看出，不论是政治、经济、社会，还是技术、环境等方面都有利于郴州大力发展旅游业。

3.2　行业竞争环境分析

一个地区行业的竞争环境将决定该地区竞争的原则和可能采取的竞争战略，迈克尔·波特提出了一个五力的模型，结合郴州旅游产业发展竞争环境，可以归纳为如下五力模型。

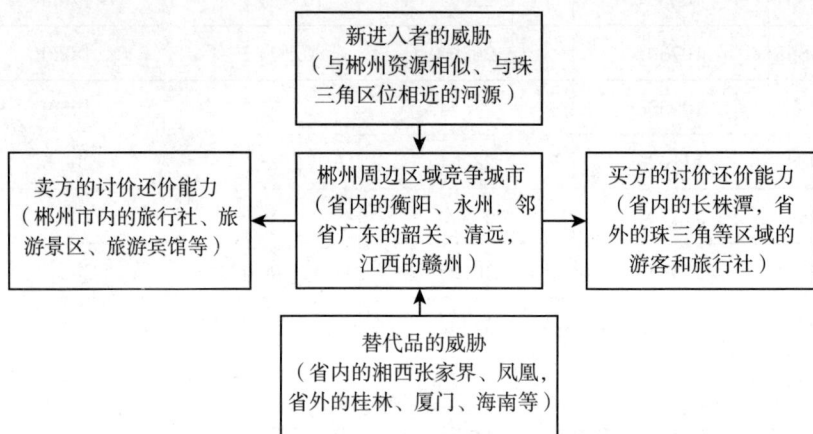

图2　郴州旅游产业发展竞争环境五力模型

郴州周边的区域竞争城市主要是省内的衡阳、永州，因三市同处湘南，位于长株潭城市群与珠三角城市群之间，在客源市场上会有竞争；省外则主要是广东的韶关、清远，江西的赣州，主要客源市场均为珠三角；对于新进入者广东河源具有一定威胁，因它离珠三角距离更近，仅150公里；对于替代品的威胁，主要考虑毗邻粤港澳的一些国内著名旅游胜地，如湖南省内的张家界、凤凰，海南省，广西桂林，福建厦门等；从卖方来看，主要是郴州市内的旅游企业；从买方来看，主要是粤港澳、长株潭等地的游客和旅行社。

表8　1994年郴州及竞争地区旅游发展水平对比

（根据当时情况推测）

地区	资源等级	入境旅游人数（千人）	入境旅游收入（万美元）	国内旅游人数（万人）	国内旅游收入（亿元）	与珠三角交通距离（公里）
郴州	次高	0.5	5	35	1.5	400
衡阳	次高	10	50	60	2.5	500

地区	资源等级	入境旅游人数（千人）	入境旅游收入（万美元）	国内旅游人数（万人）	国内旅游收入（亿元）	与珠三角交通距离（公里）
永州	一般	0.2	2	10	0.5	500
韶关	次高	20	100	80	3.5	300
赣州	一般	0.3	3	20	1	350
河源	一般	3	15	20	1	150
张家界	高	100	2000	150	8	1200
桂林	高	200	4000	200	10	1000

根据1994年郴州及竞争地区旅游发展水平的对比分析表可以看出，郴州周边的竞争城市中，衡阳、韶关旅游发展水平相对较高、竞争力较强；新进入者河源的国内旅游弱于郴州，但入境旅游强于郴州；周边的替代城市张家界、桂林等尽管旅游经济发达，竞争实力强，但考虑到粤港澳客源市场大，且郴州区位交通更优，产品可以针对细分市场，因此威胁不是很大；而从卖方讨价还价能力看，郴州旅游企业普遍数量少、规模小，政府对其整合的能力强；对于买方来说，粤港澳地区旅客不仅数量大，而且选择余地大，讨价还价能力强。因此，郴州必须根据与周边竞争者、新进入者、替代者和买方卖方的对比分析，发挥优势，回避威胁，实施有效竞争之策。

表9 郴州及竞争地区旅游发展优劣势对比

			优势	劣势	郴州竞争之策
新进入者	省外	河源	区位更近绿色资源	资源丰度较差 优势资源（万绿湖为香港饮水水源）需保护 气候（如无雪景）文化缺乏差异	突出气候文化差异 突出发展速度

			优势	劣势	郴州竞争之策
周边竞争者	省内	衡阳	宗教旅游突出 南岳知名度高	资源丰度较差 交通便捷程度较差 城市与景区相距较远	突出资源整合 突出成本优势
		永州	人文旅游资源突出 处桂林、南岳之间	交通瓶颈 旅游经济不发达	突出绿色优势 突出交通优势
	省外	韶关	红色丹霞 宗教旅游 区位交通更优	气候无差异 （看不到雪景） 文化餐饮无差异	突出气候文化差异 加强区域合作
		赣州	历史人文资源更突出（赣州古城） 红色旅游更突出（瑞金）	交通相对不便 开发水平低	突出开发水平 突出交通优势
替代者	省内	张家界等	资源独特 民族风情独特 开发程度高	交通相对差 旅途时间长 旅游成本高	突出成本优势 突出时间优势 突出休闲优势
	省外	桂林、海南等	资源品位高 开发程度高	距离相对远 旅游成本高	突出成本优势 突出时间优势 突出休闲优势
买方	长株潭、珠三角游客及旅行社		客源数量大 选择余地大		加大促销力度 提供优质服务
卖方	市内旅行社、景区、宾馆			本身实力弱 政府对其影响力大	支持发展壮大 加强整体调控 （联合促销、低价促销）

注：资源等级按高、次高、一般、次低、低分为五级

3.3 内部环境分析

资源、能力和竞争优势的关系如图 3：

图 3 资源、能力和竞争优势关系图

从郴州的情况看：

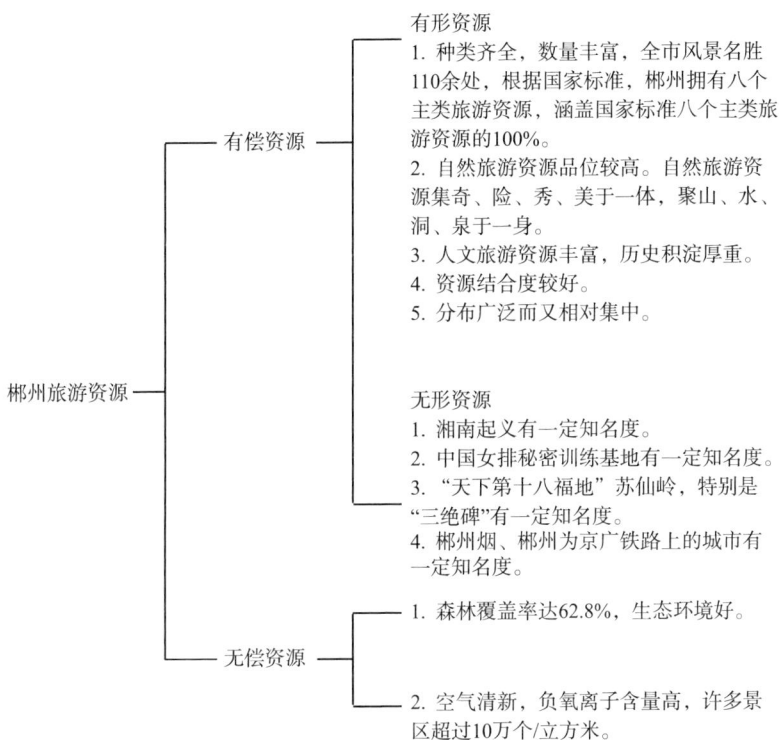

图 4 郴州旅游资源一览

但郴州缺乏世界级的高品位资源，而且知名度不高，因而需要突出整体生态环境、资源综合配套、专项特色产品，实施品牌战略，提高旅游知名度。

郴州的旅游处于起步阶段，整体发展水平低，旅行社、宾馆等不仅数量少，而且人员素质不高，旅游发展的整体能力不强。因此，必须采取政府主导战略，充分调动社会各方面力量，大力提高旅游接待能力。

3.4 价值链分析

企业的经营活动可以分解成一系列活动，这一系列的活动就是波特（Porter）在1985年提出的价值链。普恩（Poon，1993）将价值链应用到了旅游业上。

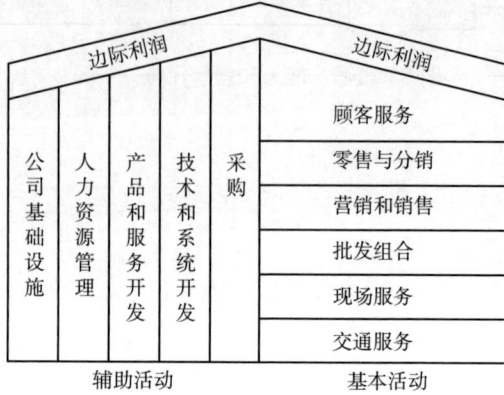

图5 旅游业价值链构成图

但上述价值链的分析由于受制造业的价值链影响较大，没有真正反映出旅游业的特点和本质，旅游活动包括"吃、住、行、游、购、娱"六大活动，其中吃、住、行、游应是基本活动，购、娱是辅助活动，而旅游产品的开发和营销也是基本活动，旅游行业管理、旅游队伍建设、旅游信息化技术应用应是辅助活动。

利用旅游业价值链构成图，分析郴州旅游业价值链的情况如下：

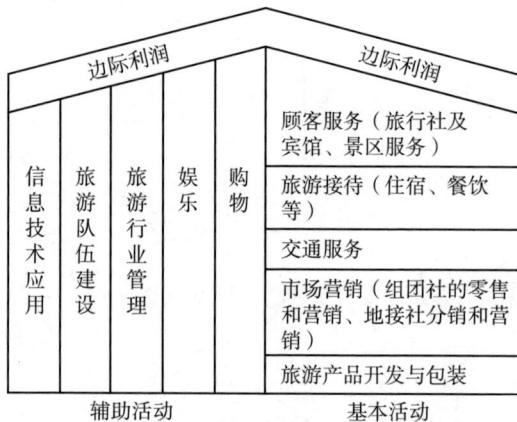

图6 郴州旅游业价值链现状构成图

表 10　郴州旅游价值链现状分析

	内容	现状
基本活动	顾客服务（旅行社及宾馆、景区服务）	从业人员不仅少（仅 500 人），而且素质低（基本没有持证上岗人员）
	旅游接待（住宿、餐饮等）	接待能力不强，仅有 4 家二星级宾馆
	交通服务	交通较便捷，京广铁路、107 国道贯通南北
	市场营销（组团社的零售和营销、地接社的分销和营销）	仅有 4 家旅行社，市场营销能力弱
	旅游产品开发与包装	有一定资源，但产品开发不够，仅有苏仙岭、万华岩等景点
辅助活动	购物	旅游商品奇缺
	娱乐	夜间基本没有特色娱乐活动
	旅游行业管理	行业管理力度不强
	旅游队伍建设	队伍建设刚起步
	信息技术应用	信息技术基本没有采用

从以上郴州旅游价值链现状构成表可以看出，除了在旅游资源、旅游交通等方面有一些基础和优势以外，郴州在旅游价值链的其他各环节均严重滞后，因此，必须大力做好价值链的增值工作。

表 11　郴州旅游价值链增值活动

基本活动增值		辅助活动增值	
	价值增值活动		价值增值活动
旅游产品开发与包装	丰富旅游产品 打造旅游精品 形成旅游网络	购物	开发旅游工艺品、纪念品 开发地方特色产品
地接社分销和营销	加强与组团社联系 加强市内旅游企业间联合促销 提高服务质量，加强口碑宣传	娱乐	打造地方特色专场节目 增加旅游景区参与性娱乐节目

基本活动增值		辅助活动增值	
	价值增值活动		价值增值活动
组团社零售和营销	加大广告宣传力度 增加门市网点		
交通运输	新建高速公路、铁路、码头 开通主要客源市场客运 改善旅游景点景区交通条件 形成旅游交通网络 提高旅游车辆档次	行业管理	加强景点与景区管理 加强旅行社管理 加强导游人员管理 加强宾馆管理
旅馆接待	增加宾馆数量 加强高星级宾馆建设 完善宾馆布局	队伍建设	加强业务培训 举行技术比武大赛 树立先进典型 组织学习考察
饮食	丰富餐饮品种 形成地方特色	信息化建设	加强网上促销 加强经营管理信息化
顾客服务	提供优质服务 加强旅游安全 加强客户投诉管理		

3.5 SWOT 分析

表 12 郴州旅游 SWOT 分析表

内部	
优势（S）	劣势（W）
1. 旅游资源类别多、数量多，具备开发价值的有 100 多处。 2. 全市森林覆盖率达 62.8% 且位于南岭与罗霄山脉相交处，自然生态环境良好。 3. 漂流、狩猎等专项旅游产品有很强的特色和吸引力。 4. 产品组合好。 5. 湘南与省外周边韶关、赣州的岭南、赣南文化餐饮的差异性。 6. 与省内周边衡阳、永州具有资源的互补性。	1. 缺乏世界级的观光旅游资源，缺乏核心优势。 2. 目前旅游景点多数处于待开发状态，开发水平低，没有拳头产品。 3. 旅游接待设施较差（只有四家二星级宾馆）。 4. 旅游知名度不高，市场份额少。 5. 旅游接待队伍人数少，素质差，旅游接待能力弱（仅有四家旅行社）。

外部	
机会（O）	威胁（T）
1. 随着中国经济快速发展和人民生活水平不断提高，我国旅游业发展迅速，前景广阔，是"朝阳产业"。 2. 郴州是湖南的"南大门"，毗邻我国改革开放的前沿，地下有丰富的矿产资源，且郴州已把"开放兴郴"作为首选战略，郴州经济将发展迅速，这一方面将推动郴州城镇化水平和人民生活水平提高，激发市民旅游的需求，另一方面来郴投资、贸易的外来客商将迅速增加，而这些商务客人将把旅游作为他们对营商环境考察的先导，因而旅游业可以成为"开放兴郴"战略的突破口。 3. 湖南整体旅游发展水平还不是很高，旅游市场竞争相对不是那么激烈，尽管目前郴州处于落后位置，但是追赶难度不是很大。 4. 郴州处于我国经济最发达的地区粤港澳和湖南经济最发达的长株潭城市群之间，特别是珠三角区域有3000多万城市人口，客源市场广阔。 5. 郴州周边有桂林、井冈山、南岳等国内著名旅游区，便于形成区域旅游网络。 6. 郴州处于我国南北交通干道，京广铁路、未来京珠高速、武广客运专线贯穿南北，厦蓉高速横贯东西，交通十分便捷。	1. 省内外已有张家界、南岳等不少著名的旅游区，无论是开发水平还是知名度均是近期郴州难以企及的。 2. 周边的广东韶关、江西赣州等市的旅游资源与郴州有一定趋同性，互相间有竞争。 3. 郴州尽管处于交通要道，但离珠三角、长株潭等城市均有三四百公里车程，铁路、公路交通改善还需一段时间，而航空交通十年内不会有改变。

从以上 SWOT 分析可以看出，郴州发展旅游优势较突出，机会很大，威胁不强，劣势不少。

3.6 关键成功要素分析

从整体外部环境看，郴州旅游发展的外部环境很好，从行业竞争环境看，郴州有优有劣，从内部资源能力看，郴州有长处，有短板，那么郴州旅游是否有前景，关键还是要看郴州是否具备旅游业发展的关键成功要素。

成功先决条件

客户需求
客户群：粤港澳、长株潭
客户需求：
①健康、休闲（中短距离旅游）
②人文差异
③成本考量（区位邻近，距离不能太远）
④交通便捷（可进入性好，旅途时间短）

行业如何在竞争中求生存
驱动竞争因素：产业效益（客源市场规模要大，旅游综合消费要高）
竞争主要方面：
①开发高品位的产品
②改善交通条件，提高可进入性
③提供安全、优质、有序的旅游环境

成功关键要素
①满足粤港澳游客短距离旅游的旅游资源
②毗邻主要客源市场的良好区位
③较大的客源市场
④便捷的交通条件

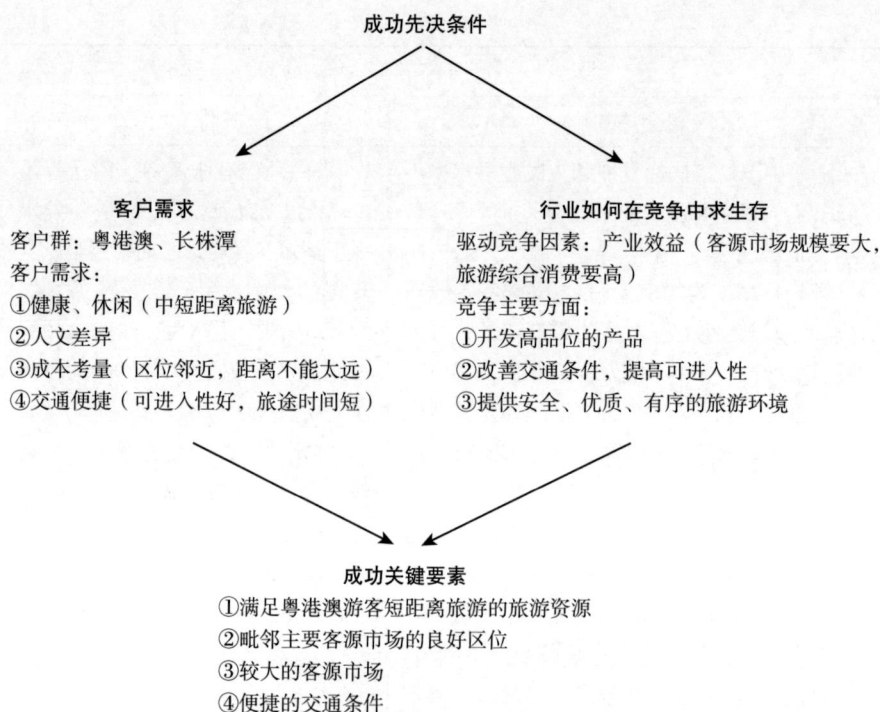

图 7　郴州旅游业成功的先决条件与关键要素

应该说这三者之间是相互关联，一方如果符合另外一方的需求，将提高自身的价值，降低对另一方的依赖性，如果某地旅游资源符合主要客源市场的需求，其资源价值就会提升，如果果某地旅游资源品位很高，其辐射范围就会很大，对区位交通的依赖性就会降低。从郴州的情况看，三者之间的匹配关系十分优越。

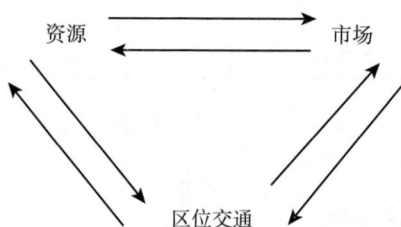

资源　　　市场

区位交通

图 8　旅游业关键成功要素关系图

44

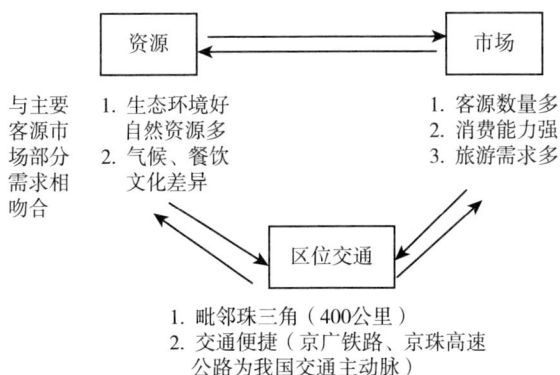

图 9　郴州旅游业关键成功要素匹配图

3.7　战略愿景

郴州发展旅游既有相对资源优势，又有良好的区位交通条件，且面临广阔的客源市场，具有很好的发展前景，基于关键成功要素分析，郴州提出了建设南中国一流旅游胜地的战略愿景。

3.8　战略使命

郴州受资源品位和交通便捷程度的制约，在一定时间内主要是区域旅游，而旅游业是服务性行业，游客的体验和口碑显得十分重要，无论是从客源规模还是从消费能力来看，粤港澳都是郴州主要的客源市场，而粤港澳游客的一个重要需求是良好的生态休闲环境。根据以上分析，郴州提出了要成为周边区域居民旅游的重要提供者，牢固树立游客至上的理念，努力营造粤港澳的"后花园"的战略使命。

3.9　战略目标

郴州根据资源、区位、交通优势，制定了"开放兴郴"的首选战略，确定了 GDP 年均增长 12%，力争 15% 的目标，从国际、国内旅游发展情况看，旅游经济增长远高于 GDP 的增长，从郴州的情况看，旅游收入增长至少会达到 15%，考虑郴州旅游起步晚，前期发展速度会快，同时又是以国内旅游为主，增速高于国际旅游。郴州确定了前五年（1995—1999 年）旅游人数年均增长 20%，力争 25%，旅游收入年均增长 25%，力争 30%，后五年（2000—2004 年）旅游人数年均增长 15%，力争 20%，旅游收入年均增长 20%，力争 25% 的奋斗目标。

表 13　全国国内旅游人数收入增长表

	1985—1988 年	1990—1994 年
国内旅游人数年均增幅	13%	20%
国内旅游收入年均增幅	32.7%	18.6%

注：1989 年具有特殊性，不予考虑。

表 14　郴州旅游经济发展规划

	年均增长	1995	1996	1997	1998	1999
旅游人数（万人次）	20%	70	84	101	121	145
	25%	70	87.5	109	136.7	170.9
旅游综合收入（亿元）	25%	3	3.8	4.7	5.9	7.3
	30%	3	3.9	5.1	6.6	8.7

表 15　以"九五"旅游人数年均增长 20% 为基数

	年均增长	2000	2001	2002	2003	2004
旅游人数（万人次）	15%	167	192	221	254	292
	20%	174	209	251	301	361

表 16　以"九五"旅游人数年均增长 25% 为基数

	年均增长	2000	2001	2002	2003	2004
旅游人数（万人次）	15%	197	226	260	299	344
	20%	205	246	295	355	426

表 17　以"九五"旅游综合收入年均增长 25% 为基数

	年均增长	2000	2001	2002	2003	2004
旅游综合收入（亿元）	20%	8.8	10.5	12.6	15.1	18.2
	25%	9.1	11.4	14.3	17.8	22.3

表 18　以"九五"旅游综合收入年均增长 30% 为基数

	年均增长	2000	2001	2002	2003	2004
旅游综合收入（亿元）	20%	10.4	12.5	15	18	21.6
	25%	10.9	13.6	17	21.2	26.6

考虑郴州有发展旅游业很好的条件，市里只要高度重视，完全有可能实现跨越式发展，实现后发赶超，因此，郴州选取了高的目标，"九五"初期，把旅游业作为"开放兴郴"战略的先导和突破口，作为创建社会主义现代化开放城市的五大战略工程之一，到 1999 年旅游人数达到 171 万人次，年均增长 25%，旅游综合收入达到 8.7 亿元，年均增长 30%，旅游综合收入占 GDP 的比重达到 5%，旅游业初步成为郴州的支柱产业；到 2004 年，旅游人数达到 426 万人次，年均增长 20%，旅游综合收入 26.6 亿元，年均增长 25%，旅游综合收入占 GDP 的比重达到 9.4%，旅游综合经济水平位居全省前三位。"十五"期间把旅游业巩固发展成为郴州重要的支柱产业，成功创建中国优秀旅游城市。

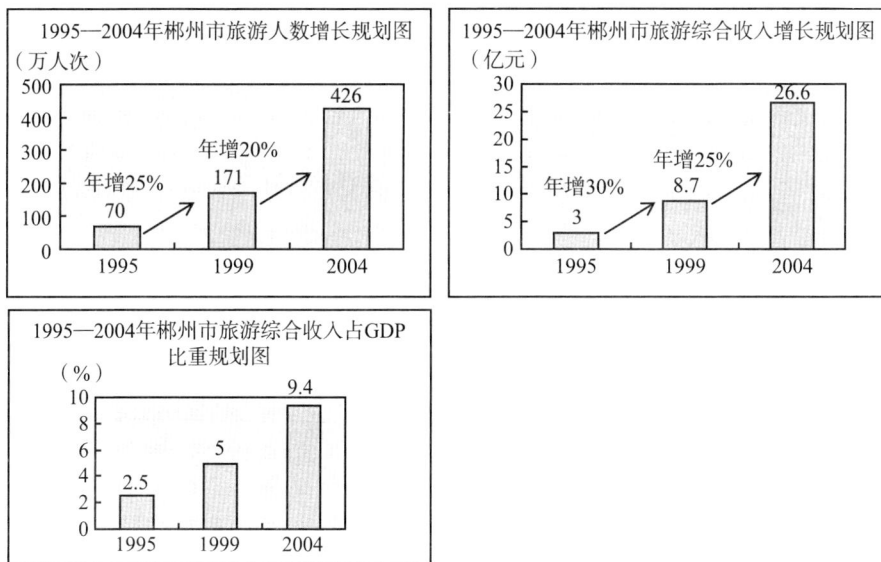

图 10　1995—2004 年郴州市旅游发展规划图

第4章　旅游发展战略

4.1　SO 和 WO 战略

表 19　SWOT 矩阵帮助决策者制定四种战略

	内部优势（S）	内部劣势（W）
外部机会（O）	SO 战略 战略意图：利用优势，抓住机会	WO 战略 战略意图：利用机会，克服威胁
外部劣势（T）	ST 战略 战略意图：利用优势，规避威胁	WT 战略 战略意图：最小化劣势，并规避威胁

表 20　对郴州的 SWOT 分析

	优势	劣势
郴州	1. 内部资源有一定竞争优势 2. 外部环境处于良好优势 3. 外部威胁不是很明显	内部能力处于相对劣势

因此，郴州决策者认识到发展郴州旅游的关键是充分发挥内部资源优势，充分把握良好的外部环境和市场机会，尽快解决内部能力不足的问题，具体而言，就是要实施 SO 和 WO 相结合的战略。

表 21　郴州旅游业发展 SO、WO 战略相结合

SO 战略	WO 战略
1. 充分发挥生态环境优势，大力发展生态旅游和休闲度假旅游。 2. 充分发挥气候、文化、餐饮等差异的优势，主攻粤港澳市场。 3. 充分发挥特色旅游产品的优势，大力发展专项旅游。 4. 充分发挥外部发展环境优势，加快旅游产业发展。 5. 充分发挥毗邻粤港澳客源市场潜力大的优势，大力开拓客源市场，努力营造粤港澳的"后花园"。	1. 针对旅游产业发展水平低的劣势，要明确支柱产业地位，做大做强旅游产业，增强整体竞争实力。 2. 针对旅游发展处于初期的劣势，应加大政府主导力度。 3. 针对前期资金投入大、来源少的劣势，应加大全社会办旅游的力度，鼓励"国家、集体、企业、个人一起上""内资、外资一起上"。 4. 针对旅游企业实力弱的劣势，要加快旅游景区、旅游宾馆、旅行社的发展。 5. 针对旅游景区内外交通条件较差的劣势，要着力改善旅游交通条件。

4.2　增长型战略

一般来说，一个地区产业的发展可以选择的战略主要有：增长型战略、稳定型战略和紧缩型战略。郴州的旅游业处于发展初期，旅游发展水平低，因此必须加快产业的发展，无疑应该选择增长型战略，而增长型战略用伊戈·安索夫矩阵分析共有四种组合：

表 22　旅游业发展增长型战略的伊戈·安索夫矩阵分析

		产品	
		现有产品	新产品
市场	市场渗透	市场渗透	产品开发
	市场开发	市场开发	多元化

从郴州的情况看，现有旅游产品很少，首先应该实施产品开发战略，不断推出新的旅游产品；接着实施市场开发战略，把这些产品不断推向新市场；然后实施市场渗透战略，提高产品在市场上的占有率。从整体情况看，郴州的旅游资源可以适用不同市场，因而无须采取多元化战略。

表 23　郴州增长型战略实施表

年份	产品开发	市场开发	市场渗透
1994—1995	苏仙岭、万华岩老观光产品	立足市内及周边衡阳市场	
1996—1997	推出东江漂流、五盖山狩猎新产品	开发省内长株潭新市场，开发国内外专项狩猎市场	在衡阳市场渗透
1998—2000	推出东江湖、飞天山等新产品	开发珠三角市场	在长株潭省内市场进行渗透
2001—2002	推出莽山、福城等新产品	强化珠三角、长株潭市场	在珠三角市场渗透
2003—2005	推出温泉旅游产品，推出自驾游旅游产品	拓展省内娄底、邵阳、岳阳等市场 拓展湖北、江西等省外市场	在省内长株潭、省外珠三角进行渗透

4.3 集中战略

郴州旅游处于发展初期，整体实力弱，开发水平低，要加快发展和赢得竞争，必须采用集中战略，才能在局部突破，形成优势。郴州在旅游产业发展过程中，大力实施集中战略，起到了事半功倍的效果。

4.3.1 集中开发精品景区

郴州旅游起步晚，基础差，景点开发水平低，首先需要实施集中战略，开发一些旅游精品。1995年郴州首先从五盖山狩猎场和东江漂流入手，加大旅游基础设施和旅游景点的建设力度，改造和提升了两条旅游公路，提升了五盖山狩猎场的接待设施和为狩猎配套的服务设施；在东江新建了起漂点、落漂点的接待设施，增加了漂流的皮划艇和水手。经过两年的努力，五盖山狩猎场和东江漂流的开发水平得到了较大的提升，1997年，在湖南省旅游局面向社会公众评选的湖南省最佳专项旅游活动中，五盖山狩猎、东江漂流入选其中。从1997年开始，郴州围绕每年旅游节的主题先后打造了东江湖、飞天山、苏仙岭、万华岩、莽山、天堂、龙女、热水、悦来温泉、阳山、板梁古民居、便江等旅游景（区）点，在此基础上深入挖掘文化内涵，包括神农文化、福寿文化、民俗民居文化、红色文化以及中国女排拼搏精神等，形成了以"中国生态环境第一湖"东江湖、国家地质公园飞天山、"中国原始生态第一山"莽山国家森林公园、"湘南翠屏"王仙岭生态公园、"百里画廊"便江风景区等为标志的生态休闲，以"亚太生态第一漂"东江漂流、万华岩洞穴漂流、珠江源漂流、五盖山狩猎为标志的漂流探险，以"天下第十八福地"苏仙岭、体育训练基地、百福广场、寿佛寺等为标志的寿地福城，以汝城热水、苏仙天堂、北湖龙女、永兴悦来以及御泉大酒店为标志的温泉健身，以湘南起义纪念馆、《三大纪律六项注意》颁布地、黄克诚故居等为标志的红色摇篮等为主要特色的旅游精品。全市开发的对外开放旅游景（区）点30多处，其中国家等级旅游区（点）11多处，国家4A级旅游区达到了5处。

4.3.2 集中打造粤港澳"后花园"

郴州旅游资源数量多，组合好，但缺乏像张家界、九寨沟等国际级的旅游景点，加之交通制约，郴州旅游主要是区域旅游市场。同时，郴州又毗邻国内旅游客源最大的区域珠三角。郴州实施集中战略，把粤港澳作为最主要的客源市场，从战略上，把郴州定位为粤港澳的"后花园"。在市场促销过程中，一是从 1996 年开始，每年都把广州国内旅游交易会和香港国际旅游交易会作为促销的主要平台，组织高规格、大规模的代表团参会；二是每年郴州都在广州、深圳、香港等地举办郴州旅游新闻发布会或推介会；三是每年邀请粤港澳地区新闻界、旅行社的朋友到郴州踩线、采风；四是每年的广告主要投放在粤港澳的媒体上，而不追求在一些全国性的大报、大刊、大台做广告。正是由于郴州针对粤港澳主要客源市场大力度地促销，使得客源市场促销起到了事半功倍的效果。外地来郴州旅游的游客从 1995 年的 20 万人次左右，增长到 2005 年超过 500 万人次，占郴州外来游客总量的比重由不到 30%，增长到现在超过 70%，其中珠三角地区的游客占外来游客的比重也超过了 60%。

4.3.3 集中发展国内旅游

中国旅游业的发展主要是从改革开放以后开始的，在改革开放以前，我国国际旅游主要是为政治外交服务，是旅游事业，国内旅游几乎没有发展。改革开放初期，我国急需发展资金和外汇，加之经济发展水平不高，人民群众收入水平也不高，出游的欲望较低。因此，我国把旅游的发展重点放在了大力发展国际旅游，无论是从工作重点、资金投入、市场促销、绩效评估等方面都是突出国际旅游。但从长远看，我国有 13 亿多人口，随着我国城市化水平和人民生活水平的提高，我国国内旅游市场潜力巨大。从郴州实际情况来看，一是郴州观光旅游资源的国际吸引力还较弱；二是郴州毗邻我国经济发展迅速、国内客源增长迅速，且有 1 亿人口左右的广东。因此，在旅游产业的发展历程中，郴州根据自身的实际实施集中战略，没有完全按国家、省里的统一部署突出抓入境旅游，而是始终把发展国内旅游放在十分突出的位置，无论是工作重点，还是产品建设、促销重点、绩效考核等都是突出国内旅游。从产品开发方面，尽可能适应国内旅游的需求，特别是随着京珠高速公路的开通和自驾车旅游的兴起，郴州尽可能多地为游客服务，如大力开发农家乐旅游产品，对 30 台以上自驾车可以安排引导车，外地自驾车在郴州轻微违章只提醒，不罚款。从市场促销方面，也主要是针对国内客源市场进行促销，通过多年努力，尽管郴州国际旅游规模不是很大，但郴州国内旅游收入已占到全市 GDP 的 8% 以上。

4.4 渐进式战略

竞争战略的确定与提供什么样的旅游产品有很大的关系，郴州旅游资源丰富，可开发的旅游产品很多，但不同产品的价格、质量是不一样的，需要对其进行定位。

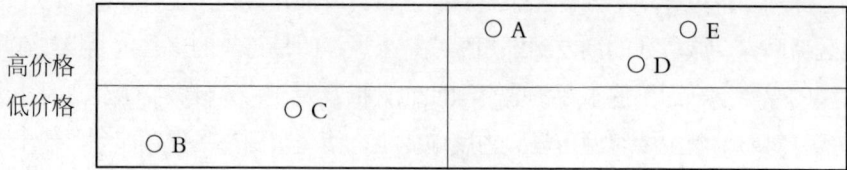

```
            ┌──────────────────────┬──────────────────────┐
            │                      │    ○ A        ○ E     │
  高价格     │                      │          ○ D          │
  低价格     │            ○ C       │                      │
            │     ○ B              │                      │
            └──────────────────────┴──────────────────────┘
```

图 11　郴州旅游产品定位图

低质量高质量

A. 初级专项差异化产品（狩猎、漂流）

B. 初级观光型旅游产品（苏仙岭、万华岩等）

C. 中级观光型旅游产品（莽山、飞天山、东江湖等）

D. 中级差异化产品（温泉、自驾车旅游等）

E. 高级差异化产品（山地、温泉、湖泊休闲度假）

郴州旅游产品类型很多，其组合也会很多，而郴州旅游起步的基础较差，不可能同时开发和提供所有的旅游产品，而是需要根据自身能力和客源市场需求适时推出不同的旅游产品，与之相适应，其竞争战略不同阶段也不一样，需要不断调整，郴州正是根据这些实际情况，确定了渐进式的竞争战略。

4.4.1　集中差异化战略

1995—1996 年是郴州旅游的起步阶段，从发展环境上讲，对旅游产业的发展认识还不统一，需要开发几个产品并迅速见到效益，以形成共识，加大工作力度。从市场开发上讲，需要尽快提高知名度，扩大郴州的影响。从这两方面考虑，郴州在起步阶段采用了集中差异化战略，集中战略可以在较短时间内无论是产品建设、市场开拓，还是经济效益都可以见到较好成效，而差异化战略可以回避激烈的市场竞争，使自己能发展壮大起来。郴州起步阶段重点发展五盖山狩猎和东江漂流两个专项旅游产品，这两个专项旅游产品，一是特色突出，在同类旅游产品中颇具竞争力。五盖山国际狩猎场，是全国两个、江南唯一的国际狩猎场，有水鹿、野猪等 20 多种野生动物。东江漂流全程 28 公里，108 个滩，70 多米的落差，两岸为原始次生林，被中国微缩景区之父马志明先生誉为"亚太第一漂"。二是作为专项旅游产品，尽管客源不像观光旅游产品那么多，但人均消费水平远超过观光旅游。比如五盖山狩猎，每个专业狩猎团5—8人，每个团的消费会达到1000—2000美元，而东江漂流的票价也在100元以上。郴州起步阶段的集中差异化战略一方面占领了部分细分的旅游市场，比如五盖山狩猎吸引了日本、德国等专业旅游团，东江漂流吸引了不少青少年游客。另一方面，尽管接待规模不大，但收入较高，比如东江漂流，1995年才试漂，当年旅游人数只有1万多，直接收入就达到了100多万元，而旅游综合收入则超过了500万元。专项旅游产品的开发，一是短期内形成了旅游精品；二是使专项旅游产品在湖南和粤港澳有了一定的知名度；三是作为单项旅游产品，尽快形成了一定的经济效益。

4.4.2　集中差异化＋集中成本领先战略

尽管五盖山狩猎、东江漂流人均消费高，但游客规模受到一定限制，而且漂流作为一个水上项目，具有很强的季节性，一般每年只有4—5个月的旅游时间，这样尽管五盖山狩猎、东江漂流增长率较快，但旅游收入规模不是很大，而观光旅游客源市场和需求比专项旅游要大，因此，要扩大产业规模，郴州必须大力发展观光旅游。郴州观光旅游资源丰富，但品位不是特别高，要与国内知名的旅游景区竞争，必须采取集中成本领先战略。因此，以1997年郴州山水旅游节为标志，郴州旅游实施了集中差异化和集中成本领先相结合的战略，即在继续加快五盖山狩猎和东江漂流发展的同时，大力发展山水观光旅游，相对省内张家界、岳阳楼、南岳等著名观光旅游景点，郴州毗邻粤港澳，具有交通的成本和旅游的时间优势，而郴州当时推出的"天下第十八福地"苏仙岭、世界洞穴奇观万华岩、"东方瑞士"东江湖都在郴州城区40公里范围之内，且前期开发成本低。郴州在1997—1999年三年间，面向主要客源市场粤港澳集中推出苏仙岭、万华岩、东江湖等具有市场竞争力的山水观光旅游产品，取得了很好的效果。

4.4.3　集中成本领先＋集中差异化战略

随着专项旅游与山水旅游的共同推动，郴州旅游人数大幅度增加，但由于观光型的山水旅游产品采取了低成本的策略，其整体产业规模仍不是很大。面临这一局面，郴州再次调整旅游发展战略，在继续推动集中成本领先的山水旅游的同时，紧跟国内外发展生态旅游的新形势，大力推动生态休闲旅游的发展，实施集中成本领先与集中差异化相结合的战略，重点实施集中差异化战略，一方面，利用郴州良好的自然生态环境，大打绿色健康牌，吸引游客回归大自然，大力发展休闲旅游，延长游客停留时间。另一方面，大力发展温泉休闲、自驾车旅游等更高消费、更大市场需求的专项旅游产品。从 2000 年开始，先后又推出了天堂、龙女、热水、悦来等四大温泉度假区，在广东各大城市和省内衡阳、长株潭等周边多次举办"自驾车潇洒游郴州"的专场推介活动，并配套建设为自驾车服务的停车场、标识标牌，提供旅游地图、警车引导等多项优质服务。通过新型组合的集中成本领先和集中差异化战略的实施，郴州旅游无论是人数还是旅游综合收入均大幅度地提高，到 2005 年全市接待国内外游客 735 万人次，旅游综合收入 42 亿元，旅游综合收入占 GDP 的比重达到8.6%，旅游经济总体发展水平跃升到全省前三位。

4.5 品牌战略

旅游产品和市场促销是发展旅游业的重中之重，知名度和美誉度是旅游业的重要财富，而提高这两方面最有效的手段就是利用品牌。旅游品牌既可以给游客提供良好质量的保证，对于旅游目的地而言，可以最大限度地建立起游客对旅游品牌的忠诚，可以有效地与其他城市区分，还可以利用品牌进行延伸，郴州在发展旅游的过程中，一直把旅游品牌的打造作为重要工作。

4.5.1 中国郴州生态旅游节

为了加快产品开发、扩大知名度、培养锻炼队伍，郴州从 1997 年起举办郴州山水旅游节，2000 年改为郴州生态旅游节。郴州生态旅游节，首先是作为一个重要的城市旅游品牌来打造；其次是与郴州旅游的资源特色优势、旅游发展战略相吻合，突出生态特色，与其他城市相区别；再次是在郴州生态旅游节整体品牌形象有了一定知名度以后，每年推出一个新的子品牌，如先后推出了东江湖、飞天山、福地福城、莽山、温泉、民俗居民、便江等生态旅游子品牌；最后是每届生态旅游节都策划一些有影响力的活动，以扩大影响。如2001 年（东江湖）生态旅游节的国际水上摩托艇赛；2002 年（飞天山）生态旅游节的飞天奖得主走进飞天山、外国使节眼中的飞天山；2003 年针对非典之后的严峻形势，在（福地福城）生态旅游节上推出了"拥抱青山绿水，走进健康郴州"的系列活动，并邀请著名学者余秋雨教授来郴畅谈旅游文化；2004年的（莽山）生态旅游节，打造了中国原始生态第一山的品牌，成功策划了莽山开山大典，被上海吉尼斯总部评为当年全国十大策划之一；2005 年中国郴州生态温泉旅游节以"沐浴灵泉圣水，体验福地风情"为主题，策划了国际跳水赛、模特大赛等。正是由于连续十年生态旅游节的举办和每届生态旅游节亮点频频的活动，使郴州生态旅游节和郴州旅游的知名度得到了极大的提高，提升了郴州旅游整体品牌形象，扩大了旅游客源市场，有力打造了中国郴州生态旅游节城市节会品牌。郴州生态旅游节被评为中国节会五十强。

4.5.2 中国优秀旅游城市

由国家旅游局评定的中国优秀旅游城市是中国旅游业最高荣誉和综合性的国家品牌。中国优秀旅游城市品牌包含了对所获城市旅游资源、旅游质量、旅游产业、旅游环境等多方面的充分肯定，具有很高的权威性和可信度。获得中国优秀旅游城市的光荣称号，既是对旅游产业综合发展水平的认可，也是一个城市借用国家品牌的影响力和公信力，提高城市旅游产业发展的重要平台和有效捷径。郴州对此高度重视。从1999年开始，郴州启动了创建中国优秀旅游城市的工作，郴州市委、市政府提出举全市之力、集全民之智，用三年时间将郴州创建成中国优秀旅游城市。全市上下同心同德，齐心协力，超常规运作，大力度推进，经过三年的艰苦创建，2003年郴州获得了中国优秀旅游城市的光荣称号；2005年，郴州所属资兴市又获得了这一殊荣，郴州成为全省唯一有两个城市获得中国优秀旅游城市的城市。

4.5.3 中国温泉之乡

由国土资源部所辖中国矿业联合会评定的"中国温泉之乡"是国内对地热开发和温泉旅游给予的最高荣誉。它既是对一地地热资源的充分认可，也是对一地地热的综合利用，特别是温泉旅游的开发利用程度和水平的充分肯定，也是一块重要的、特色性的国家品牌。郴州温泉资源十分丰富，几乎每个县都有温泉资源，全市开发了天堂、龙女、热水、悦来四大温泉旅游度假区、四星级的温泉酒店御泉大酒店，通过近两年的积极创建，2005年郴州被中矿联授予"中国温泉之乡"的称号，使郴州成为全国第五个获此殊荣的城市，进一步提升了郴州旅游的特色品牌形象。

4.6 战略联盟

旅游业是服务性行业，游客至上、市场至上是行业发展的根本。而游客出游所追求的是尽可能用少的时间，欣赏更多独特的景点，体验更多丰富的活动。郴州作为一个地级市要全面满足游客这方面的需求有时有一定的难度，而组建区域的旅游联盟，无疑可以为游客提供更好的服务，使旅游地更具竞争力。

表 24　组建旅游联盟的驱动力分析

外部驱动力	1. 区域旅游合作是一种趋势。 2. 形成更大规模更加丰富的旅游产品，提高区域旅游竞争力。 3. 形成整体品牌形象，有利于提高知名度。 4. 便于利用网络技术，进行旅游促销和为游客提供资讯和服务。 5. 可以编制更合理的旅游线路，节约旅游时间，降低旅游成本。 6. 可以打破市场壁垒，方便游客，合作处理游客投诉，提高旅游服务质量。
内部驱动力	1. 可以加强相互之间学习和交流。 2. 可以互相借用对方的营销网络和资源。

当然，作为旅游联盟各方不可避免有一些冲突，有一些竞争，特别是客源市场的竞争。但从大局看，从长远看，组建旅游联盟、加强区域合作是利大于弊，互惠互利。郴州在发展旅游的过程中注重加强区域合作，战略联盟对郴州旅游的发展也起到了很大推动作用。

4.6.1　"红三角"旅游圈

郴州与周边的广东韶关、江西赣州山水相连，且毗邻粤港澳。郴州、赣州、韶关同为革命老区，红色丹霞旅游资源和绿色生态旅游资源均十分丰富，但三市之间的文化餐饮等方面又具有很大的差异。从 2003 年起，三市政府、旅游行政管理部门、旅游企业之间建立了战略联盟关系，并采取了一列合作措施。一是三市每年轮流坐庄召开一个"红三角"旅游圈发展工作会，制订合作计划，交流工作经验，加强服务协调，规范市场管理等；二是统一编制红三角旅游圈的旅游线路和资料对外促销；三是每年在珠三角地区联合举行红三角旅游圈新闻发布会或促销会；四是为对方在本地宣传促销对方旅游产品给予支持和配合；五是三市各旅游景区之间实行广告位互换。

4.6.2　大湘南旅游圈

湖南南部有三个地级市——郴州、衡阳、永州，三市人缘相亲、地缘相近、经济相融、文化相通，旅游资源各有优势、各具特点，郴州的生态旅游、衡阳的宗教旅游、永州的历史文化旅游显得更为突出，而且大湘南处于广东经济发达地区珠三角与湖南长株潭城市群之间，组建旅游联盟无疑对三市而言均有好处。于是郴州于 2002 年率先提出大湘南旅游圈，得到了永州、衡阳的积极响应。一方面借大湘南旅游圈形成规模效应，提升湘南三市在湖南旅游总体布局中的地位；另一方面通过打造同一品牌扩大影响，吸引客源。从此，湘南三市在品牌打造、联合促销、市场管理、无障碍旅游等方面加强了合作，大湘南旅游圈在湖南的竞争力和影响力不断加强，知名度不断提高。

第5章　战略实施

制定战略在很大程度上是一种市场驱动的行为，而执行战略却主要是一种经营驱动的行为，包括对人和业务的管理。因此，执行战略往往比制定战略更难。

一般而言，在战略执行过程中主要有八大任务：

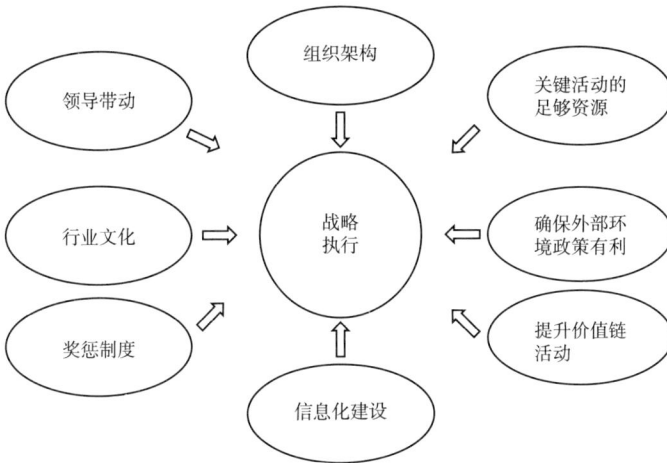

图 12　战略执行八大任务

郴州在工作推进过程中十分重视战略的实施，采取了一系列行之有效的措施。

表 25 郴州推动战略执行的主要措施

主要任务	主要措施
组织架构	领导层： 1. 每年市委常委会、市政府常务会专题研究旅游工作。 2. 加强市、县两级旅游管理机构。 3. 成立高规格的旅游领导小组。 执行层： 进行行业资格考试，不断扩大行业队伍。
领导带动	1. 召开高规格的旅游发展大会。 2. 主要领导亲自抓，分管领导全力抓。 3. 公开招聘市、县两级旅游局领导。
关键活动、足够资源	产品资源： 1. 实施精品战略，集中打造精品。 2. 根据形势发展，不断推出新的产品。 财务资源： 1. 加大政府领导力度。 2. 调动各方面力量加大投入。 人力资源： 1. 加大行业培训力度。 2. 举行行业技术比武大赛。 3. 从外面引进旅行社、酒店等管理人才。
提升价值链	1. 不断改善交通条件，提高可行性。 2. 加大旅游接待设施建设力度。 3. 加强旅游促销，提高知名度和美誉度。 4. 大力开发旅游商品，提高旅游综合消费。
有利的政策环境	1. 对旅游发展实行鼓励、开放政策。 2. 尽可能为旅游者提供便利的旅游环境。 3. 把旅游安全放在首位。 4. 加强旅游行业管理。

主要任务	主要措施
奖惩制度	1. 实施目标考核责任制。 2. 表彰先进单位、先进个人。 3. 实行揽客奖励政策。
信息化建设	加强信息化建设，通过网络平台进行旅游促销、行业管理等。
行业文化	培育、总结、倡导、推广旅游行业文化。

具体而言，主要做了以下工作：

5.1 形成统一战略愿景

思想是行动的先导，不论是产业发展也好，还是经营企业也好，必须对经过科学分析论证基础上确立的战略愿景形成共识，这样才能同心协力，朝着确定的目标积极努力。郴州在旅游发展的初期认识并不是很统一，郴州主要采取了三个方面的措施推动认识的统一。首先是专家建言。基于对郴州丰富的旅游资源及良好的区位、交通条件的认识并经过一定的分析论证，郴州有一些学者、专家认为郴州旅游潜力很大、前景广阔，他们通过发表文章、参加会议发言等形式积极呼吁郴州重视旅游产业的发展，引起了政协领导的重视。政协作为智囊团、专家库和参政议政的重要渠道，在广泛听取委员意见的基础上提出了"关于加快郴州旅游业发展的建议案"，由此，逐步引起了郴州市委、市政府的重视。其次是领导推动。事在人为，事在领导者为，事在一把手为。主要领导往往视野广、层次高，对事物本质把握准而且推动力强，因而对一个产业发展的影响很大。时任郴州市委书记的梅克保同志认为"郴州旅游资源十分丰富、大有可为，现在旅游没有发展起来，是'端着金饭碗讨饭吃'"。因此，他极力主张把旅游业作为郴州创建社会主义现代化开放城市的五大战略工程来抓。正是有了主要领导的重视和推进，郴州旅游才走上了快速发展的轨道。再次是典型带动。在旅游开发的初期，即使是从事旅游工作的同志也是走一步，看一步，更不用说部分领导和群众的将信将疑。比如1995年东江漂流首漂，资兴市的不少同志自己也没有多少把握，郴州市旅游局给他们加油鼓劲、大力支持，并明确表态，只要当年接待游客超过 1 万人就给予奖励，结果是首漂当年游客超过万人，郴州市旅游局不仅兑现了承诺，还以此为典型，大力宣传推动产业发展；1997 年郴州举办首届山水旅游节，有的同志认为是劳民伤财，有的认为郴州过去从未搞过如此大的活动，难以保证成功，但在郴州市委、市政府坚强领导和市节会办精心组织下，郴州山水旅游节取得了空前成功，推动了景区和城市建设，扩大了知名度，展示了郴州开放开明形象，培养、锻炼了队伍，得到了海内外嘉宾的一致赞誉。正是这些典型事例的成功，教育说服了很多干部群众。从此，建设南中国一流旅游胜地、营造粤港澳"后花园"的战略愿景成为全市领导和干部群众的共同认识，也成为大家共同努力的方向和使命，郴州旅游走上了顺利、快速发展的轨道。

5.2 把握关键成功要素

旅游目的地发展的重要基础是关键成功要素具备，而旅游战略的实施，就是要把握不同时期的关键成功要素和竞争因素，并采用有效应对之策。郴州抓住了不同时期的关键要素，提升了整体竞争力。

波特的五力模型，为各种各样的组织进行分析提供了工具，1990 年，波特将他的模型应用到国家或地区竞争力分析，提出了"钻石"理论。

图 13 波特的钻石理论：国家竞争优势（Adapted from Porter，1990）

波特还发现政府和偶发性事件影响国家和地区竞争力的大小，瓦哈特和库柏（Wahab and Cooper，2001）把波特的钻石理论运用到旅游业中去，并认为市场结构、组织、战略、需求条件和政府对旅游业发展有特殊重要的作用。郴州旅游抓住了三个关键因素，采取了一系列有效的措施，克服了要素条件方面的一些不足，使得郴州旅游综合竞争力大大增强，旅游产业实现了快速、健康发展。

表 26　将波特钻石理论应用于郴州旅游发展策略

	郴州对策
市场结构、组织、战略	1. 粤港澳"后花园"整体形象塑造。 2. 郴州生态旅游节等品牌打造。 3. 集中的持之以恒的旅游营销。 4. 适应环境变化的创新性营销。 5. 根据环境变化，不断分析竞争的优势和劣势，实施渐进式战略
需求条件	1. 不断提供差异化的旅游产品和推动旅游业转型升级，提高游客消费。 2. 夏季开发漂流、避暑，冬季开发温泉、赏雪等旅游产品，降低季节差异。 3. 不断提出新的旅游产品，吸引回头客。 4. 大力发展周末休闲游等休闲度假型产品，招徕游客重复旅游，不断开拓新的客源市场，扩大市场规模。
政府	1. 确立旅游支柱产业地位，大力扶持旅游产业发展。 2. 实施政府主导战略，着力改善旅游基础设施条件，加大景点景区开发力度，推动旅游产业发展。 3. 高度重视旅游整体形象宣传，全力办好一年一度的生态旅游节。 4. 牵头实施联合整体促销，加强区域旅游合作。 5. 制定系列优惠政策，鼓励旅游产业发展。 6. 加强队伍培训和行业管理，提供安全、优质、有序的旅游环境。

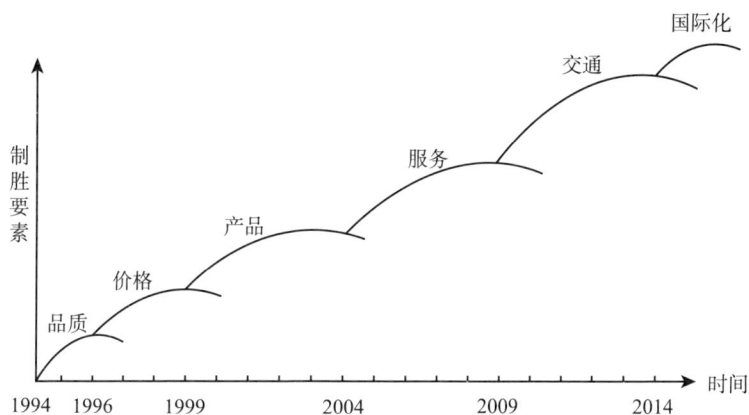

图 14　郴州旅游不同阶段的关键竞争要素

表 27　郴州旅游不同阶段的关键竞争要素

年份	关键制胜要素	采取的措施
1995—1996	品质	1. 开发惊险、刺激漂流。 2. 开发野生动物狩猎。
1997—1999	价格	1. 整合营销，降低营销成本。 2. 开发短距离区域性旅游，降低交通成本。 3. 编排合理的旅游线路。 4. 市里景区、宾馆、旅行社让利，低利润经营。
2000—2004	产品	1. 每年推出一个新产品。 2. 开发自驾车、温泉、赏花、赏雪等专题旅游。
2005—2009	服务	1. 加强队伍培训、提高素质。 2. 创造安全、优质有序的旅游环境。
2010—2014	交通	1. 武广铁路开通。 2. 京珠复线、厦蓉高速建设开通。 3. 郴州机场建设及开通。
2015 年以后	国际化	在港澳台、东南亚大力促销郴州休闲度假胜地形象，大力开拓国际市场。

5.3　强化组织架构建设

　　正确的战略确定以后必须要有强有力的机构和队伍去推动、去实施，才能确保战略的落实。因此，组织架构的设计及落实显得尤为重要。1988 年以前，郴州只有政府办的外事科具有旅游接待、协调的能力。1988 年才成立外事旅游局，仅有 8 个编制。1995 年，为了加快旅游业的发展，郴州单设了旅游局，定编 15 人，作为事业单位。2001 年机构改革，又组建了市政府一级行政局旅游外侨局，编制 39 人，下设 8 个科（室、中心），11 个县（市、区）先后也成立了旅游局，一些旅游重点乡（镇）还设了分管旅游的副乡长。市政府成立了由市长任组长的全市旅游产业发展领导小组，市委常委会、市政府常务会每年定期研究旅游工作。从 2003 年开始，在全省率先每年召开高规格、大规模的全市旅游产业发展大会，将工作会、现场会、促销会融为一体，大大加强了旅游工作力度。随着旅游产业的不断扩大，旅游企业不断增加，旅游从业人员队伍也不断壮大，由 1995 年的不足 500 人，到 2005 年全市旅游系统从业人员超过了 15000 人，确保了旅游产业发展的需要。

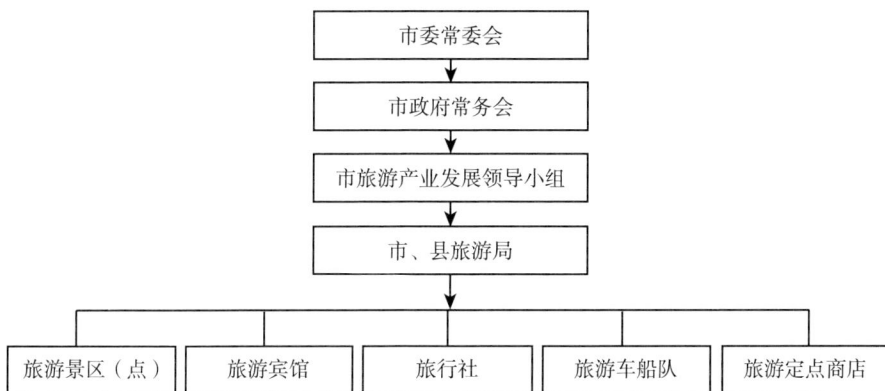

图 15　郴州旅游组织架构图

5.4　着力开发旅游精品

　　旅游业发展的基础是旅游产品，而旅游产品不仅仅是旅游景区，还包括旅游交通、旅游接待设施等方面的完善配套。而旅游业具有前期投入大、回报少，中期投入较大、回报较大，后期投入小、回报大的特点，要发展旅游业必须大力开发旅游产品，而这需要投入，尤其是在发展的初期。郴州在发展旅游的过程中，紧紧抓住在旅游景点景区、旅游接待设施、旅游基础设施等方面加大投入，完善产品。在旅游景点景区开发方面，郴州先后开发了五盖山狩猎、东江漂流、苏仙岭、万华岩、王仙岭、东江湖、莽山、飞天山、便江、阳山、板梁古民居、天堂龙女、热水、悦来温泉、湘南起义纪念馆等 30 多处精品旅游景点，其中国家等级旅游区（点）11 处，国家级工农业旅游示范点 1 处，省级 4 处，全国百个红色旅游经典景区 1 处，省级红色旅游经典景区 3 处；在旅游接待设施方面，先后建设了五星级的郴州华天大酒店，四星级的郴州国际大酒店、万国大酒店、御泉大酒店等 37 家旅游星级饭店，床位数达到了 8 万多张。在旅游基础设施建设方面，一方面郴州旅游大交通有了很大改善，2001年京珠高速公路全线贯通，京广铁路多次提速，武广客运专线即将通车，京珠复线、夏蓉高速等高速公路已开工建设，郴州机场已列入了"交通"规划；另一方面，加强了市内旅游交通的建设，先后改造和提升了到五盖山、东江漂流、飞天山、莽山、阳山、板梁古民居、热水温泉、便江等十几条旅游道路，使郴州旅游的可进入性得到了极大的改善。

5.5 大力加强市场营销

知名度就是财富，"酒香也怕巷子深"。对旅游业而言，知名度、美誉度显得更为重要。郴州市委、市政府高度重视旅游宣传促销工作，形成了品牌化、立体化的宣传促销格局。一是准确定位客源市场。发展初期，将客源市场定位于省内，之后利用毗邻广东的优势，把市场锁定在国内最大、消费能力最强的珠三角地区，着力营造粤港澳"后花园"，收到了极好的市场效果；二是大力开展品牌营销。1997 年举办了第一届郴州山水旅游节，从 2000 年开始每年举办中国郴州生态旅游节。1999 年开始创建中国优秀旅游城市，三年后创建成功，2003 年开始创建中国温泉之乡，2005 年获得成功，郴州通过中国郴州生态旅游节、中国优秀旅游城市、中国温泉之乡大力开展品牌营销。三是持之以恒抓促销。发布广告促销。在市城区新建了两处"中国优秀旅游城市"城标雕塑，在主要景区（点）、三星级以上宾馆制作"中国优秀旅游城市"标志物，在市城区、主要旅游交通要道、旅游景区制作了 30 多幅大型户外宣传广告，制作印制郴州风光画册、郴州旅游电视风光片、郴州旅游一图通、自驾车导游图等系列资料，创作了一批旅游歌曲。开展活动促销。自 1995 年以来，每年坚持参加广州国际旅游交易会和国内旅游交易会。多次在长沙、广州、深圳、香港等地举办旅游推介会。借助媒体促销，邀请省内外旅行社、新闻媒体的从业人员到郴州踩线、采风，选择"大报、大众、大刊、大网"拍摄制作旅游专栏、专版。区域合作促销，利用"红三角"旅游经济圈、大湘南旅游经济圈等平台，进行联合宣传促销。四是创新方式抓促销。整合郴州旅游景区，实行郴州旅游护照和一卡通，依托专业力量外包促销业务。

5.6 实行目标责任考核

战略目标制定以后需要进一步分解细化目标，落实责任单位，加强调度督查，才能实现既定目标。郴州在推进目标考核过程中主要是采取了四个方面的措施。一是将主要旅游经济指标纳入市委、市政府对县（市、区）综合工作考评的内容之一；二是对全市旅游行业进行年度目标考核；三是创建中国优秀旅游城市，对每年生态旅游节进行专项考核奖励；四是对市内外相关企业和单位招徕客源实施目标激励奖励。以上目标责任制的建立，进一步推进了工作，促进了战略目标的实现。

5.7　优化产业发展环境

郴州在明确了旅游产业定位以后，制定了一系列鼓励、优惠政策。如对外来投资者投资旅游项目视同工农业项目一样对待，达到一定规模的享受市级重点工程优惠政策，对外地旅行社到郴州设立分支机构给予支持、提供便利，星级宾馆与工业企业水电同价等。

郴州认真贯彻国家有关旅游的法律法规，同时根据本市或本地旅游业发展形势的需要，制定、实施了一系列旅游法规。2002 年 4 月 29 日郴州市人民政府颁布了《郴州市旅游业管理暂行办法》，2002 年 8 月 11 日郴州市人民政府颁布了《郴州市导游人员管理暂行办法》，2002 年 3 月 25 日市人民政府办公室颁布了《郴州市整顿和规范旅游市场秩序工作方案》，2002 年 9 月 2 日市人民政府办公室颁布了《郴州市旅游市场打假打非专项整顿工作实施方案》，2003 年 2 月 27 日市政府颁布了《关于加强行政执法工作的意见》，一系列旅游法律法规的颁布实施，为旅游质量监督工作提供了有力的执法依据和法律保障。为了确保旅游法律法规的实施，郴州市、县（区）两级均成立了质监所（站），配备专门质量监督管理人员，并要求执法人员接受年度培训，持《行政执法证》上岗。目前，郴州已形成一个违法必究、执法必严的局面，旅游市场秩序健康有序。据郴州市旅游局统计，2005 年全市各地质监所（站）共接到旅游投诉 140 起，受理 138 起，结案 135 起，结案率为 96.4%，理赔金额为 13196.6 元，游客对投诉办案满意率为 100%。

郴州还尽可能为外地旅游者提供优质、安全的服务。在市区和主要旅游景区设立游客服务中心，在市城区和主要旅游景区交通干道上设立中英文的标识、标牌，为自驾车旅游者免费发放自驾车旅游图，为一定规模的自驾车旅游团提供引导服务，对外地旅游车辆轻微违章给予人性化的处罚。高度重视旅游安全，实行旅游安全一票否决制。

5.8　提升队伍整体素质

首先是提升旅游管理干部队伍素质。郴州坚持逢进必考的原则，严把干部进入关，通过年终考评、表彰奖励等方法激励鞭策干部。其次是提升旅游从业人员队伍素质。郴州严格要求旅行社经理、导游人员、饭店管理人员持证上岗，年检年审。对导游人员、饭店管理人员进行业务培训，每年举行旅游行业技术比武大赛。经常组织旅游局的行政管理人员、旅游景区、旅行社、旅游饭店的管理人员到省内、国内乃至国外发达的旅游地区进行学习考察。在全市旅游行业中倡导优质文明服务，切实加强了行业精神文明建设，树立良好的"窗口形象"。广泛开展"青年文明岗"和"青年岗位能手"的评选活动。

5.9 推进现代信息管理

在郴州旅游发展过程中，十分注重推进现代信息管理，提升旅游整体形象和效率。市里专门设立了郴州旅游门户网站，及时提供最新的旅游资讯和信息，满足游客的各类需求，并与国内著名门户网站和旅游专业网站相链接，扩大自身影响。在各大旅游景区旅客服务中心、三星级以上宾馆大堂都有专门的电子信息查询系统，同时，不断加强和完善旅游电子政务建设，提升旅游管理水平和效率。

5.10 打造优秀行业文化

正确的战略需要队伍去实施，而这支队伍又需要有统一的理念和作风才能步调一致。郴州旅游在发展过程中也十分注重行业文化的打造，并经常进行总结、提升和推广，逐步形成了"奋发有为、开拓创新、争创一流、乐于奉献"的郴州旅游精神，正是郴州旅游精神的打造和大力弘扬，推动了旅游战略的实施。

第6章 战略创新和产业升级

当程局长带队的专家组到郴州调研之时，经过十年的艰苦努力，郴州旅游已完成了第一阶段创业的任务，专项旅游、生态休闲旅游在粤港澳和湖南已占领了一定的市场，郴州旅游经济的整体发展水平已进入了湖南省的前3位，郴州旅游在周边区域旅游市场上已有一定竞争力，而且郴州旅游外围的发展环境更进一步优化。

首先，旅游业已成为世界最大的经济产业，并呈现出良好的发展态势。

表28　1990—2005年全球接待国际旅游者人数和国际旅游收入表

年份	接待国际旅游者		国际旅游收入	
	人数（万人次）	年均增长率（%）	金额（亿美元）	年均增长率（%）
1990	45765	4.84	2682.6	9.8

年份	接待国际旅游者		国际旅游收入	
	人数（万人次）	年均增长率（%）	金额（亿美元）	年均增长率（%）
2000	69830	4.32	4760	5.9
2005	80680	3.3	6827	7.2
2020	160000	4.0—4.3	20000	7.2—7.4

资料来源：联合国世界旅游组织（UNWTO），2006 年

其次，中国旅游业增速位居全球前茅，并将成为世界第一旅游目的地国。从 20 世纪 90 年代以来，我国旅游业以 10% 左右的增幅，高于全球旅游业平均增幅 3—5 个百分点。据世界旅游组织预测，到 2015 年左右，中国将成为世界第一旅游目的地国和第四大客源输出国，届时，我国入境旅游可达 2 亿人次/年，国内旅游 26 亿人次/年，出境旅游 1 亿人次/年。

表 29　1995—2005 年中国入境旅游、出境旅游和国内旅游情况

年份	来华入境旅游		中国公民出境旅游		中国国内旅游	
	人数（万人次）	增长率（%）	人数（万人次）	增长率（%）	人数（万人次）	增长率（%）
1995	4838.65	6.2	452.05	21.1	62900	20.0
1996	5112.75	5.7	506.07	12.0	63900	1.6
1997	5758.80	12.6	532.39	5.2	64400	0.8
1998	6347.84	10.2	842.56	58.3	69400	7.8
1999	7279.56	14.7	923.24	9.6	71900	3.6
2000	8348.09	14.7	1046.9	13.4	74400	3.4
2001	8901.29	6.6	1213.31	15.9	78400	5.4
2002	9790.83	10.0	1660.23	36.8	87800	11.9
2003	9166.21	−6.3	2022.19	21.8	87000	−0.9

年份	来华入境旅游		中国公民出境旅游		中国国内旅游	
	人数（万人次）	增长率（%）	人数（万人次）	增长率（%）	人数（万人次）	增长率（%）
2004	10904.00	19.0	2885.00	42.67	110200	26.7
2005	12029.00	10.3	3103.00	7.6	120000	8.9

资料来源：《中国旅游统计年鉴》（1995—2005）

表30　1995—2004年中国入境过夜旅游者及外汇收入世界排名情况统计

年份	过夜旅游者人数（万人次）	世界排名	旅游（外汇）收入（亿美元）	世界排名
1995	2003.40	8	87.33	10
1996	2276.50	6	102.00	9
1997	2377.00	6	120.74	8
1998	2507.29	6	126.02	7
1999	2704.66	5	140.99	7
2000	3122.88	5	162.24	7
2001	3316.67	5	177.92	5
2002	3680.26	5	203.85	5
2003	3297.05	5	174.06	7
2004	4176.14	4	257.39	5

最后，在传统的观光旅游继续发展的同时，中国已开始形成部分休闲度假旅游的市场。从世界旅游的发展历程来看，初期是观光旅游为主，中期以多元化的各类专项旅游为主，而后期则是以休闲度假旅游为主，如1985—1995年，休闲度假旅游的重要业态的分时度假业以平均10%—15%的速度迅速发展，远

远高于同期世界旅游业平均 4% 左右的发展水平。到 2005 年，我国人均 GDP 已超过了 2000 美元，珠三角的深圳、广州等城市人均 GDP 超过了 5000 美元，已跨入了世界中等收入地区的行列，进入初步富裕阶段。此外，居民的余暇时间不断增加，每年的节假日 114 天，差不多占了全年的 1/3，带薪休假制度在逐步推进，这些都为发展休闲度假旅游创造了很好的发展机会。如海南的三亚亚龙湾，短短十年时间就新建了 10 多家高星级的度假酒店。

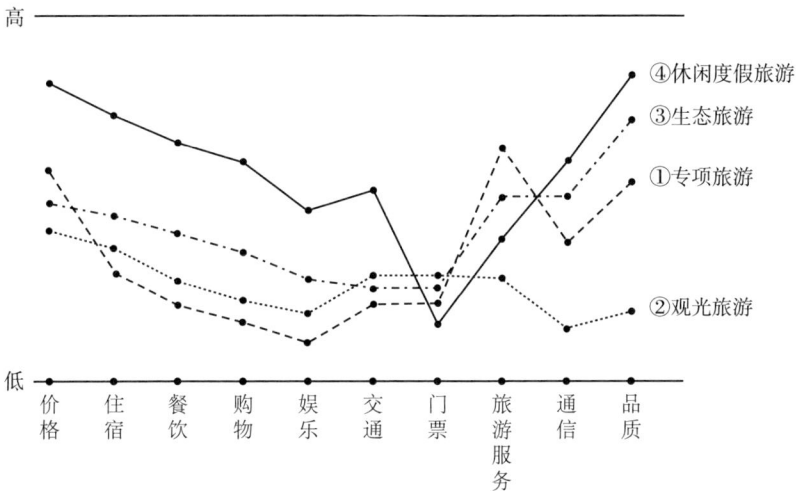

图 16　旅游价值曲线

从以上价值曲线图可以看出，发展休闲度假旅游的价值曲线明显优于专项旅游、观光旅游、生态旅游。

表 31　郴州新的 SWOT 分析

内部	
优势	劣势
1. 郴州有发展休闲度假旅游很好的资源（莽山、东江湖、温泉等）。 2. 郴州旅游产业达到一定发展水平，已有一定的竞争力。 3. 郴州旅游已有一定的知名度和影响力。	1. 郴州缺乏大型旅游集团，发展休闲度假旅游的主体缺乏。 2. 利用资本市场发展旅游还是空白。

外部	
机会	威胁
1. 休闲度假旅游是现代旅游发展方向。 2. 武广客运专线即将开通（郴州到广州、香港 2—3 小时）、京珠复线、厦蓉高速正在建设，郴州机场列入规划，交通的辐射能力大幅度提高。	海南三亚、马来西亚云顶、印尼巴厘岛等著名旅游度假胜地的竞争。

从郴州新的 SWOT 分析来看，郴州发展休闲度假旅游的优势十分明显，机会十分巨大，但由于发展休闲度假旅游条件较高，使得进入者减少，外部竞争者的威胁较小，相对而言，郴州还有一些劣势，但已不是特别突出。

关键成功要素：从国内外发展休闲度假旅游的成功经验看，对资源、市场、区位交通三方面的要求更高。

表 32　发展休闲度假旅游的关键成功要素

资源	市场	交通区位
1. 高山（海拔宜在 1500 米以上，利于避暑）。 2. 海滨或大的湖泊。 3. 良好的温泉资源。	至少应是全国性的客源，不少来自本洲客源。	1. 要有航空运输。 2. 最好紧邻大的城市群。 3. 最好与主要客源地地貌或气候差异大（如东南亚地区常年炎热，毗邻的马来西亚云顶山地就宜于发展）。

而从郴州的资源和能力情况看，郴州发展休闲度假旅游的关键成功要素极为优越。

表 33　郴州发展休闲度假旅游的关键成功因素

资源	1. 处于南岭罗霄山脉，有很好的山地资源，莽山、八面山等海拔 2000 米左右，森林覆盖率 98%。 2. 郴州每个县都有温泉，特别是汝城热水温泉品质极佳（水温 98℃，流量 15000 吨／日，富含硒等多种有益元素），为江南四大热气田。 3. 东江湖蓄水量 81 亿立方米，面积 160 平方公里，相当于半个洞庭湖。

市场	1. 紧邻粤港澳台（休闲度假已迅速发展）。 2. 紧邻东南亚（休闲度假正在兴起）。 3. 中国人均 GDP 超过了 3000 美元，且经济有望继续保持 20 年的高速增长，国民旅游消费，特别是休闲度假下消费将大幅度提高，中国未来将达到 11 亿以上的城市人口，休闲度假客源市场广阔。
交通	1. 2009 年，武广客运专线通车。 2. 2012 年左右，京珠复线、厦蓉、深湘高速建成通车。 3. 2014 年左右，郴州机场通航。

郴州紧跟世界旅游潮流，结合自身优势，审时度势，提出了郴州旅游第二阶段的任务：大力发展山地、温泉、湖泊、城郊休闲度假旅游，把郴州建设成为国内乃至东南亚一流的休闲度假胜地。

表 34　观光专项旅游与休闲度假旅游对比

	观光专项旅游	休闲度假旅游
资源	根据不同类别、不同层次资源，可以发展各种层面的旅游	须有发展休闲度假的极好资源，才能在更大范围（至少国内）内竞争
市场	可以是区域性，也可以是全国性乃至国际性	一般是全国性、洲际性，有些甚至跨洲
交通	公路、水运、铁路、航空各类交通	航空为主，至少高速铁路
旅游方式	团体为主，散客为辅	家庭为主，高端商务客人为辅
营销方式	单一景区或组合景区	旅游目的地整体
竞争战略	低成本或集中低成本	广泛差异化

由观光专项旅游与休闲度假旅游的对比可以看出，两者的发展战略和发展模式具有相当大的差异，发展战略也有很大不同，郴州旅游已从集中战略向总体差异化战略转变，实现了创新，旅游的价值链也向高端提升。

休闲度假旅游包括集中度假区、分时度假酒店、旅游度假地产、旅游度假营地等不同类型，结合中国经济整体发展战略及郴州交通状况改善的情况，郴州提出了下一段发展休闲度假旅游的战略思路。

表 35　郴州休闲度假旅游发展战略

年份	2006—2009	2009—2014	2015—2030	2030—2050
阶段	起步期	发展期	快速发展期	巩固发展期
主要度假产品	集中度假酒店	集中度假区为主，分时度假酒店为辅	分时度假酒店为主，旅游度假地产为辅	旅游度假营地为主，其他度假产品为辅

第7章　展　望

转眼到了 2008 年 3 月，湖南省旅游产业发展大会在郴州召开，主管旅游的甘霖副省长对与会的代表说："郴州刚经历了历史罕见的冰灾，这次全省旅游产业发展大会在郴州召开并不只是灾后扶持郴州旅游的恢复，而是郴州近些年旅游业所取得的成绩十分突出，在郴州召开全省旅游产业发展大会就是给大家提供一个好的现场、好的经验，以推动全省旅游产业的发展。"而此时，国家旅游局专家组离开郴州已两年，郴州旅游在二次创业的征途上又迈出了新的步伐：成功举办了以"览湖湘经典古村，品林邑魅力风情"为主题的 2006 年中国郴州生态（民俗民居）旅游节，以"银之舞、河之恋"为主题的 2007 年中国郴州（山水银都）生态旅游节，新增了天堂、热水两处国家 4A 级旅游区，湖南华天控股集团整体租赁开发东江湖，沿湖规划了 5 公里的度假旅游区，莽山的山地度假旅游正在推进，温泉休闲度假也在不断提升和发展，武广客运专线即将正式开通。2006 年尽管遇到 500 年难遇的特大水灾，但郴州接待国内外游客还是同比增长 7.22%，旅游综合收入同比增长 9.72%；2007 年全市接待国内外游客 865 万人次，同比增长 15%，旅游综合收入达到了 55 亿元，同比增长 20%，郴州旅游更加美好的明天正朝着我们大步走来。

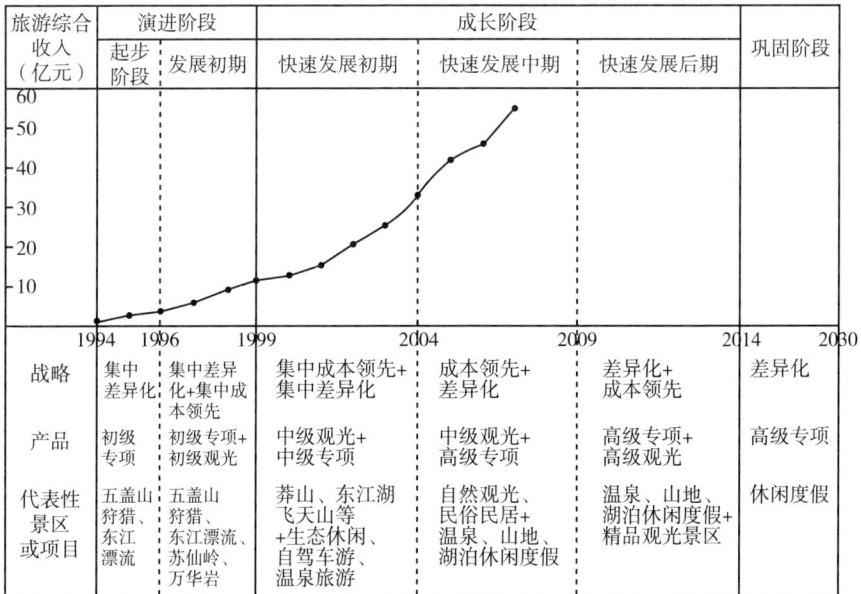

旅游综合收入（亿元）	演进阶段		成长阶段			巩固阶段
	起步阶段	发展初期	快速发展初期	快速发展中期	快速发展后期	
（图表：旅游综合收入曲线，纵轴10—60，横轴1994 1996 1999 2004 2009 2014 2030）						
战略	集中差异化	集中差异化+集中成本领先	集中成本领先+集中差异化	成本领先+差异化	差异化+成本领先	差异化
产品	初级专项	初级专项+初级观光	中级观光+中级专项	中级观光+高级专项	高级专项+高级观光	高级专项
代表性景区或项目	五盖山狩猎、东江漂流	五盖山狩猎、东江漂流、苏仙岭、万华岩	莽山、东江湖飞天山等+生态休闲、自驾车游、温泉旅游	自然观光、民俗民居+温泉、山地、湖泊休闲度假	温泉、山地、湖泊休闲度假+精品观光景区	休闲度假

图 17 郴州旅游地生命周期

1994—1999 年为演进阶段，2000—2014 年为成长阶段，其中 1999—2004 年为快速发展初期，2005—2014 年至少 10 年为快速发展期，2009 年因为武广客运专线开通，郴州发展休闲度假旅游条件进一步改善，将推进郴州休闲度假旅游进一步发展。而 2014 年前后，京珠复线、厦蓉高速和郴州机场的开通使得郴州发展休闲度假旅游条件完全成熟，估计至少还有 15 年的巩固发展阶段，在 2030 年左右，郴州旅游可能进入停滞阶段，即成熟期，至少再发展 20 年，即到 2050 年左右，有可能进入衰退期，到时需要对旅游产品进行整改，使其重新具有吸引力，当然中间的每一个阶段都有可能因为环境变化和工作力度的改变而发生改变。

表 36 郴州旅游地未来可能的生命周期

	成长阶段		巩固发展期	停滞阶段	衰退阶段
	快速发展中期	快速发展后期			
年份	2005—2009	2010—2014	2015—2030	2031—2050	2050 年以后

参考文献

［1］中共中央文献研究室、国家旅游局:《邓小平论旅游》,中央文献出版社 2000 年版

［2］韩克华:《新世纪的中国旅游业》,中国旅游出版社 2003 年版

［3］魏小安等:《中国旅游业新世纪发展大趋势》,广东旅游出版社 1999 年版

［4］魏小安:《产业发展新论》,中国旅游出版社 2002 年版

［5］顾朝曦:《话说旅游》,中国旅游出版社 2007 年版

［6］全球并购研究中心:《中国产业地图》,中国经济出版社 2007 年版

［7］C. W. L. 希尔、G. R. 琼斯:《战略管理》,孙忠泽,中国市场出版社 2008 年版

［8］耐杰尔·埃文斯等:《旅游战略管理》,马桂顺译,辽宁科学技术出版社 2005 年版

［9］赵志远、李卫明:《哈佛商学院 MBA 案例全集》,吉林摄影出版社 2002 年版

［10］马桂顺:《旅游企业战略管理》,中国旅游出版社 2008 年版

［11］黎洁、赵文红:《旅游企业经营战略管理》,中国旅游出版社 2007 年版

［12］郭贤达、蒋炯文:《战略市场营销》,北京大学出版社 2006 年版

［13］黄翔:《旅游节庆与品牌建设》,南开大学出版社 2007 年版

［14］湖南省旅游局:《2006—2020 湖南省旅游业发展总体规划》

［15］黄静波:《郴州旅游产业发展研究》,湖南人民出版社 2007 年版

［16］国家统计局:《中国统计年鉴》,中国统计出版社,各年

［17］国家旅游局:《中国旅游年鉴》,中国旅游出版社,各年

（2009 年 7 月）

加入 WTO 后我国县级政府职能转变研究

长期以来，在有关 WTO 的话题中，人们关心的往往是企业受到的冲击和挑战。其实，"入世"首先就是政府的"入世"。作为协调世界经贸关系的国际性组织，WTO 直接面对的是各国和各地区的政府而不单纯是企业，其规则约束的主要对象也是政府，WTO 的 23 个主要协议中，就有 21 个是以约束政府为要旨的。可见，受 WTO 冲击和影响最大的不是企业，而是各级政府，是政府的职能、观念与体制。政府职能的转变，是 WTO 对中国带有全局性的重大挑战。本文拟就中国加入 WTO 后县级政府职能转变进行一些分析研究，并提出相关应对之策。

一、积极应对入世挑战，把准职能定位及其转变方式

（一）职能定位问题

WTO 框架下的政府职能其实就是市场经济体制下的政府职能，用一个形象的比喻讲，政府应该承担"只建灯塔不置渔船"的职能。而我国的现状是，各级政府特别是县级政府忙着置办渔船下海捕鱼而荒废了灯塔。大多数县级政府还习惯于过去那种自上而下的"指挥式"行政管理，不能适应市场经济主体多元化、经济结构网络化和经济发展国际化的要求，不能很好地适应 WTO 的要求。主要表现在：政府对微观经济特别是国有企业的直接干预过多，有效的国有资产管理体制尚未形成；依法行政的统一性和透明度不高；投融资管理体制滞后，在投资领域对非公有制经济还有一些限制，不利于市场经济主体的公平竞争；政府行政垄断在某些领域依然存在，行政审批过多；规范、监管市场秩序的力度不够；一些政府和部门出于地方利益、部门利益甚至长官意志，对企业进行不适当的行政干预，角色"越位""错位""缺位"和政府职能履行不

到位的现象依然存在。

根据 WTO 无歧视原则、互惠和公平贸易原则以及关税递减原则，各成员方应确保其贸易政策、法规、措施、程序等公平、公正、合理并无歧视地适用，所有的贸易伙伴都被平等地给予最惠国待遇和国民待遇，同时各成员方通过相互削减关税和拆除非关税壁垒来提高市场准入水平，相互开放市场。这样做的实质就是，要求成员方一方面要促进公平制度供给，维护自己内部市场公平有效的竞争环境；另一方面政府对经济干预必须适度，即使是对市场经济行为的干预，也主要是放在市场失灵的矫正方面。因此 WTO 背景下的县级政府必须本着"有所为，有所不为"的理念，"弃渔船建灯塔"，正确处理好政府与企业、政府与社会、政府各职能部门内部之间的关系，切实做好政府职能的基本定位。

1. 政府与企业的关系上——政企分开

在 WTO 体系中，政府和国有企业属于不同的组织类型，按照 WTO 的游戏规则，政府作为公开行政机构，不能参与 WTO 的经济竞争活动。国有企业和其他性质的企业一样，都是经济组织，没有政府公共职能的义务。完善的市场经济体制，既要有竞争性的市场体系，又要有充分的独立自主、自负盈亏的企业。在市场经济条件下，政府、企业、市场三者之间的关系到底怎样呢？形象的说法就是，倘若将企业形容为沙石水泥，市场就是搅拌机，如此一来，政府的角色定位就是搅拌机的管理者了。

长期以来，我国县级政府存在政企职责不分、政企错位以政代企、对企业干预过多等严重弊端。政府对企业的日常生产经营活动施以过多的行政干预，管了不少应由企业自己管理的事务，政府成了实际上的审批经济主体。国有企业未能成为真正意义上的市场主体，科学的决策投资体制难以形成，市场在资源配置中的基础作用也难以发挥。政府对国有企业经营者的选拔任用很大程度上还是沿袭行政干部管理的办法，导致企业管理者处理与政府管理部门之间关系的积极性甚于经营企业业务本身。而企业和政府都受利益驱动，形成了"政府不愿放企业，企业也要找靠山"的互相依赖的怪象。对于大多数民营、私营企业而言，政府过多的行政干预往往造成政企之间的对立、对抗情绪，形成各自为"政"的恶性循环。这显然不能适应 WTO 规则的要求，必须下大力气彻底转变"厂长包赢，部门包奖，银行包债，政府包责"的现状，将政府的公共管理职能和企业的经营管理职能进行最彻底的分离，政府不再直接干预企业的经营活动，把生产经营权和投资决策权真正交给企业，确保企业在向政府照章纳税和保证国家投资收益的前提下，依法经营，并在激烈的市场竞争中大显身手，锤炼自己，提高自己，真正把企业建设成"产权清晰，权责明确，政企分开，管理科学"的自主经营、自负盈亏、自我发展、自我完善的独立经营实体和市场竞争主体。

2. 在政府与社会的关系上——政府向社会分化职能

政府职能与社会职能合理分开，让市场和社会中间组织分化政府的社会职能，是关系到提高政府工作效率的重要工作，政府机构的精简程度与社会中介组织的发育程序息息相关。一般情况下，县级政府作为县域公共服务的供给者，关心的主要是财政收入的多少，而不是企业获得利润的高低，更何况，财政收入本来就是为社会提供公共服务的。但是一大部分县级政府目前都常将部分财政收入转化为诸如项目开发等一些商业投资，使本来就十分紧张的地方财政更加不堪重负，使一些急需上马的公共设施难以正常建造。因此，加入WTO后，政府应该培育各种市场和社会中介组织，把目前在管却管不好的事交还给市场和社会中介组织去管，将自己的主要注意力、发挥作用的基本点放到创造有效的市场环境上来，努力克服目前普遍存在的官办性、贪婪性、行政权力过多介入等弊端，要把社会可以自我调节和管理的职能交给市场和社会中间组织，让市场切实担负起组织经济活动的职能，社会中间组织承担起政府与社会联系桥梁的职能，做到真正意义上的政府向社会分化职能。

3. 在政府各职能部门内部之间的关系上——适度分权、条块结合

长期以来，我国行政管理体制没有解决好权力集中、"条块分割""越俎代庖"等问题，条块之间推诿争权、相互扯皮的现象层出不穷。加入WTO后，县级政府职能部门必须做到职责明晰、依法行政、适当分权、条块结合、统一高效，确保县域经济快速、持续、稳步发展。

（二）进一步解放思想，加快政府职能的战略性转变

经过20多年的改革开放，我国政府职能转变已经取得了显著成绩。以间接手段为主的宏观调控体系框架基本建立，市场体系建设取得了重大进展，政府直接管理国有企业方式有了较大的改变，涉外经济管理逐步向国际惯例靠拢，政府机构改革进一步深入，政府决策民主化有了很大提高，政府经济和社

会协调发展的职能不断强化。然而，根据 WTO 无歧视原则、可预见的和不断增长的市场准入条件原则、透明度原则、促进公平竞争和通过实现资源有效配置促进经济增长等原则的要求，政府对市场干预必须适度，对市场监管要强而有力，对宏观经济调控要有效率，政府政策及行为要统一透明。所以，加入 WTO 后，我国政府职能特别是县级政府职能需进一步调整和转变。要彻底摆脱传统计划经济的羁绊，改革计划经济体制下那种"当阿姨"的办法，摒弃将不该管、管不了，实际上也管不好的事情统统包下来的做法，切实把县级政府职能转到调节经济、市场监管、社会管理和公共服务上来，把企业的生产经营权和投资决策权真正交给企业，把社会可以自我调节和管理的职能交给社会中介组织，把群众自治范围内的事情交给群众自己依法处理，真正实现政府职能的战略性转变。

1. 从全能政府向有限政府转变

WTO 框架下的政府，基本上是以有限政府学说为基础的有限政府，也就是说，政府只负责组织和执行公共物品的供给，而不必也不该去管私人物品的供给，只有在市场出现缺陷和调节失灵的时候才由政府发挥补充保护和服务的作用。世贸组织追求自由市场原则，要求各成员方政府减少对市场的干预，让国内外企业在市场上公平竞争、互惠互利。因此，我国县级政府在入世后要适当减少对经济社会的干预，政府对经济社会的管理从无所不管、无所不包转向有选择、有重点的管理，确保政府行政管理适应先进社会生产力的发展要求。即从全能政府转向有限政府，从而在权力的源头上最大限度地控制行政权的唯我独尊，切断行政权的无处不在，限制行政权的无所不管，转让行政权的无所不能。有限政府的职能，一是动用经济手段、法律手段和行政手段纠正国内市场的宏观和微观失灵现象，规范市场主体行为，建立有序统一市场，提高市场效率；二是运用与国际惯例接轨的方式协调国内经济和对外经济贸易，减少和防止国际市场失灵对国内经济的冲击；三是举办公益性事业，提供公共性社会服务；四是分清政府机关、中介组织和市场机制的功能，各行其是，各负其责。

2. 从权力型政府向服务型政府转变

计划经济时期，我国政府属于"绝对权力"型政府，政府是企业和社会的"统治者"，直接参与市场活动，充当着"运动员"和"裁判员"双重身份，对企业和社会事务包办代替、指手画脚。虽然近几年，我国政府在体制改革方面做出过相当努力，但由于改革的不彻底及政府部门放权转型所必然遭遇到的种种阻力，许多政府部门仍然作风问题严重，各级官员还没有真正变成国家公务员，提供的服务远远不能满足企业和社会的需求。加入WTO后，政府必须加快服务职能的确定和服务功能的完善，真正建立"服务型政府"。所谓服务型政府，概括起来就是，政府由原来的控制者，改变为兴利者和服务者。具体来说就是：施政目标由机关和专家决定转到由民众希望和合法期待来决定；以成本、效益为基础的效率考量转变为民众评估的考量；由政府以控制为要务转变到以传输服务为要务；由对特定"功能""权威""结构"的服从转变到对"使命""顾客""成果"的认同；从独断专横的领导转到民众参与领导。

3. 从控制导向的微观管理向服务导向的宏观综合调控转变

市场经济尊重经济发展自身规律的作用，政府存在的目的在于对民众的需要给予充分的回应，其职能主要集中于培育制度环境、维护市场秩序、弥补市场失灵、保证经济的正常运转、为社会提供公共产品和公共服务，其出发点和落脚点都是"服务"。然而，在传统的计划经济体制下，政府扮演了更多的生产者、监督者、控制者的角色，为社会和民众提供公共服务的角色被淡化，有些政府部门人员甚至或多或少地忽略了为人民服务的最终任务。同时，在这种体制下，政府对经济的管理主要还是依靠行政审批制度来实现的。而审批制度的范围大而空泛，效率低下，责任不明确，限制了企业作为经济活动主体的竞争力。在这种情况之下，政府的主要职责就成了负责人、财、物的分配，而不是提供服务，不是以提供效率为主旨，试图通过法令、集权、政策建构一个良好秩序的组织；政府组织更多地被视为设定职能、授予权威和正式结构的结合体，而不是一个服务体；在管理上，也是讲求计划和控制功能，视组织成员和民众为管制的对象和客体，而忽视了为社会和民众服务的功能。这种管理模式的致命弱点在于，忽视了公共管理的内在价值，使政府存在的正当性受到质疑和诘难，也导致官僚主义和人民对政府部门的支持和信心的下降。

加入WTO后，政府职能必须从过去的过多具体干预和管理经济与社会的事务，尽快转变到引导、服务、规范、管理、宏观调控和公益事业上来，设法保证当前经济和社会的正常发展，同时又要大幅度地减少政府不必要的行政干预，只做政府该做的事，使政府达到廉洁、高效的要求。政府经济管理部门应彻底从微观管理领域淡出，将主要的精力用于强化宏观综合调控和为企业提供全方面的服务上来。目前，我国正处在新旧体制的交替时期，完善的新体制在短时期内不可能迅速建立起来，市场调节方面也就存在着大量的"真空"地带，企业生产经常出现大量无序和混乱状态，更加迫切地要求政府强化宏观综合调控，由"运动员"转变为"裁判员"。WTO背景下政府的服务职能主要包括经济政策和经济信息咨询服务、经济决策和经济规划服务、综合协调服务、技术服务和员工培训服务、公共事务服务、监督服务等。而以往政府在提供服务方面对企业"欠账"太多，尤其是在公共事务服务方面为企业做实事太少，加强这方面的工作，从而加快生产经营环境的改善、促进企业竞争力的提高是今后一段时期的重要工作。此外，计算机信息网络的应用，使政府职能的运作类型由管理控制型向管理服务型转化。在社会信息资源的数字化、网络化趋势下，政府对社会的控制职能会日趋弱化，并且将借助于计算机网络的资源共享功能，把部分社会性、公益性和自我服务性的事务性工作通过合同、授权或直接委托的方式交予社会非政府组织完成，借此促成信息化时代治理主体的多元化。

4. 从人治向法治的转变

我国目前在政治、经济、文化和社会生活领域出现的某些无序现象，与法治的欠缺和不周有着直接的关系。党的十五大提出依法治国，建设社会主义法治国家，九届人大通过政府机构改革方案提出行政改革的一个重要目标在于实行依法行政，九届人大二次会议将依法治国写入《中华人民共和国宪法》，这些都标志着我国政府治理理念和模式的巨大变革，即实现从人治政府向法治政府的转变。这也正是我国加入WTO后，政府职能转变的一种有效方式。

人治与法治都是一种政府对社会的治理状态（governance）或秩序。在人治社会中，一切工作以权力为中心，重权力轻法制，权力凌驾于法律之上，下级对上级唯命是听、唯命是从。"官大半级压死人"是对这种治理状态最为形象生动的概括。但在法治状态中，存在着法的普遍性和有效适用性，法律之于政府权力具有优先的、至上的权威或者说政府应服从法律，公民的自由权利最终得到维护、保障并逐步扩大。法治政府的理念包括：法治政府崇尚秩序并反对无政府状态；法治政府要求法律具有普遍性；法治政府要求体现实质正义；

法治政府的核心在于政府受法律的约束和控制。因此，加入WTO后，从中央到地方应逐步制定政府的《事权法》，明确政府的责、事、权，依法行政，建设法治政府。

5. 从以政府为本位和中心向政府为市场主体服务的亲市场政府转变

中国实行计划经济的经历充分证明，那种全方位的政府管制经济事实上导致了社会经济的"放乱收死"循环，导致社会资源和财富的浪费，导致普遍的搭便车的低下效率，导致官僚主义、寻租和政治腐败，这其实也是政府权力膨胀的根本原因。根据WTO规则，政府应更多地发挥市场机制的作用，市场主体要在开放的市场经济中直接介入竞争。因此，市场主体不能再以政府为中心和本位，而必须相对地独立于政府，以市场为中心进行运转。政府要为市场主体服务，为其创造公平竞争和低成本扩张的环境，做到亲市场；充分发挥市场在资源配置过程中的积极作用，凡是市场能发挥优势作用的地方，都要充分让市场发挥作用。政府为市场主体服务的亲市场主要表现在三方面：一是政府在生产和产品的分配方面的作用应大幅度削弱，由公共部门提供产品和服务仅是一个例外而并非惯例。只有在市场失灵的领域，政府的干预才合情合理；二是必须停止对民营经济的活动限制和直接控制，相反应大力促使其发展；三是政府应致力于提供法律和体制环境，确保企业、竞争者能公平、自由、规范竞争。

6. 从缺乏透明度向公开透明转变

WTO对成员方的一个根本性要求，就是政府必须在WTO法律框架下运作，政府行为要符合WTO规则的要求。加入WTO后，世贸成员各方通过各种方式、途径公开其法律、政策、司法判决和行政决定，以便世贸成员各方能随时获取信息，所体现的主要价值取向是"统一、公开、透明"的要求，我国县级政府必须彻底改变现行的政府经济社会政策缺乏透明度、封闭决策、暗箱操作、制定政策政出多门、政策的部门色彩严重、易变性强、预见性差等弊端，制定和执行政策都要受到法律法规和相应的法律程序的约束，建立健全政策的规划和秩序，提高政策的稳定性和可预见性，特别是在执行政策的过程中，政府依法行政不但要公开透明，而且要阐明执法的法律依据和理由，以增强执法的稳定性和公正性。县级政府实现公开透明的措施有：

（1）在政策、法规的制定方面要增加透明度。采取旁听、听证、网上讨论等鲜活形式扩大公民参与的广度和深度，切实保护公众的知情权。

（2）全面推行服务承诺制。政府及各部门、单位要结合自身的工作实际，就提供优质服务、提高办事效率、优化经济发展环境以与自己工作相关的政策法规、办事程序、办事依据、办事时限及办事结果向公众公告、公示，做出郑重承诺，并且认真履行，做到政务公开，"言必信，行必果"，以实际行动取信于民、施惠于民。

（3）赋予民众政府信息请求权。有效地利用现代化科技手段，如政府上网工程，使政府信息公开制度化、规范化，以增加政府公共行政的透明度，加强民众和媒体的舆论监督，督促政府职能机关全面认真履行其职能。

（4）全面建立政务和法律服务中心。县、乡两级要尽快建立政务和法律服务中心，统一为投资者、企业和群众提供各种政务服务、法律咨询、法律顾问、诉讼办理等，提供优质服务，规范法律程序，促进依法办事。

7. 从下岗再就业政策向充分就业创业转变

加入WTO后，由于经济波动和企业资产重组等方面的影响，摩擦性失业、结构性失业、缺口性失业和周期性失业将大幅增加，劳动力不断增加与就业岗位相对收缩的矛盾也会比较突出。我国各级政府，尤其是县级政府要从下岗再就业政策转向充分就业政策，全力加大再就业力度，为下岗职工多开辟新的就业岗位，组织开展职工技能培训，出台新的充分就业政策，为下岗失业人员就业创造良好的条件和环境，确保县域劳动者的充分就业。

（1）积极培育新的经济增长点，创造更多的就业岗位。发展是硬道理，只有经济发展了，才能创造出更多的就业岗位。第三产业在我国发展前景广阔，属于劳动密集型产业，投资少，见效快，岗位多，在产业结构中所占比重偏低。民营经济是中国社会主义市场经济的重要组成部分，发展潜力大，发展空间十分宽广，是吸纳能力强的就业领域。因此，县级政府应把大力发展第三产业和民营经济作为当前再就业工作新的经济增长点，积极培育和大力支持。

（2）建立统一的劳动力市场，完善再就业服务体系和就业体系。从加快发展和保证稳定的要求出发，进一步打破城乡、行业、部门和行政区域分割的局面，建立健全城乡统一，行业、部门和区域相通的劳动力市场；建立健全各级各类就业服务机构和大量的职业介绍网络中心，为用人单位和求职者提供周到、快捷的服务；建立和完善就业培训中心，开展多形式多层次的职业、技能和岗位培训，将在职或离岗培训同学历教育结合起来，为提高劳动者的再就业竞争能力创造有利条件；成立劳务输出管理委员会，加强与县外劳工组织和劳务市场的联系，搜集国际国内劳务市场供求信息，设法扩大劳务输出；强化劳动力市场的法制化和规范化管理，加大劳动监察力度，确保用人单位和再就业人员的合法权益。制订和实施再就业长远规划，从根本上促进就业问题的解决；把社会保险的生活保障与再就业计划的工作保障结合起来，既注重"输血"功能，更着重"造血"功能，既注意给特困者以生活保障，更注意给特困者以工作出路；用法律法规的形式保证劳工就业工程的实施，协调和稳定劳资关系，保证劳资双方的合法权益等。

（3）大力改善农村产业结构，就地消化农村剩余劳动力。县级政府应在农村产业结构与布局、土地使用与农业工程建设、户籍管理与社会保障以及城镇体制与建设等方面出台一些优惠和倾斜政策，确保农村剩余劳动力就地消化。

二、进一步深化改革，从体制上与 WTO 接轨

过去 20 多年的实践证明，体制不活是制约县域经济发展的最大障碍。我国加入 WTO 的机遇，主要不是来自国际市场对中国出口商品障碍的消除和国外资本更顺畅地进入，而是来自我们推进改革进程中压力的消减和动力的提高。县级政府必须遵循政府管理的有效性、责任性、合法性、适当性原则，深化政府体制改革，真正从体制上与 WTO 接轨。

（一）深化经济管理体制改革，建立和完善社会主义市场经济体制

经济体制改革的实质，就是要打破原先那种经济决策高度集中、政府直接而全面地介入经济活动的模式，代替微观经济主体（企业和民众）做决策的集权型计划体制，还经济决策权于微观经济主体，承认它们之间原本存在生产经营能力和物质利益差别，引导其通过市场竞争优化资源配置，提高效率，适应社会生产力发展。改革的目的，是及时纠正政府经济职能出现缺位、越位和履行不到位现象（政府经济职能越位或错位是指政府进入了不该进入的经济领域，并且超越现行法律规定行使职能；政府经济职能缺位或执行不到位是指政府缺席本应由它承担的职能，或者政府虽承担了该项职能，但却实施或执行不到家），建立和完善符合 WTO 要求的社会主义市场经济体制。因而从一定程序上说，经济体制改革就是对旧体制下政府过于集中的经济决策权的调整和

削减。

WTO 是纯粹的市场经济理念，在市场经济条件下，市场是企业和民众经济活动的舞台，在资源配置中起基础性作用。古典经济学家鼻祖亚当·斯密认为，市场竞争这只"看不见的手"在市场中最终能实现供求平稳，导致资源有效配置，而政府在市场中只是起一个"守夜人"的作用。在市场经济条件中，政府经济职能要发挥对市场失灵和市场缺位的补充作用。概括而言就是，政府在完善的社会主义市场经济中应当具备以下六大经济职能：一是直接经营一定经济事务，为全社会提供公共产品服务和基础设施；二是维护公平竞争秩序，防止市场垄断，管制自然垄断企业，保护消费者权益；三是建立健全良好的经济秩序，保持国内国际市场开放，降低交易成本，促进自由贸易；四是实行稳健的经济政策，维护宏观经济稳定；五是加强监管，保护好共有资源和生态环境；六是为全社会当家理财，建立健全社会保障体制，维护社会公平。WTO的政策框架是完全按照市场经济的运行机制建立的，它要求政府在经济生活中所做的就是为企业提供两样产品：秩序与政策。作为世贸组织成员的大多数国家，尤其是一些发达国家，已经经历了较长时间的市场经济发展过程，其经济状况已基本适应 WTO 的运行机制。我国则不同。我国是从产品经济逐步转向市场经济的，不是自然地进入市场经济，或是从原始的市场经济自然过渡到现代市场经济；也不是恢复市场经济，并在此基础上规定政府行为，而是在政府引导下"创造性"地进入市场经济。因此，我们的市场经济是政府引导型的市场经济。加之我国政治体制改革一直滞后于经济体制改革，传统的计划经济管理模式仍然大量存在，有些地方政府甚至仍在大行其道。因此，要应对"入世"挑战，就必须改革现行的政府经济管理体制，彻底解决机构臃肿、部门林立、推诿扯皮、效率低下问题。一是加强对政府各职能部门工作人员关于WTO 的宣传教育，增强服务意识，杜绝官僚作风；建立有效的奖惩、激励、投诉机制，规范公务人员的行为。二是加快政府职能转变，将审批制度改革落到实处；广泛推行政府政务公开化，加大公众监督力度；积极培育各种社会中介组织，转移政府部分社会职能。三是全力推进依法行政，彻底消除"四乱"行为。四是增强政府决策的科学性、可操作性，形成有效的传导机制。五是进一步加强对企业的服务工作，依法及时处理来自企业的投诉；加大监督检查力度，营造良好的社会经济环境。总之，要通过政府经济管理体制和管理方式的创新，弱化政府微观经济管理职能，强化宏观经济调控职能和社会职能，提高政府对公开产品的供给，加强政府公共服务意识，使政府在国际经济竞争和发展中发挥好四种职能：一是引导职能。政府应当下大力气研究和分析世界经济发展的趋势，寻找发展经济的最佳方式，在世界经济风云变幻中确保国家经济稳定和持续增长。二是调控职能。通过宏观经济政策维持经济稳定与增长，是政府经济职能的重要组成部分。三是管制职能。对企业的良性管理是维持市场公正和活力的前提，政府管理的合理既要为所有参与竞争的企业创造良好环境，也要杜绝任何企业的违规行为。四是扶持职能。如对我国的民族工业和幼稚行业的保护是政府必要的经济职能。

（二）深化行政体制改革，建立精简、统一、效能的政府

政府职能的实现是靠政府机构来完成的，政府机构是实现政府职能的有效载体。政府机构设置构成的科学性对政府充分履行职能、管理好经济社会事务至关重要。目前，我国县级政府的设置缺少市场意志和法律的约束，更多的是按照行政意志因人议事、因人设机构，其重要的基点就是"管"。这样做的后果，是造成机构庞大、人员臃肿、人浮于事、职能交叉、办事效率低、不适应建立社会主义市场经济体制的要求。人事制度改革的总原则是：重点加强宏观调控部门，减少专业经济部门，加强执法和监管部门；结合垄断行业的改革，建立相对独立的专业的监管机构；在执法监督上，实行决策与执法分开，推广综合执法。

1. 精简数量。一是要按照市场经济法则的要求，对于已不属于政府管理职能的机构进行精简，如一些专业的经济管理部门；二是要按 WTO 的要求精简机构。加入 WTO 以后，政府将有部分职能转移给了世界贸易组织，WTO要求国民待遇，经贸政策必须国内外一致，过去需要独立行使的职能现在只是以一个成员国来参与，无疑这部分机构可以精简或弱化；三是要按照 WTO 的要求，放宽市场准入等方面的条件，许多审批制度将被取消，对于这一类部门机构也可以精简。

2. 精简层次。随着不少政府职能的弱化，政府管理层次可以精简。如合并区乡，乡的规模也可以扩大，增加管理幅度；随着城镇化水平的提高，过去市管县的体制下的部分县可以改为区，相应职能可以由市直接承担。

3. 县乡机构不一定对口。由于不同层次政府的职能大小的差别，其机构数量也就不一样，一般来说，层次越高，机构数量越多。但由于不同层次政府的职能不完全一样，有时侧重点有异，可能有的机构越往上越重要，也有的机构越往下越重要。因此，机构的上下不一定强调完全对口，切不可千篇一律。

4. 撤销或弱化部分政府机构。加入 WTO 后，按照市场经济的管理方式，需重构政府。政府要把一部分市场秩序的规范和管理权让给中间服务组织，把对企业的管理从直接管理转变为间接管理。因此，有关这方面的政府机构要撤销或减弱。

5. 进一步明确和理顺政府各职能部门之间的责任分工，防止出现遇事互相推诿和无人负责的现象，确保步调统一、办事高效。

（三）深化人事体制改革，促进工作高效开展

建立竞争激励机制，充分调动人才的工作积极性。人才是事业发展之本，赢得人才，才能赢得竞争。中国入世面临的最大挑战，就是人才的培养和使用上的挑战。目前，我国县级现行的人事制度还很不适应市场经济公开、公平、竞争、择优的要求。主要表现在：

1. 竞争机制尚未形成。人才使用上缺乏紧迫感，因循守旧的思想根深蒂固；人才选拔的透明度不够，论资排辈仍然是大部分单位选拔人才通行的做法，特别是干部能上能下的制度没有及时全面建立起来，优秀人才脱颖而出的障碍重重。

2. 市场作为人才资源配置的基础性作用远未体现。在人才资源的配置上，计划经济的色彩依然相当浓厚，政策性安置占很大比重，靠找关系安排工作大有人在，人才资源的主体地位得不到体现。目前，我国县级区域人才市场的数量少、规模小，到市场招聘人才的单位寥若晨星，特别是国营企业更甚；到市场求职的人才也少之又少，成功率较低，从而导致人才供需脱节、人才资源得不到合理配置，影响人才效益的发挥。

3. 人才流动的保障机制尚未健全。流水不腐，户枢不蠹，人才只有在流动中才能发挥更大的效益，但就目前而言，人才流动的保障机制尚未健全。特别是大多数民营单位没有加入社会保障体系的行列，后顾之忧比较多，影响了人才合理流动的积极性。

我国加入 WTO，融入国际主流社会，其实就是融入以市场经济为基础的国际经济体系。人事制度要为社会主义市场经济体制的建立和完善提供人才支

持，就必须加大改革力度，构建符合市场经济要求的人才管理体系，按照市场经济的规则配置人才资源。要充分调动人才的工作积极性，可从以下五个方面努力：

1. 建立人才使用的竞争机制。据我们对有关专业技术人员和领导干部的问卷调查，有92％的人认为改变县域人才不足现状的根本途径是"改革人才使用和选拔机制，鼓励优秀人才脱颖而出"。人才使用的竞争机制，就是要按照市场经济公开、平等、竞争、择优的原则，真正做到能者上、平者让、庸者下；国家公务员要实行严格的录用制度，坚持凡进必考的原则；要扩大领导干部公开招考的范围、层次和职数，增加透明度；机构改革中，要全面推行竞争上岗和岗位轮换制度，充分体现择优的原则，树立良好形象。

2. 打破分配制度上的平均主义，改变待遇与权力挂钩过紧的做法。在按劳分配的原则下，建立多元化的工资分配新机制，让知识、管理、专利、科技成果参与分配，真正体现知识价值、人才价值。同时，还要鼓励专业技术人才特别是高级专业技术人员从事兼职活动，不但使兼职者兼薪、多劳多得、知识致富，而且可以实现知识、人才资源的共享，最大限度地发挥人才的积极作用。要改革奖励制度，少设综合奖项，多设鼓励科技人员科技创新的奖项，重奖有突出贡献的科技人员。

3. 改革以职称评审为主要内容的人才评价机制。推行社会化评估认定的职称聘用制度，切实解决现行职称工作中论资排辈严重、优胜劣汰缺乏的问题，推行以工作实绩和人才价值为主导依据、人才价值由用人主体认定的社会化评估认定制度。在政府宏观调控下，把职称的申报交给个人，把评审权赋予社会，把聘任权还给单位，真正实现变国家用工为单位用工，变单位人才为社会人才，建立用人单位自主设岗、自主聘任、自主管理、自我约束的人才开发机制。

4. 大力培育人才市场。打破人才的部门、单位和地区所有制差别，建成机制健全、功能完善、法规配套、服务规范、统一开放的人才市场体系，积极推进市场主体到位，逐步实现人才资源配置由计划和市场并存向市场起基础性作用的转变，真正做到人才找市场，要求职到市场。大力推行全方位的"门户开放"政策，撤掉"篱笆"、"围墙"，开通绿色通道，扫除有碍人才流动的户籍管理制度，大力引进国内外人才特别是智力人才，做到来去自由，为合理配置人才创造条件。

5. 加快建立完善和社会保障机制，解除人才在流动、养老、失业、伤病时的后顾之忧，真正让人才轻装上阵、大显身手。

（四）加快行政法制建设，规范县级政府的行政执法行为

从国际上看，加强法制建设，依法办事，是发展市场经济和维护社会秩序的保障。加入世贸组织后，不仅需要在国际范围内弄懂经济问题，还要弄清法律问题，加上中国加入WTO所作出的承诺中重要的一点就是遵守规则，所以严格依法行政，加强科学管理，按国际惯例办事显得尤其重要，是中国融入世界经济体系的必然要求。这就要求政府从习惯于运用行政命令"搞协调"到依据法律及国际公认准则去仲裁，把政府的一切活动自觉纳入法制化轨道，严格依法办事、依法行政。然而，当前，我国县、乡政府在行政执法方面存在许多突出问题：执法不规范、不公正，执法人员素质低，有法不依、执法不严、违法不究的现象仍然严重；有的领导干部为了追求"政绩"，超越权限，违反程序，乱上建设项目，搞所谓的"形象工程"，实际上多是重复建设、包袱工程；有的官僚主义、形式主义严重，导致强迫命令、瞎指挥，严重侵害农民合法权益，坑农害民；有的不顾中央三令五申，搞地方保护、行业垄断，妨碍市场统一和公平竞争；一些执法部门甚至滥用职权，知法犯法、以权压法，或重实体或轻程序，或有案久拖不立；有的行政执法机关扬"打假"之名是虚，行地方保护主义是实；有的行政执法机关利用权力搞"创收"，以"改善"工作人员的"福利待遇"；有的行政执法人员沉溺于人情、金钱、美色，置真理与法律于不顾，故意颠倒黑白，混淆是非；有的行政执法人员刑讯逼供，甚至欺压百姓，导致政府与企业、政府与群众之间关系紧张，丧失群众基础；有的行政机关"看不起"基层法院，一审时故意不举证，败诉了甚至连诉讼费都不交；一些执法和司法部门在执法过程中，不秉公执法，随意性大；一些地方和部门千方百计向重点建设工程敲竹杠，在招商引资中不诚信应约、不守约，承诺不兑现，经常发生违约现象，造成外商到处投诉，项目梗阻。所有这些无不说明，加快行政法制建设、真正做到依法行政已经迫在眉睫。政府职能部门不依法行政的原因，首先是法律法规不健全、不完善，法律素质不高。其次是地方事权与财权不匹配。市、县、乡之间财政体制与管理职能相脱离，市、县、乡往往是"事权大、财权小"，职能部门有权无钱，容易被"逼上梁山"——这也许

就是"四乱"难以根绝的深层次的原因。

依法行政是依法治国的重要工作，是现代行政管理的重要方式，是解决目前我们面临的各种错综复杂的矛盾的有效途径，是规范各级政府工作人员行为的内在要求，也是建设廉洁、勤政、务实、高效政府的根本要求。"入世"后，国际国内经济形势的改变将使得政府工作人员面临的情况更为复杂，工作方法的不适应肯定会更为突出。如果我们的领导和行政人员工作思维仍停留在计划经济时代，指导工作还仅仅是靠会议落实会议，靠文件落实文件，习惯于听听讲讲，看看批示，不依法办事，那么我们的依法行政就只能是一句空话。因此，要适应"入世"要求，应对入世挑战，就必须加强行政法制，规范行政执法行为，确保依法行政。一是要在完善现有法规、清理规范与 WTO 规则不相适应的法规的基础上，重点加强法制教育，提高执法者思想觉悟，要认真学法，做到知法、懂法、用法，不断提高依法行政的意识和水平，同时增加执法透明度，清除产生腐败的"温床"。二是各级领导要切实负起责任，带头依法办事，身体力行，树立榜样。三是要加强对依法行政的领导，督促和支持本地方、本部门依法行政，使政府机关、每个行政工作人员都做到依法办事。四是强化对政府权力的制约监督机制。充分发挥新闻报纸、电视广播等舆论监督作用，切实加强行政系统内部的监督，确保行政执法的公开、透明。五是建立和健全行政执法责任制和评议考核制，对有法不依、执法不严、违法不纠、知法犯法，甚至徇私枉法、造成严重后果的，不仅要严厉追究直接责任人的法律责任，还要严厉追究有关领导干部的行政责任；因玩忽职守犯罪的，要依法追究刑事责任，决不让不依法行政者逃避法律责任，真正做到有法必依、执法必严、违法必究。

（五）建立和完善社会保障体系，确保各项工作顺利开展

建立和完善社会保障体系是政府为企业提供服务的重要方面，是缓和社会矛盾、调整利益关系、维护社会公平、确保弱势者和低收入家庭得到基本生活条件的有效措施。当前，我国正处在完善社会主义市场经济体制和进行经济结构调整的重要时期，加入 WTO 面临着更加激烈的国际竞争，企业的优胜劣汰和职工的下岗、失业将会成为一种经常性的社会经济现象。同时，我国已进入老龄化社会，今后一个相当长的时期内老龄人口将持续快速增长，职工养老和医疗保障的压力将越来越大。无论是立足当前，还是着眼长远，都需尽快建立

起独立于企业事业单位之外，资金多元化、保障制度规范化、管理服务社会化的社会保障体系，妥善解决下岗失业人员的基本生活保障和再就业问题，实现老有所养、病有所医、弱有所助，切实解决人民群众的后顾之忧。

前面已述，我国的政府与企业的职能不分的现象仍然严重，政府直接参与了许多具体经济活动，而企业承担着社会保障事务。目前我国社会保障体系不完善主要表现有：社会保障的覆盖面较窄，医疗、养老、失业等保险的覆盖范围只包括国有企业固定职工、劳动合同制职工以及部分集体企业职工；社会保障资金来源主要依靠国家和企业，致使国家和企业负担过重；管理体制不健全，保险基金使用不合理，导致企业包袱沉重，严重阻碍了国有企业经营机制的转换和现代企业制度的建立。建立社会主义市场经济，一方面要把社会保障从企业中分离出来，提高企业经营效率，保持经济持续增长；另一方面，要实现政府职能转变，转变的内容之一就是建立社会保障制度，这是市场经济条件下政府的重要职责。因此，我国各级政府特别是县级政府要把社会保障体系改革作为建立市场经济体制的重要工作来抓，全面推进，不断完善。改革企业劳动用工制度，引入破产兼并，建立完善的失业、养老、工伤保险制度，提高社会福利水平，形成一个以养老保险、医疗保险、工伤事故保险和失业保险为核心的、完整的社会保障体系是加入 WTO 的需要，它将意味着企业的社会成本在迎接"入世"的挑战中大大降低，对于增强企业的综合竞争能力有极其重要的意义。

改革、建立和完善社会保障体系，首先就要加大工作力度，扎实推进基本养老保险，切实做好养老保险的扩大面和保费征缴工作，逐步把城乡所有用人单位都吸纳进来，确保不留死角；千方百计加大养老保险费的征缴力度，确保养老保险按时足额发放。其次就是积极稳妥做好下岗职工再就业工作和基本生活保障向失业保险并轨的工作。最后要积极稳妥地推进医改工作，在医疗上提供有效保障。

三、抢抓入世机遇，大力发展县域开放型多边经济

在经济全球化趋势日益明显的今天，一个国家企图以闭关锁国方式来发展经济是极不现实的。一个县也是如此，自我封闭、夜郎自大、过度强调地方保

护只能是坐井观天，难有发展。邓小平同志曾深刻指出："关起门来搞建设是不能成功的，中国的发展离不开世界。"加入WTO，标志着我国对外开放进入一个新的阶段，对外开放的格局也将由政策型开放全面转向体制型开放。县级政府要及时应对"入世"带来的激烈、残酷竞争的挑战，实现竞争中的"双赢"，就必须抓住"合作"这个主流，努力拓宽合作空间，提高自身竞争力，推动内生型经济向开放型经济的转变，大办发展县域开放型经济，这是时代发展的要求，也是加快工业化、城镇化、农业产业化进程的必然选择。

（一）积极构建全方位、多层次、宽领域、高水平的开放型经济新格局

开放型经济并不是单方面的开放，开放是全方位、主体化的，要实现经济更大发展，加入WTO后，积极构建全方位、多层次、宽领域、高水平的开放型新格局势在必行。在产业领域上，要继续抓好第二产业和商贸流通领域的开放，而且要尽快实现农业、基础设施、教育、卫生、文化等领域对外开放的新突破。适应入世要求，要致力于服务业领域的对外开放，争取在金融、保险、证券、旅游、电信等领域向外商外资开放，积极引进大型国外服务贸易企业、有信誉的专业化中介服务机构。在出口市场上，坚持开拓国际市场与开拓国内市场并举，构建多元化市场格局。在组织体系上，要加强外经贸部门建设和管理，充分发挥它们的积极作用。在区域布局上，坚持县、乡、村三级联动，全方位对外开放，突出中心城镇和产业园区这个龙头，推进以城镇为中心、各类经济区为骨干、城乡一体化的整体开放。同时，应重点扶持出口大户，使之扩大规模，做优做强，增强市场竞争力。

（二）加大招商引资力度，实现"四个转变"

先招商后引资这是借鸡生蛋的有效做法，要大力发展县域开放型经济，实现县域经济跨越式发展，就必须加快招商引资步伐，实现以下四个方面的转变，实现招商引资量的扩展和质的飞跃。

1. 由政府招商引资为主转向政府和企业招商引资并重。很多县、乡多年来的实践表明，单纯地依靠政府招商引资，招商的时间与空间都受到相当大的制约，而按照市场经济的规律，引导和支持企业自主招商引资，既可以调动多方的积极性，又可以使政府把主要精力放到引导、组织和服务上来，一举而两得，何乐而不为。

2. 由集中型招商引资为主转向集中性与常年性招商引资并重。除依靠一些传统的重要活动、进行集中型招商引资工作以外，还要重视利用现代信息技术推进网上招商，积极开展中介人招商、委托招商，组织小分队常年性招商，使招商引资工作经常化、形式多样化。

3. 由单纯引进资金为主转向引进资金与引进技术、人才等生产要素并重。在大力引进外资的同时，要积极引进先进技术，引进现代管理，引进急需的各类专门人才，把引资与引智有机结合起来。事实上，经济上的对外开放，在鼓励区域内生产者采用新技术以降低成本并开发新的、更好的产品方面能起到非常重要的促进作用。

4. 由吸引直接投资为主转向直接招商引资与向资本市场融资并重。要拓展利用外资的形式和途径，在吸引直接投资的同时，应积极探索和推行项目融资和 BOT、TOT 方式利用外资，大胆利用海外上市、红筹股等境外股权证券投资，争取世界银行和各种国际基金组织、国外财团组织的投资与贷款，努力实现县、乡利用资本市场融资的较大突破。

（三）瞄准全球市场信息化，发展县域开放型经济

信息是现代社会的重要战略资源，信息资源的开发利用已成为现代生产力、竞争力、综合国力及社会经济成就的关键因素，并且直接反映出一个国家和地区的现代化水平。当今世界是开发的世界，信息化大潮席卷全球。市场信息瞬息万变，并且直接影响地区经济的发展，谁掌握了市场信息，谁就拥有了广阔的市场，谁的经济就将会有实质性的发展。要发展县域开放型经济，促进县域经济跨越式发展，就必须争取现代先进的信息技术，捕捉掌握各方面的信息，全力推动工业化、城镇化和农业产业化的进程。

1. 拓宽信息市场，发展信息产业，提高国民经济的信息化程度。知识经济的浪潮已成为世界经济不可逆转的进程，各国各地区为了在信息化的全球性竞争中保持信息技术的先进性而不致落败，纷纷制定了本国本地区的信息产业发展战略，积极培育信息化市场，通过建设以公共通信和信息交通平台以及多媒体互联网为主的信息基础设施，提高国民经济信息化程度。

2. 推进信息化进程，增强市场竞争力。目前，随着互联网的广泛应用，在全球引发了新一轮的信息化浪潮。信息技术对世界政治、经济、军事、文化正产生着不可估量的深远影响。

加入 WTO 后，市场信息千变万化，经济全球化日趋突出。我国经济要想

快速发展，就必须加大产品的国际国内市场占有量，不能再以地大物博为自豪，而要把丰富的资源推向国际、国内两大市场，同时，也要充分利用国际、国内市场上的所有资源，让资源优势尽快转化为经济优势，让现有的和潜在的比较优势转化为竞争优势，促进我国经济特别是县域经济的跨越式发展。

3. 加快信息化建设，推进工业化、农业产业化、城镇化进程。信息产业发展速度快，可以成为县域经济增长极重要的部分，加速推进信息化势在必行，但任务也非常艰巨。要与推进工业化、农业产业化和城镇化结合起来，因为推进"三化"离不开信息化，信息化落后就意味着整个经济的落后。因此，我们一定要在推进"三化"进程中加速信息化建设，同时又以信息化程度的提高推进"三化"进程，两者共同发展。加快信息化建设要加强组织领导，成立信息化领导小组，加强调查研究，搞好整体规划，抓好统筹协调，加强督促检查，抓好信息安全测评的认证资质和无线电频道管理，起草和制定地方性的法规、标准。

重点抓好以下几方面工作：一是把企业信息化提到重要的议事日程，工业、服务业尤其是制造业，要在计算机辅助设计、计算机辅助制造、企业资源管理、客户管理等方面进一步推广计算机技术应用。大中型企业要像建立现代企业制度一样将信息化纳入总体规划，提高企业核心竞争力。信息化要从生产环节抓起，扩展到整体生产流程、市场营销、售后服务。二是把握信息化发展趋势，加快发展县域信息产业，将之作为县域工业化新的经济增长点和重要高科技领域来抓。三是大力推广电子政务，搞好信息资源开发，尽快制定电子政务建设的总体框架和实施意见，制定统一的标准，规范管理体制，加快建立社会保障信息系统，发展远程教育。

（四）治理和优化经济发展环境，为加快发展县域开放型经济提供保障

发展县域开放型经济与优化县域经济发展环境是一个事物的两个方面，落脚点都是促进县级经济发展，两者相互统一。一个好的环境，有助于开放型经济的发展，反之，就阻碍开放型经济的发展。因此，加快发展县域开放型经济，应把工作着力点放在优化服务、治理和改善经济发展环境上。政府有关职能部门，要立足本地区开放，弱化指令，强化指导，弱化行政，强化市场，弱化直管，强化服务；由直接管理转向间接管理，改革审批事项，规范办事规则，提高办事效率；规范政务行为，严禁乱检查、乱收费、乱摊派、乱罚款，减轻企业负担，为基层和企业创造高效优质的服务，真正树立起该地区"开放、开明、高效、廉洁"的形象。

四、调整优化经济结构，推进县、市经济发生质的飞跃

改革开放以来，我国县域经济发展速度较快，势头良好。但我们也要清醒地看到，加入 WTO 后，县域经济与全国经济一样，遭遇到了发展的严峻形势。从整体上看，结构趋同、发展粗放、布局不合理、互补性差、过度竞争等经济结构不合理问题相当突出，严重影响了经济的协调发展。具体表现在：一是县域经济的增长速度相对放慢。二是粮食等农产品的卖难。三是县属国有企业和集体企业效益较低。四是乡镇企业的增长面临着同样的买方市场。五是农民的收入增长速度不快，农民的负担依然较重。六是农村人口向非农产业和城市转移的速度放慢。七是不同区域之间、县与县之间的经济发展差距明显扩大。

经济发展不仅表现为经济总量的增长过程，而且还表现为经济结构的调整过程。经济发展的过程，实质上就是经济结构不断调整和优化的进程。不同的经济发展阶段，有不同的经济结构来支撑。当前的经济结构调整"不是一般意义上的适应性调整，而是新技术革命带动的，对经济全局和长远发展具有重大影响的战略性调整"[①]。要使县域经济保持持续、较快健康发展，就要不断进行经济结构调整，使之更加优化，更加适应经济发展、技术进步、消费结构、市场变化和国际贸易的需要。当前，经济结构调整和优化已成为一个世界性的课题，受到越来越多的国家和地区的重视，以"跨国并购"和"国内重组"为特点的世界经济结构调整和优化步伐正在加快。加入 WTO 后，面对日趋激烈的国际国内市场竞争，我们应把县域经济的发展与经济结构调整和优化有机地结合起来，积极促进支柱产业培植，开发拳头产品，发展特色经济，用经济结构的调整和优化推动县域经济的快速发展。

（一）加快产业结构调整步伐，优化升级县域产业

产业结构是调整经济结构的基点，也是经济发展的重要因素。因此，推进

---

① 中国社会科学院工业经济研究所：《中国工业发展报告》，1999 年。

产业结构的顺利转变，从而实现经济长期较快的发展，就成为一项重大课题。长期以来，我国三次产业的结构中第一产业比重较大、第二产业比重过高、第三产业比重明显偏低的问题未能得到根本解决。在 2000 年国内生产总值结构中，第一、二、三产业的比重分别为 16%、51%、33%[①]。我国产业结构的失衡状态对国民经济的协调运行和稳定增长产生了很大负面影响，既不利于降低我国单位国民生产总值的物质消耗水平，同时也大大减少了安排就业的渠道。"经济总量的增长依赖于结构的转换；在一定的条件下，产业结构的转换率越高，经济总量的增长就越迅速"[②]。

根据产业结构的演变规律和我国经济发展进入工业化后期阶段以及加入WTO 的实际情况，我国县域产业结构的调整方向基本定位是：一是巩固加强第一产业。第一产业农业在国民经济中的基础性作用不能动摇，相反要巩固和加强，这是县域经济发展的基础。并且要努力改善农业，要面向市场，依靠科技，大力调整农业和农村经济结构，提高农业的竞争力，大力发展农业规模化、产业化经营，不断向生产的广度和深度进军。二是主攻提高第二产业。这是县域经济发展的核心。要加快工业改组、改造和结构优化升级，增强对经济增长的支持力度。要以市场为龙头，以资金、技术、品牌、资源等为纽带，采取公司、股份、租赁、出售、破产、托管、嫁接等改革措施，将国有、集体、个体私营和外商外资企业进行科学重组，使县域大部分企业焕发生机和活力。一方面，要淘汰严重供过于求的生产能力，用先进和适用技术改造轻纺、建材、冶金等传统产业，努力提高工艺的整体素质和国际竞争力。另一方面，要抓住信息化这个机遇，发展以信息技术为代表的高新技术产业，尽快形成具有中国特色和竞争优势的高新技术产业群，以信息化带动工业化，实现生产力的跨越式发展。三是加快发展第三产业。这是县域经济发展的主要方向。要采取切实的发展政策和坚强有力的扶持措施，加快金融保险、信息、科技、文化、教育、咨询、住房、旅游、社区服务、中介服务的发展，为经济发展提供高效率的服务体系，满足和扩大城乡居民的消费需求。四是积极发展高新技术

① 朱镕基：《关于制定国民经济和社会发展第十个五年计划建议的说明》，《人民日报》2000年 10 月 20 日。

② 国家统计局：《中国经济景气日报》，2001 年第 3 期。

产业。随着知识经济的到来，高新技术在经济发展中的作用将越来越突出。高新技术的主要特点是对 GDP 的贡献率大；能迅速改造传统产业，有利于各行业、企业可持续发展。目前，高新技术产业对美国经济增长的贡献率已超过35％，成为推动美国经济持续增长的强大动力。加入 WTO 后，我国要实现县域经济跨越式发展，就必须大力构筑高新技术产业发展平台，重点发展 IT 产业即由信息产业、制造业和以计算机及其网络为核心、以传输数据为主的信息服务业组成。具体来说，就是要大力发展和推广应用电子信息、生物工程、新材料等高新技术产业，通过加速利用高新技术和先进适应技术改造和提升传统产业，大力推动传统产业结构优化、产业升级，推进块状经济的发展，增加传统产品的市场竞争力，使传统产业在接受新技术的过程中得到全面提升，进行新的整合和提高，形成产业化经营的格局，迅速改变县域传统产业粗放生产、粗放加工、粗放经营，小而全、多而杂，缺规模、少龙头，甚至形不成优势、形不成商品的状况，进而实现生产力的快速发展、跨越，为县域经济结构的调整和产业优化升级提供所必需的技术支撑，推动县域经济逐步从工业化经济向信息化经济或知识经济转化，进一步加快产业升级步伐。

（二）调整和优化企业组织结构，培育县域工业经济优势

企业组织结构的调整是工业结构战略性调整的核心和关键，只有从企业组织结构调整入手，产品、技术、区域、劳动力等结构的调整才有实施的载体。目前，我国企业组织结构不合理的问题比较突出，县级区域则表现为经济规模普遍偏小，产业集中度低，缺乏市场竞争力；企业"大而全""小而全"，专业化水平低，缺乏特色、少名牌、优势不突出等。

加入 WTO 后，要培育县域工业经济优势，就必须增强企业核心竞争力，把企业组织结构调整和优化作为工业结构调整的切入点，加大企业改组力度，加快优胜劣汰机制的形成，促进生产要素和市场份额向优势企业集中，解决"大而全""小而全"问题，发展专业协作关系，提高企业的规模经济性，改善产业的组织程度。一要以市场为导向，以资本为纽带，以优势企业为龙头，推进强强联合，培育一批拥有自主知识产权、产业突出、核心能力强的大公司和企业集团，提高国有经济的整体素质，增强国有经济的控制力和竞争力。二要继续采取改组、联合、兼并等形式，进一步放开搞活国有小企业。三要逐步建立和形成小企业同大中型企业合理的分工与协作关系，提高生产的社会化水平，形成以大企业为主导，大中小企业合理分工、有机联系、协调发展的有利格局。

（三）调整和优化城乡结构，打破城乡二元结构，努力提升城镇化水平

城镇是吸纳农业剩余劳动力的重要阵地，是集中生产要素、实现规模效益的主要途径，是培植地方财源、壮大财政收入的重要载体。城镇化也叫城市化，主要指农村人口向城镇人口转移的过程，基本指标是城镇人口占该地区总人口的比重。它是经济结构调整和经济增长的重要推动因素。党的十五届五中全会提出："提高城镇化水平，转移农村人口，可以为经济发展提供广阔的市场和持久的动力，是优化城乡经济结构、促进国民经济良性循环和社会协调发展的重大措施，随着农业生产水平的提高和工业化进程的加快，我国推进城镇化条件已渐成熟，要不失时机地实施城镇化战略。"

根据第五次人口普查数据，我国城市化水平只有 36.09%，低于世界平均水平 10 多个百分点。我国这种低水平的城市化是国民经济发展体系中的一个跛足，同工业化进程很不协调，城镇化滞后是我国经济和文化发展的一个突出问题，已大大制约了国民经济的发展。不调整和优化城乡结构，只调整产业结构、产品结构对推进县域经济发展而言是无济于事的。必须双管齐下，两者并举。

提升城镇化水平要按照城镇建设集体化、管理市场化、投资多元化、经济格局外向化的原则，注重提升城市的生产功能，实现传统产业向高新技术产业的转变；注重提升城市的流通功能，实现从单纯重视商品流通向商品流通和生产要素流动并重的转变；注重自我发展向带动区域经济协调发展的转变。其关键是调整和优化城乡结构，改善城乡二元结构，有效推进第三产业，促进生产和生活社会化程度的明显提高，创造出巨大的市场需求。总体思路是：突出城镇和中心村的经济中心、信息中心、管理中心、决策中心的功能，发挥其聚集效应、规模效应、扩散效应和辐射作用。具体措施是：一是突出重点，加快发展中心城市，尽快形成合理的城镇格局，推进城市网络化。二是遵循"突出特色、功能配套、总体设计、分步实施"的原则，积极发展小城镇，搞好城镇建设的产业布局、建设布局、设施布局、生态布局，繁荣乡镇经济，从而走出一条符合我国国情的城市和小城镇协调发展的城市化道路。三是坚持以服务兴城活镇的路子，大力发展第三产业。要进一步启动商品零售批发市场和房地产市

场，大力发展信息服务业、科技服务业、社会服务业、交通运输业，使第三产业增长速度更加高于整个经济的增长。

（四）调整和优化所有制结构，大力发展民营经济和非公经济

有专家认为，目前我国经济发展效率与效益低的原因，除了科学技术和经营管理水平方面存在差距外，最主要的就是国有企业所占比重太大，而效率与效益又太低。今后，我国县域经济的发展主体和财源主体就是非公经济和民营经济。因此，要促进我国县域经济快速发展，就必须按照"有进有退、有所为有所不为"的原则，调整和完善所有制结构，使之更加适应生产力发展的要求。其关键是搞好国有企业的战略性调整和重组，使国有经济从没有优势的竞争性领域中退出来，为民营经济和非公经济的发展腾出空间。

1. 充分认识民营经济和非公经济在经济发展中的社会地位和历史作用。江泽民同志在党的十五大报告中明确指出，民营经济和非公经济是社会主义市场经济的重要组成部分，要实现多种经济成分共同发展。党的十五大关于"多种所有制经济共同发展"的鲜明提法，九届全国人大二次会议《宪法修正案》关于"个体经济、私营经济是社会主义市场经济的重要组成部分"的重要条款，消除了人们对发展民营经济的疑虑，解开了思想观念上的羁绊。江总书记七一重要讲话，从"三个代表"重要思想的高度，深刻论述了我国以公有制为主体、多种所有制经济共同发展的基本经济制度存在的重要性，把民营经济从业人员纳入了有中国特色社会主义事业建设者队伍，明确了他们的社会地位，这就为民营经济的存在、发展、壮大提供了政治保证。近些年来，民营经济和非公经济在全国各地蓬勃起来，得到了较快发展，并已显示出了强大的生命力。据专家预测，如果我国国有经济和国有控股经济的比重从现在的40％下降到30％左右，将会大幅提高我国经济发展的效益与效率。当前，随着世界形势的变化和我国加入WTO，全国各级政府对调整和优化所有制结构工作十分重视，都在为大力发展民营经济和非国有经济进行不懈的努力。要发展民营经济和非国有经济，就必须大力引进技术、引进项目、引进资金、引进人才，做好企业创新文章，以创新促发展，以发展促创新，努力解决民营经济和非公经济在企业规模、企业管理、人才素质上存在的不适应问题。

2. 大力发展民营经济，实现县域经济发展。民营经济是拉动经济增长的强力引擎。有关专家对1980—1995年全国综合竞争实力变动情况做了一个评估，发现这 15 年中有三个省提高最快。第一是浙江，从第 12 位提高到第四位；第二是广东，从第五位提高到第二位；第三是福建，从第 14 位提高到第八位。从工业产值角度分析，非国有经济超过 80% 的，也恰好是这三个省。"浙江现象"尤其耐人寻味。浙江的资源条件并不理想，其基本省情可以概括为"一多三少"，即人多、地少、陆地资源少、国家投入少。人均耕地仅 0.55 亩，低于全国平均水平。但浙江的经济为什么能跨越发展呢？原来，使浙江经济一路领先的是民营经济。目前，浙江的民营经济在工业中的比重已达 90% 以上，浙江的社会、经济基本格局突出体现在三个"民"字上：经济组织以民营为主，社会投资以民间为主，社区事业以民办为主。由此我们可以大胆地说，民营经济是最具活力、最具潜力、最有希望的经济增长点。

3. 调整和优化所有制结构，扩张民营经济总量，提升民营经济质量

（1）引导民营经济走开放引进之路。根据当前经济建设中财政投入太少、原始积累太慢、银行贷款太难的实际，县级政府要进一步确立"无外不快，县外就是外"的观念，坚持内商外商一起招、内资外资一起引，通过扩大对外开放领域，努力增加外商投资；通过股份合作等方式，努力增加民间投资。例如，广西来宾是一个典型的农业大县，全县 97 万人中有 80 余万是农村人口。近年来，该县委、县政府提出了"弹外调、唱民歌、跳三转"的发展思路，即弹高对外开放的调子；唱好民营经济的大合唱；政府的一切工作围绕经济转，经济围绕项目转，项目围绕引进转。仅 2001 年，该县共引进外资项目 110 个，到位资金 1.65 亿元，财政收入完成 5.28 亿元，同比增长 28.5%，财政收入总量连续四年居广西 80 多个县（市）第一位。

（2）引导民营经济走规模发展之路。有规模才有实力。各地要更积极、更大胆地拓展民营经济的发展空间。要采取整体转让等形式，向个体大户出售、租赁一批国有企业；改制一批国有企业为民营企业，使国有资本尽快从中小企业中退出，特别要鼓励现有企业厂长（经理）带头购买企业；鼓励一批机关和乡村干部兴办私营企业；转移一批下岗职工从事民营经济，积极进行二次创业。

（3）引导民营经济走科技进步之路。要引导、鼓励民营企业在研制开发新产品，加速科技成果的商品化、产业化方面发挥重要作用；运用高新技术加快改造传统产业，提高产品的科技含量；通过建立高新科技风险投资机制，引导民营企业投资高新技术产业；大力支持和引导院校、科研院所和各类科技人员

创办、领办民营科技企业，从整体上增强民营企业科技综合实力。

（4）引导民营经济走开发创新之路。在浙江省，不仅生产性经营已经民营化，而且出现了公用事业投资民间化的趋势。1990年，温州建造了全国第一个由民间集资的民航机场，1992年又建造了中国第一条股份制的金温铁路。目前，该省各种由民间创办的养老机构已超过千家，居全国首位。我们要学习先进地区已有成功经验，进一步放宽对民营企业从事第三产业的限制，鼓励民营企业投资交通、通信、旅游、服务、房地产等传统行业以及以科技教育、信息咨询为代表的新型行业，投资城市建设和经营交通、城市公用服务设施和其他基础服务设施。要加快民营向养老、医疗、失业等社会保障体系的延伸，真正拓宽民营企业领域。

（5）引导民营经济走优化环境之路。民营经济从某种意义上说就是环境经济，优化环境是民营经济发展的前提和条件。各级政府要坚持"放心、放胆、放手"的原则，努力为民营经济发展提供优越条件、优惠政策、优质服务和优良环境，推进民营经济步入发展的快车道。

4. 加大非公有制经济的发展力度。有专家预言，今后，县域经济的发展主体和财源主体是非公有制经济。对此，县、乡两级政府必须把加快发展的突破口放在发展非公有制经济上来。在企业创立、市场准入、融资渠道、产权保护以及政策法规等方面，对私营个体等大量非公有制经济实行国民待遇，为其发展创造平等竞争的环境，不仅可以打破国有企业在某些领域内的垄断及其资源利用的低效率，而且还可以促进充分竞争，增加有效供给，促进产业结构的调整。

（五）以优势为依托，大力培育具有市场竞争力的县域支柱产业和特色经济

我国是一个人口大国，在生产劳动密集型产品和中等技术产品方面具有明显的优势。在经济结构调整中，要注意发挥我国的资源、技术、劳动力等生产要素的相对优势，大力发展具有民族性、地方性的优势产业和特色经济。"只有尽可能发挥各国的比较优势，才是最有效率的。"我们应从我国的资源、技术、劳动力等优势出发，最大限度地发挥劳动力丰富和中等技术品生产这一比较优势，努力搞好劳动密集型产业、资本密集型产业、技术密集型产业和知识密集型产业的合理搭配，积极培育具有民族特色和地区特色的经济或优势支柱产业，以增强国际竞争力，加快县域经济快速发展。

1. 要大力培育优势产业和优势企业，组建企业集团。做大做强优势产业和优势企业，不仅符合市场经济发展的客观规律，而且是产业重组和工作发展到一定阶段的必然要求。发展优势产业和优势企业，要围绕"调高、调优、调大"的工业发展思路，实施大公司大集团战略，提升工业化的层次和水平，增强工业化的内在素质，培育出一批素质高、竞争力强并具有相应规模的大产业和大企业，并以此为龙头，组建企业集团，增强整体实力。

2. 以名优产品为龙头，实施品牌战略，大力发展县域特色经济。产品是资本运营的载体，市场竞争最直接的体现就是产品的竞争。当前国有企业资金不活，效益不好，实质就是产品市场的问题，深层次的原因是产品结构不合理。今后的工作重点，就是要以名优产品和名优企业为龙头，大力开发并重点扶持高科技含量、高附加值、高效益、高市场占有率的精品名牌，增加市场占有率，发展具有地方特色的优势产业和优势企业。

五、调整优化农村经济结构，推进农业产业化进程，不断增加农民收入

江泽民同志在党的十五大报告中指出："积极发展农业产业化经营，形成生产、加工、销售有机结合和相互促进的机制，推进农业向商品化、专业化、现代化转变。"2002年，中央经济工作会议明确指出：大力调整农业结构，千方百计增加农民收入，是新阶段农村工作的中心任务。增加农民收入，从根本上说，就要加快农村经济结构调整，提高农业竞争力，大力推进农业产业化进程。

加入 WTO 后，国内市场与国外市场将连成一体，最大的风险是长期存在的日益突出的农业与农民收入的问题。我国 2 亿多小规模经营农户生产的产品，能否与发达国家大农场、大公司、跨国集团相抗衡，能否保持和扩大农产品在国内外市场的份额，很大程度上取决于我国农业现代化、社会化、集约化程度的高低。农业产业化经营是使农业尽快走上现代化、社会化、集约化轨道的最现实有效的依托，是促进农业结构战略性调整的重要途径，是通过产供销和种养加相结合，使广大农民普遍受益的经营形式，是实现传统农业向现代农

业转变的必由之路，是适应工业化、提高农村经济竞争力和效益的根本措施。其基本特征是：以市场需求为导向，以龙头企业为依托，把生产、加工、销售连成一体，实行区域化种养、专业化生产、一体化经营、企业化管理、社会化服务，使各具特色的优势产品形成区域性的主导产业；突破了区域界限，把从事同类生产的农户联结起来，扩大了农业的产业群；把农业产前、产中、产后诸环节联结起来，延长了农业的产业链；把农村第一、二、三产业联结起来，形成了互为依托、互相促进的产业系统。县、乡级政府要把农业产业化经营作为农业和农村经济工作中的一项带全局性、方向性的重要工作来抓。

一直以来，我国农业生产经营规模狭小，每户农户耕种三五亩地，五谷杂粮一样不缺，鸡、鸭、鹅、兔也活蹦乱跳，但这种方式都是小而全的经营方式，土地产出率、劳动生产率、产品商品率都比较低，这是扩大市场占有率的重要制约因素。县一级农业的生产、加工与流通具有明显的经营规模小、成本高，市场化程度低，改革性支持少的特点，其国际竞争力也就相对较弱。长期的贸易保护使得农业产业结构不尽合理，比较优势没有得到应有的发挥。加入WTO后，外国质优价廉的农产品争先恐后涌入我国，特别是粮食等大宗农产品的进口，将降低国内农产品的市场价格，挤占国内农产品市场份额，从而减少农民收入。按照计量模型结果，到 2005 年，大宗农产品进口将出现不同幅度的增长，价格出现相应下降，农业总产值将下降 2%，农民收入下降 280 亿元（按 1990 年不变价）。因此，要应对入世挑战，增加农民收入，就必须调整和优化农业农村经济结构，特别是农产品结构，发展高产优质高效农业，提高农业产品质量档次，实行产业化经营，通过现代信息技术在农业方面的应用，促进信息化与农业产业化的结合，大力推进农业产业化进程。

（一）围绕优质高效的目标，加快农业结构的调整

农业竞争力不高的问题，很大程度上是由农业和农村经济结构不合理所造成的。抓好农业结构调整这个关键问题，要突出三个重点：一是突出调整优化农村产业结构。主攻方向是发展精品种植业，按照专业化、规模化、基地化的要求组织粮食生产，着重解决产品质量差、生产成本高、经营粗放的问题；发展精品畜牧业，通过改良品种和防止疫病、提高产品质量和安全标准；借助供给的改变，开拓畜牧产品的市场；发展精深加工业，大力开展技术创新，建立农产品及其加工品生产的标准体系、质量保证体系和产品质量检验体系，提高农产品原料生产的优质化程度，以增强竞争力。二是突出调整优化产品结构，形成体现新、优、特的产品结构，靠农产品的新、优、特来提高市场竞争力。新，就是以新产品抢占市场，开发需求，引导消费；优，就是实施名牌战略，以优取胜；特，就是突出特色，造成人无我有、人有我优的优势。突出调整优化区域经济布局，提高农业生产的集约化水平和规模效益，立足资源优势，集中必要的资金，有效配置资源，发展各具特色的区域经济和农业产品基地，培育优势产品和优势产业，建设具有国际竞争力的产业带和产业群，为提高农业的集约化水平和规模效益创造条件。三是要大力发展畜牧业，切实抓好退耕还林工作。"发达的畜牧业是现代农业的重要标志，畜产品是我国最具比较优势的农业产品"，一定要采取有效措施，大力发展畜牧业。国家把退耕还林作为加强生态建设和增加农民收入的重要措施，加入WTO后要加强领导，进一步扩大规模，育好种苗，整好林地，落实政策，加强管理，切实把这件事作为推进农业产业化进程的大事抓紧抓好、抓出成效。

（二）大力发展农产品加工业，推进农业产业化经营

发展农业产业化经营，关键是尽快培育出一大批辐射面广、牵动力强的龙头企业。各县（市、区）应把农产品加工业，特别是龙头企业作为农业产业化与工业化的联结点，作为整个农业结构调整的着力点，作为科技攻关的支撑点，作为既富民又富县的新的经济增长点，加强扶持，加快发展。通过提升工业化的水平，集中全县的技术、人才、资金，选择部分优势企业，解决水稻、肉食、油脂、水果等主要农产品的精深加工问题，打破部门界限、区域界限，并且要从资金投入、税收优惠、金融信贷等多方面大力支持龙头加工企业。通过招商引资、工农商联手、鼓励民营等大力扶持发展一批有技术创新能力、市场竞争能力、辐射带动能力的农产品加工龙头企业，实现农产品多次加工转化、多次增值增效。

（三）促进农业产业化与信息化有机结合

科学技术是第一生产力，而电子信息技术是现代科学技术的重要组成部分。衡量一个国家技术进步和现代化的程度，主要看电子信息技术的发展水平和在各行业的渗透程度。当前，由于信息不灵，农业科技化程度不高，农民技术素质低，导致了农业产业化进程缓慢。据中国互联网络信息中心（CNNIC）负责的"中国互联网络信息资源数量调查报告"显示，中国互联网络的信息

资源急速扩张，截至 2001 年 4 月 30 日，中国互联网络的域名总数为 692490，网站总数为 238249，网页总数为 159460056，在线数据库的总数为 45598[①]，另外，还有国际互联网络的海量信息。社会信息资源的极大丰富和信息化程度的不断提高，为推进农业产业化提供了市场信息和生产技术信息。大力推进农村市场信息服务体系建设，加强县级信息台和乡镇信息服务站建设，用信息化推进农业产业化进程，是今后我国县域经济发展的重要一着。而农业产业化主要体现在两个方面，一是实现农业规模化生产经营；二是形成产、供、销一条龙服务。信息化推动农业产业化主要表现为，要在农业生产经营上和农产品市场销售中发挥信息化作用。

1. 在农业发展上与科技信息化相结合。一是应用先进科技手段，优化产品品质。按照"多的调优，优的调多"的思路，加大粮、猪、果等大宗农产品的品种改良，提高优质品率。二是做大做强优势产业。按照农业产业化经营的思路，根据各地区的实际和优势，着重抓好几大本地区在市场上有竞争力的主导产业。三是利用信息化改造优势农产品生产加工企业。具体做法为：对优秀骨干企业制订信息化方案，企业实现上网和内部管理信息化，建立企业信息化主管制度，企业加大技术改造力度，使其工艺、技术、管理达到国内外先进水平。

2. 在农产品销售市场上与科技信息化相结合。一是发展区域特色经济。根据市场供求，大力发展无虫害蔬菜、时鲜瓜果、油茶、养殖和名特优农产品的生产和加工。二是以市场为导向，以基地建设为突破口，大力发展订单农业，在市场需求分析及科学区划和规划的基础上，建设一批示范区和生产基地，引导农业向优质化、规模化和现代化的方向发展。善于用订单引导和组织农业生产，着力解决一些地方优质、专用农产品优质不优价、不专收专储的问题。订单农业要向规范化、法制化方向发展，切实促进结构调整和农民增收。三是实施乡村农业信息化工程，推广现代网络技术，大力发展网上农业，健全农产品市场网络。

（四）加快农村经济组织创新，积极组建农民专业合作组织和行业协会，强力推进农业产业化进程

目前，我国农村经济组织化程度较低、农户生产的分散性和市场竞争需要

---

① 周叔莲：《中国的产业结构升级与经济增长方式转变》，《管理世界》1999 年第 1 期。

提高生产集中度的矛盾比较突出，特别是在我国加入WTO之后，面对西方发达国家组织化、企业化程度很高的农业的竞争，我国普遍存在一家一户为单位的生产，势单力薄的情况就更加突出。因此，要深化改革，在完善家庭联产承包责任制的基础上，加快农村经济组织创新，采取组建农民专业合作组织和行业协会等形式，提高农村经济组织化程度，强力推进农业产业化进程，以形成合力和拳头，以顽强姿态参与市场竞争。

入世之后，农民专业合作组织和行业协会在我国农业中的作用越来越突出，将成为我国农业产业化的重要组织载体。各级农业部门要引导各类市场主体和产业化经营组织，为农户提供及时广泛的社会化服务。要发展农民专业合作经济组织，搞好对农户的产前、产中、产后服务，发挥桥梁和纽带作用。

支持行业协会和出口企业积极应对国外歧视性反倾销、反补贴及其他限制措施，切实保护和保障行业内农民和企业的合法权益。浙江省江山市涌现出来的推动农业化新典型"江山养蜂协会"，促使养蜂业成为全市重要的支柱产业，年产值高达2.1亿元，就已充分说明行业协会是农业产业化的强劲推进器。

1. 实行公司＋农户或公司＋中介组织＋农户的形式。在这其中，后者推广的意义更大，其优势在于，能较好地解决利益分配不合理，以及合同难兑现的问题。中介组织是农民自己组建的，一方面代表农民利益，与企业签订合同；一方面充当企业的代表，对农民生产提出要求，企业无需直接面对千家万户，降低了组织运作成本。一旦出现合同纠纷，中介组织可居中协调，从而使龙头企业对农户经济的拉动作用发挥得更充分，形成"一加一大于二"的竞争力。

2. 发展农民专业合作和联合，提高农民组织化程度，是推进农业产业经营，提高农业效益和增强农民收入的有效途径。当前，我国农业普遍存在"小而全"流动作业、分散经营产销分割、产品科技含量低、生产成本高、市场竞争力弱的问题。加入WTO后，要改变这种农业的传统经营方式，增强我国农产品的市场竞争力，就必须建立和发展专业技术协会、专业生产合作社等中介服务组织，充分发挥其组织协调功能，引进和促进如资金联合、劳动联合、产销联合等不同经营联合和合作，通过专业化分工＋社会化服务，走现代规模化经营、产业化发展道路，达到运用先进科技、降低生产成本、减少中间环节、提高产品质量、增强竞争力、发挥品牌效应的目的。

3. 积极组建行业协会，充分发挥其组织、协调和服务功能，是在加入WTO 农产品国内外市场竞争日趋激烈的背景下，推进农业产业化进程的迫切需要。加入 WTO 后，外国质优价廉农产品的大量进入，使得我国农产品的市场竞争更加激烈。浙江省"江山模式"的成功经验充分证明，行业协会在市场准入、信息咨询、价格协调、产品标准化建设、规范行业经营行为等方面大有作为。它是一个集科工贸、产加销为一体的产业化体系，不仅对行业有组织、协调功能，而且可以帮助农户引进和推广先进技术，为农户牵线搭桥、提供市场信息和产品销售服务，通过农民专业之间的联合和合作，形成生产、加工、销售各环节之间的整体规模优势、质量优势、品牌优势，实现联合闯市场，"船大抗风浪"，有效推进农业产业化进程。

（五）鼓励和推动干部参与农业结构调整

干部在农业结构调整中起着重要作用，县级政府要把干部参与农业结构调整作为农业结构调整的切入点和突破口。让干部与农民结成风险共担、利益共享的共同体，以市场运作的方式，按产业化经营的要求，干群"捆"在一起调整农业结构，这是推动农业结构调整、推进农业产业化经营的根本措施，是转变干部作风，落实"三个代表"要求，密切干群关系的重大举措。

干部参与农业结构调整，要通过办龙头基地示范、抓技术指导服务，有效推动农业结构调整和农业产业化进程。1998 年以来，湖南省郴州市宜章县农业局局长带领 93 名局干部和技术人员积极投身农业产业结构调整，多方协调，共集资 600 余万元，先后办起了 4 个示范基地，并积极探索科技之路，发展特色经济。城南乡上蕉村 1992 年种植的一片果园，到 1998 年一直没有挂果，该县农业局组织技术骨干攻关，承包了该果园，通过精心培育，技术更新，当年便挂果，效益十分显著。在他们的影响和带动下，该村近两年又开荒种果1200 亩。该县畜牧局、林业局等农业主管部门和麻田、杨梅山、新华乡等乡镇的机关干部职工，也纷纷利用其人才和技术优势，建立了各种示范场和示范基地。通过干部做示范，带动农民一起干，农民当主体，干部农民捆在一起调结构，有力地推进了农业产业化进程。据统计，宜章县现已参与农业结构调整的干部达 5210 人，占干部总数的 41.3%，其中有 2710 人参与种植业，开发面积 28670 亩；1296 人参与养殖业，办养殖场 246 个；146 人参与加工业，办加工企业 36 个；510 人参与小水电开发，办电站 16 个。全县干部共投入资金

3495 万元，参与农业结构调整，农业发展一片方兴未艾之势。

作风即形象，改进干部作风，当前重点是要抓紧构建干部改进作风的载体和平台。这就要通过股份合作等方式，组织干部与农民结成利益共同体，捆在一起调结构、办实体，使干部进一步深入基层，服务农村，密切干群党群关系。湖南省郴州市汝城县井坡乡建立农业开发中心，由井坡乡副乡长谭琼峰带领 10 多名分流干部与农民结成利益共同体，盘活闲置土地 800 多亩，种植桑蚕、生姜等，年产值 20 多万元。郴州市农业结构调整调查组在汝城调研时随机抽查的田庄、外沙、马桥三个乡，共分流 63 名干部办实体，占三个乡 172 名干部的 37%。桂东县科技局副局长马专顺，投资 6 万元与农民合股建了 10 个巴西菇大棚，一个大棚年利税可达 1 万元左右。这样的做法，干部乐于参与，群众十分满意，反映良好。

（2002 年 8 月）

美国新经济的解读及我们的对策

美国新经济的由来

20 世纪 90 年代，美国经济经历了奇迹般快速发展的十年，这种经济的增长持续时间长，增长速度快，通货膨胀率和失业率低，从而掀起了社会上，特别是敏感的新闻媒体针对这一新现象的关注和讨论。这种经济持续扩张，由于许多宏观经济指标似乎已突破了原有的经济规律，而被广泛称为"新经济"。在这十年中，美国经济呈现出了较之以往明显不同的特点。

一、美国实现了经济史上创纪录的最长的一次扩张

美国经济自 1991 年以来的经济扩张已持续近 10 年，刷新了 1961 年 3 月至 1969 年 12 月肯尼迪·约翰逊时期长达 106 个月的扩张纪录。经济增长率在 1996 年至 1999 年间达到 2.5%—4.3%，创造了 20 世纪 70 年代"滞胀"以来最快的增长速度。整个经济大体上呈现一种稳步、温和、适度的增长态势。以前经济扩张期头三年，表现为经济过热，增长幅度过大。例如，里根第一个任期内的经济增长速度是美国 20 世纪 80 年代经济增长最迅速的几年。从 1982—1986 年实际国内生产总值每年增长 4.5%，之后增长率迅速下降，在随后的 10 年里下降了大约一半。在 20 世纪 80 年代初那些迅速增长的年份，劳动生产率的增长平均不到这个数字的一半，而在 20 世纪 90 年代的增长过程中，劳动生产率呈现一种逐步上升的趋势。同时，这次扩张表现出惊人的生机和活力。自 1994 年以后，美国经济增长明显加快，但整个过程并非一帆风顺，不时受到某些突变因素的影响。其中包括 1994 年的墨西哥金融危机，1997 年开始并蔓延到世界许多地区的亚洲金融危机，石油输出国组织的石油价格持续攀升和 2000 年春末纳斯达克综合指数从其 3 月时的高峰直线下跌

40%。美国经济富于韧性和抗打击能力说明，美国市场的效率和灵活性较之以往大大增强。

二、通货膨胀与失业率之间传统的此消彼长的替代关系发生了变化

在本次经济扩张中，随着失业率的降低，通货膨胀率并没有出现上升的趋势，两者以往此消彼长的替代关系被打破。失业率下降最具社会影响。1991年，美国失业率为6.8%，克林顿上台后，美国失业率从1992年的7.8%下降到1996年的5.4%，1997年又降到5.1%，目前维持在4.3%，低于20世纪60年代以来的任何其他时期。同时，美国的通货膨胀率直至最近继续维持在低水平。从1991年3月至1995年，以消费物价增长幅度表示的通货膨胀率年平均增长幅度仅为2.98%，1996年为2.6%，1997年为3.2%，到1999年底下降到1.9%，这是30多年来最低的。在经济高增长的同时，低失业和低通胀同时并存是这一轮扩张中最为独特的亮点（见表1）。

表1 20世纪90年代以来美国主要经济指标

	1990	1991	1992	1993	1994	1995	1996	1997	1998	1999	2000①
GDP 增长率（%）	1.2	−0.9	2.7	2.3	3.5	2.0	2.8	3.8	3.9	4.0	5.0
通货膨胀率（%）	5.4	4.2	3.0	3.0	2.6	2.8	3.0	2.3	1.6	1.5	3.4
失业率（%）	5.6	6.8	7.5	6.9	6.1	5.6	5.4	4.9	4.5	4.2	4.0
联邦财政收支②（10亿美元）	−221.2	−269.4	−290.4	−255.0	−203.1	−163.9	−107.5	−21.9	69.2	124.4	236.4

资料来源：[美]《总统经济报告》（2000年），第309、354、378、397页；2000年数据根据美国总统经济顾问委员会：《经济指标》2001年3月数据

在过去的扩张中，政府可以通过降低利率、放松银根，实行赤字预算来促

---

① 2000年的数字为初步数字。
② 联邦财政制度与年度数字。

成充分就业。这些改革却带来反效果。起初，失业率果真下降，但其后失业率和通货膨胀率均上升，政府保证将达到充分就业，结果却引起令充分就业无法实现的剧烈通胀，由此一来，战后历次的经济扩张期都不得不以通货膨胀而告终。

现在的情形恰恰相反。在克林顿任期内，联邦政府的财政赤字逐年下降，从 1992 年度的 2904 亿美元减到 1997 年度的 219 亿美元，1998 年度实现自杜鲁门政府以来首次财政盈余，当年盈余 692 亿美元，1999 年度盈余 1246 亿美元，2000 年度盈余 2364 亿美元，从而彻底摆脱了长期困扰美国的高额财政赤字问题。政府预算赤字的减少实际上增加了市场的资本供给量，有利于促使长期利率的下降并将其保持在较低水平，从而刺激企业投资。

三、美国资本市场的股票市值从 20 世纪 90 年代初开始持续、大幅度地上涨，创造了空前的股市繁荣

这种繁荣尤其是以科技股为主体的纳斯达克的持续、大幅度上涨为代表，反映了投资者对高新技术企业在未来能够实现巨大利润的信心。

在 20 世纪 90 年代的扩张过程中，美国股市出现了惊人的"牛市"。无论是老牌的纽约道琼斯工业股票价格平均数，还是新兴的纳斯达克的综合指数均出现了节节攀升的良好势头。战后，从 1966—1983 年的 18 年间，道琼斯股票价格平均数一直盘桓在 1000 点左右的水平。1983—1995 年的 13 年间，道琼斯股票价格平均数终于上升到 4000 点，此后扶摇直上，从 1995 年起，上升的速度明显加快，每年都突破 1000 点，1995 年是 4000—5000 点，1997 年是 7000—8000 点，1999 年 3 月突破万点大关，当年 7 月上升至 11000 点。道琼斯股价平均数涨得快，纳斯达克指数涨得更快。1991 年 4 月 12 日，纳指首次突破 500 点，1995 年 7 月 17 日，纳指首次突破 1000 点，这段 100% 的成长，花了"漫长"的 4 年零 3 个月。1998 年 7 月 16 日，纳指首次突破 2000 点，3 年之中整整翻了一番。1999 年，纳指突然再掀高潮，11 月 3 日，首次突破 3000 点，12 月 29 日，首次突破 4000 点。从 2000 点到 4000 点，纳指仅用了不足一年半的时间。2000 年 3 月 9 日，纳指首次突破 5000 点。该指数上升之快，简直令人难以置信——要知道，道琼斯工业股票价格平均数实现同样的突破足足用了 23 年。1998 年纳斯达克 4817 种成分股总值已达 2.9 万亿美元，1998 年竟飙升到 6.7 万亿美元，几乎是道琼斯 30 种股票总值的 3.8 万亿美元的两倍，1999 年纳斯达克成交额为 11 万亿美元，成交量为 2726 亿股，均超

过了纽约证券交易所，分别占美国三大证券交易所的 51% 和 56%。纳斯达克迅速成长并超过纽约证券交易所成为美国最大的股票市场。

总之，美国 20 世纪 90 年代的经济扩张呈现出显著的"三低"（失业率低、通胀率低、利率低）、"三高"（汇率高、股价高、企业利润高）的奇迹，正如美国人自己所说，"该上升的都上升了，该下降的都下降了。"这在美国乃至世界经济发展史上都是罕见的。在传统经济学理论中，宏观经济的四大目标：经济增长、政府财政收支平衡、通货膨胀及失业率降低之间存在着一种相生相克的关系，不可能同时实现。然而，20 世纪 90 年代以来，上述让经济学家们觉得两难的四大目标在美国经济生活中却同时实现了。

"新经济"就是在 20 世纪 90 年代美国三条经济曲线所涉及的重要经济发生了新变化的大背景下提出来的。按照美国《商业周刊》编辑、著名新经济学家迈克尔·曼德尔的说法，1995 年 8 月 9 日，是美国"新经济"发轫的具体日期：这一天，美国网景公司成为上市公司，开市当日股价翻番，随后一路攀升，从而引发了一场持续时间长达五年之久的互联网浪潮。1998 年 4 月 15 日，美国商务部发表了《浮现中的数字经济》的报告，在报告中，美国政府第一次全面阐释了新经济的信息内涵。2000 年 6 月，美国前副总统戈尔在商务部《2000年数字经济》报告首发式上将新经济的概念描述为"一个由信息、研究、知识和技术推动的经济"。"新经济"之说就是在这样的背景下广泛传播开来。

美国新经济的特征

美国新经济出现后，许多学者对其特征进行了深入研究。代表人物主要有保罗·罗默、理查德·纳尔逊、罗伯特·夏皮罗以及道格拉斯·诺思等。在具体论及新经济的特征上，1999 年美国民主党智囊机构"进步政策研究所"（Progressive Policy Institute）的研究成果十分引人注目。该研究所发表的题为《州新经济指标》的研究报告认为，"新经济"的主要特征有：

第一，焕然一新的工业、高速度的企业变动、异常激烈的相互竞争以及全球化的明显趋势等，都不同程度地受到了信息技术革命性进步的推动。

第二，"新经济"是一个以知识和技术为基础的经济，在"新经济"中，对创造财富和工作岗位起决定性作用的是创新和技术被用于经济所有部门的程序，也包括新的组织模式。

第三，"新经济"中最重要的变化一是高速度的创新，二是要求对发展变化具有很强的适应性。任何企业如果不尽最大努力以适应日新月异的信息技术发展，就面临着落伍和被淘汰出局的危险。

该研究所报告由此还提出了测量"新经济"的五大类 17 个指标，引起了各国新经济研究者的广泛关注（具体内容见表 2）。

表 2　测量"新经济"的五大类 17 个指标

知识岗位	1. 办公室工作岗位； 2. 管理人员、专业人员和技术人员的工作岗位； 3. 劳动力受教育水平；	目前，美国 80% 的就业人员从事的不是生产物品的劳动，而是运输物品、处理和制造信息，或者提供服务。1969 年以来，商品生产和批发部门失去的工作岗位，几乎都被办公室工作岗位代替了。美国经济中以知识为基础的就业岗位数量不断上升，1960 年美国只有 5000 名程序员，现有 130 多万人。管理和专业岗位比重从 1979 年的 22% 上升到 1995 年的 28.4%。
全球化	4. 制造业的出口导向； 5. 外国直接投资；	在制造业和服务行业中，高新技术公司越来越重要，在制造业中的比重从 1970 年的 18% 提高到 1994 年的 24%。高新技术产值在美国 GDP 中的比重从 1990 年的 5.5% 上升到 1996 年的 6.2%。全球化推动了美国对外投资，按 1990 年美元计算，美国对外投资从 20 世纪 90 年代前期年均 1175 亿美元，占美国 GDP 的比重从 1.04% 上升到 1.64%。
经济活力和竞争	6. 快速增长的小高新技术公司的岗位数； 7. 经济"搅拌"（新企业开张和现企业倒闭的产物）； 8. 公司初上市股值；	以敢冒风险、发展迅速著称的小高新技术公司，1993 年以来增加了 40%，已超过 35.5 万家。1993—1996 年，美国新增就业岗位 70% 来自这些公司，其中 46% 来自雇员 100 人以下的小高新技术公司。这些公司近四年销售额增幅在 20% 以上。1988—1995 年，美国公司总数从 600 万家增加到 660 万家，7 年中美国上市股票增加了一倍。1994—1995 年，新成立 695 万家公司，倒闭 58.7 万家。

向数字经济过渡	9. 成人联机的百分数; 10. Com 域名注册数; 11. 学校中的技术; 12. 地方政府利用信息提供服务的程度;	1998—1995 年, 全世界互联网用户增加 55%, 互联网主机增加 46%, 互联网服务器增加 128%, 新注册网址增加 137%。到 1999 年底, 全球上网人数为 2.6 亿, 其中约有一半在美国、加拿大; 美国每 100 个人中有 37 个可在家或办公室上网。
技术创新能力	13. 高新技术岗位数; 14. 劳动力中的科学家和工程师数; 15. 获得专利数; 16. 产业界对 R&D 的投资; 17. 风险投资活动。	1994—1995 年, 美国新公司创造了 580 万个就业岗位, 倒闭公司失去了 450 万个就业岗位; 增长的公司创造了 1060 万个岗位, 下滑的公司失去了 820 万个岗位。1998 年, 高新技术产品出口 1427.9 亿美元, 占制造业产品出口的 33%。1987—1997 年, 每百万人口中, 美国有科学家和工程师 3676 人; 1998 年, 美国专利申请 2358 万件, 专利和许可证收入 368 亿美元; R&D 投入 2279 亿美元; 1999 年, 美国风险投资 250 亿美元, 风险基金 800 亿美元以上。

资料来源：美国进步政策研究所发表的《州新经济指标》

上述美国学者对"新经济"的探讨，特别是衡量"新经济"的指标，从一定程度上勾画出了美国经济近年来发展的新变化、新特点，对于人们走近"新经济"、认识"新经济"具有重要的参考价值。那么，美国新经济之"新"究竟表现在哪里呢？

一、就技术层面和微观层面来看，新经济"新"在它是一个创新的"蜂聚"时期，大批新兴的高新技术中小企业应运而生，并迅速崛起

著名经济学家熊彼特曾经指出：创新是经济变动的一个重要因素，而创新作用的发挥只是"蜂聚"在某些时间里。当前正在推动经济发展的信息技术革命，主要是以计算机和互联网的发展为主线（下一阶段的新技术革命可能是生物技术革命）。这一信息技术革命，首先经历了一个技术发展的长过程。从二战结束时起，经过 20 世纪 50 年代、60 年代，直到 70 年代的 30 多年里，技术本身的发展尚未达到创新"蜂聚"的程度。二战结束时，现代电子计算机问世。在此后的 30 多年里，计算机本身的发展经历了一个从大型到微型、从慢速到高速、从专用到通用、从低性能到高性能、从高价格到低价格的不断更新与不断升级的演进过程。到 70 年代末和 80 年代初，个人计算机的问世，是信息技术发展过程中的一个重大的"革命性"转变，由此使 80 年代出现了一个以个人计算机发展为中心的创新"蜂聚"时期，80 年代也被称为信息技术发展的"PC 时代"。在此基础上，90 年代又前进到了一个以互联网发展为中心的创新高峰期。互联网的发展，是整个信息技术发展过程中的又一个更重大的"革命性"转变，90 年代因此被称为信息技术发展的"互联网时代"。

20 世纪 80 年代和 90 年代这两个创新"蜂聚"时期（也可以连起来视为一个创新"蜂聚"时期），比起历史上铁路、电力、汽车等的创新情况，规模与影响更加空前，特别是一大批高新技术的中小型企业迅速诞生与崛起更为突出。

二、就市场运作层面来看，新经济"新"在它使竞争空前加剧

首先，企业间的竞争空前加剧。一方面，新兴高新技术企业在其上市前，都经历了一个十分艰苦的风险创业过程。有的靠"创意"正确而创业成功，更有大量的因"创意"失误而招致失败。成功者，留下了名，而大量失败者，就不为人所知。"新经济"下的竞争，实际上从"创意"开始，就进入了"你死我活"的大浪淘沙过程。另一方面，新兴企业股票上市后，更是竞争激烈。一个公司的新产品，若站住了脚，这个公司便会兴旺发达起来，但若其产品很快被其他公司性能更好的新产品所取代，则等待它的只有"死亡"。在"新经济"下，企业间的并购、重组异常激烈，一个新兴企业，昨日还是明星，今天很可能就被淘汰出局。据美国报载：2000 年 1—3 月份，在纳斯达克股票市场新上市的企业有 176 家，新下市的企业也达 173 家。截至 1999 年底，纳斯达克股票市场连续三年来，新下市的企业数超过了新上市的企业数。近三年来，在纳斯达克股票市场下市企业为 727 家，使下市企业总数达到 4829 家。企业间的竞争方式，不仅是打价格战，更重要的是打创新战、速度战、质量战、服务战，一战更比一战激烈，一战更比一战残酷。

其次，人才的竞争空前加剧。新技术的创新使得高科技人才的竞争更加激烈，特别是有不少新的创业者，或新企业中的骨干人员，是从原有企业中分离出来的，新企业的成功，很可能导致原有企业的"死亡"。在"新经济"下，对高科技人才的需求不断扩大，美国政府放宽了移民政策，从印度、中国、俄罗斯等国大批引进人才，以充实其"人才库"。据报道：美国1999年签发的H-1B签证达11.5万，其中，印度占46%，中国大陆占10%。在加州"硅谷"工作的高科技人员中，33%以上是外国人。在美国计算机领域，具有博士学位的高科技人员中，50%以上是外国人。

最后，国际市场的竞争空前加剧。经济的全球化促进了"新经济"的发展，反过来，"新经济"的发展又进一步加速了经济全球化的进程。从技术本身的特性来说，互联网是无国界的，以互联网为技术基础的现代国际金融与电子商务，以其按秒计算的速度，日益加剧着国际竞争。

三、就资金层面来看，新经济"新"在融资方式的创新

新经济的资本市场的重要特点是风险投资的激增和大量公司首次公开上市。如果说技术是新经济的引擎，那金融就是燃料。在信息技术革命的创新"蜂聚"时期，大批高新技术的中小企业能够诞生和崛起，与资本市场上融资方式的创新是分不开的。诸如思科、网景、亚马逊、雅虎等新经济的风云企业能够爆炸性地成长，部分是因为它们在创业初期获得了风险资本的资助，并且能通过更广阔的 NASDAQ 股市迅速地扩展。

2000年上半年的资料显示，美国风险资本的年度总量已高达1000亿美元左右，相当于研究和开发资金总额的40%，而风险资本的影响可能比这些数字所显示的更大。一项1998年的研究估计显示，1美元风险资本所产生的专利权比1美元公司研究与开发支出所产生的专利权多3—5倍。

四、就市场和国家的关系看，新经济"新"在政策与制度的创新

在美国新经济的发展过程中，美国政府的作用不是减弱了，而是更为重要了。政府的直接干预减少了，而政府的职能更集中于为市场机制发挥作用，为保持经济的持续和稳定增长创造必要的政策和制度条件。

克林顿在2000年度的《总统经济报告》中，从政府政策的角度将20世纪90年代美国经济的成功归结于经济政策的三大支柱：一是财政约束，以利于降低利率和刺激商务投资；二是投资于教育、医疗保健以及科学和技术，以迎接21世纪的挑战；三是打开国外市场，以便美国人能有更好的机会参与海外竞争。在1999年度的《总统经济报告》中，克林顿将这三大支柱称为美国政

府"新的经济战略"。克林顿最突出的政策创新是：反对前任们对产业政策的消极态度，主张政府对产业的指导作用，重塑政府与企业间关系。克林顿政府在推动科技创新、支持高新技术产业和战略产业、增加 R&D 投入等方面可谓不遗余力。

为营造一个建设性的竞争环境，克林顿政府在推动工业和贸易的规则制定方面也发挥了重要作用。这些规则包括标准制定、税收尤其是互联网交易征税、反垄断、规范新的经营方式（如电子商务）、知识产权保护等。美联储始终能够主动地采取小幅度的中性货币政策微调，是"新经济"能够平衡运行的最重要的制度保证之一。

五、就宏观经济层面来考察，新经济"新"在促进了经济周期波动的缓和化

信息技术不仅推动了新经济以更快的速度增长，而且它将倾向于缩短一个商业周期衰退阶段的时间长度。

首先，信息技术革命促进了供求的良性互动。信息技术革命以新供给创造新需求，又以新需求推动了新供给，促进了社会总供求的良性互动，推动了经济的持续、稳步增长，从而延长了经济扩张期，减小了经济波动幅度。信息技术革命以不断创新的新产品丰富了社会的总供给，有力地推动了社会总需求，包括投资需求与消费需求。在非住宅固定投资中，用于设备和软件的投资迅速增长。1991 年，因经济衰退的影响，用于设备和软件的投资下降了 2%；1992 年，其投资增长率上升到 7.4%；1993—1997 年，其投资增长率一直保持在 11% 左右的较高水平上；1998 年，高达 15.8%；1999 年，在非住宅固定投资中，用于建筑物的投资下降了 2.7%，而用于设备和软件的投资仍增长了 12%。信息技术革命创造了新的就业岗位，总供给与总投资的增长又进一步推动了就业的增加，也推动了股市的上升，从而增加了居民的即期收入和预期收入，扩大了消费需求。个人消费支出的年增长率由 1991 年的 0.1% 上升到 1999 年的 5.3%，其中，用于耐用商品的个人消费支出，其年增长率由 1991 年的 -6.6% 上升到 1999 年的 11.4%。投资需求与消费需求的旺盛，通过市场机制，又有力地推动了社会总供给的改善与提高。在供求良性循环的基础上，美国经济出现了创纪录的超速增长。

其次，信息技术革命缩短了供求的差距。计算机与互联网的发展，使商品和服务的供给与需求在时间上、空间上缩短了距离。厂商可根据用户的不同需要进行设计与生产，这样使"买"与"卖"之间的联系更加紧密，减少了脱节的可能性，这种供应商及消费者通信改善使制造商能更有利地调整库存，甚至可实现零库存。结果，美国耐用商品制造商已把存货率从 1988 年的 16.3%（1982—1990 年期间的最低值）降低到 1999 年的 12%，此举不仅节省了成本，还避免了生产过剩或供给不足，有利于缩小整个经济的波动。

最后，信息技术革命推动了产业结构的优化和升级，特别是促进了现代第三产业的发展，增强了经济结构自身的稳定性。第三产业素来被称为经济波动的"缓冲器"，具有较强的经济稳定功能。美国在 1987 年的服务业产值占 GDP 的比重已高达 66.5%，信息技术迅猛发展推动下经济结构的"软化"又使这一比重上升了 9.6 个百分点，达到 1996 年的 76.1%，集中了全部就业者的近 80%（高技术劳动力的 85% 以上），美国经济结构服务化趋势由此进一步增强。

六、就依赖的核心资源来看，新经济"新"在可持续发展

在新经济中，信息和知识是重要的生产要素，脑力的投入比物质的投入更重要，人类的经济活动不再拘泥于物质财富的制造，而且创造财富需要更多更广泛的知识。

工业经济在创造巨大社会财富的同时，也造成了严重的环境破坏，传统发展模式已越来越难以适应形势发展的需要。作为新经济基础和动力的产业技术革命正方兴未艾，以信息与通信技术为主的产业技术群体将彻底改变人类的生产、生活和思维方式，提高整个社会资源的利用效率。此外，生物技术和新能源也将是这次革命的主要推动力量。以基因工程为主的生物技术将极大地改变人类与自然相互作用的关系，提高人类战胜疾病、抗拒衰老、修复被破坏的自然生态的能力。而燃料电池所代表的能源和动力革命，将使人类摆脱对不可再生的矿物燃料的依赖，通过发展和利用可再生的绿色能源循环而为人类的现代文明提供不竭的能源和动力，同时，保护自然生态的平衡和促使人与自然的协调发展，在这个资源有限的地球上实现人类可持续发展的梦想。

综上所述，"新经济"的本质内涵，是指基于信息革命的发展和信息技术的广泛应用而出现的新的经济形态，它以知识为基础，以技术创新为驱动力，

以信息为主导，以网络为载体，其核心内容是知识经济和信息经济。概括起来，美国新经济的特征主要体现在：

一是知识和技术进步在经济增长中的贡献日益增大。可以说，知识和技术进步已成为经济增长主要的动力。在新经济中，经济增长已经从资源消耗型向知识和技术型转化，越来越多的经济附加值是由脑力劳动而非体力劳动创造出来的，越来越多的工作已经属于知识和技术工作。

二是高速度的创新和要求对发展变化具有很强的适应性成为最重要的两个规律。在新经济体系内，任何企业如果不尽最大的努力以适应日新月异的信息技术发展，就面临着落伍和被淘汰出局的危险。

三是信息产业在国民经济中占据主导地位。尽管目前难以准确评估信息技术产业对整体经济的全部影响，但信息产业在新经济中的影响异常突出，无论是在占国内生产总值的比重上，还是在新就业机会的创造上，信息产业都已成长为主导性产业。

四是经济发展出现网络化趋势。伴随信息技术的广泛应用和信息基础设施的建立，一方面，越来越多的企业将围绕网络经济进行改组和调整，另一方面，从发明、设计规划、购买、生产、市场推销到售后服务等各个生产环节，越来越和网络紧密相融。

五是经济实现集约型增长，劳动生产率得到进一步提高。

美国新经济的诱因

对于美国 20 世纪 90 年代经济超常规增长，美国国内的学者做了大量的分析，结合新经济的上述内涵，下述原因是催生美国新经济的根本原因。

一、以信息技术为代表的高新技术不断创新是美国新经济形成的主要推动力

美国经济从工业经济向知识经济的转变和新经济的出现，主要得益于信息革命的迅速发展及其在经济中的扩散。近年来，美国信息技术日新月异，突飞猛进。首先是个人计算机的大量普及，然后是不计其数、多种多样旨在提高和扩展计算机工作能力的计算机应用软件倾闸而出，再到企业局域网的发展，然

后是 1995 年互联网和网络经济、电子商务的出现，再后来是现在的光纤和宽频设施的大量基建式的铺设和应用。20 世纪 90 年代这些蜂拥而至的技术变革令人瞠目结舌，以意想不到的方式促进着经济的快速发展和改变我们周围的一切。

据美国《商业周刊》统计，美国信息技术部门（包括信息技术生产部门和信息技术应用部门）创造的 GDP 已经占全美 GDP 的 56％，信息产业正在成长为美国第一大产业。按照美国商务部发表的《2000 年数字经济》报告显示，1995—1999 年，仅信息技术生产企业对美国 GDP 增长的贡献率就分别达到了 30％、34％、28％、27％和 32％。高新技术产业已经超过了汽车、建筑等传统行业的增长度而跃居第一位，而且这种技术上的不断发展受到美国不断增长和变化的消费需求所支撑。1999 年，全美其他消费品的消费总额是 3000 亿美元，而信息技术产品或与信息有关的产品的消费额是 3120 亿美元。随着高新技术产业的飞速发展，美国传统产业得以改组、改造，产业结构得以迅速调整和升级，从而成为美国新经济形成的一个重要标志。

二、以制度创新为主导的社会环境是美国新经济发展的重要支撑力

人类各项活动包括技术创新活动都是在制度的规定下进行。在美国新经济发生和经济转型过程中，技术创新诚然起着至关重要的作用，是新经济的主要推动力，但更为根本的因素还在于，美国近 20 年来在制度上所进行的一系列调整。正是这种调整营造了一个良好的技术创新的社会环境，由此支撑了新经济的发展。

1. *以科技政策为特征的政府对创新的积极参与*

战后美国的科技政策经历了一个较长时期的转变过程。它发端于二战时期，并因为冷战的需要而持续相当长时期，主要是实行对基础科学研究及与国防有关的技术进行支持的政策。到 20 世纪末克林顿政府奉行以增强美国产业竞争力、促进经济持续增长为目标的新的科学技术政策，美国对科技扶持和干预的指导思想、重点和方式都在逐步调整。

（1）强化国家在创新中的领导性作用。美国政府认为科学技术属于准公共产品，国家应在解决人类整体发展进步问题的重大技术创新上担负起责任，用"社会理性"代替"市场理性"。克林顿在任的八年间，政府对科技研发的资助达到了创纪录的上百亿美元，在其任期最后一年即2000年，美国的研究与开发投资达到了2640亿美元。这一数字占世界研发投资的45%，相当于其他西方六国研究和开发投资的总和。

（2）建立技术为经济增长服务的科技政策。二战以后，美国实施过一项庞大的计划来建立技术先进的国家防卫体系。美国的科技政策带有浓厚的"任务导向"色彩，即政府所强调的是各个政府机构要为完成一项任务而推动和进行与国防有关的科研工作以及基础科研工作，至于应用科学研究和产业技术研究及开发方面的工作，美国政府基本上是顺其自然，留给私营部门去负责，带有典型的国防导向特征。如1988年在联邦政府研发经费预算总额中用于与军事有关的部分占65.6%，而用于民间产业开发的费用只占0.2%。这种情况在冷战后期开始发生变化，美国政府开始调整技术政策，克林顿政府提出了技术为经济增长服务的政策，并采取一系列措施。主要有：一是建立面向21世纪、支撑和促进工商业的基础设施，如信息高速公路；二是实现军事和民用产业的技术基础一体化；三是加快联邦政府研究成果向应用领域转化和私营企业转移；四是加强政府和产业界之间的合作，共同通过发展关键性技术的办法来提高美国在全球的科技竞争力；五是创造一个能够促进私营部门创新和竞争的环境，如放松电信、金融等部门管制，实施"科研抵税法"；六是推动技术的开发、应用和扩散；七是重视教育对维持美国经济动力的重要性，"投资于人""缩小数字化差距"，实施"终身学习计划""再培训计划"，以培育世界一流的劳动力队伍。

2. 以投融资体制创新为特征的风险投资制度

美国是现代风险投资的发源地，但20世纪70年代以前美国的风险投资大部分投入规模较大和已成熟的公司，风险投资与高新技术的真正结合是在20世纪70年代初。1999年美国风险投资已达到483亿美元，目前，美国的风险投资金额约为全球风险资金的3/4以上，相当于美国前20年风险投资金额的总和。美国不少高新技术中心和企业都得到了风险投资的支持。最突出的是硅谷，1997年，全美约投入风险资本128亿美元，其中29%被投入到硅谷新成立的公司中，在美国的创业企业中，80%以上是创新科技公司，这些企业3/4的股权资本是由风险投资基金提供的。正是因为高新技术企业与风险投资之间的良性互动，促进了美国高新技术产业尤其是信息技术产业的突飞猛进。

在这个过程中，形成了一种围绕科技聚集资本、围绕技术组织生产要素的新机制。传统生产要素组合方式是资本—劳动力—技术—生产，这种机制的核心和起点是资本，拥有资本就可以选择劳动力和技术。而新机制使传统的生产要素组织方式颠倒过来，科技人员（长期智力投资）—拥有技术和发明—获得风险投资—组织生产，这种机制的核心和起点是科技人员及其拥有的技术和发明，拥有技术就可以利用资本，可以选择和改造劳动力并获得利润。由此，美国的高新技术产业进入了一个良性发展阶段。

3. 以纳斯达克为特征的多层次资本市场制度

美国纳斯达克是风险投资的最佳退出方式。风险投资资本运作的关键是通畅资金出口，因风险投资的目的不是对被投资企业股份的占有和控制，而是尽快收回资金，完成本轮投资，又为下一轮投资做好准备。通过股票发行和上市，风险资本既可收回原有投资，又可获得巨额回报。

纳斯达克是高新技术风险企业进入资本市场的重要平台。一般而言，正在成长的高新技术风险企业，通常是从很小规模的企业做起，最初市场规模和经营状况也不稳定，投资这类企业风险较大，同时也难以达到进入传统资本市场的条件，在这种情况下，纳斯达克成为历史的必然选择。截至 1998 年底，美国所有的高新技术上市公司中，96％的互联网公司、92％的计算机软件公司、82％的计算机制造公司、81％的电子通信及生物技术公司在纳斯达克上市。在纳斯达克上市的 5487 家公司中，高新技术计算机公司占 41％，电子通信公司占 12％，生物医药公司占 7％。纳斯达克市场在 1990—1997 年八年间为美国高新技术产业注入了近 750 亿美元的巨资，这个数字是美国私人风险业总资本的两倍多。

4. 以硅谷等科技园区为特征的产学研结合机制

硅谷，美国《哥伦比亚简明百科全书》的注释是：一个长度大约 32 公里的工业区，位于旧金山湾区，面积约 1500 平方公里，人口 230 万，有 120 万个工作岗位，许多制造和设计计算机芯片的公司位于此处，约 1/4 的居民出生于国外。

硅谷最早是在美国西海岸著名大学斯坦福大学的一个创业基地——斯坦福

工业园的基础上发展起来的，它得益于这种大学与工业园紧密联系的产学研结合机制。目前，在硅谷地区集中了大大小小近万家高新技术公司，其中约60%是以信息为主，集研发和生产销售为一体的实业公司，约40%是为研发、生产、销售提供各种配套服务的第三产业公司。世界闻名的惠普、苹果、英特尔、思科等高新技术企业均驻扎在此。

硅谷对世界影响最大的不仅仅是它的技术，而且是它技术驱动经济的模式以及这种模式空前强大的动力。在美国，硅谷以及越来越多以硅谷为范本的科技园区对新经济的发展起着重要的推动作用。这种推动作用主要表现在：一是有助于创造一种适宜高新技术产业化的外部条件和经营环境；二是有助于各种生产要素的聚集和最佳配置，产生集聚效应；三是有助于培养具有企业家精神的创新主体，充分发挥创新的积极性和创造性；四是能够有效地沟通企业、大专院校、科研院所之间的信息，有效进行合作，在时间和效益上最佳地实现科技成果的产业化；五是能形成一定势力范围内的"经济空间"，对周围地区产生支配作用，或者通过不断的技术创新和制度创新，对其他经济单位施加影响，促使其产生相应的变化。

5. 以股票期权为代表的创新激励机制

目前，美国的高新技术企业高级管理人员和员工的薪酬结构与以前相比有了较大变化。除了传统的基本工资、年度奖金、福利计划以外，各公司普遍都实行了股票期权的分配制度。股票期权是给予公司高级管理人员和普通员工的一种权利，持有这种权利的人可以在规定时间内以股票期权的行权价格，购买本公司的股票。它具有激励的长期性，收入决定市场化和更强的杠杆作用的特点，能为持有人带来巨额财富。据统计，1999年，硅谷的767名企业家共获得收入23亿美元，比1998年上升了70%。在这些企业家的巨额收入中，有76%是靠行使他们的股票期权，这一比例比1998年上升了89%。股票期权的分配激励机制对推动技术创新发挥了重要作用。

6. 以重视知识产权为特征的产权制度

在利用知识产权制度来加强和维护自身科技发展进而促进经济增长方面，美国称得上是一个十分成功的国家。从国内来看，美国十分注意完善和严格执行维护个人或公司的知识产权制度。美国对盗取他人知识产权的行为处罚称得上是世界上最为严厉的，令侵犯者付出巨大代价，得不偿失。可以说，知识产权的有效保护为技术创新营造了一个良好的环境。从国际角度来看，美国一方面倡导知识产权保护，进一步确立美国在国际上的科技优势，另一方面利用其强劲的科技实力，以知识产权贸易方式获得了大量财富，促进新经济发展。

7. 迅速适应新变革的文化环境和社会条件

美国是一个一贯重视自由和创新的国家。美国最早的大批移民是从欧洲大陆到北美大陆来的基督教清教徒，当时从发达的欧洲来到贫穷、荒凉的北美，主要目的是为了追求自由。因此，美国是一个个人主义盛行的国家。人们从小接受"分散"观念的熏陶，以无数分散的小中心取代独一无二的大中心的逆向思维是一种哲学观的长期积淀，以致形成了一种文化内涵。正是这种思潮影响形成的"小中心化"思想成为形成互联网的基本概念。

美国文化积极鼓励个人的创业精神。美国人往往不甘于当"追随者"，不能当"领导者"时就另辟蹊径、新创天地，使自己成为那片天地的"领导者"。如比尔·盖茨开发个人计算机，英特尔的格罗夫坚决砍掉存储器生产，把微处理器作为新的生产亮点，从而顺利引导新的市场潮流就是成功的典范。

实际上，对社会条件的培养不能看作是一个静态的过程，美国虽然有一些独特的、先天的社会环境，但这种社会环境也是在不断变迁的，只有不断努力去适应技术革命，包括信息产业不断发展的要求，才能使其成为成功的关键。1960年末，美国爆发了反战运动，传统权威的影响大为削弱，社会变得非群体化和更多样化了，信息产业就是在这样的背景下迅速崛起的。由此可以看出，一个允许和鼓励多样化的社会环境对发展信息产业是十分重要的。

信息产业的发展与人对"自由"和"创造性"的需求也有密切关系，自由而有创造性的生活方式一直是人类社会的强烈追求。工业社会的规模经济、金字塔形的管理、越来越细的专业化分工，使人成为庞大官僚组织体系的一分子，人活动的自发性、创造性受到了很大的制约。而信息社会的弹性的工作时间、充分的创新空间、扁平的管理体系、人性化的管理方式等满足了人们对"自由""创造性"生活方式的渴望，形成了新经济发展的另一重要的社会条件。

8. 以强调素质教育为特征的柔性教育制度

人力资本和技术资本是创新发展的核心；而教育正是获得人力资本和技术知识最有效、最基本的途径。在美国，教育投资自 1985 年以来一直受到特殊的重视。克林顿在 1997 年《国情咨文》中指出："美国政府今后四年头等任务是确保美国人享有世界上最好的教育。"为此美国政府制订了以十项原则为基础的教育计划，并在当年拨款 510 亿美元。与此同时，美国的教育制度，尤其是大学教育，在努力顺应和推动现代经济和高科技生产方式的健全发展。他们的应对之策是以"柔性教育"来适应社会对人才的柔性需求。

"柔性教育"强调个人能力和效率的开发，强调学生"首创意识、动机刺激、进取精神、解题技能和其他个人素质的开发"，并鼓励共同学习，促进学生自力更生，培养学生应对世界变化的发展能力。正是基于这些能力和方法的培养，美国高等教育在整个 20 世纪 90 年代发生了重大的转型，其特征是：能力和技能的教学，而非传统的学术教育；以项目为基础的经验性解题教育，而非教育性的学术方法；个体化学习方式，学生对自我发展负责；工业和商业导向；强调技术和计算机"扫盲"；关注个人和社会以及技术职业教育；"终身学习"的义务；日常的再教育和再培训贯穿整个工作和生活过程。

三、美国企业"再造"是新经济形成的内在驱动力

经济发展既依赖于社会宏观层面的外部环境，但更重要的是依赖于微观层面的企业内部的自身动力。面对技术更迭频繁、竞争日趋激烈的经营环境，美国的企业制度表现出了良好的"灵活性、弹性和适应性"，在许多方面发生了一系列的变化和调整。

1. 企业的兼并重组不断增加

美国企业是沿着资本集中和积聚的道路不断壮大的，而企业的不断发展壮大对美国新经济的形成产生了重要影响。根据美国证券数据公司提供的材料，截至 1998 年，美国历史上发生的 295 亿美元以上的并购案共有 14 起，其中 13 起发生在 1995—1998 年之间，而 1998 年一年就发生了 8 起，最大的一起是花旗银行与旅行者集团的购并，金额达 725.6 亿美元。1999 年最大的一笔购并案是美国国际微波通信公司收购斯普林特公司，总金额达 1290 亿美元。1997 年，苹果公司和 IBM 所进行的是最大胆和最彻底的结盟——它们将分享

最先进的技术和最核心的机密，并希望通过这种方式完成两家公司都不能单独完成的项目，开发一系列将令人眼花缭乱的技术，从而引起计算机的革命性变化。而 2000 年，美国在线（American on Line）与时代华纳（Time Warner）的"世纪联姻"以其 3500 亿美元的交易市值，石破天惊。从 20 世纪 90 年代中期开始的美国企业兼并活动表现出以下几个特点：一是兼并规模大、金额高、兼并频繁；二是兼并领域主要集中在高新技术产业和服务业；三是跨国兼并活动迅速增加；四是追求高新技术领域的合作与交流；五是一般都是同行业兼并，企业放弃了多元化战略方针；六是兼并对象大多是强强合作，注意优势互补，争取垄断地位，争夺世界市场；七是融资收购非常普遍；八是敌意兼并明显减少，友好兼并大量增加。不断发展的企业兼并重组满足了新经济形成和发展的需要。

2. 企业管理模式发生变革

企业管理模式从一个目前仍居主流地位的、以等级为基础的、以命令控制为特征的"金字塔形结构"，逐步地转向更加适应信息时代的、更加民主的"网络型"的企业组织结构。包括企业自身形态的网络化、企业内部结构的网络化、企业管理机构网络化、企业之间网络化。大公司的规模向适度或精干的方向调整。组织结构崇尚较强的功能一体化和较少的等级层次。企业技术创新能力日益增强。人力资源管理朝着追求低成本、高质量、重人性、讲团队、精干、灵活、机动而又能实现"非批量的"规模经济优势的新团体方向转变。

3. 新技术武装的制造业复苏

20 世纪七八十年代以来，面临日本和欧洲制造业咄咄逼人的攻势，曾经称雄一时的美国制造业在汽车、微电子、家用电器等一系列产业部门遭遇了巨大的压力，一度退却。如何重振制造业的雄风一度成为美国朝野普遍关注的问题。

20 世纪 80 年代以来，随着电子工业和信息技术革命的飞速发展，美国传统制造业部门纷纷用电子信息技术改造落后的生产工艺。由于信息技术具有产值的"倍增效应"，运用高科技改造传统产业这种"新与旧兼容"的管理模式使汽车、钢铁等行业重获青春。制造业中智力取代体力首先表现在技术方面，信息技术直接导致了作业流程电脑化、生产过程信息化。之后，"有求即供、供随求止"的"零库存管理"已逐渐从理想变为现实。据经合组织提供的统计数据，由于信息技术的应用，美国与其他国家在生产率方面的差距重新拉大，若1996年美国制造业的劳动生产率指数为100，那么德国、日本的这个比率分别只有81和73。

4. 科技风险企业异军突起

20世纪90年代美国已形成了一整套完备的风险资本投资机制，它成为美国高新技术产业化的孵化器，带动了风险投资企业的成长，而风险投资企业的成长又带动了整个美国经济的蓬勃兴旺。到1995年，美国拥有约600家大小不一的风险投资公司，管理的资金总额高达435亿美元。风险资本的70%—80%投向了以信息技术为代表的高新技术企业。1996年美国有276家获得风险资本支持的企业成为上市公司，占当年新上市公司总数的20%—30%。目前，美国的风险投资企业还在继续发展，风险投资企业将在新经济中处于领导地位。

四、全球化战略是美国新经济的助推器

长期以来，美国利用其在国际化分工中的有利地位，全力推进全球化战略，成为全球化的最大受益者。

1. 充分利用世界科学成果

20世纪以来，美国经济与全球经济建立起了密不可分的联系，特别是二战以来，美国经济一直得益于世界经济中教育和研究成就以及世界经济的开放与发展。斯坦福大学教授查尔斯·琼斯曾就此做过专题研究，在他的模型中，美国经济长期稳定的增长相当一部分是由世界范围新思想的发展所推动的。据琼斯的研究结果，在1965—1990年间，美国经济增长的35%归功于世界范围内教育所取得的成就，40%归功于世界范围内研究密度的提高。

2. 全球化为美国信息技术等新技术的发展提供了不断扩大的市场和资本供给

高新技术产业发展一是需要大量前期的R&D投资；二是具有强烈的需求方规模经济效应。经济全球化适应了信息技术的上述特点和需求，不仅刺激创新，增加创新供给，同时刺激需求，刺激企业采用新技术，并为创新产品创

造更大的市场，为创新者带来更大的回报。

全球市场对美国的重要性主要表现在近几年美国计算机的生产和使用的增加上。1993—1999年，美国对计算机、外围设备和零部件的国内采购年平均增长12%以上，远远超过这些商品的国内装运值平均增长9%的速度。这一缺口由进口来弥补，进口已占美国对计算机采购价值的60%以上，为1987年水平的近2倍。与此同时，美国计算机装运的一半用于出口。美国通过计算机和零部件的双向贸易获益。计算机公司通过从国外高效率的生产商获得零部件以降低成本，然后再通过在全球市场上出售成品计算机而赢利。同时，低价的计算机进口也有利于消费者和企业。全球化为美国的信息产业提供了巨大的发展空间，也加强了美国在世界信息产业中的主导地位。20世纪七八十年代，面对西欧、日本的强劲挑战，美国放弃了对它来说曾经具有较大优势的某些传统产业，以破釜沉舟的决心在以信息技术为代表的高新技术领域内建立起了新的优势。20世纪90年代，经济全球化步伐加快，使得美国抢占了世界知识上游产业的有利地位，当然也加深了其自身对世界分工体系的依赖，使得美国经济增长更加依赖于国际贸易和投资。目前，美国是世界上最大的商品和服务进出口国，进出口额占美国GDP的比重从1970年的11%上升到了1997年的25%。而且，美国越来越专注于提供复杂的高附加值的商品和服务，表现在美国每一美元的出口的重量自1970年以来已下降了一半以上。美国经济增长的1/3依靠出口驱动，1/5的就业机会依赖出口解决，美国有60%以上的企业经营是面向全球的。

由于美元在国际上的强势地位，金融市场的发达，特别是信息技术等高新技术产业的发展，美国吸引了不少国外投资，而全球化又进一步促进了美国的资本供给，进而为美国新经济的发展提供了更加广阔的资本供给。美国是世界上资本净流入最多的国家，随着美国经济增长势头的持续强劲，这一趋势还在显著增强。1992年金融资本净流入额为998.7亿美元，1993年为851.4亿美元，1994年为1368.2亿美元，1995年为1440.2亿美元，1996年继续上扬为1915.3亿美元。

3. 全球化为美国产业结构调整和新产业结构的形成创造了广阔的空间

近20年来，美国产业结构经历了深刻的、脱胎换骨的调整和改造过程。

突出特点是传统产业信息化，信息技术产业等主导产业地位进一步强化，产业结构进一步"软化"，即服务化。值得注意的是，这一调整、改造、重组过程是在全球化经济中，借助于全球商品、资金和资本市场来实现和完成的，美国成功地实现了向国外的产业转移和国内产业的高级化。一方面强化了自身的优势，另一方面充分利用了全球的市场和资源。大量的资金流入使美国可以维持较高的投资率，弥补国内储蓄的不足，廉价的劳动力特别是廉价的人力资源，弥补了高技术人才和劳动力的紧缺，从而在全球范围内实现了资源的优化配置，使美国实现了出口的高附加值化和无形化（指服务出口），进口的低附加值化和有形化。在此基础上，全球化有效地推动了美国居主导地位的国际分工新格局的形成。

4. 全球化有利于美国跨国公司组织全球化生产和经营网络

多年来，美国一直是最大的对外投资国，美国已在全球具有战略意义的地方建立了 23000 个拥有多数或少数股权的分公司。它们作为一个整体，位居世界最大的经济生产者之列。日益开放的全球经济有利于美国跨国公司在生产、技术、营销、人才、融资等方面实施全球化战略。它们利用信息技术的进步，通过分布在全球的子公司使跨国界的经济交易内部化，以便更好地调动和利用全球资源，克服影响贸易的信息障碍，更好地在自己的工厂控制产品质量或工人条件，使产出更快地适应市场条件的变化，以提高效率。它们在千方百计地把研究开发部门设在最有利的地方以争夺当地优秀人才的同时，最大限度地利用母公司创造者的知识和技能，以保持和增强自己的核心竞争力。如大举进驻被誉为印度硅谷的印度南方大城市班加罗尔后，IBM 斥资 1 亿美元设立实验室，进行"深蓝"超级计算机的开发；思科公司则宣布 2 亿美元的扩张计划，长期目标是要招募 5000 名工程师；麻省理工学院未来将投入 10 亿美元的亚洲媒体实验室也可能在此落脚。20 世纪 90 年代初期，美国实行全球经营的企业仅占美国企业总数的 25%，而到 20 世纪 90 年代末，这一比重已超过 75%。这表明，在美国不仅大跨国公司实行全球化经营，大多数中小企业也走出了国门。

5. 国际化的人才是美国新经济发展的重要力量

美国新经济的发展，在很大程度上不仅是因为它能从国内大量地发掘人才、培养人才、使用人才，而且能从全世界成百万地吸引人才、网罗人才、留住人才。为了引进国外智力，美国修订了移民法，明确鼓励美国急需的各种专业人才移居美国。据《洛杉矶时报》报道，过去10年间，各个领域每年总计吸收的技术人员人数达到近10万名。从1990年到2001年底，美国的外国技术人员人数已有120万。近10年来，获得合法的美国公民权的移民数每年平均约有46万名。美国一些重要高新技术发明的开发都是在移民美国的科学家参与或主导下实现的。据报道，在美国硅谷20万名工程技术人员中，有6万名是中国人，在硅谷的2000家企业中，有40%企业是印度人领导的。提供丰厚的薪酬和相对优越的工作环境，是美国能够广纳人才的一个"撒手锏"。比如，近年美国提供给印度电脑技术人才的工资与印度国内工资水平有天壤之别。在印度，有经验的技术人员平均年薪是2.5万美元，而美国可以提供的数额高达17.5万美元，印度35万名软件开发人员中受雇于美国的高达25万。微软公司的2万名员工中，近1/10是印度人。美国还利用自己的经济实力（如提供奖学金）、语言优势和发达的教育体系吸引世界各国优秀学子。统计显示，仅2000年各国在美留学生人数就达58万人，占世界留学生的1/3。据美国驻华大使馆公布的数字，仅2000年就有5万多中国学生赴美留学。

美国新经济的警示

美国新经济在20世纪90年代实现了超常规发展，但是从2000年下半年开始，一度被认为前途无限的新经济似乎正在失去它的光彩，纳斯达克风云突变，一泻千里。2002年4月14日，纳斯达克和道琼斯股价平均数双双大幅跳水，其中纳斯达克跌至3321.29点，与3月10日的最高点5048.65点相比，跌幅为34.2%，后来一直下滑到11月30日的2594.78点，跌幅超过50%。许多新经济重量级企业也出现了普遍的"盈利预警"。随着新经济热潮渐退，美国宏观经济走势也不太妙，实际GDP增长率从1999年第四季度达到8.3%的创纪录新高后，开始下滑，2000年头二季度分别为4.8%、5.6%，到第三季度巨降为2.2%，第四季度又下降到1.4%，为10年来最低。经济增长也出现了滑坡，具体表现在投资支出增长急剧减缓。例如私人投资率从 2000 年第二季度的 21.7% 骤降至第三季度的 1.8%。工业生产能力利用率下降。美国制造业生产活动指数从 2000 年 11 月份的 47.7 下降到 12 月份的 43.7，2001 年 1 月份更降到 41.2，为近 10 年最低水平。消费者信心严重下挫，消费者信心指数从 2000 年 9 月的 142.5 的高点滑落到 12 月份的 128.6 点，2002 年 2 月份更低至 106.8 点。美国的新经济神话由此走下神坛。这不得不令人震惊，同时又不得不令人警醒。仔细分析美国新经济存在的一些问题，这些问题主要表现为：

一、网络经济泡沫化

从某种意义上说，网络经济也叫信息经济，它在美国新经济的发展中起到了一个推波助澜的作用。在 20 世纪 90 年代，美国随着信息化的发展，网络广泛应用，一时间，互联网的投资遍地开花。在风险资本的支持下，围绕互联网的雄心勃勃的创业计划让投资者着迷。长盛不衰的市场热情、未经检验的估价方法和铺天盖地的广告宣传加在一起，造就了一群年轻而富有的实业家。网景公司是促使互联网爆炸性成长的导火线。1995 年 8 月 9 日，成立才 16 个月、销售额仅 1200 万美元的网景公司在纳斯达克上市，投资银行家估价股价仅能卖到 14 美元左右，但上市当天股价竟高达 71 美元，几星期后，网景股价达到惊人的 170 美元。随后，互联网成了投机的沃土，在短短两三年里，美国在线、雅虎、思科、EBay、亚马逊等网络新贵们的股价像航天飞机一样扶摇直上，凡是与互联网沾边的高新技术企业都赶上了迅速致富的列车。但是，大多数投资者感兴趣的"网络明星企业"都是大量亏损企业，好景不长。2000 年 4 月，纳斯达克遭遇了第一个黑色星期五，一路下跌至 10 月 12 日 3074 点的低点，网络股的大旗——雅虎，每股从 120 美元跌到 10 月 18 日的 45 美元。在这个龙头折戟的情势下继而网络股两年来的平均升幅顷刻之间化为乌有，网络的泡沫终于破灭。通常，衡量一个企业价值的标准方法是计算未来无限期该企业预期获得的现值总和。也就是说，获利能力是决定企业价值和股票总值的基本要素。如果脱离了企业经营的情况，完全不顾近期企业经营实绩作为未来投资决策的依据，必然会使新经济产生泡沫。加上对网络投资有意炒作、网络服务质量低劣、少数网络公司急功近利等因素都会使泡沫破灭成为不可避免。从美国新经济的发展来看，我们可得出这样的结论，网络对经济的发展有促进作用，但网络泡沫对经济发展也确实有害。我们必须明白这个道理，并认真加以分析研究。准确地讲，信息技术是由硬件、软件和网络三大块组成的，且这三大块是密不可分的有机整体，要发展新经济必须将硬件、软件和网络并驾齐驱、共同推进、同步发展。网络的发展离不开硬件这个基本载体，更需要软件这个有效形式。我们要利用信息化和网络技术推进工业化的发展，进而促进整个经济的快速发展。此外，网络经济发展的关键是网络技术的应用，并且这种应用是在经济实体发展上的应用。因此，我们在今后的经济发展过程中，在重视网络经济的发展，通过网络来获取全面、快捷、透明、共享的信息资源的同时，要充分利用网络发展实体经济，比如说电子商务等。

二、经济运行风险加大

泡沫是风险的根源，泡沫不可避免就必然使风险不可避免。美国的风险投资在催生新经济迅速发展的同时，也引导着人们盲目跟风，加倍炒作，使投资者失去理性。根据美国全美风险投资协会的定义，风险投资是专业金融家投入到新兴的、迅速发展的、具有最大竞争力企业中的一种权益资本，它为那些追逐理想的创业者带来巨额的财富，同时，也潜伏着巨大的风险。如20世纪90年代美国的纳斯达克，对于当时的高新技术行业和证券行业的人来说，它是一个梦开始的地方。在这个时期，纳指几年翻一番，几年又翻一番，特别是从2000点到4000点，仅仅用了不到一年半时间，其上升速度之快简直惊人。到1999年，纳斯达克迅速成长并超过纽约证券交易所，成为美国最大的股票市场，一时被广泛称作美国进入"新经济"阶段的标志。纳斯达克在美国这种日益强大的影响力和飙升的股价为美国，特别是创业者拓展了无限的想象空间，导致人们对其趋之若鹜。当时美国有50%以上的国民手中拥有纳斯达克股票，也导致一时间突然冒出许多暴发户，如雅虎创始人杨致远一天之内成为亿万富翁。这种表面繁荣的虚拟经济，诱发了美国泡沫经济的形成，为美国新经济的发展留下了后患，埋下了定时炸弹。21世纪初，纳斯达克潜在的危险开始表现出来，指数不断下滑，短短几年内，纳指下跌50%以上，也让世人震惊、社会震荡。股价暴跌反映了投资者的理性回归，但也反映出新经济的不确定性和高风险的特征。因此，在发展经济过程中，我们要始终坚持国家宏观调控这个有效手段，充分地预测风险投资的风险性，适时把握，避免经济的过度涨落，导致社会局势震荡。尤其是对于投资者盲目跟风和理性失控，要进行有效抑制，积极引导风险投资沿着更有利于经济发展的方向迈进，更好地服务于经济发展和社会进步。

三、贫富分化趋势加剧

无数的网络神话和股票市场的奇迹使许多幸运的人一夜暴富。在18世纪和19世纪，富人生成的速度以世纪计算；20世纪的旧经济中，富人生成的速度以十年计算；到了新经济时代，富人生成的速度则以年、月，甚至日计算。然而，富人在各种经济社会中毕竟都是少数人，新经济却现实地导致了整个世界和整个国家的贫富分化。富人积累财富的速度与贫民收入在经济中的比重下降的速度呈正比，美国家庭收入不均的趋势在继续扩大。1980—1996年间，5%的美国富有家庭的实际收入增长了58%，但60%的低收入家庭增长不到4%。在分析美国新经济带来一些问题的时候，我们也看到了一些错误的看法，比较突出的是在新经济快速发展期，有些人看到经济超历史的长时间持续增长，就认为经济周期不再存在。事实上，经济发展有其内在的客观规律性，它有一个内在的周期性，即繁荣—衰退—萧条—复苏，其中繁荣与萧条是两个主要阶段，衰退与复苏是两个过渡性阶段。这四个阶段是任何经济类型，包括美国的信息经济、网络经济等新经济类型都不可逾越的。回过头来看，新经济的发展周期相对于别的经济对要长些，上升趋势的延长时间相对要持久些，同时其发展也不是水平线上的发展，而是纵深式的发展，是一个不断前进的波动变化。但万变不离其宗，这种变化怎么波动，都有一个周期性，只是每个阶段的时间、每个阶段的波幅范围会发生变化。新经济的经济周期波动形态有所变化，明显的是繁荣期时间延长、增速提高，而衰退期时间缩短、降速趋缓，而且新经济的衰退期只是经济总量增长速度的减慢，但经济总量仍然是不断增加的。因此，我们要正确、全面认识新经济，就必须从经济发展规律和其内在的周期性、波动性上全面、客观地考虑。

我国应对新经济的对策

新经济是 21 世纪的主要经济形式。从某种意义上讲，21 世纪是知识经济时代、信息化时代、全球一体化时代，更是新经济全球化时代。作为世界上的发展中大国，中国应如何积极应对席卷而来的新经济，这是摆在我们面前的重要而刻不容缓的课题。

一、确立科技跨越的战略思路

科学技术是第一生产力，发展经济必须提高科技含量，用科技推动经济发展。可以说，美国之所以在世界上耀武扬威，其主要是凭借它的科技水平高、经济发展快，特别是新经济带来的强大竞争力。早在二战结束后苏美对抗的"冷战"时期，美国为增强与苏联竞争的能力，将国内的大量人力、物力、财力集中在高新技术领域，特别是高新技术军事领域，然后又加快科研工作军转民的步伐，使得其国内的高新技术迅猛发展，进而出现了新经济时代，这对于确立我国的科技跨越式发展战略很有启迪。当今世界国与国之间的竞争，主要体现在综合国力之间的较量，是科技水平的竞争。面对经济、科技全球化的竞争趋势，我国政府要高度重视科技的发展，大力实施"科教兴国"战略，并着力在以下三个方面下功夫：

一是走以"创造财富型"科技跨越为主的路子。以建立技术的国际竞争力、市场价值为目标，重视科技成果的转化、应用和推广。我国的经济基础目前还不是很雄厚，新经济的发展还只是刚刚起步，我们要追赶美国等新经济的发达国家，就必须走"创造财富型"的科技发展之路，以技术创新推动经济发展和科学研究，尤其是要以发展信息技术为核心，调整和优化产业结构。同时要加快技术成果的转化步伐，最大限度地发挥技术创新对经济发展的促进作用。

二是加强基础科学研究，用基础科学来增强国家长远发展的竞争力。美国最高当局发表的一份重要报告称："虽然我们不能预选基础研究的结果，但以往的经验告诉我们，就总体而言，它总是为人类提供非常有价值的成果。"我们完全有理由期望科学投资将不断产生很高的回报率。我国是发展中的大国，国家的长远发展不能像日本、新加坡等发达的小国那样，只引进国外先进技术并在某个方面有所突破即可满足国内人民的生存、发展和竞争的需要。我国人口众多，应以基础科学研究为基础，利用自身力量，苦下功夫，并要认识到自己与英、美等发达国家存在的差距，根据中国实际，突出重点领域研究，跟踪国际前沿学科，实现重点科学领域的跨越式发展。

三是发展具有竞争力的高科技军事工业。高新技术是当前各国科技发展的向往之所在，不确立发展高新技术产业，特别是具有竞争实力的高科技军事工业的思路，就不可能在国际竞争中取得绝对优势，增强我国军事方面的国际竞争力，树立科技形象，提高国际地位和在国际事务中的作用。我们要从过去对军事国防以人海战术为主转移到以高技术战争为主的新战略思路上来，掌握主动权，打好主动战。

二、制订新经济的发展规划

新经济的发展是一个动态的发展过程，我国新经济的发展之路也不可能一成不变。新经济目前主要是以信息技术为主导，但未来新经济的发展绝不仅仅局限于信息技术。因此，我国发展新经济就必须统筹考虑、整体规划。

一是要制订我国信息科技发展的阶段性规划。我国要根据信息技术发展的趋势和我国的国情对我国信息技术发展划分不同阶段。第一阶段以引进国外信息技术，实施信息技术模仿创新为主；第二阶段以利用国外科学研究成果，开展信息技术领先创新为主；第三阶段以追求信息科学领先，推动信息技术创新为主。

二是要制订信息产业领域的发展规划。信息产业涉及面广，包括信息设备制造业、信息服务、信息生产业和信息传输业四大部分。目前，我国的信息产业在许多方面还是空白，即使是粗具规模的信息产业企业也是无法与国外相比的。如，我国电子装备市场的70%、微型计算机市场的76%、卫星和光纤通信市场的90%均被国外产品占领。因此，我们在发展信息产业的过程中同样要遵循比较优势的原则，统筹规划，有所为有所不为。例如，我国劳动力充足、价格便宜，现阶段我国信息产业的硬件产业应该是大力开发以组装为主的产品，以便积累资金和技术，而后随着比较优势的变化，寻找新的能够发挥我们优势的产品，以逐渐实现产品和技术的升级。又比如，软件的开发要以人力资本为主要投入。凭中国人的智慧，软件开发应是中国人的长处，目前，国外许多软件公司的技术骨干都是中国专家。然而，据统计，目前中国软件的销售额只占世界市场不到 1% 的份额，国产软件占国内市场的份额也不足 30%。因此，具有比较优势的软件开发应成为我国今后研究开发的重点。

三是要制订与新经济相关的高新技术产业的发展规划。可以这么说，信息技术产业是新经济的"火车头"，但信息技术产业并不是新经济的全部，或者说新经济不仅仅包括信息技术产业。信息技术在高新技术领域中的率先发展并迅速向各个领域的广泛渗透，有效地促进了各种新知识、新技术、新文化的快速传播，推动了新世纪的信息流动和创新活动，也促进了包括信息技术在内的广大高新技术（信息、新材料、新能源、生物、空间、海洋）向更深层次发展。新材料技术和新能源技术作为支撑各类高新技术的物质和能量基础，保持了大体同步的进展；生物技术正在综合应用信息、新材料、新能源技术的最新成果，在精细的分子水平上加速新的生物成分、功能以及生物体的探索；空间技术从航空技术的丰富积累中跃上了星际飞行和太空利用的航天新阶段；海洋技术尽管由于创新力度不足和经济支持有限，技术发展相对滞后，但也正受到其他高技术领域创新进展的冲击和牵动。因此，我国新经济的发展不仅仅是考虑信息技术产业的发展，而必须立足长远，对六大高新技术产业的发展统一规划，使之协调发展，相得益彰。

三、建立国家科技创新体系

创新是一个民族进步的灵魂，是一个国家兴旺发达的不竭动力，是经济发展的强大驱动力。科技创新已经成为经济发展的发动机，也是国际和地区间经济竞争的焦点。新经济的精髓在于创新，科学技术的进步是决定经济增长的重要因素。美国宾夕法尼亚大学经济学家曼斯菲尔德教授在对 17 种技术创新的社会收益进行评估后认为，这些技术创新投资的平均社会收益率为 56%，平均个人收益率为 25%。针对目前我国科技特别是高新技术发展的现状，我们需要建立一个比较全面完整的科技创新体系。一是创新思想观念。有人把新经济称作"观念经济"。这说明要抓住新经济，就必须在思想观念上有所创新。政府、企业、社会等方面都要树立这种创新的观念，用创新的思维观点认识新经济、熟悉新经济、发展新经济。二是创新运作方式。无论是中央政府还是地方政府都要有强烈的创新意识和创新观念，要在政府运作各个方面和运行方式上进行创新，特别是对高新技术产业的培育和管理上要有较大的创新。三是创新企业理念。企业要真正成为技术创新的主体，就要树立社会经营理念、资源整合理念（包括企业内部资源和企业外部资源）、国际化理念、风险理念，用新的理念来推动企业发展。

四、营造新经济发展的良好环境

新经济的发展至关重要的是环境，包括文化环境、法律环境、税收环境、竞争环境、融资环境等"软环境"和新经济基础设施的"硬环境"。著名经济学家吴敬琏明确提出："一个国家、一个地区高新技术产业发展的快慢，不是决定于政府给了多少钱，调了多少人，研制出多少技术，而是决定于是否有一套有利于创新活动开展和人的潜能充分发挥的制度安排、社会环境和文化氛围。"

文化环境：新经济与传统经济最大的区别在于它是建立在知识的基础上。换句话说，在生产诸要素中，人力资本要素扮演着最为关键的角色。创新文化环境关键是要有利于发挥人力资本专业人员的积极性和创造力。因此，我们要积极营造一种尊重企业家、崇尚企业家创业精神的社会氛围；要鼓励并大力支持一切有自主创业能力和愿望的人创业；要建立公平竞争和优胜劣汰的市场环境。

法律环境：新经济是高投入、高回报的活动。因此极易产生侵害创新者利益的行为。良好的法律环境使新经济的科技成果得到有效保护，特别是知识产权的保护，它是创造良好创新环境制度保障的关键一环。

竞争环境：新经济是高风险的活动，具有高出生率和高死亡率的特点。因此，我们一定要发挥市场竞争机制，实现优胜劣汰，创造公平竞争、拥有激励机制的市场环境。

研究基础设施：新经济的发展需要良好的信息技术的基础设施。美国新经济的快速发展也得益于世界一流水平的信息技术方面的基础设施。我国的信息技术基础设施一直处于较低水平，1998年全球国际竞争力评价中，我国基础设施的水平列世界第47位，信息基础设施列世界第43位。鉴于此，我们必须切实加强改善我国的研究基础设施。

五、拓宽新经济发展的融资渠道

当前，我国科技经费投入不足，科技融资渠道不畅，严重制约科技创新和新经济的发展，因此，我们必须拓宽新经济发展的融资渠道。一是加大政府的研究开发（R＆D）经费。针对目前经济全球化，特别是新经济全球化的发展趋势，政府应该不断增加研发经费的投入，提升研发经费在GDP中的比重。二是提高企业的研究开发经费。目前，我国科技企业的研发经费普遍偏低，仅占企业销售收入的5％—8％，企业技术创新远远不能满足市场对产品更新的需要。在今后的发展过程中，必须逐年提高研发经费占销售收入的比重。三是广泛筹集社会资金。我国是个拥有12亿多人口的大国，虽然经济不是很发达，国家财力不是很充足，但汇流成河、积少成多，把社会上的少量资金积极引导到高新技术产业的开发上来，不失为一种良策。筹集资金渠道的主动脉有五种：招商引资、风险基金、政府借资、银行贷款和市场资本金。在招商引资上，要用科技或新经济型企业为载体进行招商引资。在建立风险投资基金和创业资金上，就是要建立一个高新技术风险投资体系。发达国家高新技术产业发展的成功经验之一就是建立了较为完善、科学的高新技术风险投资体系。风险投资者对企业技术创新的资金投入，不是追求100％的成功率，而是寻找极具市场潜力的产品与企业，使当初给予的相对少的投入，能在短时间内以几何级数式发展，由此获得较大的投资回报。在政府借资上，政府要为高新技术企业建立企业创业资金，借资给刚起步的科技型或创业型企业的创业者，用作启动资金，创业成功后，企业将政府支持的创业资金连本带利归还政府，若创业失败，政府则将此资金当作科技企业创业的探索经费，以此鼓励创业者勇于创业，促进新经济快速发展。在银行贷款上，要放贷给有发展潜力的科技及创新型企业，推动企业的发展。在市场资本金问题上，对于上市的高新技术企业，在募集资金时要优先考虑，同时，要积极探索建立创业板，政府对作为创业板上市的科技股上市门槛要适当降低，以便积累更多的社会零散资金。同时，还要加大吸引国外风险投资和国内高新技术企业到海外融资的力度。

六、加大高新技术产业园区建设

高新技术产业园区是高新技术产业化发展的重要载体，是新经济发展的集中地。从20世纪50年代初美国建立世界上第一个高新技术开发区——斯坦福工业园区到现在，世界各国已有此类开发区 300 多个，已经成型并粗具规模的近 200 个，其中美国约占 1/3 左右。这些高新科技园区的成功建设，为美国经济的再度繁荣和快速发展打下了坚实的基础。我们要加大建设高新技术产业园区的工作力度，通过产业园区来聚集高新技术项目、人才和资金，用以带动高新技术产业的发展。一是要打造产业集群。在工业园区积极引进技术含量高、经济效益好、开发速度快的高新技术企业，以便快速形成新经济产业集群。二是要加快园区企业的体制创新。用现代企业制度建设工业园区的各个科技产业，尤其要重视高新技术企业与资本市场的对接。三是要强化政府服务职能。为高新技术企业发展提供全方位的优质服务，简化行政审批程序，营造良好发展环境。

七、加强发展新经济人才的培养

人才是新经济发展的核心。要培养新经济的创新人才，务必认真抓好以下几个方面：一是努力抓好在校学生的素质教育。素质教育关键是培养创新性人才，它不仅注重知识的积累，更注重学员能力的培养提高。这有助于学生走向社会后更好地适应工作，特别是适应高新技术或创新性方面的工作。二是倡导终身教育、终身学习。现代知识更新周期日益缩短，即使是高学历的人才进入社会后也要根据工作的变动不断地学习才能适应工作需要，因此，高学历人才进入企业或社会后要进一步加强学习。在校学生要根据社会发展需要，在专业选择上多样化，将自己培养成跨学科的复合型人才。三是建立促进人才有效流动的机制。对于高校的研究人员，在保证结构合理性的基础上要鼓励流入和流出，要鼓励高校与高新技术企业的相互流动和相互兼职；四是国家要实行奖励政策。对创新型人才、科技贡献大的人才进行表彰，同时，高新技术企业也要广泛采用期权制，充分调动各类人才在新经济发展中的积极性和创造力。

八、积极参与全球新经济的竞争与合作

经济全球化促进了新经济的发展，而新经济的发展又为经济全球化提供了更有力的技术支持。在全球经济、科技一体化进程不断加快的今天，我国必须全方位、宽领域、多层次地对外开放，以更加积极的姿态参与经济、科技全球化。一是实行"开放式"的科技发展战略。广泛引进国外的先进技术与设备，在消化、吸收的基础上，进行技术创新。二是研发工作要紧跟国际新经济的前

沿。注意掌握动态，选准突破口，不断创新。三是吸引国际上的高新技术跨国公司到我国设立生产基地或 R&D 中心。就近学习了解高新技术，加强新经济领域的合作，增强我国科技创新系统的实力和活力。四是我国政府或高新技术企业可以直接到国际新经济的前沿设立研发中心和企业。如在美国的硅谷直接设立企业或研发中心，以便直接参与国际竞争和吸取他人的先进技术。

（2002 年 2 月）

南国览胜话郴州

在广袤的潇湘大地东南端，镶嵌着一颗璀璨夺目的明珠，这就是集奇、险、秀、美、幽于一体，汇山、水、洞、泉、石于一市，形成以狩猎、漂流、水上游乐、疗养度假、体育观光等为特色的新兴旅游胜地——湖南省郴州市。

郴州市北瞻衡岳，南峙五岭，是内地通往广东沿海的咽喉要冲，有湖南南大门之称。现辖两区（苏仙区、北湖区）、一市（资兴市）、八县（桂阳、永兴、宜章、嘉禾、临武、汝城、安仁、桂东），总人口434.8万，国土面积1.94万平方公里，堪称人杰地灵、物华天宝之好地方。

郴州山清水秀，风光绮丽，全市旅游资源得天独厚，游览佳境不胜枚举。清代嘉庆年间修的《郴州志》称"郴州为名胜地，山川之秀甲湖南"。"文起八代之衰"的唐代著名文学家韩愈游赏，"郴山奇变，其水清泻"。这些评价，并非言过其实。据不完全统计，全市风景名胜约有110余处，具有较大开发价值的有30多处。市内著名的风景区苏仙岭，因其美妙的神话传说，被誉为"天下第十八福地"，岭上宋代的"三绝碑"、市内的"义帝陵"、北湖的韩愈"叉鱼亭"，令人发思古之幽情；古木参天、云遮雾盖的五盖山，有水鹿、野猪、麂子等130多种野生动物，现已辟为我国南方唯一的国际狩猎场，被澳大利亚客人誉为"皇家级狩猎场"；蓄水量81亿立方米的东江湖，烟波浩渺，水质清冽，湖周山峦起伏，青翠碧绿，湖中湾叉纵横，湖心岛屿、半岛林立，湖山掩映，相得益彰，有"东方瑞士"的美称，新开辟的水上跳伞、水上摩托艇、水上飞机等水上游乐项目惊险、刺激，还有正在建设的中国水上体育训练基地，是休闲度假的胜地；浙水两岸，林莽葱茏，生态原始，从龙王庙至燕子排10多公里水路，有激浪滩头108个，落差75米，是一处集历险、探幽、猎奇、拾趣于一体的漂流胜地，以其中国生态旅游第一漂的盛名，令人流连忘返；东江大坝，坝高157米，为混凝土双曲拱坝，大坝结构新颖，气势雄伟，名列同类大坝亚洲第一、世界第二，颇具观赏价值；东江大坝下游由于库水与下游江水温差形成的雾带，似一条银色项链常年镶嵌在崇山峻岭之中，堪称中华一绝；市郊万华岩，是我国少见的正在发育的地下溶洞，具有洞大、景奇、恒温三大特点，兼有旅游、探险、科研价值，被中美联合探险队誉为"世界洞穴奇观"；国内一流的丹霞胜境飞天山丹峰耸立，形态各异，竹海茫茫，碧波荡漾，整个风景区有9寨48巷道，形成以"寨堡"形态为中心的"丹崖绿水"景观；永兴的便江江水清澈，两岸林密竹秀，鸟语花香，长达百里，方圆几十公里的丹霞奇观令人叹为观止；仰天湖高山草原以其粗犷、广阔的意境，独具一格地展示在我国南方，被誉为"江南的内蒙古"，特别是每年5月杜鹃花开时节，方圆几公里的满山遍野的杜鹃花如天然盆景，蔚为壮观；宜章莽山国家森林公园，是我国南北植物的汇集地，具有植物王国的迷人风采，被中外学者誉为"第二西双版纳"；汝城的热水温泉以其水温之高（最高水温98℃）、流量之大（3000吨／日）名冠全省，且内含硅、钠、钙、锂等30多种有益人体健康的元素，是我国南方少有的疗养胜地；新近发现的郴州石林，千姿百态，鬼斧神工，且颜色黑白分明，完全是一幅天然的山水国画，规模超过云南的路南石林，实为世之罕见；郴州体育训练基地为全国十大体育训练基地之一，中国女排从这里出发，冲出亚洲，走向世界，荣获了"五连冠"的殊荣，基地被中国女排亲切地称为"娘家"。还有200多米高的相山瀑布，桂阳的东塔、度假村，桂东的八面山自然保护区等。

郴州历史悠久，源远流长。"郴"字最早见于秦朝，古作"林邑"，意为"林中之邑也"。自秦以来，郴州即为历代县、郡、州、府的政治经济文化中心，距今已有2000多年的历史，是湖南省省级历史文化名城。郴州自古为兵家必争之地，多慷慨悲歌之士。项羽"徙义帝于郴"，赵子龙大战桂阳郡，洪秀全屯兵郴州，史志皆有载，唐宋文人王昌龄、杜甫、韩愈、刘禹锡、秦观等，均在此留下了脍炙人口的诗文。郴州还是一座具有光荣革命传统的英雄古城。郴州大地上留下了毛泽东、周恩来、朱德、邓小平、陈毅等老一辈无产阶级革命家的战斗足迹，在这块土地上涌现出了邓中夏、黄克诚、萧克、邓力群等一大批中国现代史上的高级政治、军事人才，留下了许多革命纪念地。1928年1月，朱德、陈毅同志在这里发动了著名的湘南起义，1928年3月，毛主席在桂东沙田颁布了著名的《三大纪律六项注意》，这在我国革命史、建军史上铸下了不朽的丰碑。

郴州旅游资源极为丰富，类型齐全，级别高，既有观光型旅游产品，又有专项旅游、休闲度假产品，已成为我国南方颇具特色的新兴旅游胜地。郴州不仅旅游资源丰富，而且旅游资源特色突出。全市旅游资源以开展狩猎、漂流、疗养、水上游乐、体育、森林、度假、观光等旅游项目为特色，以参与型、娱乐型项目为主，可以满足游客回归大自然的需求，与现代旅游发展方向相吻合。主要旅游景点大多在离市区50公里的范围内，分布相对集中，全市旅游资源呈西一点（莽山）、中一圈（五盖山国际狩猎场、万华岩溶洞、苏仙岭、北湖公园、体育训练基地、仰天湖草原、四清水库、桂阳度假村）、东一带（汝城热水温泉、东江漂流、东江湖、东江大坝、雾漫小东江、飞天山、便江）的分布格局，且与郴州主要干线公路107国道、桂—资公路配合较好，便于旅游线路的组织安排。

郴州发展旅游的区位条件也十分优越。郴州四周为国家重点旅游城市广州、桂林、湖南金三角——长株潭，国家级风景名胜区衡山、丹霞山、井冈山以及炎帝陵、舜帝陵，且相距不足汽车一天的路程。此外，郴州还毗邻我国国内旅游最大的客源市场广东，毗邻湖南省境外和国外客源的主要客源地港、澳、台和东南亚各国，便于吸引客源和旅游网络的组织。

郴州已具备了一定的接待能力和条件。全市有10多家涉外宾馆，其中4家二星级宾馆、5家旅行社、2家旅游车队、3家旅游船队。交通网络四通八达，电气化铁路京广线，一级水泥路面的107国道和106国道贯穿全市南北六个县、区，已开通了郴州—长沙、郴州—广州的始发列车，11个县（市、区）和各主要景点都通了程控电话，可直拨世界各地。

为了贯彻落实湖南省委、省政府提出的2000年把湖南省建设成为旅游大省的宏伟目标，我市市委、市政府对旅游业十分重视，把旅游业发展列为创建社会主义现代化开放城市的五大战略工程之一，郴州市旅游业已进入了一个快速发展的阶段。1995年，全市共接待国内外游客200多万人次，旅游企业营业收入超过1亿元。

郴州得天独厚的旅游资源、良好的区位优势和难得的发展机遇，为旅游业的快速发展提供了十分有利的条件。郴州发展旅游业的基本思路是：紧紧抓住经济体制和经济增长方式这两个根本性转变，围绕建设有中国特色的社会主义旅游业，创建旅游大市和社会主义现代化开放城市的总目标，把旅游业发展作为实施"开放兴郴"战略的先导和突破口，作为国民经济新的经济增长点，充分发挥本市丰富的旅游资源优势，全面规划，合理布局，突出重点，分步开发。加大旅游投入，大力提倡和鼓励全社会办旅游，狠抓景区景点开发，加强旅游基础设施建设，改善接待服务设施条件，形成以狩猎、漂流、水上游乐、度假、观光、体育、森林、疗养等为特色的旅游格局。加强区域横向联系，建立以衡山—郴州、丹霞山—郴州为主，炎帝陵—井冈山—郴州、九嶷山—郴州为辅的旅游网络，加强宣传促销，以国内旅游为主、国际旅游和出境旅游为辅，立足郴州及周边地市，面向广东、湖南、港澳台，开拓日本、韩国、东南亚各国的客源市场。强化旅游行业管理，大力开发旅游商品，大量培养旅游人才，实现郴州旅游业超常规发展，使旅游人数和旅游收入年增长率在30%以上，力争达到50%。到2000年，全市接待旅游人数达到1000万人次，旅游业收入达到4亿元。使旅游资源优势转化为经济优势，旅游业成为全市第三产业的支柱产业，旅游业发展水平进入全省六强，旅游工作跨入全省先进水平，把郴州建设成为省内乃至全国著名的旅游区。

"郴"字独为郴州，郴州属于世界。30年前，面对"高歌唱出花千树"的明媚春光，共和国杰出的领导人之一陶铸同志抒发了"郴江北向莫辞劳，风光载得京华去"的豪情。今天，面对改革开放和经济建设的澎湃大潮，430万郴州儿女将再谱创业新篇章。

五岭南北的朋友们，五洲四海的客人们，来吧，南国旅游胜地郴州欢迎您，这里迷人的风光、秀丽的山水和好客的人民定会使您乐而忘返。

（1996 年 2 月）

郴州市旅游业发展初探

一、引言

郴州位于湖南东南部，南岭山脉北麓，全市土地总面积 19388 平方公里，人口 432 万。"郴"谓之林邑地，即被森林环绕的城市，有"南国明珠"美誉。郴州历史悠久，有 2000 多年历史，秦朝时属山南郡，公元前 206 年，项羽徙义帝于郴，始有其名。1988 年 3 月，被省政府确定为我省省级历史文化名城。

郴州资源丰富，素有有色金属之乡的美誉。钨、铋储量居全国第一，非金属矿产、煤炭、地热和水能资源也极为丰富。党的十一届三中全会以来，特别是 1988 年经国务院批准创办改革开放过渡实验区以来，郴州进入了历史上发展最好的时期。1994 年底，经国务院批准，郴州撤地建市，迎来了加速发展的极好机遇和黄金时期。市委书记梅克保同志在市委一届一次全会上明确提出了把郴州建设成为社会主义现代开放城市的宏伟目标，并把旅游开发工程作为实现这个宏伟目标的五大战略工程之一，提出以旅游促进郴州的开发开放。以此为契机，郴州旅游业必将进入一个快速发展的轨道。如何加速发展郴州旅游业，是一个要研究和回答且刻不容缓的问题。对此提出一些个人粗浅的看法。

二、旅游资源及特征

旅游资源包括两个方面，一是自然旅游资源，二是人文旅游资源。郴州旅游资源主要是：

147

（一）自然旅游资源

1. 山景

有北湖区的苏仙岭，苏仙区的五盖山、飞天山，宜章的莽山，资兴的天鹅山等。

苏仙岭，属骑田岭山系余脉，花岗岩山体，自古以来就是一处古雅秀美的风景名胜之地，享有"天下第十八福地"美称，现为省级风景名胜区。

五盖山气候适宜，水源充足，植物茂密，区内有30多种野生动物和上百种飞禽，是一个风景秀丽、条件优越的天然狩猎场。

飞天山属典型的丹霞地貌，整个风景区有9寨48巷道，形成以"塞堡"形态为中心的"丹崖绿水"景观。

莽山、天鹅山均是国家森林公园，山势雄伟，风景优美，动植物资源丰富，前者有"第二西双版纳"之称，后者拥有地球上的活化石——银杉群落。

2. 洞景

有北湖区的万华岩、资兴市的兜率岩、宜章县的艮岩等。这些洞穴均为岩溶喀斯特地貌。洞中钟乳石林立，形态万千。其中，万华岩是我国少见的正在发育的地下河溶洞，具有洞大、景奇、恒温三大特点，被美国探险队誉为"世界洞穴奇观"，现为省级风景名胜。

3. 水景

主要有资兴市的东江湖、浙水、汤市温泉、汝城热水温泉、苏仙区相山瀑布、园泉、北湖区剑泉、桂阳县潮泉等。

东江湖水面160平方公里，蓄水81亿立方米，有"南洞庭"之称，四周山峦起伏，青翠翡绿，水质清冽，湖山掩映，相得益彰，为省级风景名胜区。

浙水两岸，林莽葱茏，生态原始。从龙王庙至燕子排28公里水路，有激浪滩头108个，落差75米，是一处集历险、探幽、猎奇、拾趣于一体的漂流旅游胜地，号称"中国生态旅游第一漂"。

汝城热水温泉，水温最高达98℃，一般也在91.5℃，日流量大于3000吨，是全省水温最高、流量最大的温泉，对皮肤病、关节炎、妇科病等患者疗效显著，是疗养、休假的好去处。

相山瀑布高200余米，飞泻直下，巨雷轰鸣，落地激起千层雪浪，瀑布与太阳相辉映，宛如彩虹高悬，美丽壮观。

园泉，泉水从石壁的圆孔中流出汇为圆潭，有"天下第十八泉"的美称。

4. 珍奇的动植物

郴州位于南岭山地，动植物资源相当丰富，有许多珍稀动植物，而且与山景相互融和，可供组织开发绿色旅游和生态旅游。宜章莽山、资兴天鹅山是国家森林公园，桂东八面山、宜章莽山为省级自然保护区。

5. 气候及其他

郴州所处的南岭是我国一条重要的地理分界线，即中亚热带和南亚热带的分界线。气候水平地带性变化明显，宜章莽山从山底至山顶又形成了南亚热带、中亚热带、温带，还包括少数寒带的垂直地带性景观，同时，南岭地区也是我国一条重要成矿带。苏仙区境内的柿竹园矿被誉为"世界有色金属博物馆"，极具教学、科研和专项旅游价值。此外，南岭山地旭日喷薄欲出之时，也不乏蓬莱所见的蜃气幻景。

（二）人文旅游资源

1. 革命遗址与纪念建筑物

郴州是老革命根据地，是湘南起义所在地，是红军长征经过的地方，故革命遗址和纪念建筑物较多。主要有桂东县城关镇毛泽东迎还红军大队的旧址，桂东沙田镇颁布《三大纪律六项注意》旧址，宜章县湘南起义指挥部旧址，北湖区湘南起义纪念馆等。

2. 历史文物古迹

郴州历史悠久，是省级历史文化名城，留下不少历史文物古迹，主要有苏仙岭风景区内的"三绝碑""苏仙观""屈将室"，北湖区的义帝陵、南塔，永兴县观音岩，桂阳县明代东塔等。

3. 园林及现代工程

主要有北湖公园、郴州体育训练基地和东江大坝。

北湖公园为综合性游乐休闲公园，"北湖水月"为郴州八景之一。唐贞元二十一年韩愈与郴州刺史李伯康曾泛舟游湖叉鱼为乐，现建有"叉鱼亭"。

郴州体育训练基地是全国十大体育训练基地之一，中国女排曾多次来此集训，并获得"五连冠"的殊荣。基地被女排亲切地称为"娘家"，国内外媒体则把它称为"中国女排的秘密基地"。

东江大坝为混凝土双曲拱坝，坝高 157 米，结构新颖，气势雄伟，在我国属于首位，在国际上名列同类大坝第二位，颇具观赏价值。

4. 特产风味和旅游产品

主要有临武龙须草席、鸭，郴州湘黄鸡，汝城红嘴相思鸟、白毛茶、香菇，桂东薏米、方竹、珍珠茶，资兴玉兰片、狗脑贡茶，嘉禾辣椒，桂阳烤烟，北湖区醐汁酒等，郴州特产风味和旅游产品的开发潜力很大。

（三）旅游资源的特征

1. 资源丰富，类型较齐全，目前景点级别不高，但开发潜力大

据不完全统计，全市风景名胜约有 110 余处，旅游资源丰富，类型齐全，有较大开发价值的有 30 多处，但由于开发晚、基础差，目前景点的级别不高，但未来开发潜力大。郴州旅游区已被列为全省十六大旅游区之一。

2. 以自然景观为主

全市较为重要的旅游资源主要以自然景观为主，如东江湖、五盖山、莽山、万华岩、热水温泉、相山瀑布等均是自然景观，人文景观相对不突出。

3. 旅游资源特色明显、主题突出

全市旅游资源以开展狩猎、体育、水上游乐、漂流、疗养、度假等旅游项目为特色，以参与型、娱乐型项目为主，符合现代旅游发展方向。

4. 风景名胜分布较散，重点旅游资源相对集中

一般风景点各县、市均有，全市 11 个县、市、区均有"八景"之说，这有利于各县（市、区）发展满足本地人文化生活需要的观光、休闲。重点旅游资源相对集中，有利于开发。苏仙岭、北湖公园、体育训练基地均在市区内，五盖山、东江湖、万华岩、飞天山、相山瀑布等距市区都不超过 40 公里。

5. 重点旅游资源分布与交通吻合较好，便于组织旅游

五盖山、万华岩、莽山均位于 107 国道旁，而东江湖、飞天山又位于郴州市区—资兴市重要干线公路旁，汝城热水位于 106 国道旁。

总之，郴州旅游资源特色突出，体现了现代旅游的发展方向，且重点旅游资源相对集中，与交通干线配合好，便于重点开发和组织旅游，尽管目前基础较差、景点级别不高，但未来开发潜力十分巨大。

三、旅游业发展现状

郴州旅游业虽起步晚，基础差，但在市委、市政府的正确领导下，各部门大力支持配合，旅游系统干部职工经过艰苦创业，取得了一定的成绩，可以说基本完成了开创阶段工作，正向全面发展迈进。

（一）旅游管理体系初步建立

全市初步建立了市、县两级旅游行政管理体系，市里以及资兴市、北湖区、苏仙区建立了旅游局，为旅游业的发展和管理打下了基础。

（二）景区开发有了一定规模

全市已建成和开放的有苏仙岭、万华岩、北湖公园、郴州体育训练基地等一批景点，正在开发建设五盖山国际狩猎场、东江漂流、东江湖风景区和汝城热水温泉，莽山、天鹅山国家森林公园也已处于规划阶段。

（三）有了一定的接待能力

目前，全市有涉外宾馆七家，其中二星级四家（苏仙宾馆、郴州宾馆、相思宾馆、晶阳宾馆）、一星级一家（体育宾馆），三类旅行社四家（郴州中旅、湘南中旅、南岭旅行社、资兴旅行社），旅游出租车队一家。1994年全市共接待入境旅游者1386名，旅游企业共计营业收入3157.12万元。

（四）行业管理有了好的开端

对于旅游企业来说，不论其隶属关系如何，都应由旅游局实行业务上的行业管理，目前，全市对旅行社和涉外宾馆基本实行了行业管理。

（五）市场促销取得了一些成绩

在香港参加了两次旅游展览会，在广州、长沙参展一次，印制各类旅游资料5万余份，通过新闻媒体进行宣传促销，现郴州女排训练基地、五盖山国际狩猎场、东江漂流已有一定的知名度。

四、旅游开发建设存在的主要问题

不可否认，十多年来，郴州旅游开发建设取得了一定成绩，但由于旅游开发建设是一项复杂的系统工程，需要集中大量的人力、物力、财力，需要涉及诸多方面、诸多部门，再加上郴州旅游发展起步晚、基础差、资金匮乏、管理不力，全市旅游开发不可避免存在一些问题，郴州旅游业发展与全省其他地市相比尚存较大差距，与国内外旅游业发达地区相比差距更大。郴州旅游开发建设中的问题和矛盾，集中表现在旅游业自身和外部发展环境上。

（一）从旅游业的自身发展来看

1. 产业规模过小，产业地位有待进一步确立和提高

产业规模过小，主要体现在两个方面：一是与全省、全国旅游业发展相比，郴州旅游人数和收入仅占全省1%，入境旅游人数排全省第10位，旅游外汇收入排全省第九位；二是就全市第三产业中旅游业所占比重而言，旅游业收入仅占全市第三产业的1%。长期以来，郴州旅游业一直处于偏冷状态，旅游创汇在全省、全国几乎可以忽略不计，在第三产业中，旅游业也没有占据其应有地位。郴州旅游业作为一项经济产业，其产业优势尚未完全充分发挥和真正形成，导致旅游业的产业地位还没有得到充分认识和重视。

2. 旅游业投入少，旅游开发深度不够

对旅游业投入少，全市尚未设立旅游发展事业费和旅游开发专项资金，利用外资也极少。景区建设进程缓慢，旅游产品开发大多只满足于对现有资源的修整与组合，没有从资源本身的功能所包含的内涵及旅游者的需求出发进行开发、建设，旅游资源的开发缺乏深度、力度。

3. 旅游市场开发和促销不力，旅游目的地形象没有确立

近年来，郴州旅游市场开发工作虽做了不少工作，但总的来说，市场开发和促销不力，郴州作为旅游目的地的形象没有确立。到目前为止，郴州海外旅游市场基本处于空白状态，国内、省内客源市场也很少，境外、市外、省外旅游者主要是以商务和公务、探亲旅游为主，主要客源是市内旅游者。造成这一状况的原因很多，主要是旅游业从业人员市场开发和促销工作不力，缺乏必要的市场开发和促销经费，市场开发和促销网络没有建立。

4. 旅游接待能力差，专业人才缺乏，经营管理水平不高

全市除北湖、苏仙有涉外宾馆外，其余各县市均无涉外宾馆，全市尚无一家二类旅行社，旅游专业人才缺乏，旅游从业人员素质有待进一步提高。

5. 旅游管理机构不健全，人员不足

全市只有郴州市、北湖区、苏仙区、资兴市成立了旅游局，其他各县均无机构，而且已有旅游局也往往与外办合置办公，旅游局内部人员少，部门设置不健全，市旅游局现只有一科一室，五个人，人员严重不足，远远不能适应工作开展的需要，各级旅游管理机构的行业管理职能和权威有待加强。

（二）从旅游业发展的外部环境来看

1. 部分党政部门和领导对旅游业发展没有给予足够的重视

在郴州旅游业发展过程中，各届、各级党政部门和领导给予了重视和关注，这是毋庸置疑的。但是，部分党政部门和领导对旅游业的发展重视还很不够，具体表现在：一是有部分领导对旅游业发展的重要性认识不足，把旅游业放在无足轻重、可有可无的"从属地位"；二是有些部门把发展旅游业看成是旅游局的事，在旅游工作的协调配合上主动性不够；三是对旅游业缺乏重点倾斜和政策优惠。

2. 全民办旅游的意识没有建立

旅游业是一个综合性的行业，涉及许多部门和行业，不仅仅是旅游部门的事，需要有关部门的支持、配合和发展，国家、集体、个人，内资、外资要一起上，才能加快旅游业发展，也就是要全民办旅游，而这种意识还没有建立。

3. 旅游交通和通信状况有待改观

市内没有机场，除向北去长沙外，向广州、桂林、上海等方向均无始发列车，买火车卧铺票很困难，许多外地游客进得来、出不去的情况比较严重。到主要景区的公路也亟待改善，如宜章—莽山、黄草镇—浙水、汝城—热水温泉等，现有重点景区如五盖山等无程控电话，通信状况有待改观。

五、旅游业发展的有利条件

（一）旅游资源特色突出，体现了现代旅游的发展方向

郴州旅游资源现在以狩猎、体育、漂流、水上游乐为主，以此为依托，可以发展大量参与性、趣味性的游览项目，而这正与现代旅游的发展方向相吻合，因而发展潜力巨大。

（二）重点旅游资源相对集中

全市重点旅游资源苏仙岭、万华岩、五盖山、东江、飞天山等均集中于离市区40公里的范围内，便于重点开发。

（三）与区内交通配合好

全市重点旅游资源基本上位于市内主要十字交通网（107 国道、桂阳—郴州—资兴干道）附近，如万华岩、五盖山、苏仙岭、飞天山、东江湖均是，而莽山位于 107 国道附近，与广东清远市相邻，汝城热水温泉靠近 106 国道，与丹霞山相邻，便于旅游线路的组织。

（四）良好的区位条件

郴州毗邻广东，面向港澳台和东南亚，具有发展旅游良好的区位条件。

1. 四周均为国家重点旅游城市或国家级风景名胜区

郴州南面有广东四大名山之首的丹霞山和我国重点旅游城市广州，东边有国家级风景名胜区井冈山，北边有国家级风景名胜区南岳衡山及全国历史文化名城长沙、国家级风景名胜区岳阳—洞庭湖，西边有国家重点风景旅游城市桂林，且相距均为汽车一天的路程。众多的相邻景点，为本市旅游业进行横向联合、组织旅游网、吸引客源提供了优越的条件。

2. 毗邻国内旅游最大的客源市场——广东

改革开放以来，广东经济迅速发展，人民生活水平不断提高，成为我国国内旅游最大的客源市场，而郴州毗邻广东，区位优越。

3. 毗邻港澳台、东南亚市场

港澳台游客占我国入境游客的大多数，其中占我省80%左右，而东南亚的马来西亚、菲律宾、新加坡等均为我省十大客源国，郴州毗邻港澳台、东南亚市场，入境游客客源潜力很大。

（五）难得的发展机遇

1. 与世界旅游潮流相吻合

据世界旅游组织预测，21 世纪初，中国将是世界上最大的旅游市场，到中国及亚太旅游者，到 2000 年，将达 1 亿人，到 2010 年，将达 1.9 亿人，占世界旅游业的50%。

2. 各级领导对旅游业的高度重视

我国已把旅游业作为第三产业的支柱产业来发展，并制定了"适度超前"的发展战略。省委、省政府也对旅游业高度重视，于 1994 年做出了《关于加快旅游业发展、建设旅游大省的决定》，明确提出到 2000 年要把我省建设成为旅游大省。1994 年底，国务院批准郴州撤地建市，第一届市委决定把旅游开发工程作为全市经济发展的五大战略工程之一来抓。

3. 新工时制度和干部休假制度实行

从 1995 年 5 月 1 日起，全国逐步全面实行每周 5 日工作制，而干部休假制度也将实施，这就为人们提供了大量的闲暇时间。

以上这些，无疑是郴州发展旅游业的良好机遇，必将带来旅游业发展的黄金时代。

此外，对外经济贸易的发展、基础设施的不断完善、接待条件的不断改善、人民生活水平的不断提高等都将有利于郴州旅游业的大发展。

六、旅游业发展战略

（一）指导思想

围绕建设中国特色的社会主义旅游业的总目标，进一步深化改革，扩大开放，使旅游业尽快和国际标准和国际惯例接轨，深入贯彻"政企分开、统一领导、分级管理、分散经营、统一对外""搞活市场、正确引导、加强管理、提高质量"的国际、国内旅游发展和管理的总方针，走集约型、效益型、综合型的发展之路，把郴州旅游业发展成为第三产业的龙头和支柱产业，重视旅游资源保护，实现旅游经济效益、社会效益和环境效益的统一。

（二）长远任务（到 2010 年）

以资源为依托，以市场为导向，以效益为中心，全面规划、合理布局、突出重点、分步开发，多层次、多渠道筹措资金，吸引全社会办旅游。立足郴州及周边地市，面向湖南、广东，辐射大陆、港澳台，开拓东南亚、日韩美，力争西欧、澳洲客源市场。加快旅游配套设施建设，提高综合接待能力，加强区域横向联系，建立区域旅游网络，开发保护并举，国内旅游、国际旅游、出境旅游共同发展，实现郴州旅游业超常规跨越式发展，把郴州建设成为狩猎旅游、森林旅游、漂流旅游、疗养旅游、水上游乐旅游、体育旅游、教学科研旅游、娱乐旅游、节庆旅游等在内的参与性、娱乐性较强的独具特色的旅游基地，把郴州建设成为省内乃至全国著名的旅游区。

（三）近期任务（到 2000 年）

近 3—5 年内，全面实施"23332"工程，即以把旅游业作为全市第三产业支柱产业和实现超常规跨越式发展为目标，狠抓综合开发（景区开发、基础设施建设）、市场促销、行业管理，国内旅游、国际旅游、出境旅游共同发展，重点建设好三大旅游区（五盖山旅游经济开发区、东江湖旅游度假区和水上游乐体育基地、苏仙岭—万华岩风景名胜区），争取部门上位置，工作上水平。

（四）战略重点

突出五盖山、东江湖、苏仙岭—万华岩三大景区的开发和基础设施建设。

（五）战略目标及步骤

到 2000 年，旅游业在郴州第三产业中的比重由目前的 1% 增加到 5% 左右，每年旅游人数和收入年均增长率不低于 30%，力争达到 50%。到 2000 年，郴州旅游业进入全省六强。

具体目标是：

	1995 年	1998 年	2000 年
入境旅游人数（万人）	0.20	0.50	1.00
创汇（万美元）	15	40	100
国内旅游人数（万人）	200	500	1000
旅游总收入（万元）	2000	8000	20000

重点旅游区（五盖山、东江湖、苏仙岭—万华岩）的开发建设一年一个样，三年大变样，争取用 5—10 年时间把这三个旅游区建设成为国家级风景名胜区。

全市旅游业发展三年打基础（1995—1998 年），五年大发展（到 2000 年），争取用 10—15 年时间实现大飞跃，把郴州建设成为省内乃至全国著名的旅游区。

七、重点旅游区开发设想

（一）五盖山旅游经济开发区

五盖山要在现狩猎场的基础上进行综合开发，把旅游与产业开发结合起来，可再建设射击场，野生动物园，特种动物养殖场，亚热带植物园，水果品尝观赏园，青少年夏令营基地，生物、地理等教学基地，赛狗场，动物表演场等，要举行国际狩猎节，使之成为集观光、狩猎、探险、度假、娱乐、教学、科研、品尝、节庆等于一体的综合性的旅游经济开发区，争取用5—10年时间建设成为国家级风景名胜区。

（二）东江湖旅游度假区

要以现在兜率岩开发和东江漂流为基础，建设水上乐园、水上体育运动基地，开展乘热气球或直升机观景，设立钓鱼、游泳、水上射击、水上跳伞多种旅游项目，举行东江漂流月活动，争取用5—10年时间把本区建设成为国家级旅游度假区和国家重点水上体育训练基地。

（三）其他旅游区开发

苏仙岭、万华岩与五盖山组合形成旅游网络。苏仙岭可建设缆车和现代化游乐场，万华岩可与周围仙岭水库、邓家温泉一起综合开发，喻家寨—飞天山可与东江湖组合成旅游线进行开发，汝城热水温泉可与韶关丹霞山组合成旅游线进行开发，宜章莽山可与广东清远组合成旅游线进行开发。

八、旅游业发展的对策

如前所述，郴州发展旅游业有利条件很多，潜力很大，但是，由于起步晚、基础差、资金匮乏，与旅游发达地区差距较大，加之各地对旅游业发展越来越重视，对旅游业给予了重点倾斜和优惠政策，使得"热点更热、冷点升温"，旅游市场竞争更加激烈，旅游者对旅游质量、效率要求越来越高，国际游客市场由传统包价旅游向小包价、自选式散客旅游、组合式旅游发展。因此，郴州旅游业面临的形势可以说是机遇与挑战并存、希望与困难同在，要实现规划的目标，必须有切实过硬的措施和对策。

（一）进一步转变观念，深化对旅游业的认识

从世界范围看，旅游业已成为世界第一大产业，旅游业在国民经济中的地位越来越重要，要使全市人民树立旅游业是新兴的朝阳产业的观念、作为郴州经济发展新的经济增长点的观念、作为国民经济发展的先导产业和第三产业的龙头与支柱产业的观念、"大旅游、大产业"的观念。高度重视旅游业在对外

开放中的窗口作用，深刻了解郴州旅游发展的巨大潜力和灿烂前景，充分估量旅游业的经济效益和社会效益。

（二）加快旅游业发展速度，实现超常规发展

我国对旅游业发展制定了"适度超前"的战略，但由于郴州起点低、基础差，与国内外旅游业发达地区相比差距很大，因此，必须要有大举措、大手笔、大动作，实现超常规发展，才能确立旅游业的地位和缩小同发达地区的差距。

（三）加强领导，建立健全旅游管理机构

各级领导要高度重视旅游业发展，把旅游业纳入国民经济和社会发展计划，纳入领导的重要议事日程和具体工作目标，市里要成立以主要领导为组长、各有关部门参加的旅游发展领导小组，负责全市旅游业发展的重大决策。重点旅游县要建设旅游管理机构或专职旅游行业管理干部，如宜章、汝城、永兴等。已建机构要健全内部机构，市旅游局应直接管辖几个景点，要有直属宾馆和出租车队，以便成龙配套，促进工作。

（四）增大投入，实行全民办旅游

旅游是一项跨行业、跨部门、跨地域的综合性社会经济消费活动，仅仅靠旅游系统努力是远远不够的，也是办不好的。必须充分调动全社会各方面的积极性，坚持国家、部门、集体、个人、外资一起上，多渠道筹集资金，形成全社会办旅游的新局面。

主要筹资渠道有：

1. 各级财政。市、县（区）财政要增大旅游业投入，安排旅游发展专项经费和建立旅游开发基金。

2. 各部门投资。生物、地理、地质基地可争取教委、大学支持，青少年夏令营可争取与共青团合作，森林公园建设可争取林业部门支持，园林建设可争取建委投资，体育基地建设可争取体委投资，交通、通信建设争取交通、邮电部门支持。

3. 争取上级旅游主管部门资金支持。

4. 制定优惠政策，吸引外商投资，开发旅游景点和基础设施建设。

5. 可考虑从旅游经营企业征收旅游资源使用费。各级旅游企业上交财政的利润在一定的年限内部分返还同级旅游行政主管部门，用于旅游业的建设和

发展。

6. 风景区的土地出让金应留一部分用于景区开发。

7. 集体、个人投资开发旅游项目，群众投工投劳。

8. 向社会发行债券，公开发行股票。

（五）统一规划，合理布局

首先，制订全市旅游业发展规划，明确方向和目标，然后对重点景区（如五盖山、东江湖、苏仙岭—万华岩）要制定详细的景区规划，便于合理开发，也便于招商引资。

（六）突出重点，分步开发，不断调整和优化旅游产品结构和产业结构

全市旅游景点不少，不可能同步开发、面面俱到，一定要突出重点。首先要突出抓好五盖山旅游经济开发区和东江湖旅游度假区建设；然后再开发苏仙岭、万华岩、飞天山、汝城热水温泉、宜章莽山等。要根据旅游市场的变化，不断调整和优化旅游产品结构和产业结构。

（七）多方筹资，加强与旅游有关的基础设施建设

公路建设主要是建好京珠高速公路郴州段、桂阳—资兴、黄草—浙水、白露塘—五盖山、五盖山—万华岩、丹霞山—汝城热水温泉—汝城、宜章—莽山等。

铁路运输争取把"丹霞号"、广州—坪石火车延至郴州，使郴州有去广州的始发车，或在57次列车上加挂卧铺车厢，争取现长沙—郴州火车加挂旅游车厢，争取开通岳阳—郴州旅游专列。待长石铁路建成后，开通郴州—张家界火车。

争取修建郴州机场。

各涉外宾馆，五盖山、兜率岛、黄草镇、莽山、热水镇等景点都要开通程控电话。

争取各主要风景点建有二星级以上宾馆，郴州市区建有三星级以上宾馆。

（八）对旅游业重点倾斜，给予优惠政策

要实现旅游业超常规跨越式发展，必须对旅游业重点倾斜，实行优惠政策。对旅游资源开发、旅游基础设施建设和旅游交通、通信条件改善的计划、立项、评估、审批以及资金筹措等，优先考虑安排。重要旅游建设项目，相关税费给予优惠。旅游业应按生产创汇型产业对待，重点旅游区的土地出让金应

在一定期限内留在区内用于景区开发，对在景区内开发资源和兴办企业者应在税收上给予优惠等，以进一步加快全市旅游建设步伐。

（九）加强市场开发力度，努力扩大客源市场

要安排专项旅游促销经费，并逐年增加，以加强市场开发力度。要多渠道、多层次、多形式地开展宣传促销，不断提高知名度。一是利用广播、电视、报刊进行广告宣传；二是请进来，走出去，内引外联，广泛结成推销合作伙伴；三是抓住有利机遇，适时举办参加大型促销活动，组织旅游企业参加一年一度的全国及其他国内旅游交易会；四是联合各相关部门和行业正确引导旅游消费，强化人们的旅游文化意识。每年9月27日是世界旅游日，要在全市开展旅游宣传活动；五是建立专兼职的营销人员队伍。兼职营销员可在机关、团体、学校、企业、居委会中物色选定，根据销售实绩支付佣金。要建立旅游宣传奖励制度和引客奖励制度，调动全社会力量促销售。在客源市场上，要把重点放在周边市场（北边衡阳，西边零陵，南面韶关、清远，东边赣州），然后沿京广线扩展广东、湖南市场，并积极开拓港澳台、东南亚市场，争取日韩美市场。

（十）建立区域旅游网络

首先要重点与周边旅游点（衡山、炎帝陵、井冈山、丹霞山、九嶷山、桂林）建立旅游网络。向北可形成岳阳—长沙—南岳—郴州旅游线，向南形成丹霞山—郴州旅游线，随着三南（闽南、赣南、湘南）公路建设和桂阳—资兴高等级公路建设，可考虑桂林（蒋经国母亲墓）—九嶷山（舜帝陵）—郴州（屈将室、义帝陵）—炎帝陵—井冈山（毛泽东创立的革命根据地）—赣州（蒋经国曾做专员之地）的专题旅游线，此线贯通古今名人遗迹，对台胞极具吸引力。

（十一）加强旅游行业管理，深化旅游企业改革

对全市范围内的旅游企业，不论其行政隶属关系如何，一律由旅游部门进行行业管理。深化旅游企业改革，建立适应社会主义市场经济、具有旅游业特点的企业制度，实行政企分开。在旅游企业内部，建立现代企业制度，抓好股份制改造；在本市旅游企业之间，建立企业集团；本市旅游企业与外地旅游企业之间建立企业联合体。推进旅行社体制改革，试行代理制，积极探索导游体制改革，探讨导游员分级制，形成竞争机制，并逐步向国际惯例靠拢，使导游

员成为自由职业者。

（十二）积极发展旅游商品的生产

重视旅游商品的生产和销售，对旅游商品生产在资金、税收上给予一定的优惠，建立旅游商品生产基地，积极开发特色旅游商品，以提高旅游业的经济效益。

（十三）大力加强人才培养，提高旅游队伍整体素质

旅游人才的培训，可以委托国内、省内各大专院校（系）进行人才培训，也可举办各种讲习班、专题讲座加大培训力度。

（1995 年 8 月）

访日旅游考察报告

为纪念中日邦交正常化 30 周年，应日本笹川和平财团的邀请，2002 年 9 月 22—29 日，中国国际友好联络会组成了以全国人大常委会副委员长许嘉璐为团长、全国政协副主席陈锦华为高级顾问的中国友好人士访日团一行 90 人，对日本进行了为期八天的访问。此次访问旨在通过民间交往，进一步增进两国人民相互了解，推动中日两国民间的交流与合作，开创面向未来的新型中日关系。我作为中西部地区市长代表团成员之一，在这次出访中重点对日本旅游市场和旅游产业的发展情况进行了了解和考察，有不少启示与体会。

一、访问基本情况

中日友好人士访日团由民间友好人士代表团、市长代表团、IT 产业政策代表团、安全保障对话交流代表团、中国青年代表团组成。中西部地区市长访日团由云南、广西、贵州、四川、湖南五省（自治区）的昆明、桂林、广安、郴州、张家界市和香格里拉、都匀县的市长或书记七人组成。主要是为了宣传推介我国，尤其是中西部丰富的旅游资源，了解日本的旅游市场，学习日本旅游开发的经验，以促进中西部地区旅游产业更快的发展。

在日期间，代表团参加了日本笹川和平财团与中国国际友好联络会在东京举行的纪念中日邦交 30 周年报告会。在"在理解与合作的世纪日中民间交流"报告会上，许嘉璐团长、笹川和平财团董事长笹川阳平、中国国际友好联络会常务副会长梁堤分别作了热情洋溢的讲话，日本前首相森喜朗也参加了报告会。

中西部地区市长访日团在东京先后拜会了日本国土资源省、国际观光振兴会、日本第三大旅行社日本旅行等政府机构与旅行商，了解了日本旅游业的发展现状和旅游政策，重点促销了中西部地区市长访日团成员们所在地的旅游资源。日本国土资源省岩村敬副部长接见了市长团并与市长团的成员进行了亲切交谈。市长团还拜会了岐阜县政府，实地考察了日本的历史文化名城京都、世界文化遗产白水村、日本三大名泉之一的下吕温泉和关西经济大都会大阪。

通过这次访问，进一步加深了两国人民的了解和交流，宣传推介了各个城市，尤其是各个城市丰富的旅游资源，了解了日本客源市场的状况和日本的旅游政策，学习了日本发展经济，尤其是旅游经济方面的经验，对今后中西部地区经济，特别是旅游业的发展有着积极的促进作用。访问达到了预期目的，取得了圆满成功。

二、日本旅游发展状况

（一）国民生活状况

1. 经济状况。二战后日本经济差不多完全陷于瘫痪，粮食严重短缺，物价飞涨，人民处于水深火热之中。后在美国的协助下，日本人开始重建经济，并在 1954—1974 年出现了 20 年的大发展期。在横向比较上，美国从 1954—1968 年是大发展期，西欧则从 1957—1973 年。日本经济起步较晚，从 1961 年开始，但是后来者居上，日本国民生产总值以平均每年超过 10% 的速度增长。1967 年日本国民生产总值超过英、法，翌年超过德国，1979 年已近 1 万亿美元，约为美国的一半，跃居世界第二经济大国。1973 年的石油危机冲击了资本主义世界，日本也难以幸免。其后日本经济增长一般都低于 4%，但是，日本许多领域仍居于世界前茅，如造船、彩色电视、半导体、粗钢、电力、汽车、电子计算机、石油制品、造纸、化纤等。在 1997 年亚洲金融危机中，日本经济也受到大的创伤，致使 1997—1998 年两年经济连续出现了负增长，但随后日本经济渐渐复苏，到 1999 年，经济开始出现正增长，从景气后退期转到景气扩张期，但回升的势头乏力，经济仍未走出低迷。但是，日本目前仍是世界经济强国，其 2001 年国民生产总值为 4.8 万亿美元（相当于同期中国 GDP 的 4.4 倍），继续稳居世界第二位，日本的人均 GDP 为 3.8 万美元，外汇储备为 3546 亿美元，个人金融资产为 11 万亿美元。

2. 消费动向。目前，日本消费市场物价稳定，全年物价波动幅度不大，大部分劳动者家庭实际收入远远高于消费支出。家庭平均年收入约 660 万日元（约 44 万元人民币），其中消费支出约 390 万日元（约 26 万元人民币），占家庭平均年收入的 59%。在消费支出中，自由时间相关支出（指在外就餐费用、电视和录像机等耐用消费品费用、读书学习费用、体育用品费用等）约 93 万日元（约 6.2 万元人民币），占消费支出的 23%，而旅游相关支出[指住宿费（包括房费、包价旅游费）、交通费、旅游箱包费等]约 15 万日元（约 1 万元人民币），占自由时间相关支出的 15%。

3. 闲暇时间动向。与日本的高收入水平相比，并不是每个国民都实际感受到生活的充实，其中工作时间长也是重要原因之一。与其他发达国家相比，日本的法定内工作时间是最长的，以 1998 年制造业工人工作时间为例，日本为 1947 小时，而同期美国为 1891 小时，英国为 1925 小时，法国为 1800 小时左右，德国为 1517 小时。现在，日本越来越重视国民的生活质量，从 1968 年以来，采取了有力措施不断减少劳动时间，增加闲暇时间，现正在争取实现年度工作时间不超过 1800 小时，采取了贯彻执行周工作 40 小时制度，促进年度带薪休假和减少法定外工作时间等措施，让国民在生活中感受到放松。据统计，从日本每周休息两日制度来看，以某种形式能周休两天的劳动者为 95.6%，能完全周休两天的劳动者为 59.2%，就业人员人均应享受年度带薪休假的天数为 17.5 天，其中实际实现的休假天数为 9.1 天，占 51.8%，比以往有大幅度提高。

（二）国际旅游状况

由于休闲时间不断增多和经济收入不断提高，赴海外旅游和出差的日本人数不断增多，一般每年在 1600 万—1700 万人左右，2000 年达到 1782 万人的最高峰。2001 年，由于受美国 "9·11" 事件的影响，出境旅游人数为 1622 万人，2002 年比 2001 年略有减少。2001 年，男女出行比例为 137∶113，20—50 岁之间的出行者占 60% 以上，其中，男性出行最多的是 30—40 岁之间的，占男性总数的 21.7%，女性出行最多的是 20—30 岁之间的，占女性总数的 33.8%。出国旅游者平均旅游天数为 8 天左右，以旅游为目的而出行的占总数的 82%，以出差为目的而出行的约占总数的 14%。日本是东亚最大的客源输出国，日本游客占关岛入境游客总量的 80%，占韩国入境游客总量的 42%，占中国台湾入境游客总量的 38%，占夏威夷入境游客总量的 31%，占中国大陆入境游客总量的 22%，占泰国和中国香港入境游客总量的 13%。目前，日本人出国旅游主要目的地为中国大陆、韩国、美国、中国香港、泰国、中国台湾，2001年分别为中国大陆 238.5 万人次，韩国 237.7 万人次，美国本土 171.5 万人次，美国夏威夷 150.8 万人次，中国香港 133.7 万人次，泰国 119.9 万人次，中国台湾 97.8 万人次。

（三）国内旅游状况

随着经济的复苏和个人消费的增加，日本国内旅游的过夜旅游娱乐的夜数和次数不断增加，消费总额逐渐增长。过夜旅游中，旅游和顺道旅游占过夜总数 60% 左右。据统计，亚洲金融危机刚过不久，亚洲经济刚刚恢复的 1999年，日本的国内旅游中，参加过夜旅游娱乐的总人数为 3.26 亿人次，其中旅游、顺道旅游的为 1.96 亿人次，占过夜旅游娱乐总人数的 60%。国民过夜旅游次数人均为 2.58 次，人均过夜数为 4.97 夜，旅游、顺道旅游消费总额为 8.2万亿日元，人均年消费额为 6.47 万日元。从各月份的旅游统计情况看，含旅游、顺道旅游在内的过夜旅游娱乐次数，仍然是休假机会多的 8 月份为最高，占全年的 13.6%。近年来，随着日本对外国人旅日的重视和促销，外国游客旅日呈不断上升趋势，每年在 440 万人次左右。

（四）日本人到中国旅游状况

过去中国一直排在美国、韩国之后，属日本人出国旅游的第三大目的地。近年来，由于东南亚金融危机和"9·11"事件的影响，日本到美国旅游的人数迅速减少，加之中国经济和旅游业的快速发展，2001 年中国（不含台湾、香港地区）已超过了韩国、也超过了美国本土成为日本的第一大旅游目的地国家，即使考虑美国的度假胜地夏威夷，中国大陆也居第二位，但加上台湾、香港地区，中国已成为名副其实的日本第一大旅游目的地国家，2001 年到中国旅游的日本人达 470 万人次，其中大陆 238.5 万人次，香港 133.7 万人次，台湾 97.8 万人次。日本是我国第一大客源国，占到中国大陆入境外国游客的22% 左右，是唯一一个比重超过 20% 的国家。2001 年，日本人到中国大陆旅行的游客中，观光旅游的占 51.5%，商务旅游的占 27.3%。到中国旅行的时间为 1—4 天的占 31.4%，5—7 天的占 44.4%，8—14 天的占 15.7%，15 天以上的占 4.4%，近些年来 1—4 天的游客比例在上升，8—14 天及 15 天以上的在逐年减少。据抽样调查，到中国大陆旅游的客人中，历史文化观光的占 28%，自然风景观光的占 23%，参观美术馆、博物馆的占 19%，品尝美食的占 10%，购物的占 9.3%。而中国同期到日本旅行的人数约为 40 万人次。

（五）日本旅游的特点

1. 国民的出游率高。由于日本经济发达，而且政府采取措施增加国民的休假时间，同时日本人十分重视生活质量，使得日本出境旅游和国内旅游都很发达，旅游已成为日本国民"度假休闲"生活的主角。

2. 出境旅游人数远远多于入境旅游人数。二战后，日本经济迅速增长，国际竞争力不断增强，进出口贸易对许多国家顺差很大。因此，日本政府鼓励国民出境旅游，以缩小贸易顺差，使得现在日本的出境旅游人数远远多于入境旅游。2001 年，日本出境旅游的人数为 1622 万人次，而同期外国人访日的仅 444 万人次。

3. 入境旅游已得到重视。近年来，日本政府充分认识到旅游业的发展对于提高地区知名度、加强民间交流、促进地区经济发展、解决就业等方面有着十分重要的推动作用。因此，加大了对国外宣传促销的力度，来日外国游客不断增加，旅日外国人现已达每年 444 万人次，其中游客为 256 万人次。日本政府为了进一步吸引外国人来日，已制订了一个吸引外国人到日本旅游的计划，计划到 2007 年实现 800 万入境游客的目标，而且把吸引客源的重点从美国转移到了亚洲。

（六）日本旅游新动向

1. 旅游形态：日本旅游形态分三个阶段：第一阶段是从 1955—1973 年。日本国民主要以出去为目的，对目的地没有更多要求，许多公司以奖励方式安排员工外出旅游，当时奖励旅游占出境旅游的 70%，而现在仅为 20%；第二阶段是从 1974—1990 年。日本国民对出去旅游目的地的吸引力十分重视，采取的方式主要是与家属、朋友结伴而行，追求旅游过程的豪华化；第三阶段从 1991 年开始，追求在旅游过程中干点什么，也就是参与型、体验型旅行盛行。

2. 出国旅游动向：①赴洲内目的地旅游者数量增加。由于近些年日本经济不景气，消费信心不足，日元走软和"9·11"事件以及到亚洲区域内旅游既廉价又安全等因素的影响，日本人赴洲内目的地旅游的人数不断增加。②老年（60 岁以上）旅游者增加较快。老年旅游者最近七年间增长了 1.7 倍，已占到出国旅游者的 15%，随着日本老龄化社会的不断发展，老年人将成为支持旅游市场的重要客源层；③ 30—40岁和50—60岁年龄层的人出行增加，20—30岁年龄层的人出行减少。这可能与中年人商务活动增多，而年轻人学习压力增大有关。④海外旅游产品的低廉化倾向增加。由于个人消费需求不振，海外旅游产品中的低价位、实惠产品销路畅通。

3. 国内旅游动向：①城市旅游吸引力增加。近年来，城市所具有的复杂功能、多元文化和信息日益成为旅游者关注的对象，成为有很大吸引力的旅游资源。②散客、小团队旅游看好，尤其是家庭旅游市场看好。③"低、近、短"和"低、远、短"型旅游倾向增加。"低"即"价位低"，"近"即距离近，"远"即"距离远"，"短"即"日程短"。④旅游淡旺季不明显。⑤体验型等旅游娱乐产品需求多样化。⑥旅游产品价格更加低廉化。

（七）日本政府及相关团体实行的旅游发展政策

日本人认为旅游是国民"度假休闲"生活的主角，更有助于国民享受充实而愉快的生活，有助于地域文化、经济和社会的发展，有益于增进各国之间的相互理解，共同建设一个友好和信任的国际化社会。基于这种认识，日本政府及相关团体十分重视旅游业的发展，为其发展出谋划策、献计出力。一是政府出台旅游优惠政策。在1999年出台的经济新生对策中推行增加就业的旅游政策，政府投入15亿日元，用于宣传促销日本旅游，强力推行旅游发展政策；2001年，日本政府拨给国家政府促销主体——国际观光振兴会24亿日元的宣传促销经费，占国际观光振兴会整个旅游促销经费的70%。修正节假日法，把"成人节"和"体育节"定为规定休假日，并安排到周一，增加家人相聚的机会和时间，促进旅游业发展，现日本每年已有八个"三连休"。二是政府加大旅游建设力度。加大旅游信息建设，采用互联网旅游预订和电子结算等方式，进行旅游信息的收集和交换等，增加旅游的时效性和方便性；加大旅游基础建设，如财政补助用于"汽车旅游据点项目和国际交流据点、舒适旅游空间项目"，特别是跨区域旅游主要线路的基础设施建设。三是鼓励全员参与旅游。积极鼓励社会参与开发旅游项目，发展旅游业增加就业，政府派出旅游开发专家到各地指导旅游项目的开发，传授经验。四是旅游相关企事业、团体以举办"振兴旅游产业论坛"和成立"关注旅游发展委员会"以及捐资等形式，大力支持旅游业的发展。

三、访日的启示

通过参观访问和交流，我深深感到此次访问收获很大，启示颇多。

（一）"发展是硬道理"，只有经济发展了，旅游业才能发展

早些年，邓小平同志就提出"发展是硬道理"的科学论断。经过这次访日，我对"发展是硬道理"有了更深的认识和理解。一方面，只有经济发展了，国民才有能力出行旅游。从日本国民出游统计情况看，二战后至今，日本国民出行旅游呈波浪式发展，二战刚结束时，出游人数极少，之后，随着经济的快速发展和国民收入的增加，出行的人数逐年上升，到20世纪90年代中期达到顶峰，亚洲金融危机后，日本经济受重伤，国民收入下降，出行人数直减，直到2001年开始出现上升。另一方面，只有经济发展了，政府和企业才有更大的财力投资旅游业，为旅游者创造良好的旅游条件。二战后，日本随着经济的复苏和发展，城市基础设施和交通设施以及通往各旅游区的基础设施不断改善，目前，高速公路、铁路和地铁，特别是东京密如蛛网的地铁和贯穿日本南北的新干线高速铁路给我留下了深刻的印象。同时，宾馆、饭店的接待能力不断增强，档次不断提高，景点景区的各种设施不断完善，为游客创造了良好的旅游环境。我们在今后的工作一定要全面落实邓小平同志"发展是硬道理"的论断，与时俱进，抢抓机遇，着眼于未来，致力于发展，为我国旅游业发展提供更加强大的动力保障。

（二）日本在旅游开发过程中十分注重整体环境的协调和景观原始风貌的保护

日本人深知"旅游资源具有不可再生性，一旦破坏，就难以恢复"的道理，在旅游开发中始终坚持开发与保护并举的原则，特别是对一些比较有价值的旅游景观都千方百计保持它们的原始风貌。如我们这次访问的日本歧阜县世界文化遗产白水村，就完好地保存了日本古建筑的历史风貌。同时，日本人十分注重旅游景区的品位，在开发旅游过程中，做到建筑物与景区周围环境的协调统一。例如，日本温泉很多，但他们在开发温泉时尽量不破坏温泉周边的自然环境，把温泉度假区建在森林中，做到温泉宾馆的建筑风格和颜色都与周边自然环境协调一致，许多露天温泉没有建筑屏障，只是用树木隔离遮挡，让泡

温泉者有一种人与自然融为一体的感觉，十分惬意。

（三）开拓日本旅游客源市场潜力巨大

我国开拓日本旅游客源市场的潜力还很大。一是日本经济发达，国民收入高，对生活质量有高的要求，旅游消费支出大；二是日本国土面积小，旅游资源类型远不如我国丰富；三是日本人口众多，国民出国旅游率高，游客量大；四是中日一衣带水，两国有历史渊源，相互之间文化认同感较强，我国丰富的旅游资源和廉价的旅游消费，对日本人有较大的吸引力；五是日本政府重视国民外出旅游，并积极出台了鼓励国民假日出行的旅游政策。然而，目前中国只占到日本出境游客的 15% 左右，相当于美国的一半（美国最高时占日本出境游客的 30% 以上）。因此，我国吸纳日本出境游客的空间大，开拓日本客源市场的潜力大。

（四）旅游宣传促销要持之以恒

宣传促销是加快旅游业发展的重要手段，其成效如何将直接影响一个地区旅游业的发展快慢。同时，宣传促销也不是一蹴而就、立竿见影的，它需要长期努力方见成效。这次日本之行，我们了解到，在日本人中宣传推介出国旅游并非易事，它需要较长时间的努力。比如，我们在与"日本旅行"负责人交谈中了解到：他们在推介欧洲旅游时曾经历了这样的过程。首先，他们向国民宣传欧洲及有关国家的基本情况，让国民对欧洲及某些国家有个初步概念；然后，他们向国民宣传推介欧洲几个主要旅游城市，让国民对几个主要旅游城市有更多的了解；进而，他们开始组织客源，客源量也是从少到多再到相对稳定。这前后经过了近 20 年的不懈奋斗。我国与日本邻近，相互间有文化渊源，经济文化交往多，来往费用低廉。应该说，在日本人中宣传推销我国旅游比推介欧洲旅游相对容易些，所花的时间相对少些，但也不可能一蹴而就，也需要一个过程。因此，我们要高度重视对日的宣传促销，要有长期宣传促销的思想准备，做到宣传促销持之以恒、锲而不舍，即使现在成效显著也不能放松。

（五）日本人敬业精神强，服务人员水平高，值得学习

无论在政府机构还是服务行业，代表团成员接触到的日本人士，无论从事什么工作，每个人都能够认认真真，兢兢业业，这种敬业精神使我深有感触。如在我们入住的东京新大谷饭店，酒店员工在酒店内任何地方、任何时候碰到住店客人都会主动问好，给我们留下了深刻印象。我觉得我国中西部的旅游开

发既要有长期奋斗的思想准备，更要有对每一件事情认真的敬业精神，这是搞好旅游开发的根本。

四、几点建议

旅游业是一个新兴的开放型产业，旅游业的发展不仅可以直接带来经济效益，同时，也可以增进与各国间的友好交往，带来更大更多的社会和政治效益。发展旅游业是一项艰巨的历史任务，也是一项社会系统工程，需要全社会共同努力。根据这次到日本学习、考察的体会，针对我国旅游业的发展，尤其是日本客源市场的开发，建议如下：

（一）学习日本经验，进一步完善《中国旅游业年度报告》

日本每年都要编写一本《日本旅游白皮书》。《日本旅游白皮书》首先是由国土交通省提出，然后通过总理府，最后提交国会通过来制定的。它是面向全世界的旅游万言书，长达30万字。它详细分析了当年日本旅游的现状，阐述了旅游发展新动向，论述了政府所实行的促进旅游业发展的政策，展望了下一年度发展旅游的政策与措施，让读者对日本旅游有一个全面、深刻、系统的了解。此书自1964年第一次编写发布以来，每年编写发布一次，深受国内外游客的青睐，销售量一直居高不下。现在每年我国国家旅游局也对外发布《中国旅游业年度报告》，但与《日本旅游白皮书》相比还有进一步完善的地方。一是发布的级别可考虑进一步提高，每年的旅游业年度报告可以考虑由国务院发布，这可以进一步提高报告的权威性和影响力。二是内容上要进一步全面、深入。

（二）出台积极政策，促进旅游业更快发展

日本近些年来采取系列促进旅游业发展的积极政策，用以吸引国外游客的做法，值得我们学习与借鉴。我国政府要进一步制定促进旅游业发展的积极政策：①政府要加大旅游业的投入，尤其是旅游宣传促销经费的投入。从美国、日本等国旅游业发展情况来看，一个国家或地区的整体旅游形象宣传应主要由政府负责，具体的旅游产品宣传才由旅游企业负责。比如，日本政府每年安排给国际观光振兴会的宣传促销经费达30亿日元左右。②政府要进一步增加国民闲暇时间。一是全面实行带薪休假制度。世界上多数发达国家都普遍

实行了带薪休假制度，日本政府也采取了促进带薪休假的措施。我国的《宪法》和《劳动法》均规定了带薪休假制度。但我国带薪休假制度还存在两方面问题：带薪休假制度不普遍，基本上仅限于国家机关工作人员，许多企事业单位、民营企业都未实行；国家机关工作人员带薪休假制度贯彻执行得不够，不少地方是有名无实。二是可适当考虑增加休假假日。我国的传统节日，如端午节、中秋节现在国家没有规定为假日，但实际上全国很多单位都放假半天或一天，建议国家将其正式明确为假日，并把周末与其合并，形成三天假日。三是调整节假日，实行休长假制度。可借鉴日本的"假日安排在周一"的做法，采取把节日与周末假日合并，或调整假日的办法。例如，三八妇女节、六一儿童节、七一党的生日、八一建军节，可考虑把周末与其结合，教师节、老人节等专项节日安排在星期一，形成"三连休"，甚至"五连休"（比如元旦），这样既可以出现一个个旅游小高潮，又可分流春节、"五一"、"十一"七天黄金周的游客，减轻各方面压力。近几年，我国增加和调整节假日时间后出现了春节、"五一"、"十一"三个黄金周旅游异常火爆的现象，就可充分证明，增加国民休假时间对以旅游业为主的第三产业的发展有积极的促进作用。③大力推行奖励旅游制度。日本政府为了促进国民旅游，大力推行企业奖励旅游制度，并实行了企业奖励旅游的费用按照不同的情况和不同的比例可以进入成本的促进政策，值得我们借鉴。④政府要加强旅游知识方面的教育。日本政府十分重视旅游教育。从小学开始，就有专门的旅游课程，对学生进行旅游知识方面的教育。我们也可仿效其做法，增加旅游知识方面的教学内容。

（三）加大对日旅游宣传促销力度，招徕更多的日本游客

近些年，我国日本入境旅游市场有了很大的发展，现日本已成为我国最大的客源国，但我国丰富的旅游资源仍有不少是"养在深闺人未识"，日本人对它们缺乏更多的了解。例如，我们这次访问了日本第三大旅行社"日本旅行"，尽管我们这次市长代表团代表们所在的城市都是我国中西部地区著名的旅游城市，但在"日本旅行"提供给日本国民有关介绍中国旅游线路及景点的资料中，仍有不少城市不在其中，而且"日本旅行"高层管理与营销人员对我国的一些著名旅游点也不了解，由此可见，我们旅游宣传促销仍需加强。因此，我国要采取更加有效的措施，多渠道、多形式地加大对日宣传促销，并持之以恒。一是加强与日本国土交通省、国际观光振兴会等政府组织联系与合作；二是加强与日本大旅行社和航空公司的联系；三是印制宣传品，利用互联网、媒体宣传；四是参加旅游交易会促销；五是举办重大活动促销，如利用这次中日邦交 30 周年的契机，我国邀请了 15000 名日本人访问中国，影响很大，成效明显。

（四）根据日本人出国旅游，特别是到中国旅游的特点，加大宣传促销的针对性

前面我们已述及了日本旅游的特点，根据这些特点我们要加大宣传促销的针对性。比如日本中学生喜欢修学旅行，我们就要有针对性地加大招徕力度，而且要把修学旅行的学生接待好，因为他们还是我国未来潜在的旅游客源。又比如，日本现已进入了老龄化社会，日本的人均寿命已超过 80 岁，到 2015 年，日本人口的 1/4 为 65 岁以上的老人，这些老年人经济收入可观，身体素质好，有到国外旅行的强烈愿望；另外，日本女性十分喜欢到国外品尝美食和购物，我们对这些要有足够的认识和高度重视，采取有针对性的措施吸引更多的日本人到中国旅游。

（五）提高旅游接待能力和服务水平，招徕更多日本回头客

从日本有关部门了解到，日本人到中国旅游有"多旅游、长日程"的特点，并且一般来说，日本人来中国的主要游览目的地为：第一次是北京、上海等与日本有直航航线的城市；第二次是广州、西安、昆明、桂林、成都、重庆等；第三次才往其他城市或以上城市的周边延伸。根据这些情况，我们要不断提高自身旅游接待能力和服务水平，让日本人初次游中国，兴奋不已，想下次再来；第二次游中国，游兴未尽，想多游几次；第三次游中国，流连忘返，想多待几天，饱览中国的山山水水，做到用优等的资源、优美的环境和优质的服务招徕更多的回头客。

（六）根据日本游客的需要，有的放矢地改善我国旅游条件

日本游客对旅游条件一直有较高的要求，而且由于日本过去的旅游业基本以出境旅游为主，日本相关的机构，如国土交通省、国际观光振兴会的主要职责也是为日本国民到海外旅行提供方便和服务，只是最近以来由于日本政府开始重视入境旅游的发展才有所改变。这次访问中，一方面，日本相关部门对我国旅游条件的改善给予了充分肯定，特别是对我国近几年旅游酒店、旅游交通、旅游厕所等方面的明显改善赞赏有加，但同时对我国旅游业的发展，尤其是满足日本游客的需求提出了很多很好的意见和建议。我们真切感受到了我国旅游条件与日本游客的需求还存在一定的差距。如日本人希望旅游景点景区周边有国际机场，他们建议中日之间要增加直航的城市和航线，建议中国要进一步改善道路交通条件和火车、汽车的车况，在公路途中设置必要的休息点或设施。他们还特别提到日本人在国内经常乘坐火车，因此他们喜欢乘坐火车外出旅游，到中国旅行可以考虑航空、火车、汽车相结合。同时，对机场软件（如海关放行、行李通行），旅游商品单调，博物馆、美术馆的陈列条件及方便服务、从业人员的细微服务、旅游厕所、合格的日语导游等方面提出了意见。对饮食（如日本人喜欢量少、油少、蔬菜多的饮食）、商品的明码标价、标识标牌的设立、解说词的中外文对照也提出了建议。针对这些，我们要下大力气，有针对性地加以改进和完善旅游接待软硬件设施，确保日本游客在中国游览期间方便、开心。

（七）认真分析竞争对手，采取针对性措施抢占日本客源市场

目前，日本人出国旅游主要目的地不仅是中国大陆，还有美国、韩国、泰国、中国台湾、中国香港等国家和地区，客源市场的竞争是十分激烈的。要抢占日本客源市场，就必须认真分析研究日本人到其他几个主要旅游目的地的旅游内容和原因。如中国有八大菜系，餐饮文化内涵丰富，且日本人出境品尝美食也十分盛行，但品尝美食，日本人更多的是到台湾、香港、泰国；据日本有关方面反映，我国的国际航班、住宿费用等与东南亚其他地区相比偏高，不利于竞争；美国经济发达且美日贸易量大，到美国旅游的客源量很大，日本人也喜欢到美国夏威夷度假；韩国吸引日本游客，存在地域优势等。因此，我们要加强对竞争对手针对性的研究，并采取针对性的措施以提高我国旅游业的市场竞争力。

（八）高度重视旅游安全，完善旅游安全措施

现代人外出旅游首先考虑的是安全，特别是日本人，随着出国旅游者逐年增加，旅游过程遇到的患病、交通事故、遭遇犯罪、死亡的事件较多，他们出行的安全意识也越来越强。一般情况下，他们主要从外务省的"海外安全咨询中心"发布的安全信息中了解旅游安全事宜，决定是否出行。日本外务省根据从日本驻世界各地使领馆发来的报告，汇总成安全信息，通过"海外安全咨询中心"进行发布。对日本人出国旅游目的地中需要特别加以注意的国家或地

区的治安状况，分成五个危险等级作为"海外危险信息"登在外务省的互联网页上，同时通过各旅行社、各都道府县的护照发放窗口向国民广泛通告。针对这种情况，我们要高度重视旅游安全，大力改善和完备旅游安全设备、强化措施，不断提高旅游安全系数。同时，进一步完善为外国旅游者提供信息的体制，尤其要积极与日本外务省联系，发布我国旅游的安全信息，让更多的日本人了解中国，增强到中国旅游的安全感，从而多来中国旅游观光。

（九）大力发展会展旅游，带动和促进旅游业发展

日本发展旅游经验表明，举办会展有助于参加者之间交流信息，建立友好联系，增进相互理解，促进地方经济发展特别是旅游业的发展。同时，会展的举办，也可借助各方力量加快城市及旅游基础设施建设，为旅游业的发展增强后劲。日本国际旅游振兴会决定了49个城市为"国际会展旅游城市"，并提供有关招徕国际会展的信息，帮助这些城市对有关国家展开宣传招徕活动，同时，也为这些城市提供资金捐助、拨款等支持。日本通过争取各种国际性会议、国际博览会、奥运会、足球世界杯等大型会展和体育活动，实行以会展和活动促旅游的方法值得我们学习与借鉴。我国可根据自身实际，借鉴日本经验，大力开展旅游活动，通过国际性的大型会议和活动，如世界博览会、奥运会、亚运会等，全方位展示自身特色，多渠道建设和完善旅游设施，快速促进旅游业发展，真正实现以会展发展促经济发展、以经济发展激活旅游发展的目标。如北京举办2008年奥运会、上海争办2010年世界博览会，必将对我国会展业发展有很大的推进，今后应进一步加强和光大。

（2002 年 10 月）

WTO 与郴州旅游服务业

一、GATS 与旅游服务业

（一）GATS 对旅游业的分类

GATS 服务贸易总协定（General Agreement of Trade Service）的简称。GATS 在征求各谈判方的提案和意见的基础上，提出了以部门为中心的服务贸易分类方法，将服务业共分为 11 个服务部门加上"其他"，一共 12 大类。旅游业是第九大类，称"旅游及相关服务"。其中又分为 A、B 两类：A. 饭店、餐馆及送餐；B. 旅行社（C. 导游服务，D. 其他），这是 GATS 的标准文本的分类。在中国政府与各国谈判以后提交给旅游部门的承诺表中，只有 A、B 两类，没有"导游服务"和"其他"；同时 A 类即饭店、餐馆类中，没有"送餐"，但是有"公寓楼"。

GATS 中旅游的概念：GATS 中对服务业的分类，是依据《联合国中心产品分类系统》制定的。这个分类所说的旅游业，是个"中概念"：既不是完全包括行、游、住、食、购、娱六大要素的"大旅游"，也不只是旅行社的"小旅游"。"大旅游"包含的内容分布在 GATS 的其他大类中，如运输服务，就包含有海上客运服务、内河客运服务、铁路客运服务、航空客运服务；金融服务中，与旅游有关的有保险、支付方式、外汇服务；通信服务中的电报、电话、电传、电子邮件、在线服务都与旅游相关；商务服务中的有关"会务服务"与旅游业特别相关；其他如法律服务、会计服务、城市规划和园林建筑服务等一些具体的内容也与旅游业密切相关。

（二）中国政府在旅游业方面做出的承诺

按照 GATS 对市场准入和国民待遇的界定，我国旅游业是一项开放程度很高的产业。实质上，它本身就是改革开放的产物。旅游业也是与国家标准最接近、与世界通行做法最接近的行业。

中国旅游业的对外开放是从 20 世纪 80 年代开始的，当时主要是引进外资和先进管理技术，投资领域主要是旅游饭店业；其次是旅游区开发，主要投向广州南湖度假村、苏州太湖度假区等 12 个国家级旅游度假区；再次是基础建设项目，如湖南张家界的索道。这些投资对中国旅游产业素质的迅速提高，特别是旅游饭店的迅速现代化、旅游产品更新换代产生了十分积极的影响。

旅行社也是较早准备对外全面开放的领域。旅行社开放合资是中国服务贸易开放的重要组成部分，也是旅行社全面开放的第一步。1998 年 10 月 29 日国务院批准，12 月 2 日实施《中外合资旅行社试点暂行办法》，具体由国家旅游局和外经贸部组织实施。

中国旅游业在"入世"谈判中做出了以下承诺：

1. **饭店（包括公寓楼）和餐馆**

（1）跨境交付

市场准入方面：无限制

国民待遇方面：无限制

（2）境外消费

市场准入方面：无限制

国民待遇方面：无限制

（3）商业存在

市场准入方面：外国服务提供者可以通过合营企业形式在中国建设、改造和经营饭店和餐馆，允许外方控股。不迟于 2003 年 12 月 31 日，取消企业设立形式／股权方面的限制。

国民待遇方面：没有限制，甚至是超国民待遇。

（4）自然人存在：外方经理、专业人员和高级行政管理人员在与合资、合作的饭店和餐馆签订合同以后，可以在中国提供服务。

2. **旅行社**

（1）跨境交付：无限制

（2）境外消费：无限制

（3）商业存在：

①加入 WTO 时，符合条件的外国服务提供者可以在中国政府指定的旅游度假区和北京、上海、广西及西安开办中国合营旅行社；

②不迟于 2003 年 1 月 1 日，允许外资控股；

③不迟于 2005 年 12 月 31 日，允许设立外商独资旅行社。

还有两个附加条件：一是该旅行社主要从事度假旅游业务；二是该旅行社每年年收入超过 5000 万元。

（4）关于旅行社的经营范围

①可以经营直接与中国的交通和饭店经营者交易、向外国旅行者提供旅行和酒店住宿服务。

②可以经营直接与中国的交通和饭店经营者交易、向国内旅游者提供旅游和酒店住宿服务。

③可以经营提供在中国境内的旅行支票兑现服务。

④不迟于 2005 年 12 月 31 日，取消对合资旅行社设立分支机构的限制。

⑤中外合资旅行社不能经营中国公民出境旅游。

我国旅游业本身就是对外开放的产物。对外开放每前进一步，都会给我们旅游业发展带来一次新的机遇。在我国旅游生产力的各个环节上，旅游饭店是开放度最高、利用外资最早、最有成效的环节。外资控股和独资建设旅游饭店，以及聘用国际著名的饭店管理公司管理的饭店，为我国饭店业树立了利用国际先进经验管理的样板，从而推动了我国饭店管理水平的提高，成为我国最早与国际接轨的领域之一。与此形成鲜明对照的则是旅行社行业。长期以来，旅行社不敢开放，即使在入世谈判中，我们也提出了诸多限制条件来保护国内旅行社，结果如何呢？就是普遍的"小散弱差"，经营不规范，缺乏国际竞争力。

二、"入世"将对中国旅游业的发展带来良好的发展机遇

（一）对外开放旅游业，"入世"有一个正确认识

1. 开放是逐步的

首先要认识服务贸易采取的是"逐步实现服务贸易自由化"原则。所谓

"逐步自由化"在操作上至少有两个特点:一是不管是市场准入也好,国民待遇也好,都不是作为普通义务,而是以具体承诺的方式逐步开放的,就是一个部门一个部门、一个方面一个方面地谈,谈妥的就执行。二是每个部门都有一个逐步自由化的日程表,入世第一年市场开始放开,第三年再放开多一些,第五年进一步放开。从旅行社的承诺看,到2005年,将在合资旅行社设立条件上完全放开,但是经营范围上,中外合资旅行社仍然不允许经营中国公民出境旅游。

2. 开放的目的是形成国际化、网络化、现代化经营体系

旅行社开放有两个主要目的:一是增加国际客源。利用外国旅行社服务品牌、销售网络、企业商标、促销能力,使境外客源随其进入中国;二是促进旅游企业建立更加符合国际规则的运营机制。外国企业进入我国旅行社市场,不仅给我们带来资金投入,更重要的是带给我们许多有利的经营机制和好的管理技术,使国内旅行社逐步走上经营规范化道路,提高我们旅游服务水平和质量。

(二)"入世"给旅游业带来许多发展机遇

1. 有利于进一步推进旅游产业国际化进程。中国旅游业迫切需要好的服务和好的经营机制。现在国际市场的竞争,不是数量多寡的较量,而是产业素质、经营机制和质量效益的较量。"入世"将加速旅游产业与国际接轨,促使现代企业制度及科学的运营机制、用人机制和质量保障机制等在国内旅游产业中尽快建立和完善。

2. 有利于进一步推进大旅游产业格局形成。新一轮的全方位对外开放,对旅游业产生积极有利的整体影响,相关行业的扩大开放,将为旅游业的大发展扫除许多障碍,进一步推进大旅游产业格局形成。已经开放的三个领域,对旅游业进一步大发展都有直接益处。金融业的扩大开放,将方便旅游支付,弥补旅游服务缺项,提高整体竞争力;信息产业的扩大开放,将推动随之进入的电子商务和销售网络的大发展,从而促进旅游运作方式的现代化;进口汽车关税的降低,将使多年来一直困扰旅游产业发展的旅游用车问题得到解决;其他关税的降低,对高档次饭店降低经营成本十分有利。

3. 有利于进一步扩大旅游产业规模。外资进入我国,投资开发旅游区(点),建设旅游宾馆,开办旅行社,必定使我国旅游产业的规模越来越大。同时，入世后，随着更多的外国人对中国的了解、来中国旅游，也会推动国内旅游业的发展。

以旅行社为例，伴随GATS在各缔约国的实施、国际经济的进一步融合，中国旅行社将获得以下发展机遇：

1. 合资旅行社的开办将会拓宽现有旅游产品的销售渠道。

2. 合资旅行社中外方受利益驱动，将会加大对中国旅游产品在国外市场上的促销力度，这将会提高中国旅游产品在国际市场上的知名度和美誉度。

3. 独资、合资旅行社的开办，将有利于也迫使我国旅行社学习先进的管理经验，改进经营管理模式。

4. GATS在国际范围内统一透明的制度约束，为我国旅行社参与国际分工、交换提供了一些便利条件，如在国外设立分支机构，实现跨国经营更为方便、经济地获得经济信息，降低与外方谈判、签约、履行合约等各方面的交易费用，从而促进我国旅行社业加入国际经济大循环。

（三）旅游业面临的冲击

1. 就宏观层次而言

（1）对旅游产业重要性的认识不足。首先是对旅游业本身认识不到位，认为旅游就是吃喝玩乐或是接待事业，没有发展前景。其实，现在旅游业已经发展成为世界第一大产业。其次是有些人看到服务贸易谈判中旅游不是国家刻意保护的部门，认为旅游业无足轻重，还有人说，服务贸易谈判中是把旅游作为一个筹码，丢卒保车。确实，国家敏感的是金融，因为关系到国家经济安全；还有网络信息和新闻媒体传播，因为关系到政治军事国家安全和意识形态的安全。但是只要全面分析旅游业就可以认识到，旅游业是我国服务业中最具有竞争优势的少数几个行业之一。

（2）按市场经济规律办事的自觉性不高，对规律认识欠到位。

（3）国民对WTO既不熟悉，又不习惯。许多人知道"入世"，但不知道世贸规则，不理解什么是市场准入、国民待遇，甚至习惯了地方保护，不懂得按规则办事。对郴州来说，许多人认为郴州既不是沿海城市，又不是大城市，入世与否不会影响郴州，入世后仍然是"马照跑，舞照跳"，因此，他们不是采取措施积极应对，而是持等待观望态度。

2. 就中观层次而言

（1）部分法规与 WTO 相矛盾、冲突。

（2）部分政策与 WTO 相矛盾、冲突。如旅游宾馆的水、电、气与一般商业企业不同价。

（3）缺少与 WTO 相配套的法规与政策。

世界贸易组织是政府间机构，入世的一切承诺都是政府做的，一些基本规则都是针对政府的。比如说，公开透明度原则，要求政府把对企业进行管理的法律法规、规章制度、政策性文件，包括批准每一件事的程序过程，都公开透明，要在固定的媒体上发布。这个原则对于市场经济是非常必要的，拟定的要求要让你的管理对象知道，才能得到执行。过去搞计划经济，讲究"系统""直属"，管理方式就是发文件；现在面对全社会进行管理，只能是法规、公告。文件，是组织内部的运作方式。我们现在有许多针对社会的管理规定，没有传达到社会上去，有的还是秘密、机密。在外商、集体企业、民营企业等非系统内的企业看来，这就是"暗箱操作"。按透明度原则，可以上诉到 WTO 的争端解决机构。再比如，对于审批时限的要求，现在执行不严，入世后，企业要求会逐步提高，起诉政府部门的情况会越来越多。因此，要制定和修改一系列旅游法律法规和政策，不仅要考虑实际情况和政府的政策价值取向，还要考虑是否符合 WTO 一系列协定的要求，把制定的政策法规翻译过来，送 WTO 政策审议机构备案。此外还要学会利用协定，WTO 的各方面协定都有例外，都有特殊情况的特殊处理办法。所以，要有一批研究 WTO 规则、研究各国旅游法规规章的专门人才，为政府和企业起诉、应诉，解决纠纷服务。

3. 就微观层次而言

（1）企业规模偏小，差、小、弱、散问题突出。

（2）基础设施投资少，"九五"期间，全省旅游投入仅有 14 亿元。

（3）信息化程度低，企业管理体制、运作机制、人员素质偏低。

以旅行社业为例，入世后，中国旅行社业面临着巨大挑战：

（1）外国旅行社经过一百多年来的积淀、发展，在企业规模、信息技术、人才、管理经验等各方面较我国旅行社有着大的比较优势。

（2）由于十几年来在国际旅华市场的发展过程中，逐步形成了外国旅游经营组团、我国旅行社接团的国际旅华市场分工体系，因此，一旦外国经营组团亲自来华并办独资、合资旅行社，将会造成我国原有旅行社客源的流失。

（3）我国旅行社的开放，可能会吸引国外一些寻求纵向一体化经营优势的相关旅游集团的介入，它们一般都实力雄厚，这使得我国原有旅行社行业在管理乏力、恶性削价竞争、坑害游客的现象时有发生的情况下，本已无序的市场可能会雪上加霜。

（4）我国旅行社加入国际经济大循环，如使境外游客到中国感知质量与期望不相符，会损害中国旅行社产品在国际市场上的形象。

以酒店业为例，入世后面临的挑战：

（1）中国入世后，外资将以两种形态进入我国酒店业：一是直接投资；二是运用资本经营手段，通过收购、兼并、托管等形式进入，这必然给中国酒店目前"各自为政"的状况带来巨大冲击。

（2）外资酒店业凭借雄厚资金和品牌，以及管理优势在短时间内占领连锁化经营系统。这不仅会对中小民营饭店构成威胁，同样对投资主体缺位、管理不善、战略目标不明确的大型国有饭店、甚至酒店集团构成威胁。

三、旅游业发展的现状与问题

（一）中国旅游业发展的巨大成就

1. 实现了由事业向产业的转型。中华人民共和国成立之初，中国旅游业刚刚起步，以接待外国来访的事业型为主，1959 年，全年接待外国旅游者1981 人。到 20 世纪末，我国旅游业开始从事业型向产业新方面发展。2001 年，我国入境旅游达到 8901 万人次，创汇 178 亿美元。国际国内旅游总收入的增长速度高于国内生产总值的增长速度。

2. 迅速崛起为旅游大国。2001 年因为发生美国"9·11"事件和世界主要出境旅游大国的经济不景气，当年世界出境旅游人数比 2000 年下降了 1.3%，为 6.89 亿人次，但中国旅游业在世界一片萧条的情况下却一枝独秀，到中国大陆旅游的入境游客为 3320 万，比 2000 年增长了 6.2%，占世界旅游市场的4.8%，成为继法国、西班牙、美国、意大利之后的世界第五个旅游大国。

3. 建立了一套较为成熟的市场运作机制。如旅游产品建设、旅游市场开发与促销、旅游交通网络建设、旅游行业管理与质量监督等一系列机制。

4. 2020年有望成为世界旅游强国。世界旅游组织预测，到2020年，中国将成为世界上最大的入境旅游目的地和第四大出境旅游客源地。

5. 2001年9月，我国率团出席了世界旅游组织（World Touris Organization，简称WTO）第14届全体大会，并成功取得了2003年世界旅游组织第15届全体大会的主办权。

（二）湖南旅游业发展的巨大成就

1. 逐步实现了"从事业型到产业型、从小旅游到大旅游、从起步定向到快速发展"的转变。2001年全省实现旅游总收入210亿元，比上年增长41%，相当于全省GDP的5.1%，全省共接待国内旅游者5100万人次，同比增长9.7%，接待入境旅游者50万人次。

2. 旅游产品开发初步形成了"中心扩散，龙头带动，东西成片，南北相连，四条精品线路为骨架，十二个主要旅游区为支撑"的整体格局。

3. 旅游行业队伍不断壮大。2000年底全省有星级宾馆202家，其中五星级4家，四星级6家，三星级52家，二星级87家，定点餐馆160家，有国际、国内旅行社245家，其中国际社29家。

4. 各级党委、政府各部门对旅游产业日益重视。湖南省是全国最早把旅游业作为国民经济支柱产业来培育的三个省份之一（其他两个是云南、海南），明确提出要把湖南省建成旅游大省。

（三）我市旅游业发展成就

1. 旅游支柱产业基本形成。市委、市政府把旅游业作为实施"开放兴郴"的先导和突破口，明确提出要把旅游业作为国民经济的支柱产业和第三产业的龙头来抓，把我市建设成为中国优秀旅游城市和粤港澳"后花园"。从1995—2002年，全市接待国内外旅游者从70万人次增长到360万人次，综合收入由3亿元增长到15.5亿元。2001年全市旅游总收入占GDP的比重达到了6%，成为新兴的支柱产业。

2. 社会上下共办旅游。"九五"期间，我市用于旅游基础设施、旅游景区开发、旅游接待设施的投资超过6亿元。全市出现了政府主导、部门参与、企业唱戏、内资外资一起上的全社会办旅游的良好格局。郴建、郴玻、山河、郴汽等国有企业纷纷投资建星级宾馆、办旅行社，还有不少民营企业投资开发旅游资源和办旅行社。

3. 旅游产品不断丰富。目前，全市初步形成了苏仙岭和万华岩、东江湖、飞天山、莽山、热水温泉、五盖山、仰天湖、便江八大旅游景区，同时，北湖公园、五岭广场、王仙岭、龙潭湖、天堂温泉等一批近郊休闲度假旅游区的开发建设方兴未艾。

4. 基础设施不断完善。"九五"期间全市旅游交通、通信状况发生了很大变化，旅游的大交通和小交通都得到了大幅度改善。京珠高速公路耒宜段、郴资桂高等级公路全线通车。到五盖山、飞天山等主要景区的公路都得到了较大改善。

5. 宣传促销成效显著，知名度不断提高。旅游队伍不断壮大。目前，我市共有星级饭店19家（其中四星级1家、三星级5家、二星级7家、一星级6家），形成了高、中、低档次兼备的旅游饭店格局。旅行社17家，目前正在着手筹备一家国际旅行社。

（四）面临"入世"，旅行社业存在的问题

我国的旅行社业从纵向比有很大、很快的发展，然而横向比，与周边地市特别是世界旅行社业强国比，则存在着总体数量少、业务范围窄、经营规模小、集团经济弱、内部管理散、科技含量低、自组能力差等问题。

1. 总体数量少

表1 1996年人均占有旅行社数情况

国家	旅行社数（个）	人口数（亿人）	占有率（万人／个）
美国	42000	2.16	0.62
日本	13500	1.25	0.93
德国	10000	0.81	0.81
法国	3800	0.58	1.53
英国	2700	0.58	2.15
意大利	5400	0.57	1.06
西班牙	4800	0.39	0.81
中国	4300	12	27.91

从表 1 可以看出，人均旅行社占有率，美国是我国的 45 倍。一定数量的旅行社和经营网点是建立在该国（或地区）经济发展的基础上，根据居民出门的次数和方便的需要来确定的。发达国家现在一般是一万个居民拥有一家旅行社。我国的旅行社当然不可能在短时期内急速扩大几十倍，但一味以政府计划手段控制旅行社的发展，不利于旅行社在激烈的市场竞争中健康地发展，不利于旅行社业的合理分工。

2. 业务范围窄

表 2　美国旅行社业务组织方式

业务组织方式	营业收入（亿美元）	占比（%）
闲暇观光团体方式	53	5.7
闲暇观光散客方式	385	41.2
商务旅行方式	496	53.1
合计	934	100

从表 2 可以看出，团体闲暇观光旅游方式仅占美国旅行社营业收入的 5.7%。显而易见，造成目前我国仅 4300 家旅行社就出现旅游业务"僧多粥少"局面的重要原因是：我国旅行社业，尤其是国内旅行社业，出现千军万马挤在团体观光这个狭窄的业务范围内。而散客方式的闲暇观光、探亲访友、商务旅游等主要市场空间存在经营不够的问题，给即将进入我国旅游市场的海外旅行社业者提供了肥沃的发展土壤。

3. 经营规模小

首先表现在组织接待旅游者的总量上。1996 年我国 4000 多家旅行社的总营业收入 232 亿元，远不及美国运通一家旅行社年营业收入的 1/3；1995 年我国的国旅、中旅、康辉、招商四大家旅行社的总营业收入为 17 亿元，而美国运通等四家旅行社营收为 192 亿美元，折合人民币 1574 亿元，是我国四大社的 93 倍。

4. 集团经济弱

表 3　20 世纪 90 年代初，国、中、青旅系统经营情况

	社数（个）	营业收入（亿元）	利润（亿元）
全行业	2008	164	8.25
国旅系统	137	39	1.82
中旅系统	147	40	1.63
青旅系统	49	198	0.33

从表 3 可以看出，在 20 世纪 90 年代初，国、中、青旅三大旅行社系统的营收、利润就占了全行业的半壁江山，完全有条件形成全国性旅游集团的企业群，但到现在，其地位不仅没有强化，反而大大弱化。

5. 内部管理散

由于我国旅行社多数原是国有资产，主管部门对低利润的旅行社重视不够，管理的随意性大。新兴的旅行社本身就严重缺乏业务骨干，而现存的业务骨干变动又多，使旅行社的相当一部分业务骨干严重追求短期效益，急功近利，对企业的长期发展关心较少。特别严重的是，近几年在缩小核算单位、明确经济责任的过程中出现了各种不同程度的承包制。部分旅行社出现了从招徕、计调、接待到结账一手清的小而全的业务体制，有的甚至出现了个人承包方式，致使少数旅行社的内部管理混乱。外资旅行社进来后，将会以高薪吸引我们的业务骨干，现有的国内旅行社有可能不堪一击。

6. 科技含量低

表 4　欧洲部分国家旅行社计算机预订系统（CRS）拥有率

国家	德国	法国	西班牙	意大利	英国
拥有率（%）	100	99	75	75	60

表 5　美国旅行社应用计算机情况

应用项目	预订国内机票	预订国际机票	预订出租车	文字、会计、数据管理	票据分发、信息处理
占旅行社总数（%）	94	86	74	59	50

从表 4、表 5 可以看出，一些发达国家，旅行社业务运行的科技含量非常高，而我国旅行社业务运行的科技含量，绝大多数都很低。因此在外资旅行社进入我国后，我国旅行社不仅成本很高，同时在业务处理的快捷、准确、及时等方面也将处于劣势。

7. 自组能力差

我国旅行社的入境旅游从外国旅游者的源头抓起并做出成绩的微乎其微。我国的一些国际旅行社虽然曾在国外建立过旅行社公司，但因实力不强、缺乏竞争力，大都很快败退下来，打道回府。目前，国内许多从事入境旅游组团业务的旅行社，从产品销售体系来说，实际上多数仍属海外旅行社的境内接待社，对海外旅行社依赖性很强。

四、郴州旅游业如何应对"入世"

尽管开放是逐步的，郴州是内陆的一个中小城市，旅游知名度在全国不是很高，外资直接进入郴州以合资、独资形式投资旅游业，兴建旅游饭店、旅行社的可能性不是很大，但是它们在长沙这样的大城市投资发展旅游业是很有可能的，到时，它们将与这些城市的现有旅行社和宾馆等旅游行业争夺市场、抢饭碗，甚至会高薪聘请业务骨干，挖现有旅游行业的墙脚。长沙的这些旅行社、酒店等旅游行业在与入境的国外旅游行业的强烈竞争中，在面临"入世"由境外而来的强大攻势、难以匹敌时，就会采取向省内中小城市发展旅游集团公司或连锁店等形式，兼并、收购像我们这些中小城市的旅游企业，挖走人才，抢占海外集团忽略或暂时抢占不了的市场。因此，我们必须头脑清醒，正确认识加入 WTO 后，我市旅游企业所面临的严峻挑战，并采取积极的应对措施。

（一）进一步解放思想，积极与 WTO 对接

1. 解放思想永远是一个过程。因为事业在不断发展，观念也要不断更新。入世是一个崭新课题，就更应解放思想，适应新的形势和新的要求。

2. 解放思想的新特点：

（1）面临的课题不一样，国际市场经济规则与我国现在推行的市场经济规则有较大的差异。

（2）动力不一样。"入世"使我国不得不参与到整个世界经济运行中，参与国际大分工，过去的开放是局部的、有限的，带有保护性的，而现在国门更加敞开，所有行业、所有领域在入世的冲击下，要发展民族产业，就必须主动解放思想，积极采取应对措施。

（3）解放思想任务更重，时间更紧迫。

（4）意义更深远，不单是国内的小改小革，而是融入世界经济舞台，参与游戏规则的制定与修改。

3. 解放思想与创新相结合

（1）思维、理论、理念、认识、观念等方面必须创新，必须有前瞻性人才。参与国际竞争，归根到底是一场人才竞争。一旦拥有与 WTO 接轨的人才，也就掌握了在竞争中获胜的先机。在选用人才时要解放思想，在培养人才时，也要解放思想，要从思维、理论、理念、认识观念等方面着手。

（2）法律、法规、政策方面的创新。要尽快修改和完善部分与 WTO 规则不相符的法律、法规、政策。

（3）操作程序、手段方面的创新。一方面，我们制定的操作程序和手段要体现国民待遇和透明度原则。另一方面，我们要熟悉 WTO 游戏规则，掌握通告的操作程序和手段，少走弯路，避免不必要的官司和应诉。

（二）认真、系统地研究 WTO 规则

要尽快提高认识水平，从意识上加强紧迫感，在工作中增强预见性，以培养和增强市场竞争力为目标，在入世之后的有限缓冲期内尽快了解和掌握国际通行的市场经济游戏规则，提高决策水平和管理水平，实现经营战略的重心由单纯的赢利向利润与竞争力、市场份额、发展潜力并重转变。研究 WTO 规则要侧重两个方面：

1. 加强趋利方面的课题研究，把握住发展机遇。

2. 加强避害方面的课题研究，增强自身抗冲击力。

（三）积极改革，努力推进旅游业开放进程

目前，我市旅游资源基础设施的建设水平与国际和国内发达地区相比有较大差距，而旅游基础设施的建设水平，在很大程度上取决于旅游业开发资金的投入多寡。因此，我们要顺应经济全球化的时代潮流，牢牢抓住"入世"的机遇，扩大对外开放，全面推进旅游业的各项改革，积极吸引外资和港澳台资金参与开发旅游资源，兴办旅行社，建设旅游基础设施和旅游度假村。

1. 进一步抓好旅游业招商引资工作

要完善利用外资的相关政策，以透明的产业导向、成熟的项目包装、良好的投资环境来引导外资投向旅游业。要坚持对外开放与对内开放并重、引进内资和引进外资并举，充分调动各方面积极性，把旅游业招商引资纳入全市的重点领域，既要组织专题招商，又要参加整体招商活动，要坚持政府主导、市场运作的方式，多渠道多种形式加大旅游业的投入。

2. 积极推进旅游管理体制和经营机制改革

要指导和支持我市旅游企业建立符合市场经济发展规律、充满生机与活力的旅游业经营机制。努力推进旅游区（点）实行所有权与经营权分离，将经营权有偿转让，吸引更多外资和其他经济成分投入资金，加快景区开发建设，搞活经营，鼓励各行业、全社会，尤其是民营企业、民营资本参与旅游开发经营和举办旅游经济实体，推动我市旅游业步入良性竞争的发展轨道。

（四）不断加快旅游企业体制改革

针对我市旅游企业存在的"小、散、弱、差"等问题，要进一步深化改革。全市旅游企业要加快建立现代企业制度，真正实现产权明晰、权责明确、政企分开、管理科学。建立有效的激励和约束机制，使旅游企业成为市场竞争主体，不断发展壮大。积极组建旅游企业集团，实现集团化、规模化经营，形成竞争优势。着力培育实力雄厚、竞争力强的旅游集团，创造条件上市融资。目前，资兴成立了东江湖旅游集团公司，实行政企分开，这是一个好的发展趋势。此外，郴建集团的国际大酒店、国际金星宾馆、国大旅行社在现有基础上，可以和苏仙岭、万华岩的企业通过股份制资产重组，形成一个大旅游集团；山河集团的五连冠大酒店、桂阳五连冠宾馆和目前正在筹建的五连冠国际旅行社，可以与东江漂流的企业组成一个旅游集团。要鼓励中小型旅游企业加

快改制步伐，采取股份合作制、国有民营、出售、转让、拍卖等多种形式进一步放开搞活。

（五）增强旅行社"入世"竞争力

1. 拓宽思路，把旅行社做大做强。旅行社是旅游业的龙头，是旅游客源的组织者，是深入客源市场的排头兵，要开拓市场、扩大市场占有率。市内各旅行社尽快与省内各大旅行社、与主要发达地区旅行社、与我市主要客源市场旅行社的业务对接，扩大业务交流，加强同业合作。我市旅行社采取联合兼并、股份制改造、资产重组等方式，组建成龙头骨干旅行社。

2. 扬长避短，正确定位。加入WTO后，外资旅行社和大城市旅行社的进入，的确是对我市旅行社的一大冲击，但并非就真的"狼来了"。挑战的同时，也充满着机遇，再说，我们土生土长，熟悉这方热土，了解整个市场。关键在于我们要沉着应对，冷静分析，在充分认识自我的同时，全面了解对方，做到知己知彼，扬长避短，开辟自己新的发展空间和领域，把握市场的准确定位。

市场定位首先是服务对象的细分，其次是从方式、手段上细分。中型旅行社可以从事批发商、地区总代理的业务，甚至还可办特种旅游。小型旅行社可以从自己、从地区、从交通的实际出发，办专为大型旅行社代理收客的代售店，或提供专项旅游服务。

3. 认清形势，高度重视中国公民的国内旅游。中国公民的国内旅游是中国旅游业的基础，是与外商旅行社竞争的力量源泉。"入世"以后入境旅游的阵地和市场、入境旅游的业务骨干在外资旅行社客源的压力下，在高薪和高科技手段的诱惑下，将有可能部分丧失，甚至在入世后的三五年内可能丧失相当大部分。能够与外资旅行社对等厮杀，并守得住阵地，获得胜利的一定是国内旅游市场。国内旅游无论本质上还是数量上都是整个旅游业的主体，入境游和出境游是两翼，据统计，目前国内旅游与国际旅游之比为9:1。因此，要高度重视国内旅游，千方百计坚守住这块阵地。

4. 依靠科技，充分运用计算机实行科学经营和管理。要充分运用计算机在文字处理、会计记账、分发文件及票据、资料库存、自动账务处理、电子邮件、旅游光盘等方面的作用，实现办公、业务的自动化。有条件的旅行社还应与国内外计算机预计系统（CRS）接轨联网。

（六）增强酒店业的"入世"竞争力

1. 贯彻新的星级饭店标准，引导、推广绿色酒店。新的星级饭店标准即将出台，这是与国际更加接轨的标准。新标准更加注重环境保护，提出了"绿色酒店"的全新理念。这是与我市生态旅游这个主题相吻合的，我市要全力贯彻。

2. 引进先进酒店的管理经验和营销方式，推动中低档饭店与国际接轨。我市酒店以中、低档为主，入世后，国外、国内或者是省内一些做中低档客源的酒店集团会很快进入郴州旅游市场。这种形势下，我们要加快引进国际标准，特别是在酒店管理、餐饮、客房、前厅接待、食品加工、商务管理、市场营销等专业领域推行国际标准，增强市场竞争力。

3. 饭店营销方式要尽快从一家一户作坊式的经营向网络化、集团化经营转变。我们酒店目前的营销观念还处在过去的推销基础上，认为同行是冤家，没有形成整体作战的阵势。国外饭店的营销方式主要有三类：一是旅行社联网，这是目前旅游饭店传统营销的主渠道。今后随着饭店预订系统的不断发展，旅行社联网式的营销将面临新营销方式的严峻挑战。但是，目前，我国饭店还可以学习借鉴这种营销方式。二是饭店连锁集团的营销方式。这是较为先进的营销方式，在美国，这种营销方式占到60%。像假日、喜来登、希尔顿等，都拥有全球性的客房预订中央控制系统，为成员饭店提供订房服务。三是独立饭店联合体。在美国，有31%的独立饭店采用这种营销方式。饭店联合体的特点是：档次相同、选择相同的市场定位、成员饭店交纳一定的费用，共同建立联合预订和销售网络，联合促销，树立集体市场形象。在国外，有不同档次的饭店联合体，如以豪华饭店为特色的"世界最受欢迎的饭店组织"，以中档饭店为特色的"美国西部国际饭店组织"，以小旅馆为特色的"瑞士小酒店协会"等，都取得了相当的成功，规模效应与连锁饭店集团相比丝毫不差。这些形式都可以借鉴，为我所用。根据我市实际，我们可以选择一些饭店组成"郴州最佳联合饭店组织"，实行联合预订、联合促销。

4. 饭店管理方式要加快从经验型管理为主向数字化、信息化、科学化管理的转变。主要是实现饭店设施设备的自动化控制，降低成本，提高效率，增加经济效益。

5. 饭店的服务方式要加快实现标准化和个性化的结合。饭店服务标准化是基础，个性化是特色。没有标准化的服务就没有饭店的服务档次，没有个性化的服务就不能做到满足每一个客人的特殊需求。在标准化服务方面，要按照饭店服务规范的国家标准，提高全市饭店业的规范化服务水平。个性化服务主要是应变能力和人才素质，这是实现"宾客至上，宾至如归"的重要途径。对每一个客人的服务都做到诚信、尽心和精心，要了解客人的需求，要观察客人的动作，把服务做到客人需求的前面。

（七）提升旅游业的整体素质

1. 培育人才。应坚持以企业自身为主、以院校和社会力量为辅的培育方针，实行全方位、全工种培训。

2. 留住人才。要坚持标本兼治的原则，从企业内部着手，建立和完善适应市场经济规律的用人机制，创造宽松的工作环境，确保人尽其才、才尽其用。

3. 加强职业道德建设。建立诚信制度，向社会公开服务承诺，接受社会监督。同行业的不同旅游接待单位签订同业诚信公约，切实加强行业自律。将旅游接待单位，特别是旅行社的等级评估制度化，建立导游人员和旅行社经理信誉档案，提高重质量、讲信誉的企业和职业经理的市场声誉，在旅游行业中形成讲道德的新风尚。

（八）积极"创优"，优化城市旅游功能，与国际接轨

"中国优秀旅游城市"是对旅游经济发达、旅游管理科学规范、城市服务功能完善、在海内外享有较高声誉的旅游城市，由国家检查验收后授予的荣誉称号，是目前中国旅游业的最高品牌。国家旅游局对优秀旅游城市所要达到的标准有详细的量化评审要求，内容涉及城市旅游经济发展、城市旅游产业定位、城市旅游发展的主导机制、城市旅游业的管理体系、城市旅游行业的精神文明建设、城市的生态自然环境、城市的现代化旅游功能、城市旅游教育和培训、城市旅游交通、城市游览区与市场促销、城市的旅游住宿设施、城市的旅行社、城市的餐饮、城市的旅游购物服务、城市的旅游文化娱乐、城市的旅游厕所、城市及周边短线旅游的"一日游"管理、城市的旅游安全及保险等20个方面，总分1000分，其考核标准具体细致、严格。

1999年，市委、市政府审时度势，根据国家旅游局颁布的创建中国优秀旅游城市的评审标准，结合我市实际，作出了三年内把我市创建成为"中国优

秀旅游城市"的决定。三年来，特别是去年 8 月 1 日市委、市政府召开"郴州市创建中国优秀旅游城市动员大会"以来，"创优"工作全面铺开，城市建设管理不断加快，城乡面貌日新月异，旅游景区景点以及宾馆、饭店的基础设施、接待设施不断完善，城市的档次和品位不断提升。2002 年 4 月 17 日我市召开了"创优"工作再动员大会，全市上下要齐心协力、攻坚克难，奋战五个月，确保我市创建"中国优秀旅游城市"一举成功。动员会上，市委、市政府按照"创优"考核标准，明确了"创优"各相关单位的责任和任务完成时限。我们完全有理由相信，"创优"成功后，我市的旅游功能将更加优化，逐步实现我市全面融于世界体系，与国际接轨。

（2002 年 9 月）

郴州旅游品牌建设初探

"九五"以来，在郴州市委、市政府高度重视和全市旅游行业共同努力下，郴州市旅游业实现了新的跨越和发展，旅游经济发展水平由 1995 年的全省第九位迅速提升到前三名，五年共接待各类游客 1040 万人次，年均增长 31%，旅游综合收入 47 亿元，年均增长 38%。全市涉外星级宾馆、饭店从 1995 年的 5 家增长到目前的 19 家，档次由二星级升到四星级。旅行社从 4 家增加到 19 家，旅游从业人员由 500 人增长到 12000 余人。旅游业已成为郴州国民经济新的支柱产业和第三产业的龙头。2002 年，全市共接待国内外游客 440.3 万人次，旅游综合收入 20.78 亿元，占 GDP 的 7.2%。在新形势下，如何进一步发展壮大旅游产业？转型升级势在必行，实施品牌带动战略将不失为重要途径。

一、郴州旅游品牌定位

旅游业是注意力经济，品牌对旅游业发展至关重要。根据郴州旅游资源特色和现代人的生活潮流，要加快郴州旅游业发展，需要着力打造"生态旅游、福地福城和劝农文化"三张旅游品牌。

（一）生态旅游品牌

这是根据生态旅游本身的内涵和郴州生态旅游资源特色定位的，是根据现代人"返璞归真，回归自然"的休闲度假生活潮流和郴州主要旅游客源市场旅游需求定位的。生态旅游是一种依赖当地资源的旅游，旅游对象是原生、和谐的生态系统；是一种强调保护当地资源的旅游；是一种维系当地人民生活、强调社区的参与和利益的旅游。它在为旅游者提供高质量的旅游经历的同时，有效保护当地自然、历史和文化资源，带动当地经济发展，提高当地居民的收入水平和生活质量。我市地处南岭北坡，森林覆盖率高达 62%，山清水秀，空气清新，空气质量达到国家优良标准，诸如东江湖等许多旅游景区（点）的负氧离子，每立方厘米普遍超过 5 万个，最高处每立方厘米超过 10 万个，被誉为"天然氧吧"；水质优良，其中东江湖水 93 个指标有 86 个达到国家优质水标准；生态旅游资源丰富多样，全市著名旅游景区（点）有灵气峻秀的"天下第十八福地"苏仙岭、"湘南洞庭"东江湖、"中国生态第一漂"的东江漂流、独具丹霞地貌特征的国家地质公园飞天山、我国唯一对外开放的五盖山国际狩猎场、"世界洞穴奇观"万华岩、疗养休闲胜地汝城热水温泉等，自古便有"四面青山列翠屏，草色花光尽是青"的美誉，是全国少有的旅游资源配套很好的地市之一。主要客源市场粤港澳因工业化和城镇化的不断推进，自然生态环境遭到一定破坏，环境污染较为严重，郴州优良的生态环境正好符合当地游客"返璞归真，回归自然"的休闲度假生活潮流，市场前景广阔。

（二）福地福城品牌

郴州具有深厚的福地文化底蕴，特别是"天下第十八福地"苏仙岭具有许多美丽动人的神话传说，福气浓厚。"福地"源于道教。福地文化是以道教文化为主体，融入其他历史人文文化。我市"福地"原特指苏仙岭，它林木苍郁，彩云常驻，岚回雾绕，常年映掩于绿叶云雾之中，那白壁黄瓦、飞檐翘角、牌坊门楼，不时在半空闪烁腾浮，宛若海市蜃楼，神似人间仙境，是道教"天下七十二福地"中的"第十八福地"。苏仙岭文化品位高，内涵丰富，大多都与福文化有关。苏仙岭及郴州是中国古代人文思想延伸地之一。这里流传着"母爱子孝""救苦救难、造福一方"等人文思想，从更深层次而言，苏耽的"孝"和"关心老百姓疾苦"的文化精神就是苏仙岭福文化的内在体现，是一个永恒的主题。目前，苏仙岭和苏耽的故事广闻天下，如磁石般引来无数景仰者，尤以求福求子、寻仙访古者为多。近年来中国女排到郴州集训后获得了"五连冠"的殊荣，郴州又被誉为中国女排"福地"。打造"福地福城"旅游品牌，郴州既有历史底蕴，又有现代精神，具有很好的条件。

（三）劝农文化（或农耕文化）品牌

郴州是农耕文化的发祥地之一，有着深厚的农耕文化底蕴。一是先人劝农。清嘉庆《郴州志》记载，850 多年前（1148 年）宋代的郴州知军赵不退劝农记，全文被刻于北湖区万华岩镇辖区的一块石碑上。碑文记载，宋代的知军赵不退为号召百姓重视农业，命令门客把自己在坦山岩劝农的情况刻记在石碑上，用以告诫百姓重视农业，不要忘记务农这一根本。二是民间劝农。今天，在北湖区稻仙园农业示范区中心，华塘镇一农民自愿拿出家中所有财物（5万余元）为杂交水稻之父——袁隆平立碑塑像，充分说明当代农民十分尊重人才，重视发展农业。目前，北湖区稻仙农业园在省、市、区的高度重视下，建设步伐不断加快，规模效应即将产生，对推动郴州现代农业和休闲农业旅游发展有着积极促进作用。三是政府劝农。郴州是我国农业的发祥地之一。炎帝曾在郴州的汝城耒山发明制作了犁嘴一样的耜，加上弯把叫耒耜，在嘉禾发现了稻谷并做实验，推而广之，"使九州之人皆知谷食"，为我国农耕文化、农业社会发展奠定了良好基础。炎帝还不顾生命危险，口尝百草，不仅找到了可以吃食的稻粱粟麦黍稷，也认识了百草的药性，找到了能治百病的百药，撰写了一部人类最早的医学巨著《本草》，为我国医药事业发展奠定了基础。为纪念炎帝为中国农业做出的贡献和对农业的重视，郴州市委、市政府专门在五岭广场建造了"神农作耜"雕塑。

二、郴州旅游品牌布局

整体构想为：以福地福城文化为核心，以苏仙岭和五岭阁两个旅游景区（点）为中心，以龙女温泉、北湖公园、东塔、南塔等城区旅游景区（点）向四周辐射，在城区打造福地福城品牌；以北湖区稻仙园、花卉世界为中心，以嘉禾、安仁两县为重点，利用全市11个县（市、区）的资源特色和文化内涵，打造农耕文化品牌；以市区为中心、郴资桂高等级公路和京珠高速公路及京广铁路为两轴建设成十字架生态旅游长廊（一个是高等级公路沿线的点线结合、以点为主的生态旅游长廊，另一个是高速公路沿线的线面结合、以面为主的生态旅游长廊），打造生态旅游品牌。同时，在市区外围重点打造东江湖及东江漂流、五盖山、飞天山及便江、莽山国家森林公园、汝城热水温泉五大生态旅游景点景区品牌，以此带动全市各旅游景点景区的全面发展。

三、郴州旅游品牌打造策略

在策划、打造郴州旅游品牌时，要始终坚持"体现生态、提升品位、突出特色"的原则，避免与其他地区旅游雷同，或者自身景点景区间相互雷同，确保郴州旅游品牌特色鲜明、影响力大。

（一）提高城市品位，打造福地福城品牌

要打造郴州福地福城这张旅游品牌，就必须围绕苏仙岭及整个郴州市是"天下第十八福地"做文章，挖掘福文化，开展福地文化活动，有效提升城市品位。

1. 广泛开展福地文化活动。策划一些精彩纷呈的系列"福地文化活动"，并精心组织，不断扩大影响。从郴州历史文化、城市文化、地域特色、民俗风情、宗教习俗、湘楚文化等视角多方位挖掘"福地文化"的历史文化底蕴，正确把握"福地文化活动"的内涵和外延。

2. 规划建设好福文化的核心——苏仙岭。苏仙岭作为开展福地文化活动的主要场所，是福城的核心，要恢复、完善苏仙岭作为道教福地的原貌。同时，在保持原有自然人文风貌的前提下，可适当建设一些突出道教主题、与原有自然人文景观不发生冲突、体现福地文化或有利于开展福地文化活动的景点设施。如可以建设"福"字雕塑、"福"字碑林、"福"鼎等物化"福"文化，或雕塑一个"苏仙像"作为人们祈福的标志物。

3. 大力宣传"福"文化。将郴州丰富的福文化资源串联起来，形成整体对外宣传，宣传时要突出"道教文化"主题，突破衡山南岳庙和韶关南华寺的"佛教文化"夹击，打造出新的"福地"和"圣地"。

（二）突出自然生态，打造生态旅游品牌

生态旅游又叫"回归大自然旅游""绿色旅游""保护旅游""可持续旅游"等。要打造生态旅游品牌，就必须始终体现自然生态，通过努力，在全市范围内特别是旅游景区景点中营造优美的自然生态环境，在市民的工作生活中注入生态理念，不断发挥自身优势，满足现代人新的旅游时尚和追求。一方面，要科学规划、合理开发生态资源。生态旅游资源开发规划是一个复杂的系统工程，牵涉到收益的空间分配问题。全市各级各部门要树立全市一盘棋的思想，

从全市整体利益、长远利益考虑，携手合作，共同规划好全市生态资源，确保旅游资源的可持续开发和利用，保证旅游发展与环境、资源的和谐一致。目前，重点要规划好郴资桂高等级公路沿线和高速公路沿线的两条生态旅游长廊。另一方面，要精心构筑，全力打造生态旅游。要以生态旅游区（点）为亮点，以生态花园式城镇为依托，以生态园林化道路为纽带，充分利用我市1.94万平方公里的良好生态环境，精心构筑"青山、碧水、蓝天、绿地、花海"的特色城市。生态旅游区（点）近期以福地苏仙岭、碧水东江湖、丹霞飞天山、莽山等为重点，建设精品景区（点）。生态花园式城镇近期重点开发建设郴州市城区和资兴的东江镇、黄草镇。生态园林化道路近期主要是京珠高速公路、京广铁路、郴资桂高等级公路和通往主要旅游景区（点）的道路。在郴资桂高等级公路沿线以王仙岭风景区为中心，以郴州花卉世界和白溪村草皮基地为两翼，以稻仙园生态农业示范园、四清湖旅游度假区、万华岩风景区、天下第十八泉、黎树山生态农业园、相山瀑布、市农科所"现代农业示范基地"、六寨沟、华农山庄、百鸟山庄、龙女温泉等为重点，发展集休闲度假、农业观光、疗养健身于一体的生态旅游，把郴资桂高等级公路沿线建设成点线结合、以点为主的生态旅游长廊；在京珠高速公路和京广铁路复线郴州段两边的土地上大力发展花木产业，建成公园式基地、园林式庭院、生态式乡村，花木之后的丘陵地带种草皮，发展畜牧业，草皮之后的山地植树造林、退耕还林，营造生态风景林，将公路两旁构造成一幅生态园林的立体画面，将京珠高速公路和京广铁路复线郴州段沿线建设成线面结合、以面为主的生态旅游长廊。在郴州南北、东西两条主干道两边构建一个十字架生态旅游长廊。

（三）突出文化特色，打造劝农文化品牌

劝农文化是一种以农业为基础的文化，历史悠久，底蕴深厚。我们要围绕农业这个主题，多角度、全方位挖掘农耕文化，并立足郴州实际，开展特色农耕、劝农活动。

1. 收集故事和传说，深度挖掘和延伸农耕文化。通过收集、整理神话传说，挖掘农耕文化底蕴。要从劝农碑记载的有关资料进行故事编写，把神农炎帝到郴州，特别是到嘉禾、安仁试种试耕、教耕教种、尝百草"虽九死其犹未悔"的故事进行整理完善，深度挖掘其内涵与外延，并大力宣传推介。比如要对安仁新编剧目《药都传奇》进一步修改完善，用以宣传打造安仁药都品牌，用美丽的传说宣传推介我市的劝农文化（或农耕文化），吸引更多的游客，全力打造劝农文化（或农耕文化）品牌。

2. 活动宣传和带动，打造和推介农耕文化品牌。要以稻仙园生态农业示范区、万华岩风景区和花卉世界为主要活动载体，挖掘农耕文化，举办大型劝农节，提升农文化品位；以百鸟山庄、龙华山庄和市农科所为主体发展庄园农业旅游。

四、郴州旅游品牌打造保障措施

1. 大造声势，营造浓厚氛围

旅游业的发展、旅游品牌的形成，离不开宣传，而打造郴州旅游品牌需要全方位、多角度、大力度的推进，需要全市上下齐心协力、共同努力。我们要对郴州实施旅游品牌战略进行广泛宣传，形成统一思想认识。通过广播、电视、报刊等新闻媒体广泛宣传我市生态旅游、福地福城和劝农文化三大旅游品牌的全新理念以及走品牌战略之路的重要举措，做到家喻户晓、深入人心，真正把广大市民的思想认识统一到实施旅游品牌战略是加快发展郴州旅游业、有效促进郴州经济发展的重要途径，增强实施旅游品牌战略的责任感和紧迫感。进一步强化宣传促销手段，走旅游与经济、社会文化相结合的发展道路，塑造旅游品牌整体形象，利用媒体促销、节会促销、发展促销、口碑宣传等系列宣传和立体化的对外旅游宣传促销，制造出更多的热点、卖点，产业轰动效应，提高知名度和影响力，真正发挥出郴州旅游品牌效应，促进旅游业跨越式发展。

2. 统筹规划，合理开发利用

旅游资源一旦破坏，就无可再生，因此，发展旅游业、实施品牌战略必须坚持规划先行、保护第一的原则，特别是郴州作为一个新兴旅游城市，合理开发、可持续发展，显得更为重要。郴州旅游业发展总体规划已由北京大学的专家在科学论证基础上成功编制，并经市人大常委会审议通过，主要景区（点）也相继制订了总体发展规划。根据郴州旅游业发展状况和我市旅游品牌的重新调整定位，旅游总体规划需要与时俱进、修改完善，着力打造生态旅游、福地福城、劝农文化三张旅游品牌，使其更有利于全市旅游业的快速发展。全市上下要严格按照修改后的规划实施，并根据本地资源特点，制订出本地本景区（点）科学详细的旅游开发建设规划，确保全市旅游品牌战略成功实施和旅游业健康有序发展。各级旅游、规划部门必须适应市场变化，紧紧围绕我市三大旅游品牌，对旅游建设项目严格审批，改变旅游产品的结构和经营方式，突出特色，提高品位和档次，变大路货为高精尖的产品，变粗放型经营为集约型经营，尽快从数量型模式转变为效益型模式，要将现有旅游资源进行有效整合，形成一个总体形态的特色旅游网络，将郴州旅游融入港澳台及华南旅游圈，延伸至华东旅游经济带。

3. 优化环境，加快产业发展

在统一规划的基础上，政府积极出台优惠政策，调动方方面面的力量，全力打造旅游精品，加快旅游业的开发和建设步伐。如采取"谁开发谁受益""谁投资谁管理"的政策，切实改善打造我市三个旅游品牌的政策环境。凡是已出台对旅游业发展的优惠政策要不折不扣地抓好落实。同时，政府要积极引导市民为打造我市三大旅游品牌献计出力，用市场运作的方式和经济社会发展的内在规律，积极引导群众绿化、美化、亮化整个郴州城市，挖掘郴州旅游资源、丰富其内涵，确保尽快打造我市旅游品牌，加快旅游业发展。

4. 强化领导，提供组织保障

加强领导，明确责任，是打造品牌战略的组织保障。旅游、计划、建设、规划、城管、交通、财政、税务、经贸、金融、工商、物价、国土、环保、外经、农林、水利、宣传、新闻、文化、教育、外事、公安等部门要通力协作，积极配合，大力支持，形成我市旅游品牌战略实施和旅游业发展的强劲合力。如：规划部门要积极指导旅游部门做好全市旅游规划和景点景区的规划，特别是如何打造旅游品牌的规划；计划部门要在产业建设资金和第三产业引导资金安排时对旅游业给予重点扶持，并积极向上级争取资金，尤其是国债资金；财政部门要把旅游业作为国民经济新的财政增长点来培育，加大投入，重点扶持；金融部门要看到旅游业投入产出率高的特点，加大金融支持力度；外经等招商主管部门要把打造我市旅游品牌的建设项目作为招商引资重点；农办要紧紧围绕生态旅游和劝农文化品牌，积极调整农业产业结构，大力发展休闲度假旅游、农家乐游；林业部门要围绕环境的改善，在景区（点）大造风景林，对荒山进行植树造林、退耕还林；文化部门要大力深挖我市旅游文化内涵，为品牌的实施做出积极贡献；物价部门要会同水电气等部门制定旅游企业的用水、用电、用气价格与一般工商企业同价的政策，并付诸实施；交通部门要优先安排我市重点旅游景区的主干线公路建设，在投资上给予倾斜，确保实现景随路转、路为景开；环保部门要加强景区（点）的环境保护；建设规划部门要加强对旅游景区（点）规划、建设的指导；宣传、外事部门要加大旅游宣传推介和旅游招商工作力度；经贸、乡企、民企、文化等部门要重视支持旅游商品的开发生产，扶持发展有特色的旅游商品，形成几家旅游商品骨干企业；公安部门要为旅游品牌的树立、旅游业的发展保驾护航。以坚强有力的组织保障将郴州打造成旅游业发展"高地"，带动、促进经济发展。

（2003 年 3 月）

郴州，粤港澳"后花园"

很高兴和大家相聚美丽香港，很荣幸有机会给大家介绍郴州旅游。

郴州是粤港澳"后花园"。这里四面青山列翠屏，草色花香尽是春。全市森林覆盖率接近70％，是生态旅游王国，1.94万平方公里土地上，集山水洞泉石之精华，凝奇险秀美幽之神韵。天下第十八福地——苏仙岭，林木繁茂，漫步幽谷石径，既可倾听"雾失楼台，月迷津渡"的千古绝唱，又能领略"山不在高，有仙则名"的神奇，还能感怀少帅张学良当年"恨天低，大鹏有翅愁难展"的抱恨长叹；中国生态第一湖——东江湖，烟波浩渺，水质清冽，岛屿众多，湖周山峦起伏，青翠碧绿，纵情山水间，顿生"托体同山阿"之感；中国生态第一漂——东江漂流，或刺激惊险，或平静悠然，让您的心灵完全倾服于大自然的神奇魔力；国家森林公园——莽山，被誉为"中国原始生态第一山"，是地球上同纬度带上的绿色明珠。这里有高等植物2700余种、脊椎动物300余种、国家重点保护动物33种、国家重点保护植物16种，被称为"湖南最大的生物基因库""南方最理想的天然氧吧"，享有"天然动植物博物馆"之美称。登上莽山的天南第一峰——湘粤峰（猛坑石），一脚跨两省，胸中顿涌"一览众山小"的豪迈情怀；我国南方唯一的开放式狩猎场——五盖山国际狩猎场，因"霜雪云雾露盖山头"的美景而得名，既是狩猎场，又是国家森林公园，80多平方公里的山林中，栖息着几十种野生动物，是您狩猎、休闲的最佳目的地；国家地质公园——飞天山，自古有"丹霞奇境，寿山佛地"之美誉，明代旅行家徐霞客曾赞："无寸土不丽，无一山不奇"；福地洞天——万华岩，神奇瑰丽的洞穴世界，蕴藏着石田、石幄等大自然沧海桑田的杰作，而其间被誉为世界溶洞第一漂的洞穴漂流，为世界珍品、中国绝品，参与其中，妙不可言，试想，有谁体验过从地球心脏漂出来的感觉呢；离粤港澳最近的草原——仰天湖高山草原，仰卧着大自然鬼斧神工的仰天巨佛，仅头部就高达

300 多米；郴州还是名副其实的温泉之乡，现已开发了天堂温泉、热水温泉、悦来温泉、龙女温泉等多个规模大、档次高的温泉旅游度假区；此外，百里画廊——永兴便江，两岸苍翠欲滴，山水互映，竹映水面，水随山转，宛如山水长廊，如此美景，无不让人心旷神怡、流连忘返。

郴州与广东山水相连，唇齿相依，境内京广铁路、京珠高速公路、107 国道、106 国道纵贯南北，正在建设中的武广快速铁路客运专线亦贯穿全境，资郴桂嘉、鲁永高等级公路连接东西，方圆 500 公里范围内分布着长沙、广州、香港、深圳、桂林等大中城市，南下广州、深圳，北上长沙、武汉均可朝发午至，午发夕至。北距长沙黄花国际机场和南距广州白云国际机场均为三小时车程，到 2008 年武广快速铁路客运专线开通后只需一个多小时。各主要旅游区（点）均有三级以上公路直达。在郴州的湘粤赣边界更有号称千里绿色大峡谷的最佳自驾车旅游线路，是"返璞归真、回归自然"的自驾车旅游和中短距离旅游的最佳目的地。近年来，郴州的生态旅游产品在粤港澳等地颇受欢迎，每年来郴旅游的粤港澳游客占我市外来游客的半壁江山。每到旅游黄金周，郴州高速公路入口处车水马龙，一派繁忙喜气景象。外地游客来郴州踏歌青山，沐浴绿水，享受郴城的福地美景，已成为一种时尚，一份向往，一个追求。

郴州是历史文化名城。"林""邑"相携而成"郴"的古老城市雄踞巍巍五岭已逾 2200 年历史。神农作耒耜，苏耽跨仙鹤，留下千古佳话和浪漫传说，赵云智取桂阳，岳飞驻军郴州，演绎了无数金戈铁马、忠肝义胆的传奇。李白、韩愈、柳宗元、秦观、周敦颐等文人墨客，流连于郴，写下了众多名篇佳作，《踏莎行·郴州旅舍》《爱莲说》蜚声文坛，脍炙人口，历代传诵。郴州是块红色的土地，涌现了邓中夏、黄克诚、欧阳海等无数中华优秀儿女，在湘南起义的烽烟中，"朱毛"胜利会师，建立了井冈山根据地，奠定了新中国的坚定基石。如今，宜章县湘南暴动指挥部旧址，已被国家旅游局列为 100 个红色旅游经典景区之一。桂东沙田《三大纪律六项注意》颁布旧址、黄克诚故居已列入湖南省 30 个重点红色旅游景区（点）。在这里，你可以领略中国戏曲之祖，被联合国教科文组织批准为"人类口头遗产和非物质遗产代表作"——昆曲艺术的独特魅力；在这里，你可以与女排姑娘共鸣，沾福寿仙气、沐灵泉圣水、铸五冠辉煌；在这里，你可以探幽古老村落，聆听优雅山歌，品味独特风情，体验湘南民俗文化的精髓；在这里，你可以感受被汉语言学专家誉为"不亚于地质学上发现第四纪冰川和考古学上发现埃及金字塔"价值的有着"九里不同调，十里不同音"的湘南土语文化；在这里，你可以欣赏矿物晶体——奇石珍品，感受山川眼神，破解天地秘语。此外，三绝碑、义帝陵、叉鱼亭等历史文化景观，无不令游人念天地之悠悠，萌思古之幽情。

郴州是中国优秀旅游城市。1994 年撤地建市以来，郴州市委、市政府审时度势，与时俱进，围绕"开放兴郴"战略，将发展旅游业作为创建社会主义现代化开放城市的五大战略工程之一来抓。特别是近年来，市委、市政府提出了建设"经济强市、生态大市、旅游名市"的奋斗目标，全市旅游业发展步伐不断加快，旅游产业已成为我市的重要支柱产业。郴州游客接待人数由 1995 年的 70 万人次，增加到 2004 年的 630 万人次，年均增幅达 27.65%，旅游综合收入由 1995 年的 3 亿元，增加到 2004 年的 33 亿元，年均增幅达 30.53%，旅游综合收入占全市 GDP 的比重由 1995 年的 2.5%，提高到 2004 年的 8.4%，全市旅游行业从业人员由 1995 年的不足 1000 人，增加到 2004 年的 15000 人，旅行社由 4 家发展到 31 家，旅游星级饭店由 2 家发展到 25 家，旅游区点由 3 处增加到 30 处。2003 年郴州市成功创建为中国优秀旅游城市，2004 年资兴市也成功创建为中国优秀旅游城市，目前全省七家中国优秀旅游城市，郴州就占了两家。2004 年我市旅游综合发展水平已跃居全省第三位。

2005 年，郴州市委、市政府审时度势，果断地提出了旅游"二次创业"的口号，争取用 3—5 年的时间成功创建中国最佳旅游城市。当前，郴州旅游商机无限，我们将采取优惠政策大力开展旅游招商引资、引智工作，郴州旅游业正以全方位开放的姿态，恭候各方客商，谋求共同发展。郴州市目前筛选了 70 多个极具开发价值的旅游项目等待着各方客商前来投资兴业。对郴州市已开发成型的主要旅游区（点），欢迎有实力的客商进行经营权的整体转让或租赁。欢迎国内外知名旅游企业到郴州投资置业，共同做大做强郴州旅游产业。

"挥毫当得江山助，不到潇湘岂有诗"。郴州旅游如一坛陈年老酿，芳香四溢，醇厚无比。善良、淳朴、好客的郴州人民欢迎五湖四海、天南地北的客人走进林城福地，感受人间美景，共同建设郴州！

（2005 年 5 月）

郴州市建设生态园林城市的认识和思考

根据可持续发展的要求和现代人"返璞归真，回归自然"休闲度假的生活潮流，以及省委书记杨正午同志对郴州提出的"发展生态农业、建设生态城市、发展生态旅游"的指示精神，结合我市旅游资源特点和主要客源市场需求，近年来，郴州市委、市政府审时度势，提出了郴州市旅游业总体发展目标：利用南岭山水、湘粤边界、楚天福地、潇湘林城的优势，把郴州建设成"生态园林城市、粤港澳后花园"和湖南省最重要的旅游目的地城市，确保"一年一小变，三年一大变"。继之又提出了要把郴州建设成为"经济强市、生态大市、旅游名市"的目标。本文现就如何建设生态园林城市、发展生态旅游谈几点粗浅的认识和看法。

一、生态园林城市的内涵

生态园林城市作为现代旅游，特别是生态旅游发展的一个新兴品牌，追求的是"亲近自然、享受自然、保护自然"，其内涵十分丰富。

（一）以生态旅游为主导

生态旅游是一种依赖当地资源的旅游。其对象是原生、和谐的生态系统（包括自然生态和文化生态），强调以生态效益为前提，以经济效益为基础，以社会效益为目标，实现综合效益最大化、旅游目的地和旅游业的可持续发展。生态园林城市应是以生态旅游为主导的城市，这包括两方面的含义，一是生态旅游是生态园林城市主要的旅游形式；二是生态旅游产业是生态园林城市的重要支柱产业之一。

（二）良好的自然生态环境

这是最基本的旅游资源，也是建设生态园林城市的基础。整个生态园林城市环境优美、森林茂密、山清水秀、花繁叶茂、空气清新、洁美宁静，生态环境处于相对原始状态。

（三）丰富的生态旅游资源

生态园林城市应以山、水、石、洞等观光型自然生态旅游资源和潜水、漂流、温泉休闲、体育健身等探险型、参与型特种生态旅游资源为主导，融合地方人文生态旅游资源，具有较高的观光欣赏、休闲度假价值。从资源保护的前提出发，生态旅游能够实现环境的优化组合、物质能量的良性循环、经济和社会的协调发展，能够产生可持续的生态综合效益。它一般包括四类生态旅游产品。一是绿色旅游产品。这是生态旅游资源之首，主要是指生态园林城市具有良好的自然生态环境，到处是青山绿水、花繁叶茂，同时又有许多名山大川、森林草地、名泉湖泊、奇石洞穴等观光型自然生态旅游景区（点），无不让旅游者感受到绿色信息；二是乡村旅游产品。主要以农业观光旅游和农家休闲度假旅游为主；三是原生态地方文化特色旅游产品。城市的建筑风格、人们的服饰着装、餐饮文化以及民俗风情等方面都充满着浓郁的地方文化和原生态特色，旅游者由此可以体验到原生态地方特色文化的浓厚氛围；四是参与性和保健疗养旅游产品。主要指漂流、狩猎、跳伞、滑雪、攀岩、泡温泉等游客可以参与或疗养健身的旅游项目。

（四）浓厚的生态环保理念

生态园林城市坚持生态、经济、社会的可持续发展，追求以人为本的自然—经济—社会复合系统的持续、协调、健康发展，生产生活包括经济社会发展各个环节，贯穿着浓厚的生态环保理念。具体表现为：一是生态园林城市建设的各个环节充分体现生态环保理念。生态环保建设涵盖整个城市的各个地域和领域，特别是作为生态园林城市核心的生态旅游区（点）和城镇以及产业项目、农业开发、城乡道路等建设的各环节要深深融入生态环保理念；二是生态旅游区（点）开发的各环节充分体现生态环保理念，贯彻生态环保优先的原则，实现旅游资源可持续利用和旅游产业的可持续发展；三是旅游全过程的生态化服务充分体现生态环保理念。从大的方面来讲，无论是吃、住、行，还是游、购、娱，生态园林城市都为旅游者提供生态化的服务。旅游者在生态园林城市中观赏的是生态旅游美景，欣赏的是具有地方特色的原生态文化活动，吃的是以地方产品为主的绿色食品，憩的是园林式、环保型的住房，用的是环保型的交通工具，购买的是绿色商品和地方特产；四是旅游者在高质的生态旅游过程中自觉保护环境，充分体现生态环保理念。总体而言，就是要达到生态的品位渗入旅游者所到的每一处领地，生态的理念贯穿旅游项目建设与服务的每一个环节，生态的感受映入旅游者每一寸视觉，生态的体验进入旅游者每一个细胞。

（五）精致的园林绿化建设

生态园林城市还有一个很大的特点，就是园林化。它追求的是城市生态环境的高档次、高品位，主要体现在建设和环境的高档次、高品位上，包括景点景区、公园绿地、城镇建设、道路绿化等，实现城市园林化和乡村生态化。

二、郴州建设生态园林城市的主要优势和存在问题

（一）优势

1. 良好的自然环境。郴州森林覆盖率高达 62%，空气清新，山清水秀，空气质量达到国家优良标准。诸如东江湖、莽山等许多旅游区（点）的负氧离子，每立方厘米普遍超过 5 万个，最高处达 10 万个之多，被誉为"天然氧吧"；水质优良，其中东江湖水 93 个指标中有 86 个达到国家优质水标准。

2. 丰富的生态资源。郴州地处南岭北坡，原始的自然景观风貌保存良好，且颇具特色，集奇、险、秀、美于一体，聚山、水、洞、泉于一身，融自然风光、历史文化、现代精神于一炉，构成一幅让人心旷神怡的郴州生态风光系列图。著名的生态旅游区（点）有：灵气峻秀的"天下第十八福地"苏仙岭，"湘南洞庭"东江湖，"中国生态第一漂"东江生态漂流，丹霞地貌胜境、国家地质公园飞天山，我国南方唯一对外开放的国际狩猎场五盖山，"世界洞穴奇观"万华岩，疗养休闲胜地天堂温泉、热水温泉、龙女温泉、悦来温泉，"动植物基因库"莽山国家森林公园，丹崖绿水便江，生态乐园王仙岭，"江南的内蒙古"仰天湖高山草原等，这一系列旅游区（点）给我们构筑了一道亮丽的生态旅游资源风景线。

3. 优越的交通条件。京广铁路、京珠高速公路、107 国道和 106 国道贯穿郴州南北，郴资桂、鲁永高等级公路连接郴州东西。郴州毗邻广州、深圳、韶关、长沙、衡阳等地，不管是北上省城长沙，还是南下广州或深圳，无一不是朝发午至。正在建设的武广高铁开通后，郴州将融入珠三角、长株潭一小时

休闲圈。根据生态旅游发展趋势，生态旅游比较适合中短线的休闲、度假旅游。因此，便捷的交通为郴州发展生态旅游和建设"生态园林城市"架设了"贯通时空"的快车道。

4. 广阔的客源市场。毗邻郴州的粤港澳地区以及长株潭"金三角"，这些地区经济发达，居民收入高，旅游意识强，但因城市化和工业化进程加快，自然环境遭到不同程度的破坏，遍布着钢筋混凝土的森林，噪音污染比较严重，空气和水的质量较差，郴州发展生态旅游正好切合这些地区居民"返璞归真，回归自然，追求健康"的休闲度假、康体健身的生活潮流。因此，粤港澳，特别是珠三角和长株潭地区是我市最大的客源市场。据初步估计，这些地区有3000万以上的城市人口，客源市场十分广阔。

5. 一定的建设基础。郴州市通过近些年不懈的努力，生态园林城市建设已打下了扎实的基础。一是各级领导和广大人民群众生态园林意识不断增强。大家普遍认识到，郴州可持续发展的优势在于良好的生态，城市品位和人居环境的改善和提高在于城市园林化、乡村生态化。因此，郴州市和不少县（市）纷纷提出了要建设"生态大市""生态大县"的目标。二是生态旅游产业发展迅速。东江湖、东江漂流、苏仙岭、万华岩、飞天山、王仙岭、天堂温泉、五盖山等一批生态旅游区（点）得到了有效开发；"郴州精品四件宝""郴州物华天宝"等绿色土特产品组合系列不断涌现；生态旅游产业快速发展。2002年郴州市接待国内外游客440万人次，旅游综合收入21亿元，分别比上年增长22.3%、33.2%，旅游综合收入已占到全市 GDP 的 7.23%。创建"中国优秀旅游城市"已通过省级检查，旅游经济发展水平已位居全省前列，被誉为湖南乃至华南地区旅游发展的一匹黑马。三是园林城市建设有效推进。现在郴州城区和各县（市、区）都在进行大规模的园林绿化建设。道路绿化、广场绿化、小区绿化、庭园绿化等多种形式齐头并进，绿化、美化、亮化紧密结合，城市的品位和档次不断提升，建成区绿化率已达 37%，建成区人均绿地已达 7.02 平方米，已获得省级园林城市的殊荣，正在向创建国家级园林城市迈进。四是生态环境建设不断加强。退耕还林、长江及珠江流域防护林等四大生态林业工程全面启动；重点地区的水质得到了有效保护，如省人大颁布了《东江湖水资源保护条例》；城市空气质量稳定在二级标准，位居全省前列。五是生态农业来势喜人。已建成了花卉世界、稻仙园、农科所等一批生态农业示范基地，沼气农业生态建设正在大力推进。六是十字架生态走廊已具雏形。由郴资桂高等级公路与京珠高速公路、京广铁路相交所形成的十字架走廊,郴资桂沿线已开发了王仙岭、龙潭湖、万华岩、四清湖、东江湖等生态旅游区(点),京珠高速公路、京广铁路郴州段已开发了龙女温泉、天堂温泉、悦来温泉、飞天山等生态旅游区(点)。

(二)问题

在看到优势的同时,我们也应清醒地认识到郴州建设生态园林城市存在的问题和差距。主要有:一是部分旅游区(点)生态环保理念不强,局部已出现城镇化倾向和环境的污染;二是郴州属于山丘地区,过去的城镇建设大多选址于山中的盆地,随着经济的发展和城市化进程的加快,不同程度导致发展空间狭窄,城市已显拥挤,再加上建设过程中生态保护和园林绿化重视不够,对原始的自然生态环境不同程度地有所破坏;三是从整体而言,郴州建筑风格特色不很鲜明,城市建设和园林绿化的品位与生态园林城市的要求还有一定差距;四是郴州地下矿产资源丰富,部分人受利益驱动,在矿业开采时不注重生态保护,乱采乱挖,使局部生态环境有所破坏。这些问题,必须引起我们高度重视,并切实加以解决。

三、郴州建设生态园林城市的战略思路和总体目标

(一)总体布局

以郴州市城区为中心,以东江湖、莽山、飞天山、五盖山、热水、便江、仰天湖等生态旅游区(点)为亮点,以生态花园式城镇为依托,以郴资桂和京珠高速公路、京广铁路沿线郴州段的十字架生态走廊以及到主要旅游区(点)的生态园林化道路为纽带,以 1.94 万平方公里的自然生态环境为背景,精心构筑"天蓝、水秀、地绿、花繁、城美"的特色生态园林城市,全力打响"生态园林城市、粤港澳后花园"的旅游品牌。

这里尤其要指出的是,一个城市的整体形象能否树立起来,城市主轴线的选择与定位是关键。由于郴州中心城区是一个山间盆地,受地形的制约,郴州中心城是按组团式拓展的,中心城区的整体形象感不是很强。因此,要树立郴州的城市形象,必须跳出城区来谋划,把十字架生态旅游走廊作为整个郴州市的城市主轴线,以此树立我市生态园林城市的整体形象。这种城市生态主轴线

的建设，在全国来讲不说绝无仅有，也是十分罕见，这样一来，郴州市的城市特色就会凸显出来。

（二）主要工作目标

在"打造生态园林城市、营造粤港澳后花园"的过程中，全力推进郴州旅游业的快速发展和生态环境的有效改善，力争三年内实现以下两大目标。一是生态环境目标。即全市整体生态环境优良，到处森林茂密、空气清新、水质优良、洁净透明、环境宁静优雅，创建国家级园林城市和卫生城市获得成功。实现城市建成区绿化率 40% 以上，建成区人均绿地 10 平方米，垃圾无害化处理率大于 90%，空气污染指数小于 50，市区环境噪声平均值小于 50 分贝，居民饮水水质达标率为 98%；二是旅游经济目标。即全市旅游人数、旅游综合收入年均增长 20% 以上，景点门票收入年均增长 30% 以上。到 2005 年，郴州年接待旅游人数超过 770 万人次，旅游综合收入 36 亿元以上，占 GDP 的 10%以上，景点门票收入超过 1.3 亿元，旅游经济的总体水平全面跨入全省前三位，旅游业真正成为郴州的重要支柱产业和第三产业的龙头，全面展示中国优秀旅游城市形象。

（三）近期工作重点

1. 生态旅游区（点）近期重点开发建设好东江湖、飞天山、莽山、五盖山、苏仙天堂、永兴悦来、汝城热水温泉、永兴便江。

2. 生态花园式城镇近期重点开发建设郴州市城区（以苏仙岭、龙女湖、五岭阁、五岭广场、爱莲广场及北湖公园、东塔公园、南塔公园为重点，园林小区、道路绿化、庭院绿化、屋顶绿化、家庭绿化相结合）和资兴市城区，永兴县城以及北湖区的万华岩镇、石盖塘镇，苏仙区的白露塘镇、桥口镇、许家洞镇、良田镇，资兴市的东江镇、黄草镇，永兴的马田镇，宜章的莽山乡，汝城的热水镇等乡镇政府所在地。

3. 生态园林化道路近期主要是打造京珠高速公路、京广铁路与郴资桂高等级公路相交所形成的十字架生态旅游走廊。在京珠高速公路、京广铁路沿线郴州段两边主要营造整体生态园林形象。京珠高速公路、京广铁路郴州段沿线的生态走廊实行线面结合，以面为主。具体而言：在北起永兴、南至宜章，紧临京广铁路和京珠高速公路郴州段的土地上大力发展花木产业，形成百里花木走廊、万顷花木基地，建成公园式基地、园林式庭院、生态式乡村；花木之后的丘陵地带种植牧草，发展畜牧业；草皮之后的山地植树造林、退耕还林，营造生态风景林。这样就在京广铁路、京珠高速公路郴州段两旁形成一幅生态园林的立体画面，使每年过往郴州的过亿乘客赏心悦目，心旷神怡，把生态观光与花木产业、畜牧业、森林保护有机结合起来。郴资桂高等级公路沿线的生态走廊实行点线结合，以点为主。在郴资桂高等级公路沿线以王仙岭生态公园为中心，向东沿郴资线的相山瀑布、龙潭湖度假村、六寨沟、小东江延伸及向市农科所"现代农业示范基地"、百鸟山庄、华林农庄拓展，向西沿郴桂线的梨树山、天下第十八泉、花卉世界、稻仙园延伸及向万华岩、四清湖拓展。把森林生态、休闲度假、庄园农业、农家休闲与农耕文化紧密结合起来，大力发展集休闲度假、农业观光、疗养健身于一体的生态旅游。

四、郴州建设生态园林城市的主要举措

（一）强化宣传，营造覆盖广、认识高的良好氛围

思想是行动的先导。要使生态园林城市建设顺利展开，关键是加大宣传、统一思想和提高认识。要利用广播、电视、报刊等新闻媒体大力宣传生态园林城市的新理念和建设生态园林城市的重要意义，利用各种会议不断强调建设生态园林城市的重要性和紧迫性，甚至还可以把生态环保理念、生态园林城市的目标和要求列入各级党校、大中专学校、中小学的教学内容，把全市人民的思想认识高度统一到建设生态园林城市就是践行"三个代表"重要思想、全面建设小康社会的重要体现，是落实省委书记杨正午同志"发展生态农业、建设生态城市、发展生态旅游"的具体行动，是实施可持续发展战略、提高人民群众生活质量的长远之策，是宣传推介郴州、树立郴州良好形象、提高郴州文明程度、发展郴州经济特别是旅游经济的战略举措上来，进而强化责任感和紧迫感，齐心协力为建设生态园林城市献策出力，形成思想高度统一、行动完全一致的良好氛围。

（二）总体规划，勾画生态化、品位高的城市形象

建设生态园林城市是一项理念新、难度大的工程，也是我市旅游业乃至经济社会发展中的大事，关系到全市经济社会的可持续发展和人民生活质量的提高。为此，我们要围绕建设生态园林城市的总目标，具备国际视野和战略眼

光，吸收和运用国内外先进思想和理念，结合地方特色和实际，融汇科学性与艺术性，高起点、高标准编制好生态园林城市的总体规划和旅游开发、城乡建设、园林绿化、道路建设、农林开发、环境保护等方面的专业规划及具体项目的详细规划，并严格按规划要求做好项目的有序开发建设，确保建设的高品位、高质量。

（三）政府主导，创造力度大、支持强的建设格局

建设生态园林城市是功在当代、惠泽千秋的宏伟大业，是涉及面广的浩大工程，没有政府坚强有力的领导，是很难完成的。全市各级各部门要统一思想，高度重视，加强领导，按照"政府主导、部门参与、上下联动、市场运作"的原则，做好建设生态园林城市的各项工作。一是市、县成立专门的领导机构。负责研究、协调和解决生态园林城市建设过程中的重大问题；二是政府主动主持和参与生态园林城市总体规划的编制、生态旅游项目的规划与论证、城市的建设和管理、生态环境保护等方面的工作。把旅游开发与农业开发、城乡建设、生态化道路建设、环境保护等方面有机结合起来，并用市场运作方式搞好项目开发；三是政府协调好各部门、各县（市、区）之间的关系。建设生态园林城市涉及方方面面、上上下下，如果不能统一协调好，工作就难以有效开展；四是政府要出台积极政策，有效引导，大力支持，确保建设生态园林城市工作顺利推进。比如生态园林城市的首要任务就是生态环境的保护，在保护过程中，需要提高城市的绿化率和空气的质量，这将不同程度地影响企业、部门的眼前利益，如部分企业排污和矿业生产就要受到限制，这无疑会提高企业和矿业生产开发的成本和城市经营成本。对此，政府一方面要严格要求和管理，另一方面也要出台优惠政策，给予在建设生态园林城市过程中做出贡献和牺牲的经营者适当的经济补偿；五是政府加大资金投入，确保生态园林城市的加快建设。由于生态园林城市建设强调生态环保，其投入的回报不少是间接的和长远的，甚至有时还与经济发展产生矛盾，如果政府先期没有投入的支持和引导，社会资金难以有效跟进。

（四）精诚协作，追求合力强、联动齐的整体效果

建设生态园林城市是一项综合性的社会系统工程，涉及社会的方方面面。包括政府部门、投资商、建设者、有关企业、旅游者、市民等，尤其是计划、旅游、建设、城管、规划、国土、交通、农业、林业、畜牧、环保、卫生、园

林、环卫、文化、经贸委、乡企、财政等政府部门，思想统一、目标一致、齐心协力显得尤为重要。只有同心合力配合才能强力推进，只有齐抓共建共管才能整体推进。我们要强化措施，落实责任，制订周密的建设生态园林城市的工作方案，层层分解任务、级级落实责任。如计划部门要牵头组织生态园林城市总体规划的编制；旅游部门要切实抓好生态旅游区（点）的建设，要确保生态旅游区（点）不超过环境容量，要统筹、协调、落实旅游者全过程生态化服务的提供，要加强对旅游者生态环保理念的灌输和旅游过程中的环境保护；城建部门要抓好城市建设的特色和品位；城管部门要加强城市园林绿化与环境卫生；规划部门要切实做好园林化城镇的建设规划和项目审批，做好矿山生态恢复工作；国土部门要调整土地利用总体规划，确保生态园林项目建设用地；交通部门要按照生态园林化道路的要求进行建设；水利部门要抓好水资源的有效保护和水土保持；农业部门要抓好产业结构调整，大力开发绿色农产品，大力发展花卉苗木产业，加快沼气生态农业建设；畜牧部门要抓好牧草种植；林业部门要抓好封山育林、植树造林、退耕还林和营造生态风景林的工作；经贸委、乡镇企业局在产业发展过程中要重视环境保护，开发绿色和地方特色产品；环保部门要积极努力做好保护和优化自然生态环境，切实加大污染治理力度；文化部门要挖掘地方特色文化；新闻、宣传、电信等对外宣传窗口要加大建设生态园林城市的宣传力度；财政部门要加大生态园林城市建设的投入等。要使生态环保理念和生态园林城市建设渗透到各级各职能部门的思想和工作中去，真正精诚协作，联动推进。同时，还需要投资商、建设者、市民和旅游者的积极支持与大力配合。

（五）强化管理，形成法规全、管理严的管理体系

生态园林城市的建设不仅仅只是统一思想、形成共识的问题，关键是要付诸行动。由于生态园林城市建设理念新、要求高，如果没有严格、科学、规范的管理体系，是很难达到要求的。一是制定生态园林城市建设标准。有了相关的标准体系，管理者有客观标准，便于管理，建设者和经营者也好把握，便于操作。二是完善相关法律法规。制定完善的法律、法规来规范企业、社会和个人的行为，通过推进法制建设，确保生态园林城市建设的顺利实施，整体推进。三是强化生态园林建设的管理。生态园林城市建设必须严格按照标准和要求来进行。例如旅游区（点）的开发就必须考虑其生态承载量、设施承载量和

社会承载量。四是强化对旅游企业的管理。旅游企业应培育绿色营销观念、开发绿色产品、提供绿色服务、培育绿色员工、注重绿色宣传、创建绿色企业。五是强化对旅游者的管理。加强对旅游者生态园林理念的宣传，加强对旅游者旅游全过程的监督，培育爱生态、讲文明、守规则、负责任的旅游者。六是强化对市民的管理。倡导生态园林文化，推进绿色生产、绿色出行、绿色消费，坚决制止破坏生态环境的行为发生。

（2003 年 2 月）

认真学习《邓小平论旅游》，推动我市旅游业更快发展

在新千年的第一个春天，由中央文献研究室、国家旅游局共同编辑的《邓小平论旅游》正式出版了。这是全国旅游行业的一件大事，对于进一步加快新世纪我国旅游业发展将产生重要的指导作用和深远的历史影响。

邓小平同志作为我国改革开放的总设计师，在改革开放之初的1978年10月至1979年7月这段时间里，连续五次谈话，强调要大力发展旅游业，并具体阐明了发展旅游业的基本思路、奋斗目标和工作方针，为我国旅游业的发展指明了正确的方向。邓小平关于发展旅游业的思想，是邓小平经济思想的重要组成部分。

邓小平同志提出，"旅游事业大有文章可做，要突出地搞，加快地搞""旅游业要变成综合性的行业"，并提出了20世纪末达到创汇100亿美元的宏伟目标。他认为旅游业应当成为改革开放的一个突破口，他结合对国际经济的把握和对旅游业的认识，提出了旅游业的一系列改革和发展方针，如政府要发挥主导作用，有关部门要密切配合，旅游企业要按照经济规律特别是旅游市场规律办事，要充分调动和保护好各方面的积极性，积极引进外资发展旅游业，要重视旅游市场促销和环境保护，发展旅游要和发展民航、城市建设综合起来考虑，要在旅游从业人员中实行奖励制度等。

学习邓小平同志关于发展旅游业的思想，结合我市近几年旅游业发展的实践，我们更加认识到邓小平同志高瞻远瞩，他老人家在20多年前就为发展我国的旅游业指明了方向，可以毫不夸张地说，没有邓小平同志的这些思想和胆识，就不会有我国旅游业今天的辉煌。今天我们站在新世纪的入口处，作为新的一届市级领导班子，怎样团结和带领全市人民跨入新世纪的征程，实现建设社会主义现代化新郴州的总体目标，我认为首要的一条就是要认真分析郴州经济和社会发展现状，谋划未来郴州经济和社会发展的宏伟蓝图。当前就是要认

真学习和贯彻邓小平同志关于发展旅游业的思想，将之作为郴州经济工作，特别是郴州旅游经济工作的指导思想，下功夫，出实招，求实效。

一、充分认识旅游业在国民经济中的重要地位和作用，增强加快发展我市旅游业的自觉性

旅游业在国际上被称作"无烟工业"，是当今其他任何产业所不能包容和替代的新兴产业。现代旅游业崛起于第二次世界大战以后，是当前世界上发展最快的产业，旅游收入以每年 10.4% 的速度增长。我国在相当长一段时间里，旅游业只是被看作一种纯粹的接待型事业，随着改革开放的不断深入，中国旅游业相应发展壮大，旅游业在整个社会经济中的作用日益显现出来，它作为一种经济产业逐步被认同和重视，尤其是近两年以旅游为龙头的假日经济迅猛发展，引起了社会各界对旅游业的高度关注和重视。

旅游业具有开放度高、关联度大、带动性强、综合效益好等显著特点，加快旅游业的发展对于合理利用资源、发展地域经济、广开就业门路、增加外汇收入、加强区域和国际的合作都具有十分重要的意义。

（一）有利于扩大内需

年初，朱镕基总理在政府工作报告中明确指出：要把扩大内需作为促进经济发展的重要手段。随着物质生活条件的逐步改善，人们拥有更多的闲暇时间和可自由支配的金钱，追求精神生活的需求越来越大。旅游不仅可以增长见识、陶冶情操，还可以满足人们回归自然、融于自然的渴望。据世界旅游组织的调查分析，旅游已成为人们生活中仅次于食品和住房的第三大消费需求。从国外情况看，人均年收入达到 500—800 美元，旅游消费进入急剧扩张期。目前我国人均年收入已达到 500 美元左右，有的城市已超过 1000 美元，这为外出旅游奠定了经济基础，而长假期的出现成为旅游热的推进剂。目前我国的旅游消费需求仍处于初期发展阶段，国民的旅游热才刚刚开始，方兴未艾，旅游消费需求有很大的开发潜力。因此，大力发展旅游业，对于启动需求，尤其是国内需求将起到积极作用。

（二）有利于促进就业

旅游业是劳动密集型产业，是服务性行业，具有较大的劳动力吸纳量。据

测算，旅游业每接待一名国际游客，就能为社会提供 5 个就业机会，旅游行业每直接安排一人就业，就有 10 人间接解决了就业问题。我市旅游行业就业人数有 6000 多人，间接解决就业人口超过 6 万。当前，我国处于经济结构转型期，下岗职工增多，社会就业压力加大，大力发展旅游这一新兴产业，可以吸纳较多的劳动力就业，缓解就业压力。比如我市的晶星宾馆就安排了郴玻集团不少的下岗分流职工。

（三）有利于推动开放

旅游业的一个显著特征，是能促进国际国内经济文化的交流。正如国家旅游局局长何光暐指出的，"改革、开放、引进的大思路，首先被列入的是旅游业。在开放过程中，首先接触外界的也是旅游业。"我国第一家成功的合资企业，就是旅游饭店，即北京建国饭店；我省改革开放后接待的第一批国际友人，就是一个旅游团。旅游业在促进对外开放中的作用主要有三：一是"窗口"作用。随着我市近几年旅游业的发展，来郴旅游的港澳台同胞和外国游客越来越多。事实证明，旅游业的发展有利于"让世界了解郴州，让郴州走向世界"。二是"桥梁"作用。"旅游搭台、经贸唱戏"，已成为我市改革开放的成功经验，郴州旅游业的发展及一些大型旅游节庆活动的举办不仅为全市招商引资产生了牵线搭桥的作用，而且旅游业本身已成为外商投资的领域。如我市的五连冠等酒店、东江湖等旅游区都引进了外资。三是先导作用。旅游业的发展，还能够传播知识，陶冶情操，促进思想解放、观念更新，因而旅游又被称为现代文明的"播种机"。旅游业发展与否，往往是一个国家和地区经济是否发达繁荣、社会是否文明进步、政治是否稳定开明的重要尺度和形象反映。

（四）有利于经济结构调整

近几年我市第三产业发展较快，但总的来看发展还不够。1999 年全市三大产业比例为 25.5∶37.5∶37。而旅游业 1999 年总产出只占到第三产业的 13.8%、国内生产总值的 5%，但全国一些旅游发达地区已达到 30% 以上。从"九五"期间我国旅游产业主要经济指标来看，其增长幅度明显高于其他产业的发展水平。"九五"期间旅游行业营业收入总额、上交利税总额平均增长率分别为 32.7% 和 54.9%，比同期全国独立核算工业企业高 32.2 个百分点，同期旅游行业平均产值利税率达到 11.6%，高于全国独立核算工业企业 1.9 个百分点。1999 年旅游行业人均实现利税 0.84 万元，而全国独立核算工业企业为

0.66 万元，建筑企业为 0.1 万元，运输业为 0.07 万元。旅游业在各行业中的效益与质量特征是比较突出的。因此，大力发展以旅游业为龙头的第三产业，对于优化产业结构、提高经济运行质量与效益，都是很有积极意义的。

（五）有利于带动相关产业发展

旅游业是一个综合性产业，涵盖"行、游、住、食、购、娱"六大要素。旅游业的顺利发展离不开许多经济部门和行业的配合，反过来，它又具有很强的关联带动功能，能带动相关行业、特别是第三产业的发展，一业兴，则百业兴。旅游业不仅直接给交通、商业、饭店、服务业、旅游区点带来客源和市场，也间接带动和影响农林牧渔、城市建设、旅游商品加工业、文化体育等方面的发展。据世界旅游组织（WTO）研究表明，旅游部门每直接收入 1 元，相关行业能增收 4.3 元，产生综合效益 5—7 元；国际旅游每创收 1 美元，利用外资可相应增加 5—9 美元。因此，由旅游而造就出的新兴小城市，世界上不下千个，许多知名国际大都市，也都是旅游发达的城市。资兴市的黄草镇过去因黄草丛生而得名，1995 年开发东江漂流以后，仅仅五年的时间就成为全市的明星乡镇。衡阳南岳，一个不到 5 万人口的旅游区，"九五"期间与外商签订合资项目 30 余个，投资总额达 10 亿元，不仅繁荣了本地各行各业，而且带动了周边地区经济的发展。

（六）有利于非贸易创汇，为国家赚取大量外汇

旅游业是非贸易创汇的重要支柱。旅游实质上是风景、劳务和商品出口，旅游创汇具有很多优点：一是"就地出口"，不需要物质产品的远距离运输；二是即时买卖，现汇收入，资金周转快；三是换汇成本低，利润较高；四是资源可反复买卖，持续利用；五是不受贸易壁垒的干扰和出口配额的限制。韩国人曾算过账，他们每吸引一名外国游客，等于出口 8 台电视机，每吸引 5 名外国游客，则相当于出口 1 辆小汽车。在我国，每接待一名外国游客，平均创汇额相当于出口 5.4 吨原油或 18.6 吨原煤。

（七）有利于贫困地区脱贫致富

旅游资源大部分分布在老少边穷地区，这些地方没有什么工业基础，农业生产由于地理环境较差也难以发展起来，而发展旅游业却有着独特的优势。通过旅游开发扶贫致富的例子不胜枚举。如我市东江库区，原有 5.3 万移民生活在贫困线下，1986 年人均纯收入只有 180 元，发展库区旅游不到几年，人均

纯收入就上升到 800 多元，有的乡镇超过了 1500 元。张家界市建市以前是常德市和湘西自治州的贫困角落，现全市有 20 多万人口从农业转入旅游服务业，带动绝大多数农村群众摆脱了贫困，有的还提前步入了小康。

二、充分认识发展我市旅游业的重要意义和有利条件，增强发展我市旅游业的紧迫性

市委、市政府提出要把旅游业作为支柱产业来发展，这是在充分调查研究基础上做出的重大决策。

（一）加快发展我市旅游业是顺应时代发展趋势的需要。旅游业是新兴产业，其发展速度明显快于汽车、石油等传统行业，现已跃升为世界上第一大产业，并将成为永远的"朝阳产业"。因为一般性产业都有个由"朝阳"变为"夕阳"的周期，过了一定时期后就会被技术更先进、效益更高的产业所替代。旅游业完全不同，劳动生产率越高，科技越进步，人们的可支配收入和闲暇时间就越多，旅游需求就越大。据世界旅游与观光理事会预测，未来几年全球经济会出现又一个大发展时期，世界旅游业也将继续呈现出强劲的发展势头。而且，世界旅游热点正在东移，21 世纪将出现世界旅游业的"亚太世纪"。随着我国加入 WTO，国际交往也会更加频繁，从国内看，经过近 20 年的建设，供旅游者行、游、住、食、购、娱的设施已具相当规模，特别是立体综合交通运输网的建立，使"千里之行一日还"从梦想变为现实，使千百万人大出游成为可能，特别是 2000 年我国已基本解决了温饱问题以后，将全面进入小康社会，人们的旅游消费热情普遍高涨，势必推动我国旅游业的更快发展和繁荣。由此看来，现在提出建设旅游支柱产业，不仅面临一个广阔的国际旅游市场，而且拥有一个潜力巨大的国内市场。

适应这种大趋势，我国已有 24 个省（区、市）在规划未来、调整结构中，将旅游业作为优先发展的重点支柱产业列入计划。在邓小平旅游经济思想指导下，我国旅游业率先开放、勇于进取，一直以高于国民经济增长的速度持续、快速、健康发展。经过不懈的努力和实践，旅游业实现了由传统的"事业接待型"向"经济创汇型"的根本性转变，从 1978—1999 年，旅游业累计创汇达到 925 亿美元，成为国家非贸易外汇收入的主要来源。1996 年我国旅游创汇

突破 100 亿美元，实现了邓小平同志为中国旅游业精心设计的宏伟发展目标。自 1997 年起，中国成为亚洲第一旅游大国。1999 年旅游业创汇达 141 亿美元，世界排名由 1978 年的第 41 位跃升为 1999 年的第 7 位；国内旅游市场从小到大，1999 年国内旅游收入达到 2830 亿元人民币，全年旅游业总收入超过 4000 亿元人民币，相当于国内生产总值的 4.88%，成为国家经济新的增长点和消费热点。我省早在 1994 年就提出要创建旅游大省，1998 年省委、省政府又作出加快旅游支柱产业发展的决定。因此现在我们提出建设我市旅游支柱产业，在宏观上是顺应了世界经济，特别是旅游经济发展大趋势，顺应了国家加快发展旅游业的大方向。

（二）加快发展旅游业是发挥我市旅游资源优势和区位优势的需要。发展旅游经济，既要有吸引人的旅游资源，还要有毗邻广阔客源市场的区位条件。郴州二者兼而有之，发展旅游业具有得天独厚的条件。

1. 丰富的旅游资源

郴州市是全国少有的旅游资源配套很好的地市之一，自古便有"四面青山列翠屏，草色花香尽是春"的美誉。

全市旅游资源独具特色。一是种类齐、品位高、综合性强。既有东江湖、万华岩、莽山、飞天山、便江、仰天湖草原、热水温泉等奇山异水的自然风光，又有苏仙岭、义帝陵、叉鱼亭、郴州体育训练基地、东江大坝等巧夺天工的人文景观，集奇、险、秀、美于一体，汇山、水、洞、泉、石于一市。著名的风景区苏仙岭，因其美妙的神话传说，被誉为"天下第十八福地"，岭上的宋代"三绝碑"与市内的"义帝陵"、北湖的韩愈"叉鱼亭"令人发思古之幽情；蓄水量 81 亿立方米的东江湖，烟波浩渺、水质清冽、半岛林立、湖山掩映、相得益彰，有"东方瑞士"的美称；东江大坝，坝高 157 米，混凝土双曲拱坝造型，结构新颖、气势雄伟，列同类大坝亚洲第一，极具观赏价值；东江大坝下游由于库水与下游江水的温差形成一条雾带，似一条银链常年镶嵌在崇山峻岭之中，堪称中华一绝；市郊万华岩，是我国少见的正在发育的地下溶洞，具有洞大、景奇、恒温等三大特点，兼有旅游探险、科研价值，被中美联合探险队誉为"世界洞穴奇观"，特别是有着被誉为"国宝"的水底钙镁晶锥，全世界仅有两处可见；国内一流的丹霞胜境飞天山，丹峰耸立，形态各异，山麓竹海茫茫，山间碧波荡漾，整个风景区有 9 寨 48 巷道，形成以"寨堡"形态为中心的"丹崖绿水"景观；永兴的便江，江水清澈，两岸林密竹秀，鸟语花香，长达百里，方圆几十公里的丹霞奇观令人叹为观止；仰天湖高山草原以其粗犷、广阔的意境独具一格地展示在我国南方，被誉为"江南的内蒙古"；仰天湖草原旁的仰天巨佛，仅头部就有300多米，造型惟妙惟肖，世界罕见；郴州体育训练基地为全国十大体育训练基地之一，中国女排从这里出发冲出亚洲，走向世界，荣获了"五连冠"的殊荣，基地被中国女排亲切地称为"娘家"。此外，还有200多米高的相山瀑布、天下第十八泉、桂东八面山自然保护区等。郴州历史悠久，源远流长，距今已2200多年的历史，是省级历史文化名城。郴州自古为兵家必争之地，多慷慨悲歌人士。项羽"徙义帝于郴"，赵子龙大战桂阳郡，洪秀全屯兵郴州，史志皆有载。唐宋文人杜甫、韩愈、刘禹锡、秦观、周敦颐等，均在此留下了脍炙人口的诗文。郴州还是一座具有光荣革命传统的英雄古城。郴州大地上留下了毛泽东、朱德、邓小平、陈毅等老一辈无产阶级革命家的战斗足迹，在这块土地上涌现出了邓中夏、黄克诚、萧克等一大批中国现代史上高级的政治军事人才，留下了许多革命遗迹，成为中国现代革命的重要见证。1928年1月，朱德、陈毅在这里发动了著名的湘南起义。1928年3月，毛泽东同志在桂东沙田颁布了著名的《三大纪律六项注意》，后改为《三大纪律八项注意》，这在我国革命史、建军史上铸下了不朽的丰碑。二是特色比较明显，参与性强，特别是东江漂流、五盖山狩猎等已成为游客喜爱的拳头产品。浙水两岸，林莽葱茏，生态原始，从龙王庙到燕子排10多公里水路，有激浪滩头108个，落差75米，是一处集历险、探幽、猎奇、拾趣于一体的漂流胜地，以其"中国生态旅游第一漂"的盛名，享誉国内外；东江湖上开辟的水上跳伞、水上摩托艇、野外水上滑道等水上游乐项目惊险刺激，令人流连忘返；云遮雾盖的五盖山，有水鹿、野猪、麂子等130多种野生动物繁衍生息，现已辟为我国南方唯一的国际狩猎场。三是生态环境好。全市森林覆盖率超过60%，到处空气清新，山清水秀，能满足游客回归大自然的需求，有利于发展休闲、度假旅游。我市有莽山、五盖山、天鹅山三处国家森林公园，尤其是莽山国家森林公园，是我国南北动植物的汇集地，其动植物王国的迷人风采，被中外学者誉为"动植物基因库"；东江湖的龙景旅游区，其负氧离子含量普遍超过每立方厘米5万个，最高处达10万多个，被誉为"天然氧吧"；汝城的热水温泉以其水温之高（最高水温98℃）、流量之大

（3000吨／日）闻名于世，且内含硅、钠、钙、锂等30多种有益人体健康的元素，是我国南方少有的疗养胜地。

2. 优越的区位条件

郴州北瞻衡岳，南峙五岭，是内地通往广东沿海的咽喉要冲，地处珠江三角洲与长江经济带的最佳中枢联结点，京广铁路、107国道贯穿南北，上通下达，交通十分便利，尤其是京珠高速公路、武广高铁的修建将使郴州旅游的大交通得到极大改善。郴州毗邻国内旅游最大客源市场——广东，与香港、澳门等地相望，完全可以发展成为粤港澳的"后花园"，在这块大客源市场上占一席之地。郴州南有韶关、连州等粤北旅游区，北有南岳衡山，西有九嶷山及桂林，东有炎帝陵及井冈山。这些景点距郴州不足一天的路程。郴州与这些知名度高、发展成熟的旅游区点连成一线，有利于旅游网络的组织和发展区域旅游。

（三）加快发展旅游业是发展郴州经济的必然选择。区域经济发展主要是依赖于资源、资金、技术、市场四个方面，我市的优势在资源。我市有地上和地下两大资源优势，地下有丰富的矿产资源，地上有森林资源和旅游资源，要发展郴州经济，就要抓住两大优势资源，尽快使资源优势转化为经济优势。从地下资源来看，由于受资金、技术的制约，目前我市矿产业的开发存在一些问题，比如资源利用率低，资源浪费较严重，原矿和初加工产品居多、深度开发不够，对生态环境破坏较严重等。从地上资源来看，国家正在实施可持续发展战略，今后将会越来越重视环境保护，利用森林资源大力发展森林工业已不现实。目前值得大做文章的首推旅游资源的开发。发展旅游业有利于促进郴州与其他发达地区，特别是粤港澳的交流，通过发展旅游业给郴州带来人流、物流、资金流、技术流、信息流，这些无疑会给矿产业等其他行业的发展提供商机，有利于引进技术、资金和先进管理经验。

党的十五届四中全会关于发展国有经济的一个重要指导思想是：有所为，有所不为。作为地域经济的发展，我认为也应该是这样，过去地域经济往往采取的是"大而全""小而全"的发展模式，这不利于形成规模经济和特色经济，难以适应市场经济的竞争。结合我们郴州的实际，我认为当前及今后较长一个时期内，应该优先发展旅游业，以此带动矿产业及其他行业乃至地域经济的发展。

三、充分认识"地改市"以来我市旅游业发展所取得的成绩以及存在的问题，增加加快发展我市旅游业的主动性

自 1994 年底郴州撤地建市以来，郴州市的旅游业发生了根本变化，"一年一个样、五年大变样"，实现了由接待事业型向旅游产业型的大转变，全市接待国内外游客由 1994 年的 35 万人次发展到 1999 年的 250 万人次，旅游综合收入由 1.5 亿元增长到 11.5 亿元，旅游人数和收入均增长 7 倍以上。如今郴州已成为新兴的旅游城市，吸引四方游客前来领略其独特而亮丽的风景。

（一）确立旅游支柱产业地位

地改市之初，第一届市委、市政府就明确提出，旅游开发是创建社会主义现代化开放城市的五大战略工程之一。随着对旅游工作认识的不断深化，市委、市政府对旅游业的认识也越来越高。先是提出把旅游业作为实施"开放兴郴"战略的先导和突破口，继而提出要把旅游业作为第三产业的龙头和未来郴州经济新的支柱产业来抓，力争用 3—5 年时间把我市建设成为融自然风光与历史文化、民族文化、宗教文化于一体的中国优秀旅游城市和粤港澳的"后花园"。为此，市里成立了高规格的发展旅游支柱产业领导小组，市委、市政府颁发了《关于发展旅游支柱产业、创建中国优秀旅游城市的决定》。随着战略地位的确立，旅游开发力度不断加大。近五年来，我市用于旅游业的投入达 6亿多元，相当于历年旅游业投入总和的 3 倍多。我市出现了政府主导、部门参与、企业唱主角、内资外资一齐上的社会办旅游的格局。郴州旅游业近几年来实现了超常规发展，一年一个样，五年大变样，已成为郴州国民经济新的增长点，旅游业的综合收入已占到全市国内生产总值的 5%，旅游产业粗具规模。

（二）大力开发完善旅游区点

坚持深度开发和广度开发并进，着力实施旅游精品战略，在不断完善苏仙岭、万华岩等老旅游点、丰富其内涵的同时，大力度开发新旅游区点。五盖山、东江漂流、东江湖、飞天山、仰天湖、莽山等都是在近几年内涌现出的新旅游区（点）。如今的郴州已初步形成以漂流、狩猎为特色，集旅游观光、休闲度假于一体的综合性的旅游区，已成为吸引越来越多旅游者的理想目的地。

（三）着力改善旅游基础设施

旅游交通、通信状况近几年发生了很大的变化。通往各主要旅游区点的道路都改造为水泥路面或柏油路面，开通了郴州至长沙和岳阳的始发列车，旅游的大交通和小交通都有了一定改变。主要旅游区点不但开通了程控电话，而且开通了手提电话，通信比较便捷。

（四）配套建设旅游接待设施

旅游接待设施近几年上了规模、上了档次。旅游星级饭店由1994的5家发展到目前的15家（其中四星级1家、三星级3家、二星级6家），形成了高、中、低档兼备的旅游饭店格局。旅行社由4家增加到12家。现在我市的旅游涉外酒店的规模和档次，仅次于省会长沙，名列全省前列。

（五）大幅提高旅游管理和服务水准

全市直接从事旅游行业的人员由1994年的500多人发展到1999年的6000多人。随着队伍的不断壮大，各级旅游主管部门逐步加强了行业管理力度和培训力度，旅游经营单位狠抓了内部管理和培训。此外，通过"全市旅游行业技术比武大赛""旅游涉外饭店管理人员培训班"，评选"十佳服务明星"，评选旅游行业"青年文明号"与"青年岗位能手"，开展"讲文明，树新风""创优争先"等系列活动，有力地促进了全市旅游行业从业人员素质和服务水平的大幅度提高。

（六）积极开拓旅游客源市场

在1995—1999年五年间，全市共筹措宣传促销经费500多万元，在重点客源市场上展开了大力度、多形式的宣传促销。据不完全统计，在长沙、广州、深圳、香港等地举行旅游新闻发布会、说明会、推介会9次，参加国际、国内旅游交易会10次，邀请境内外客户来郴踩线考察40多批400多人次，邀请境内外新闻记者、作家、摄影家、画家来郴州采访60多批500多人次，通过他们在各种报刊、电台刊发介绍郴州的稿件300多篇，计60多万字，在电视台播出推介郴州的专题片和新闻200多次，时间达20多小时。还花巨资在主要客源市场打电视广告多次。通过系列的宣传促销活动，使郴州在海内外的知名度愈来愈高，游客范围日趋扩大。尤其是通过1997年的"一节一会"和1998年郴交会，大幅度提高了郴州的知名度。我市旅游客源市场和宣传促销工作逐步实现了一个延伸、两个转变，即来郴游客在长、株、潭、衡等客源市场稳步增长的情况下逐步向省内娄底、永州、岳阳等地区和粤、港、澳大市场延伸，由接待散客为主向接待大型旅游团队为主转变，由被动邀请外地旅行商和新闻媒体来郴踩线、采访向外地旅行商和新闻媒体主动来郴踩线、采访转变，成为全省又一新的旅游热点。

（七）旅游工作跨入全省先进行列

近五年来，我市旅游工作取得了十分喜人的成绩，出现了客源增长超常规、旅游收入大增加、旅游工作创先进的喜人局面。我市的旅游工作得到了各级领导的高度评价，已经进入全省先进行列，受到多次表彰。储波省长1998年来郴考察时称郴州旅游是湖南乃至华南的一匹黑马。市政府1998年被省政府授予"全省旅游工作先进单位"。市旅游局连续四年获得了全省"旅游教育培训工作先进单位"和"旅游统计工作先进单位"，还先后荣获全省"旅游市场开发先进单位""旅游招商引资工作先进单位"。郴州宾馆、晶阳大酒店等被评为全省"十佳"星级宾馆，资兴东江湖、东江漂流还被社会公众评为全省"最佳旅游观光度假目的地"和"最佳专项旅游项目"。

在看到成绩的同时，我们也应清醒地看到我市旅游业存在的问题。总的来说，我市旅游业是在过去低基数上的快速增长，总量规模仍然不大，素质偏低。具体表现在：旅游业投入不足，旅游基础设施尤其是旅游交通薄弱；旅游区点开发较粗糙，档次品位不高；旅游商品开发滞后，旅游综合消费不高；旅游服务尤其是导游服务水平不高，旅游人才匮乏；旅游的知名度和美誉度还有待进一步提高，等等。这些问题都有待在以后的工作中逐步加以解决。

四、充分认识我市旅游业发展的潜力和面临的良好机遇，明确加快发展我市旅游业的方向性

我市的旅游资源尽管近几年有了一定的开发，但无论是从开发规模，还是开发深度都有不少差距。已开发的旅游区点，如苏仙岭、万华岩、五盖山、东江湖及东江漂流还需丰富内容，突出特色，提高品位和档次，而正在开发的飞天山、便江还需进一步加大力度，至于仰天湖、莽山、汝城的热水温泉则还处于开发初期，开发的工作量还很大。同时，我市旅游的知名度还有待进一步提高，客源市场，特别是粤港澳市场的开发潜力还很大。因此，无论是从旅游资

源开发，还是从客源市场开拓等方面都具有很大的潜力。

此外，现在国际、国内旅游蓬勃发展、方兴未艾，国家采取的扩大内需的政策和新的休假制度又为旅游业的发展增添了新的活力。各级、各地党委、政府对旅游产业的发展越来越关注和重视，旅游产业发展的良好氛围已经形成，我市旅游业发展的"春天"已经来临，我们必须从战略和全局的高度，充分认识旅游业在我市国民经济和社会发展中的重要地位，及时把握有利的发展时机，采取强有力的措施，把我市旅游业的发展推向新的阶段，迎接京珠高速公路通车后旅游新高潮的到来。

今后五年，我市旅游工作的总体思路是：以资源、区位优势为依托，以市场为导向，以效益为中心，以改革为动力，发展"大旅游"，开拓"大市场"，形成"大产业"，产生"大效益"。具体而言，要坚持政府主导和重点带动，大力提倡和鼓励全社会办旅游，实施精品战略与可持续发展战略，以苏仙岭、东江湖等旅游区（点）为重点，形成生态园林的特色品牌，加强旅游基础设施建设，不断改善接待服务条件，以粤港澳和省内为重点，狠抓市场促销，以旅行社为切入点，强化行业管理，使旅游业增长方式逐步由数量规模型转化为质量效益型，实现全市旅游业经济效益、社会效益、环境效益的同步增长，真正把旅游业发展成为我市经济发展和对外开放的切入点、国民经济的新兴支柱产业、第三产业的龙头产业、提高人民生活水平和脱贫致富的高效产业。到2005年，全市接待国内外旅游者达到400万人次，旅游总收入达到30亿元，占全市国内生产总值的比重达到8%，旅游业总体水平跨入全省前三位，把我市建设成为中国优秀旅游城市、中国南方最具魅力的生态园林城、粤港澳的"后花园"和湖南省国内旅游主要目的地。

（一）明确发展方向，形成特色品牌

综合、深入分析我市的旅游资源，最大的特色还是在于整体生态环境好、生态旅游区（点）多。我市森林覆盖率达到62%，五盖山、莽山、天鹅山等国家森林公园更是在90%以上。苏仙岭、东江湖、万华岩、飞天山、便江、仰天湖等都是十分优越的生态旅游资源。同时，生态旅游又是21世纪旅游业的发展方向。此外，发展生态旅游所需要的区位条件我市又完全具备。因此，我们要围绕把整个郴州1.94万平方公里建设成为大的生态园林城这个目标，旅游区（点）、城镇建设、道路绿化等都要围绕这个目标，建设以生态旅游区

（点）为亮点，以生态花园式城镇为依托，以生态园林化道路为纽带，以"青山、绿水、蓝天、绿地、繁花"为特色的生态园林城市，形成独特的郴州特色，形成独有的郴州"生态园林"品牌。

（二）加强旅游开发领导，加大政府主导力度

旅游产业是一项跨部门、跨行业、跨地区的综合性经济产业，旅游支柱产业的建设和发展、旅游业的开发和管理，不是单靠一个或几个部门所能解决的，需要各级领导的重视、各有关部门的积极支持，通力协作。就我市而言，目前，应该说市委、市政府无论是从领导力度，还是工作力度，对旅游产业都是十分重视的，但有部分部门、部分县（市、区）还没有真正认识到旅游产业的重要地位和作用，有的重视只停留在口头上、报告中，真正过硬的措施还不多，力度还不大。因此，要加快旅游产业的发展，必须首先提高认识，加强领导。市旅游支柱产业领导小组要经常就全市旅游产业建设和发展中的重大问题进行研究，协调涉及旅游产业全局性和方向性的重大举措。其次，要加大政府主导力度。政府主导主要体现在两个方面，一是要加强对旅游产业发展的指导、规划、协调；二是要加大对旅游产业的引导性投入。旅游经济发展有一个规律，在开发初期往往是大投入，无产出或少产出，中期是大投入、中产出或小投入、多产出，后期为少投入、多产出或不投入、大产出。因此，在旅游开发的初期，政府一定要加大旅游产业的引导性投入。要通过政府主导，在全社会形成大旅游氛围、大政策环境、大市场空间、大产业体系、大发展格局。要全力营造政府主导、开放带动、部门配合、社会参与的旅游发展大环境；要努力形成需求拉动、政府推动、企业主动、上下互动、产业联动的旅游发展的动力机制；实现旅游与文化的融合，旅游与新闻的结合，旅游与交通、铁路等部门的联合，旅游与城建、林业、文物等部门的配合，旅游各要素、各环节的整合。总之，要使发展旅游业成为全市上下的共识和共同行动。

（三）多方筹集资金，加大旅游投入

旅游产业的大发展，必须依靠大投入。要按照把郴州建设成为中国优秀旅游城市的目标，建立健全国家、集体、个人一起上，内资、外资一起上的多元投资体制，鼓励和引导全社会力量办旅游。要增加政府对旅游业的引导性投入和制定优惠扶持政策。要以政府投资作引导，以国有、民营企业投资为主体，带动银行融资和招商引资，最终组建旅游集团并力争上市，实现社会融资。

（四）科学合理规划，开发旅游精品

加快发展旅游业，首先必须有一个科学合理的规划，规划工作是旅游开发的龙头，在这方面一定要舍得花精力和财力。目前我市旅游区点普遍存在建设档次不高、配套不完善、管理欠规范、无规划或规划不科学等问题。这些问题既损害郴州旅游形象，又影响客源市场的开拓，今后必须切实加以改进。要由市计委、市旅游局牵头，建设、规划、文化等部门配合，制订市、县两级旅游业发展规划和重点旅游区（点）建设规划。旅游规划要按照科学性和实用性相统一，微观活力和宏观调控相统一，旅游总量增长和优化结构、提高质量和效益相统一，近期目标和长远发展相统一，旅游资源开发利用和有效保护相统一的原则进行编制，规划要经同级人民政府批准后才能实施。编制规划难，实施规划更难，规划一旦确定以后，各级各部门一定要按照统一规划实施，而不要因为某个领导的更替和时间的推移而改变，即使需要修订完善规划，也要按法定程序进行修改。要大力加强旅游区点管理工作。要做到先规划、后开发，边开发、边强化管理；做到高起点规划、高标准开发、高质量管理旅游区点。其中，在规划开发旅游区点的过程中，尤其要注重提高我市旅游业的文化含量，提升我市旅游区点的文化品位，充分体现郴州旅游的丰富内涵和特色。旅游消费需求是社会经济文化发展到一定阶段后，人们追求的一种既超出生存的需求，也摆脱自我成就需求的轻松娱乐消费形式，旅游产业所包括的"吃、住、行、游、购、娱"六大要素，都包含有文化。人们老远跑到你这个地方来，既要欣赏你优美的山水风光，也十分希望感悟到当地独具特色的民俗风情和地域文化。

要着力实施旅游精品战略。没有精品就难以树立品牌，没有精品就难以突出重点，没有精品就难以突出特色。我们要适应当前国际上生态旅游产品的流行趋势，围绕建设生态园林城市和中国优秀旅游城市这个总目标，提高旅游产品综合配套化程度，开发旅游精品。具体来说，就是近期以市区内宗教文化、历史文化为特色的"天下第十八福地"苏仙岭和市外"中国生态旅游第一漂"东江漂流及"东方瑞士"东江湖为开发重点，形成两大品牌，辅之以万华岩的溶洞奇观、飞天山—便江的丹霞山水、五盖山狩猎的参与刺激；中期开发仰天湖旅游区的仰天巨佛、高山草原、梯田景观和莽山的原始生态；远期开发汝城热水的温泉疗养度假，以形成我市旅游产品的特色和可持续发展。

（五）改善基础设施条件，提高综合配套水平

旅游基础建设是发展旅游产业的先决条件。我们要为游客提供一个快捷、方便、舒适的旅游环境。各级各部门都要高度重视和大力支持旅游基础设施的建设。要学习云南省的先进经验，做到重点旅游区（点）在哪里，水、电、通信、公路等基础设施就建设配套到哪里。目前旅游交通不便已成为制约我市旅游产业发展的瓶颈。先看大交通的情况，即游客进出郴州，存在进得来、出不去的问题。郴州至广州、深圳没有始发列车，过路列车时间不理想，且预留票太少。再看小交通，即市区进入旅游区点，也还存在道路等级低、路面差等问题，如到仰天湖、飞天山、莽山、汝城热水等主要旅游区点的公路状况都比较差。再看站场及交通线路、工具。市里没有统一的旅游车停车场，没有专门的旅游车队，到飞天山、东江湖等主要旅游区点没有专线车或专线车数量不够。东江湖中游船的档次偏低，飞天山、便江旅游区的旅游船只数量、质量都不能满足需求。许多旅游区（点），如东江漂流沿途、五盖山、飞天山、便江、仰天湖、莽山等通信设施条件较差，这些都严重影响了我市旅游业发展，急需加以改善。当前，要以改善旅游交通为重点，尽快修建和改造苏仙区大奎山—宜章县杨梅山、郴州—北湖区大塘乡（到仰天巨佛旅游点）、107国道—莽山、资兴—炎帝陵等旅游公路，要从吃、住、行、游、购、娱六要素着手，找准薄弱环节，全方位提高旅游精品的配套化水平，近期要着力提高旅游区（点）、旅游宾馆的接待档次和水平。

（六）加大宣传促销力度，努力开拓客源市场

旅游业是典型的形象产业，知名度就是财富。旅游宣传促销是市场经济规律所决定的，是旅游产业发展的内在要求，是培育、发展客源市场的重要手段。要大力发展旅游产业，宣传促销至关重要。我们在抓宣传促销的过程中，要力争做到：

1. 旅游线路网络化。要打破行政区域界限，从资源特色、交通网络、市场需求等方面考虑编排不同的旅游线路。区际形成以韶关（清远、衡阳）+郴州为主，郴州+炎帝陵+井冈山、韶关（清远）+莽山、韶关+汝城热水、郴州+九嶷山+清远（桂林）为辅的旅游网络，区内建立市区—五盖山—东江漂流—东江湖、市区—飞天山—便江、市区—万华岩—仰天湖、市区—莽山四条黄金旅游线路。

2. 客源市场细分化。要对不同地域、不同职业、不同年龄层次的客源进行细分，增加促销的针对性。市场定位应是以国内旅游为主，以粤港澳和省内客源为主。

3. 促销方式多样化。坚持形象宣传与产品宣传相结合、社会公众宣传与专业客户宣传相结合、联合整体促销与企业单独促销相结合、常规促销手段与现代促销手段相结合。要建立旅游促销联合体，形成以产品为中心或以同一目标市场为目标，以共同利益为纽带，由旅游业各个要素、各相关单位和企业、各相关地区组成促销联合体。要全面实施品牌营销战略。突出搞好旅游市场定位、旅游形象定位、旅游产品定位和营销策略定位，精心组织好品牌策划、品牌推广及品牌管理等每一个环节。搞好营销组合，要将人员推销、营业推广、广告促销、公共关系等营销手段综合运用。要注重整体形象的策划与推广，如新加坡推出的"新亚洲、新加坡"、香港的"魅力香港、动感之都"、广东的"五彩缤纷广东游"、重庆的"世界的重庆、永远的三峡"等，形成旅游形象的强烈冲击力、感染力和吸引力。要重视重大旅游节庆活动的举办，坚持每年举办一次生态旅游节，以形成旅游节庆活动的综合效益。要重视宣传促销重大活动的整体策划，如张家界穿越天门山的特飞赛，摩托车、自行车飞越黄河，云南世博会等，以形成宣传促销的轰动效应。

4. 营销手段现代化。要制作全市旅游业多媒体光盘，实行网上促销，建立全市性的旅游信息网，以实现我市旅游宣传促销的现代化、信息化、全球化。

5. 销售人员专业化。旅游行业各单位要高度重视外联队伍的建设，尤其要在促销队伍的高素质化上狠下功夫、下真功夫。要确定专门的销售人员，而且一经确定，不要随意换人，以形成工作的连续性。

6. 宣传队伍全员化。首先，在旅游企业内部，要树立"人人都是企业形象，个个都是营销人员"的思想，实现全员营销。其次，在全社会，各级、各部门、各单位，特别是旅游、新闻、外事、外宣、侨务、台办、招商等部门都要不遗余力地加强对外宣传，形成全社会营销的氛围。

7. 促销经费多元化。要广开资金来源，加大宣传促销的投入。政府要建立宣传促销的专项经费，各旅游企业要安排和提取一定数量的宣传促销经费，各有关部门也要加大宣传方面的投入力度。

（七）强化旅游行业管理，营造规范旅游环境

旅游行业管理要在规范化、标准化、法制化上下功夫。要根据国家、省有关旅游行业管理的法律法规和政策规定，结合我市的实际情况，加大在行业管理上各种规章制度的制定和实施力度。

市、县两级旅游局要树立大旅游行业管理观念。要从只管旅行社和涉外酒店这个狭小的圈子里跳出来，在行、游、住、吃、购、娱六个方面主动做好沟通、协调、动员、引导工作，联合相关部门，以有关旅游法规为依据，运用行业管理体系的大思路实行管理。

要把好规划审批关。全市旅游业发展总体规划要经市政府批准后才能实施。市、县两级旅游局要对旅游企业依法行使全行业管理，搞好统筹安排、规划和指导。要把好旅游新建项目关。凡旅游区（点）新建旅游项目，必须经市、县两级旅游局根据全市旅游业发展规划提出审批意见后，再按国家规定的有关建设管理程序报批。

要按照《旅游区（点）质量等级的评定与划分》国家标准认真抓好旅游区（点）等级评定与划分工作，推动旅游区（点）建设上档次、管理上水平，努力做到环境整洁优美、基础设施齐全、服务热情周到、经营文明守法、安全保障得力、治安秩序优良、资源保护完好、管理严格规范。

要按照《旅游涉外星级酒店评定》国家标准进一步规范涉外星级宾馆的建设、管理和服务。对县（市、区）、重点旅游区（点）要加大星级酒店评定工作的力度，争取全市星级宾馆今年达到20家，明年达到30家。对现有涉外星级宾馆，要采取明察与暗访相结合、集中年检与日常管理相结合，加大质量督查力度，确保相应的星级水平。

要强化和规范旅行社的管理。旅行社的发展要按照"控制总量，壮大规模，优化结构，动态管理"的原则，扶优、扶大、扶强，实行优胜劣汰，以适应我国即将加入WTO以后旅行社的激烈竞争。依法取缔无证、无照的旅行社。要规范导游市场，加强导游管理。对全市旅行社和旅游区的导游要实行资格认证和持证上岗制度，坚决打击"野马"导游。同时，对主要旅游区（点）要编写规范、统一的导游词，以防胡编乱造，信口开河。要整顿旅游市场，加大旅游质量监督管理力度，及时处理各类游客投诉，打击各种坑害游客的行为。

（八）大力开发旅游商品，拓宽旅游创收领域

旅游商品收入是旅游收入的重要组成部分，旅游商品收入在旅游收入中所占比重的大小是旅游业发达程度的重要标志之一，在境外和一些旅游发达地区，旅游商品收入比重已居其他项目之首。目前，我市旅游商品开发仍是旅游发展中的一条"短腿"，缺乏一些有地方特色的、有纪念意义的、上规模和档次的旅游商品，导致旅游的综合消费水平较低，极大地影响了我市旅游产业综合经济效益整体水平的提高。下一步我们要下大力气，切实加强全市旅游商品的开发、销售工作。旅游商品的开发要与优势资源和地方名特优产品的开发相结合，与乡镇企业、个体私营经济发展相结合，与城区经济、旅游经济相结合，与客源市场需求相结合，大力开发有特色、有市场、有效益的旅游商品。要逐步建立旅游商品销售网络，在各旅游区点、各涉外星级酒店、游客进出场所建立旅游购物专店或专柜，在市区内可考虑建设旅游购物一条街。

（九）加强人才队伍建设，提高旅游服务水平

知识经济时代的竞争，归根到底是人才的竞争。以劳务和服务为根本特征的旅游业，其人才的地位和作用更加突出和重要。我市旅游产业起步晚，起点低，专业人才缺乏，尤其缺乏导游人员。导游人员数量偏少，总量不能适应市场需求，结构不合理，缺少粤语、外语导游，导游整体素质不高。今后要按照"扩大总量、提高质量、优化结构"的原则，有计划、有步骤地加大以导游人员为重点的人才培训力度。在培训方式上要坚持"多渠道、多形式、多层次"，坚持引进与自我培养相结合、输送培训和内部培训相结合、院校培训与岗位培训相结合。要在全行业全面推行旅游从业人员持证上岗和资格认证制度，加大对旅游从业人员的竞争上岗机制和监控机制，把好旅游人才进入关。要重视旅游人才队伍的政治思想和职业道德建设。努力培养打造一支政治强、作风硬、业务精的高素质从业人员队伍，塑造郴州旅游的良好形象。

（2000 年 7 月）

加快莽山旅游开发，促进湖南"南大门"开放

南国郴州，有一颗镶嵌在湘粤大地边境的绿色明珠。这就是被国内有关专家誉称为中国的"第二西双版纳"，被联合国野生动物保护协会专家称为"亚热带天然动物园"，位于湖南省郴州南端宜章县境内的国家森林公园——莽山。

莽山，1992年被国家林业部批准为国家森林公园，1994年经国务院批准为国家级自然保护区。多年来，湖南省及省有关部门对莽山的开发给予了极大的关注，省委、省政府、省政协领导胡彪、刘夫生、刘正、庞道沐、范多富、尹长民等先后亲临该地考察，对莽山的旅游资源给予了高度的评价。郴州市委、市政府也把莽山列为全市重点旅游开发项目。近年来，随着莽山知名度的逐渐扩大，前来旅游、考察的国内外游客逐年增多。1998年，来自广东、香港、澳门的游客已达3万余名，比1997年翻了一番。美国、日本、芬兰等12个国家和地区的游客和科学考察工作者也陆续来此地旅游和进行科学考察。莽山，正在走出湖南、走向世界。

一

莽山以原始的绿色生态环境为背景，以苍郁绚丽的原始森林景观，高险雄奇、清丽灵秀的山水景观，丰富的野生动植物资源为特色，以宜人的山地森林气候为依托，是集森林游览、避暑度假、登高探险、野营猎奇、会议接待、科学考察、科普实习为一体的综合性国家森林公园。

它有着瑰丽的森林景观，是一个森林王国。莽山总面积19833公顷，是我国华南一带面积最大、保存最为完好的原始森林，也是世界同纬度地区保存最好、最具代表性的亚热带湿润地区原生型常绿阔叶林区。它是中亚热带与南亚热带、华东与西南植物区系的过渡区，因此，物种资源异常丰富，有"天然动

物、植物基因库"之称。仅列为国家保护的珍贵树种就达 16 种，珍稀濒危动物 33 种。"莽山铬铁头"毒蛇是当今世界上发现的毒蛇新种，为我国单属单种蛇类，仅存莽山地区，备受科学家们的关注。濒临灭绝的华南虎，在莽山也可偶见踪迹。

它有着神奇的地貌景观。莽山属南岭山地中山地貌，山体陡峭，山势雄伟，区内海拔 1000 米以上的山峰有 150 余座，且独自成峰，峰峰不相连。共分 7 大景区，有 110 个景点。猛坑石有"天南第一峰"之称，海拔 1902 米，观日出、看云海胜似峨眉。摩天岭，海拔 1542 米，北侧的景观更是绚丽迷人，景画相连，形成画卷般的五里长廊。长乐河，是广东省珠江支流北江的源头，它在莽山穿谷绕峰，或飞瀑成群，或深潭成串，峡谷河床中，石滩相连，奇石遍布，千姿百态。

它有着宜人的山地森林气候。莽山的冬天，常雪花纷舞，银装素裹，是南国的雪景胜地。夏日又是一个南方避暑胜地，境内水质洁净，空气清新，环境幽静。我省海拔最高的中型水库林泽湖镶嵌在海拔 1250 米的公园腹地之中，波光潋滟，宁静秀美。盛夏时节，华南酷热难耐，莽山的平均气温却在 22—24℃之间，比长沙、广州低 7—10℃。此外，众多的人文景观，动人的民间传说，灵异的回龙庙，古朴的瑶乡风情，深厚的文学沃土，浓郁的地方特色，都使莽山对游客更具吸引力。

莽山，还具有优越的区位优势。

就全国大的经济格局而言，莽山处于沿海与内地的接合部。它的东、西、南三面分别与广东省韶关市的乳源，清远市的阳山、连州等地交界，距我省省会长沙 400 公里，距华南重镇广州市 380 公里，均可朝发夕至。就大交通而言，京广铁路、107 国道和正在建设中的京珠高速公路等交通大动脉与它擦边而过，广东的韶关机场也相距不远。就旅游市场而言，随着旅游业的发展，特别是生态旅游业的兴起，内地、广东沿海、香港、澳门乃至国外到莽山游览观光、休闲度假、探险猎奇的客源潜在市场潜力很大。

广东的客源市场尤其巨大。广东是经济强省，也是旅游大省，是我省特别是湘南的主要旅游客源市场。广东人经济实力强，思想观念新，消费水平高。节日游、周末游、休闲游、生态游已形成潮流与规模，旅游已成为他们的热点消费。广东的天然自然人文景观主要集中在与我省南邻的粤北。近些年来，他们加大了对这一地区旅游资源的开发。例如坪石金鸡岭、乳源南岭国家森林公园、乐昌的九龙十八滩漂流、韶关的丹霞山与南华寺等景区已深度开发，并联成一线，这对莽山开发十分有利。莽山一经开发，可与粤北地区上述景区相互融合，互成网络，共享客源，形成短线旅游。由于两地旅游资源差异，且莽山的资源优势具有独特性，可以形成新的旅游热点，吸引更多的广东、港澳及海外游客，打开湖南旅游市场的南大门。

二

近几年来，莽山国家森林公园管理处逐步加大了旅游开发的力度，但从总体上看，莽山的开发还处在初级、粗放的阶段，并存在一些困难与问题。

1. 交通道路状况较差，通信设施落后。莽山国家森林公园管理处至107国道接口处之间的公路是出入莽山的重要通道，全长30公里，泥结碎石路面，路况较差，雨季车辆进出困难。景区内不通程控电话，移动通信、卫星电视转播尚未开通。

2. 资金投入不足，景区开发步伐缓慢。六年来总共投入112万元，但由于景区开发总体规模较大，投入显得十分不足。

3. 旅游接待设施数量少、档次低，无法满足客源市场的需求。目前，莽山有80来个简单客宿床位，数量太少，档次偏低，难以留住客人，特别是在旅游旺季，许多游客因没有地方住而不得尽兴。

三

莽山的旅游资源开发，具有很大的潜力。根据旅游市场预测：当公园充分宣传及景区开发和基础设施基本完善后，预计游客量可达60万—80万人次，近期只要道路、通信、住宿等主要设施有了一定改善，年来客量可超过20万人次，年营业收入可达3000万元，利税1000多万元，至于生态效益、社会效益更是无法估量。加快莽山旅游资源开发步伐，可以促使我省旅游业与广东旅游业尽快接轨，丰富我省旅游产品内容，充分发挥我省旅游资源的效益，使我省旅游业上了一个新台阶，进一步推动我省改革开放和经济发展。为此，提出以下建议。

1. 加大宣传力度，加快引资开发步伐。长期以来，莽山一直是"养在深闺人未识"，是一块尚未雕琢的璞玉。近年来，虽然渐为人知，但是仍远远不够。究其原因，首先是宣传力度不够。建议省委宣传部、省旅游局、省林业厅及省各新闻媒体，加大对莽山旅游资源的优势与开发前景的宣传力度，建议省委宣传部组织省会的主要新闻媒体专门到莽山进行一次采访报道，以进一步提高莽山在国内外的知名度。同时，建议省招商局、省旅游局把莽山旅游开发项目列为全省重点旅游招商项目，并通过多种渠道和方式进行推介，争取吸引境内外客商到莽山来投资旅游开发建设。

2. 把莽山作为全省生态旅游的龙头项目来发展。回归大自然已成为世界性潮流，在我国也已成为城市居民的时尚，生态旅游已成为现代旅游的一个发展方向，在欧美发达国家已成为重要支柱产业，我省应跟上这个潮流。特别是今年又是"99 生态环境旅游年"，我省更应加大生态旅游的开发力度。目前，我省已有不少专家学者提出了"北张（张家界）南莽（莽山）"的湖南森林旅游建设格局。莽山旅游资源得天独厚，品位甚高，有许多独特之处。从生态旅游角度来看，莽山更具优越条件。建议省政府将莽山列为湖南省生态旅游的龙头项目，给予与张家界同样的政策与支持。

3. 立即着手改善通往莽山的公路交通条件。莽山至107国道的30公里公路现已成为开发莽山的制约性因素，需要立即着手改造。这条路现为林区专用公路，但该公路途经了宜章的三乡一镇，且莽山林管局由于经济结构调整，已由木材经营为主转为以水电及森林公园为主的多种经营，其车流只占全部车流量的5%，该专用公路现主要是承担社会运输，其使用性质已发生了根本变化。根据《公路法》第19条的规定，建议改为社会公路。该段道路改造需资金1200万元，建议由省、市、县三级交通、林业部门各出资 1/3，共同把这条路改造为三级柏油路。

4. 改善莽山通信条件。现莽山程控电话只开通到林管局，景区内不通电话，移动通信尚未开通，建议省电信部门给予支持。首先开通到林泽湖，然后逐步开通到猛坑石、天台山的程控电话，同时，开通移动通信。

5. 把莽山作为林业部门多种经营的样板工程支持。莽山林管局近几年狠抓了经济结构的调整，大力开发水电资源，取得了明显的成效。1998年总收入近 4000 万元，其中木材收入只占 12%，经济效益在全省林业系统名列前茅，今后随着旅游业的发展，其收入基本上将来自多种经营。建议省林业厅把莽山作为林业部门多种经营的样板工程来抓，重点支持其发展旅游业。

6. 国家现实行林业分类经营，莽山为生态效益型的园林生态企业。今后林业收入将大幅度减少，现莽山林管局有 1000 多干部职工，今后的负担将十分沉重，建议将莽山林管局由自收自支事业单位改为差额拨款事业单位，省财政部门给予适当补助，省林业厅安排 200 万元天然林保护资金、1000 万元林业转产无偿或低息贷款资金，把莽山列入我省向上申报国家级自然保护区建设项目资金的重点项目，向国家林业局争取 500 万元建设项目资金。同时，省科委在社会发展资金中也安排部分资金用于生态环境保护。

7. 省政府及省民政部门要高度重视莽山国家森林公园与毗邻的广东乳源南岭国家森林公园的边界纠纷。由于莽山旅游资源具有巨大开发潜力，现广东省及韶关市等不顾历史上已经确定的省界，对莽山国家森林公园和乳源南岭国家森林公园交界的猛坑石至中背脊的五公里边界的土地提出了权属要求，湘粤双方已进行了八次协商，均未达成协议。建议省政府及省民政部门高度重视此项边界纠纷，并向国家民政部据理力争，绝不能放弃这段地块的土地管理权，绝不放弃对这块风景资源独特的宝地的旅游开发管理。

（1999 年 1 月）

借鉴大围山的成功经验，加速莽山旅游发展步伐

1999 年 8 月 28 日，我和莽山林管局的同志一道专程到浏阳市大围山国家森林公园进行了为期半天的学习考察，尽管时间很短，但所见所闻使我们深受启发。浏阳市大围山国家森林公园的开发起步晚、力度大、成效显，对我市莽山乃至全市旅游业的发展均有重要借鉴作用。

一、大围山旅游开发的基本情况和成功经验

大围山位于湖南省浏阳市东北部，距省会长沙 148 公里，距浏阳市 82 公里。大围山国家森林公园面积 7 万余亩，最高处为海拔 1607.9 米的七星岭。其特色一是森林茂密，二是气候宜人。从旅游资源来讲，它并不是十分突出，赶不上莽山；从区位来讲，离中心城市也不是很近，但由于近几年来，长沙市委、市政府，浏阳市委、市政府的高度重视，短短三年多时间，投入了 1.1 亿元进行开发建设，并大力宣传推介，效益十分明显。公园于 1996 年 8 月 1 日才正式开园，旅游人数、门票收入、旅游产业收入 1997 年依次为 4 万多人、90 多万元、2608 万元，1998 年为 5 万多人、110 多万元、3040 万元，预计 1999 年可达 6 万多人、130 多万元、3400 万元。大围山的旅游开发，有几条突出的成功经验。

（一）领导高度重视，政府投入力度大

尽管 1992 年大围山就被林业部批准为国家森林公园，但真正的大规模开发还是 1995 年下半年以后的事。1995 年 9 月 28—29 日，长沙市委、市人大、市政府、市政协和市直有关部门的领导，浏阳市委、市人大、市政府、市政协和市直有关部门的领导在大围山召开了现场办公会，当时的省委常委、长沙市委书记秦光荣、市长袁汉坤都参加了会议。会议议定，把大围山国家森林公园

作为长沙市的远郊公园进行建设，首先解决道路、供电、通信等旅游基础设施建设，要求在 1996 年 8 月 1 日公园正式开园，对外营业，并从 1996 年 8 月 1 日起，所有到大围山投资旅游开发的企业，包括大围山国家森林公园管理处五年之内免交一切税费，通俗的讲法就是所有部门五年之内一律不准上山。会议之后，长沙市、浏阳市加大了对大围山的投入，其中长沙市政府投入 300 万元，浏阳市政府投入 550 万元，省林业厅、长沙市林业局投入 300 万元用于景区内的基础设施建设，浏阳市交通局、林业局投资 3000 多万元改造了官渡—大围山的 50 多公里的道路，通过政府和部门的投资又带动了社会投资。三年多的时间，整个景区总投资已达 1.1 亿元，现已完成了近 80 公里道路的油路改造，解决了供电问题，开通了程控电话和手提电话，新建了 17 个宾馆、招待所，已有 1400 多个床位。

（二）通过以地生财、资本运营等方式加大投入，着力改善旅游基础设施和接待设施

为了吸引全社会投资开发大围山，大围山国家森林公园解放思想，做活做好了以地生财的文章。1995 年的现场办公会上就议定，大围山国家森林公园划拨 1000 亩地给长沙市委、市政府，长沙市委、市政府委托市旅游局进行开发，现已投资近 3000 万元按三星级标准建设了玉泉山庄；划拨 100 亩地给长沙市电信局，由电信局解决大围山的通信问题，现电信部门已投资 1100 万元开通了程控电话和无线通信；划拨 100 亩地给长沙市电力局，由电力局解决大围山供电问题，现电力局已投资 900 多万元架设了 1 万伏的高压线。通过"以地生财"，不仅解决了改善基础设施的资金问题，而且把有关部门拉进来投资景区开发。最近浏阳市又把浏永路（浏阳—永安）、浏大路（浏阳—大瑶）、浏围路（浏阳—大围山）三条路捆在一起以 6.8 亿元的价格卖给了长沙市环城公路公司，而长沙市环城公路公司将投资 4.2 亿元按高等级公路标准新建浏阳—大围山 60 多公里道路，这样就通过其他公路的资本运营进一步改善了到大围山的交通条件，以后长沙市到大围山的距离将缩短到 120 多公里，且全为高速公路和高等级公路。

（三）实行特殊优惠政策，引资开发成效显著

由于实行了五年之内免交一切税费的优惠政策，吸引了许多企业和个人到大围山投资开发旅游。近三年多来，引进了 6600 多万元的社会资金，用于旅游接待设施建设，占整个旅游总投入的 60%。引资建设了 16 家宾馆、招待所，现有了 1400 多张床位。对于大围山国家森林公园管理处的政策是，除了同样享受五年内免收一切税费的优惠政策，只要能贷到款，一律由浏阳市政府财政贴息，这就大大提高了公园管理处的自我发展能力。

（四）公园管理处全力以赴，景区内配套化程度迅速提高

大围山国家森林公园管理处过去主要是以林业经营为主，有 130 多名林业干部职工，森林公园开园以后，除留了 20 多名干部职工进行小范围、有限量的森林采伐外，其余全部转向搞旅游开发和管理。近三年多来，森林公园管理处和其主管部门浏阳市林业局自筹 1400 多万元、贷款 1000 多万元、工程承包方带资 600 多万元共 3000 多万元用于景区开发，先后完成了公园内 24 公里道路改造，投资 400 多万新建森林宾馆，投资 160 多万元修建了 8 公里多、2 米宽的标准化游道，现景区开发已经具备一定规模，旅游产品的配套化程度迅速提高。

（五）统一规划和管理，景区秩序良好规范

对于景区内的建设项目，公园管理处要求其必须服从公园的整体规划。对于旅游购物商店，采取统一规划、社会集资的办法建设，凡要购置门面的用户，一次性缴纳五年的租金（每年 5000 元，共 2.5 万元），五年后重新租用，租金另计。这样通过借鸡生蛋的办法，既解决了旅游购物商店的建设资金问题，又实行了统一、规范的建设。

对于景区内的社会治安秩序，过去由于多头插手，管理一度比较混乱，在全省造成了一些不好的影响。为了规范管理，从去年开始，浏阳市委、市政府做出决定，大围山国家森林公园的社会治安管理由市林业局的林业公安分局管理，具体由森林公园管理处下属的林业派出所负责，其他派出所一律不准插手。林业派出所对于公园内社会治安，特别是对特种行业加强管理，但对于歌舞厅、美容美发、桑拿等场所的正常经营，派出所一般不干涉，对各个酒店一般也不查房，这样景区的秩序不仅良好，而且规范。

（六）开发与宣传并举，公园的知名度大为提高

在加大公园开发力度的同时，公园管理处十分重视宣传促销，近三年多共投入宣传费 200 多万元进行促销，特别是在长沙进行了重点宣传，先后在湖南卫视、湖南经视、长沙电视台、《长沙晚报》等新闻媒体大力度地宣传，在长

永、浏永高速公路上竖大幅广告牌，在浏阳烟花节上大力宣传，系列宣传使大围山的知名度大为提高。现在对于长沙市民来说，大围山可谓家喻户晓，在全省乃至全国也有了一定的影响。在宣传大围山的时候，管理处十分注重针对游客，特别是长沙、浏阳市民的心理进行针对性的宣传，他们重点是宣传大围山山清水秀，可以满足城市居民回归大自然的需求；气候宜人，是一个"天然空调"，避暑胜地；空气清新，是一个"大氧吧"，有利于强身健体。这样就使大围山成为长沙、浏阳老少皆宜的休闲度假疗养胜地。

二、加快莽山旅游开发的建议

莽山相对于大围山而言，有更多的优势。从资源来讲，莽山的森林植被要比大围山好，山形也比大围山奇特，旅游资源类型也更丰富；从区位来讲，莽山毗邻广东、港澳，其客源市场比大围山大得多；从开发难易程度来讲，莽山启动的开发投资比大围山要小，莽山现有的道路比大围山刚开发时的道路路况要好，需要改造的道路包括从107国道—莽山林管局和公园内的道路改造只有50多公里，仅大围山的一半，现莽山需要架设高压线的距离也比大围山短得多，电信的投资与大围山相差不多；从未来市场潜力来看，尽管莽山开发还刚起步，但莽山已有一定知名度，在我省已有不少专家学者提出了"北有张家界，南有莽山景"的湖南森林旅游建设格局，每年已有3万多游客到莽山旅游观光，且70%以上是粤港澳游客。现在是我们的开发力度和接待设施远远赶不上客源市场的需求，也就是说，资源有市场，但开发没有跟上；从开发紧迫性来讲，现要求加快莽山旅游开发的呼声与日俱增。1999年初，我在省政协八届二次全会上就《加快莽山旅游开发步伐，促进湖南"南大门"的进一步开放》作了大会发言，在今年3月份召开的市政协一届五次全会上，10多位市政协委员也提出了加快莽山旅游开发的提案。现莽山已被省旅游局列为全省亟待开发的两处重点生态旅游项目（另一处是石门的壶瓶山），并已上报了国家旅游局。因此，加快莽山旅游开发步伐，迫在眉睫。但是，由于我市旅游资源十分丰富，待开发的旅游资源很多，我市的财政和整体经济实力也赶不上长沙，市里暂时不可能拿出很多的钱投资莽山。但莽山的开发又不能再拖下去，且要在尽可能短的时间内形成一定的规模，在这种情况下，怎样加快莽山的开发，浏阳市大围山开发的许多成功经验很值得我们借鉴。现就加快莽山旅游开发提出如下建议：

1. 以地生财，改善莽山的通信、电力等基础设施状况。可以考虑由市电信局、市电力局投资改善莽山的通信和电力设施，根据投资的多少，由莽山林管局给予相应的土地补偿。

2. 交通、林业部门共同出资改造 107 国道—莽山 30 公里的道路，解决多年来制约莽山开发的瓶颈问题。改善交通状况方面，浏阳市场化运作的做法不仅对于改善我市旅游交通状况值得借鉴，对于全市交通的建设也很有借鉴意义。

3. 宜章县委、县政府积极投资莽山的旅游开发。由于莽山是市管单位，宜章总认为莽山的开发插不上手，可以考虑由莽山林管局划拨一块土地给宜章县委、县政府，由宜章县委、县政府进行开发，必要和条件成熟时也可考虑莽山下放至宜章县管理。

4. 特殊优惠政策，吸引社会资金投入莽山旅游开发，特别是旅游接待设施和娱乐设施建设。建议莽山实行封闭式开发，对于投资莽山旅游开发的部门，五年之内给予特殊优惠，前三年一切税费全免，后两年减半征收，对于莽山林管局旅游开发的收入，也享受同样的政策，鼓励其自身发展。

5. 莽山是市属单位，市委、市政府和市直各有关部门更应重视其旅游开发。建议市委、市政府到莽山专门召开一次现场办公会议，解决莽山旅游开发中的重大问题，以加快其发展步伐，争取用 2—3 年时间，使莽山的面貌发生较大的变化，使莽山成为我市建设粤港澳"后花园"的"桥头堡"和"明珠"。

（1999 年 9 月）

乘势而上，开创旅游工作新局面

"九五"期间，我市依托丰富的资源优势和区位优势，把旅游作为国民经济的支柱产业和第三产业的龙头来抓，得到了大的发展。根据统计，从1995年至2001年，全市接待国内外游客从70万人次增长到360万人次，旅游综合收入由3亿元增长到15.6亿元，旅行社由4家增加到19家，涉外星级宾馆、饭店由5家增加到19家，旅游经济发展水平由1995年排全省第九位上升到1998年以来的全省第四位，直接从事旅游业的从业人员由1994年的500人发展到去年的8000多人。在此期间，用于旅游业的投入达10多亿元，相当于郴州历年旅游业投放总和的8倍，旅游宣传促销经费五年间共筹措了600多万元。按照近抓创优、远把旅游做大做强的工作思路，紧扣中心，明确目标，突出重点，圆满地完成了各项工作任务。

2001年，我市接待国内外游客360万人次，同比增长20%，其中，接待海外游客7.4万人次，同比增长15.6%，旅游综合收入15.6亿元，同比增长19.2%，占全市GDP总量的6.03%，比上年增加0.73个百分点。从总体上看，去年的旅游工作有四个特点，四个突破：

1. 创优工作成重点，形成合力有突破。2001年8月份，全市上下召开了创优动员大会，统一了思想，提高了认识，明确了目标，各级各部门把创优工作纳入了工作的重要议事日程，形成了政府推动、上下互动、社会联动的创优工作格局。

2. 宣传促销高起点，营销手段有突破。制定了"强调整体形象，突出自然特色，体现文化内涵"的宣传促销思路。一是成功地举办了生态旅游节，重点推介了东江湖水上旅游精品。二是在全国首次发行了郴州风光邮资信封，全方位推介郴州山水福地旅游资源。三是参加长沙、广州、成都、香港等地举办的国际国内旅游展销，并召开了生态旅游节新闻发布会，大力推介郴州。四是开展了以"我心目中的'后花园'"为题的征文活动，挖掘郴州旅游文化内涵。五是举办了"我为郴州美喝彩"郴州旅游歌曲歌咏比赛，激发人们爱郴、兴郴、游郴的热情。六是与广铁集团公司签订播音合同，让南来北往的旅客了解郴州旅游、人文等资源。

3. 政府引导新亮点，招商引资有突破。按照政府主导、市场运作的方式，多渠道、多形式狠抓招商引资工作，形成了招商引资新局面，投资近亿元的郴州国际大酒店二期工程、郴州宾馆贵宾楼、五连冠大酒店改造已相继完工，既扩大了接待规模，又提升了全市宾馆的档次与品位。天堂温泉、王仙岭生态公园、龙潭湖度假村、普济寺等一批投资超千万元的旅游招商引资项目也先后上马，进展顺利。

4. 假日旅游大热点，综合效益有突破。按照黄金周的工作要求，结合实际，因地制宜，市旅游局制订了周密的工作方案，建立了假日旅游预报信息系统，确保假日旅游的交通、消防、治安、食品卫生和旅游设施等安全的监督检查，做到有备无患。黄金周期间，秩序井然，未出现安全事故，旅游投诉大幅下降，经济效益明显攀高。仅"十一"黄金周期间，全市就接待了38.88万人次，同比增长40%，旅游综合收入1.1亿元，同比增长18.2%，饭店宾馆客房出租率达82.5%，居全省第二，创历史新高，较好地实现了"安全、秩序、效益"三统一。

在过去的一年里，郴州的旅游工作取得了较大成绩，迈出了可喜的步伐，但与新形势下做大做强旅游工作的目标相比还存在一定差距，主要表现为：旅游点多面广精品少，旅游基础设施特别是旅游交通滞后还没有从根本上得到解决，旅游企业缺乏生机和活力，导游队伍素质偏低等，这些问题必须引起我们的高度重视并在今后的工作中切实加以解决。

今年全市旅游工作的总体思路是近抓创优，远把旅游做大做强。工作重点是"两手抓"，一手抓创优，一手抓宣传促销；一手抓旅游队伍素质提高，一手抓体制创新。根据上述工作思路，今年要实现接待国内游客432万人次、同比增长20%，接待海外游客8.88万人次、同比增长20%，旅游综合收入18.72亿元、同比增长20%，占全市GDP总量的7.26%这一奋斗目标，努力实现郴州旅游产业跨越式发展。

1. 突出一个重点。创建中国优秀旅游城市，营造粤港澳"后花园"，构筑旅游大格局。我市"创优"工作在市委、市政府的正确领导和参创单位及有关部门的配合支持下，已全面铺开。我们根据国家《创建中国优秀旅游城市工作管理暂行办法》的文件精神，按照《郴州市创建中国优秀旅游城市总体方案》的各项要求，求真务实，扎实做好了七个方面的工作：一是按照国家创建《中国优秀旅游城市检查标准》，制订了一套完整的"创优"工作方案〔包括《郴州市创建中国优秀旅游城市总体方案》《实施方案（操作细则）》《责任书》《主攻项目》《宣传手册》〕。这套方案对"创优"工作的进展起到了重要的指导和推动作用。二是将各部室根据"总体工作方案"和"责任书"制订的实施细则，统一规范编印，报经领导小组批准后，正式行文批复实施。三是创办了"创优"简报，使之成为"创优"工作中传递信息、通报情况、指导工作的窗口。四是召开了"创优"资料信息员工作会议。五是有计划、有目的、有针对性地组织办公室人员到韶山、常德、韶关考察学习，开阔了视野。六是请省旅游局领导加强了现场检查指导，明确了我市"创优"工作的着力点与国家检查验收标准的"对接口"。七是基本完成资料收集工作。下一步要按方案要求有力、有效地进一步强力推进。

2. 办好两个节会。通过节会搭台、经贸唱戏，实现旅游招商大突破。2002 中国郴州（飞天山）生态旅游节将于 9 月 12 日至 14 日在国家地质公园——飞天山举行。目前，各项筹备工作正在有条不紊地进行；黄克诚诞辰 100 周年纪念活动，由永兴县承办，时间定在 9 月 28 日至 30 日，有关筹备工作也在紧锣密鼓地开展。

3. 实现三大经济指标。实现旅游接待人数、旅游门票收入、旅游综合收入三项指标比去年增长 20% 以上的发展目标，并注重提高人均消费水平。

4. 建好四个 4A 级景点。突出景区特色，提升景区品位，调整旅游大结构。为适应创建中国优秀旅游城市和做大做强郴州旅游的需要，重点建好苏仙岭、东江湖、飞天山、万华岩四个 4A 级景点，全面提升郴州旅游整体品位。

5. 拓展五个市场。就是要大力拓展省内南岳衡山、株洲炎帝陵、广东丹霞山，以及江西井冈山和广西桂林等东南西北四个国内市场和以港澳为主的境外国际市场，实现跨区域的旅游资源优势互补、客源共享，开拓旅游大市场。

6. 处理好六个关系。就是要处理好促销与工作做实、景点开发与资源保护、经济效益与社会效益、政府主导与社会联动、行业管理与市场运作、目前利益与持续发展的关系，推进旅游大战略。

7. 办好七件实事。脚踏实地，埋头苦干，优化旅游大环境。①出台郴州市人民政府《关于进一步促进旅游业加快发展的实施意见》；②实施郴州旅游业发展总体规划；③建立郴州旅游信息网站；④建设郴州旅游购物一条街；⑤重点改善一个景点的交通条件，缓解进入景区交通难的问题；⑥举办一期高质量的旅游培训班，逐步提高导游队伍的整体素质；⑦建一批旅游路牌标识。

8. 做好八篇文章。深化改革、强化管理，做好观念更新、环境优化、特色突出、精品推出、市场营销、队伍素质提高、集团经营和持续发展文章，促进旅游大发展。

（2002 年）

沉着应对"非典"影响，全面启动旅游市场

2003 年上半年，是极不平凡的半年。对旅游业来讲，是遭受"非典"重创和经受严峻考验的半年，也是加大旅游项目建设、扩容提质、提高行业管理水平和队伍素质的半年。3 月底，我们组织全市旅游行业参加了广州国际旅游展销会，举行了郴州旅游的新闻发布会，并分两组分别到了佛山、东莞、惠州、深圳、珠海、香港等地全力推介郴州旅游。4 月上中旬，又组织了粤港澳台等主要客源地的新闻媒体和当地旅行商共 140 余人来郴进行了为期六天的采风踩线，开展铺天盖地的宣传促销活动，收到了前所未有的效果。至 4 月 16 日，市区星级宾馆在"五一"黄金周期间的客房已预订一空，至 4 月 20 日，各旅行社已签订"五一"期间地接团 203 个，计 10300 人，其中 75% 以上为粤港澳团，旅游经济保持了快速增长的强劲势头。据统计，1—3 月，全市接待各类游客 58.6 万人次，同比增长 21.5%，景点门票收入 165.6 万元，同比增长 45.3%，旅游综合收入 2.03 亿元，同比增长 22.3%，但进入 4 月中旬以来，由于"非典"肆虐全国，旅游经济一反常态，本应进入旺季的我市旅游市场，却遭受了意想不到的重创。4 月，全市接待各类游客仅 11 万人次，同比下降 46.3 个百分点，旅游综合收入 0.31 亿元，同比下降 39.5 个百分点，景点门票收入 35.1 万元，同比下降 43.6 个百分点。5 月更是惨不忍睹，本该是喜获丰收的"五一"黄金周，几乎是"颗粒无收"，全月全市接待游客只 2.1 万人次，景点门票收入只有 21 万元，旅游综合收入仅 600 万元，分别比去年同期下降了 98%、98.5% 和 98.8%。面对"非典"肆虐，市政府及时调整工作思路，一方面要求全市旅游行业严格按照市委、市政府的统一布置要求，顾全大局，全力以赴抓好防"非典"工作，另一方面，把工作重点转到旅游项目建设和队伍培训上来。据不完全统计，全市投资上千万元的旅游景区开发、旅游基

础设施、接待设施项目超过 20 个，总投资超过 15 亿元，预计今年的投资要超过 10 亿元，为历年之最。市旅游外事侨务局还免费举办了六天的粤语导游人员培训班，参训人数达 200 多人。6 月初以来，"非典"得到有效控制。6 月 2 日，市政府就适时提出了"大力提倡郴州人游郴州，积极鼓励湖南人游郴州，热情接待外省人游郴州"的口号，并在全省率先提出有序开放全市旅游市场，得到了省政府及省旅游局充分肯定。进入 6 月中旬，"非典"进一步得到控制，我们又作出了全面启动旅游市场的决定，"大力提倡郴州人游郴州，广泛招徕外地人游郴州"，并提出了"郴州无'非典'，旅游好去处""快乐游福城，健康在郴州"等主题宣传口号，全市旅游市场迅速得到恢复。全市启动旅游市场的主要做法是：

（一）层层会议发动

为了全面启动旅游市场，6 月，市委、市政府分别召开专题会议，全面启动旅游市场工作座谈会，研究对策。7 月 4 日，又召开了全面启动旅游市场第一次联席会议，联席会议今后每半个月召开一次，专题研究全市全面启动旅游市场工作。按照启动旅游市场工作的要求，各县（市、区）和旅游行业单位分别召开各种会议，认真贯彻传达全省、全市启动旅游市场工作会议精神，把启动旅游市场工作的目的、意义、任务、要求和做法通过各种会议宣传造势，迅速给启动工作升温，形成层层发动、上下参与、家喻户晓、人人皆知的启动市场共识。

（二）组织媒体炒动

自启动旅游市场以来，我们注重发挥新闻媒体和宣传广告在启动旅游市场中的重要作用，一是督促 4 月上旬粤港澳新闻媒体郴州采风的新闻稿件近期尽快刊播；二是邀请湖南经视来郴采访，连续滚动报道我市启动旅游市场和旅游产业发展情况；三是邀请湖南卫视、湖南人民广播电台等省内多家媒体近 20 人来郴采访采风，大力宣传郴州旅游；四是组织东江湖在湖南卫视公共频道制作宣传广告，连续三个月不间断播放；五是市里的各大新闻媒体设立了旅游专栏专版，每天宣传报道。

（三）举办活动推动

启动旅游市场需要一定主体作为载体，通过开展一些适合郴州特点的主题活动,在全市形成此起彼伏、高潮迭起,月月有主题、每周有活动的促销新局面。一是广泛开展了"郴州人游郴州"活动。6月15日,在五岭广场组织开展了"郴州人游郴州"活动启动暨广之旅自驾车游郴州首发团欢迎仪式。随后,市直机关工委、团市委、市妇联、市总工会、市老干局等单位积极组织干部职工利用节假日开展"郴州人游郴州"活动;二是6月下旬,在五岭广场举办了"拥抱青山绿水,走进健康天地"演唱会,吸引了众多市民争先观看。6月28日,天堂温泉举办了"阳光总在风雨后"大型文艺晚会,1600余人观看了晚会节目;三是东江湖风景名胜区管理局组织京珠高速公路沿线10大城市100台小车游东江,反响强烈;四是组织支持北京抗"非典"的医务人员及其家属、今年湖南(或郴州)文理科高考状元及其家属免费游郴州。

(四)优惠政策拉动

为了帮助受"非典"重创的旅游企业渡过难关,快速启动旅游市场,中央、省相继出台了5月1日至9月30日对旅游企业实行营业税、政府性基金和行政事业收费减免,以及退还部分质保金等措施。市里也先后下发了郴政办电〔2003〕66号文件和郴阅〔2003〕24号会议纪要,要求各景点、宾馆执行优惠价格吸引招揽客源游郴州,鼓励组织干部职工开展以康健、康复、康乐为目的的健身旅游活动。对照优惠政策,组织引导全市旅游行业认真学习政策,掌握政策,用足用活用好政策,并组织有关部门对政策落实情况进行督促检查,使各项优惠政策尽快落到实处,为旅游企业渡过难关、搞活经营、开展自救、谋求发展创造良好的条件和环境。

(五)实施项目带动

全市旅游行业建立了联系项目制度,实行半月一调度、一月一督查。一是景区重点开发建设投资近1个亿的莽山国家森林公园和旅游基础设施、投资5000万元的东江湖"五岛一村"和"小东江"沿岸的进一步完善及旅游配套设施、投资近5000万元的汝城热水温泉、投资4000多万元的永兴悦来温泉、投资8000万元的梦里故乡和投资4000万元的湘南风情园。二是宾馆、酒店重点开发建设五洲大酒店,国际大酒店五星级改造,改造万国大厦、房产大厦、云龙大酒店、资兴宾馆、宜章县城宾馆等准星级宾馆的软硬件设施。三是旅游交通设施重点实施107国道至莽山、三江口至热水、益将至热水、郴州至仰天湖、黄草至岭秀、1803 线至汤市等旅游道路的建设和改造升级。同时，加大旅游招商引资力度，引导民营经济投资旅游开发、扩容提质，全面带动旅游市场的振兴。

（六）强化责任促动

一是落实建立启动旅游市场联席会议制度，明确各成员单位职责，每半月召开一次工作调度会，重点研究旅游经济指标、旅游宣传报道、旅游项目建设以及"郴州山水健康游"活动开展中面临的困难和问题；二是对各县（市、区）和主要旅游企业实行目标责任制，每月将主要旅游经济指标完成情况在媒体或以简报的形式进行通报，年终进行考核评比；三是实行重点项目领导联系制度，市县两级旅游部门联系重点项目，对重点项目半月一调度、一月一督查，确保点项目要速度也要质量、要进度也要品位；四是市县旅游部门对重点旅游区（点）的东江湖、飞天山、天堂温泉派驻工作组，帮助旅游企业解决实际困难和问题。

通过以上行之有效的措施，全市旅游市场迅速得到启动，并且成效显著。6 月底以来，全市地接省内团 63 个 2620 人、省外团 12 个 438 人、入境团 1 个 37 人，各星级宾馆客房出租率恢复到了"非典"影响前的接待水平，达到了 80.2%，节假日更是处处爆满，客房提前就被预订一空。仅 6 月 16 日至 7 月 6 日，东江漂流已接待各类游客 13086 人次，同比增长 142.6%，其中 7 月 5 日到东江漂流的人数达到 2403 人次，成为有史以来漂流人数最多的一天。现在，"郴州无'非典'，旅游好去处"正吸引越来越多的省内外游客"快乐游福城，健康在郴州"。

下半年，全市旅游行业要进一步统一思想、坚定信心、迎难而上，千方百计确保全年旅游经济发展目标的实现，即接待游客人数、旅游综合收入比上年增长 20%，景点门票收入增长 40%，重振旅游雄风，再创旅游辉煌。对此，下半年将强化以下措施：

（一）加强领导，强化责任

市委、市政府高度重视旅游复苏工作，市委、市政府主要领导亲自深入一线，帮助解决困难和问题，市里还专门成立了启动旅游市场联席会议制度，专题研究旅游市场启动和旅游发展的重大问题。为了确保工作落到实处，要通过旅游市场联席会议制度，进一步加强组织协调，明确工作目标，强化工作责任，努力完成工作任务。

（二）加大宣传，营造氛围

一是适时邀请中央、省和粤港澳台等地区的新闻媒体来我市观光采风，进一步扩大郴州的影响。准备组织一批有分量的稿件上省台、省报，形成省市联动，营造推介郴州旅游的大氛围。二是市直新闻媒体要组织专门队伍，对全市旅游行业中的景点景区、宾馆、旅行社等如何做大做强旅游市场的情况进行全方位的报道，并开辟旅游专栏，形成声势浩大的宣传局面，做到旅游发展工作每天在电视上有图像、电台里有声音、报纸上有文字、网络上有内容。三是要进一步策划活动推动，各景点景区、各宾馆下半年至少要策划 2—3 项活动招徕客源。四是节会带动。要认真组织好 9 月 12—18 日湖南旅游节期间郴州的旅游活动，认真组织东江国际漂流赛、飞天奖颁奖飞天山、郴州温泉健身狂欢节等活动，同时，要借五城会排球比赛、省农运会、全国中小城市市长会议在郴举办之机，加大旅游宣传和招徕力度。

（三）加快建设，打造精品

一是以老景区的配套完善和新景区（点）开发为依托，有效扩大旅游景区规模和提升旅游产品建设的品位与档次。重点抓好莽山国家森林公园、东江湖五岛一村、汝城热水温泉、永兴悦来温泉、梦里故乡、湘南风情园等主要景区（点）的开发建设。二是以宾馆新建和星评工作为载体，加快提升宾馆酒店建设品位和档次。重点是要建设好五洲大酒店、国际大酒店五星级改造、万国大厦、房产大厦、云龙大酒店、冶金宾馆、莽山宾馆和宜章县内宾馆等。三是以通乡公路改造和旅游国债资金为重点，加快旅游交通建设步伐。今年要以通乡公路为契机，着力抓好107 国道至莽山、三江口至热水、益将至热水、郴州市至仰天湖、黄草至岭秀、1803 线至汤市等旅游道路的建设和改造升级。四是以招商引资和引导民营经济投入旅游以及加强银企合作为手段，进一步加大对旅游产业建设的投入。

（四）落实政策，促进发展

要切实贯彻中央、省关于旅游业发展的各项政策。各级各部门要各司其职，迅速兑现有关政策，优化旅游经济发展环境。要坚决避免上有政策、下有对策的现象发生。市里将加强对旅游行业优惠政策落实情况的督查，同时也要督促旅游企业按照优惠价格接待客人，降低旅游成本。

（五）规范市场，加强管理

随着旅游市场的迅速升温，要强化旅游"安全、健康、秩序、优质"的观念，要把安全放在首位，为旅游者提供健康的旅游环境。要维护好旅游市场秩序，为游客提供热情、周到、优质的服务。

（2004年1月）

以创优成功为契机，争创最佳优秀旅游城市

经过全市人民三年多的共同努力，我市的创优工作一举成功。新年伊始，在全国旅游工作会议上，我市喜获中国优秀旅游城市这一我国旅游业的最高荣誉，我代表郴州人民接受了吴仪副总理的颁牌。作为湖南省 2003 年度荣获中国优秀旅游城市荣誉称号唯一城市的代表，我为我自己，也为郴州 460 万人民感到无比的自豪与骄傲！今天的荣誉来之不易，这是全市人民心血、汗水和智慧浇铸而成的，在此，我向大家表示敬意和感谢！

（一）认真总结，发扬创优工作中形成的"郴州创优精神"

创优工作最大的收获在于全市广大干部群众迸发出的无比高涨的工作热情，这种热情升华为一种精神，就是"郴州创优精神"。这种精神可以概括为：一是团结协作精神。创建中国优秀旅游城市工作涉及面广，任务量重，工作难度大，但在较短的时间内，一些热点难点问题之所以能够得到迅速圆满的解决，就是因为全市上下形成了心往一处想、劲往一处使、上下同心的团结精神。二是拼搏进取精神。在重任和期待面前，在压力和挑战面前，我们以蓬勃的朝气、昂扬的锐气，知难而进，勇于创新，以创优促发展，以发展树形象，解决了一些原来多年想解决而没有解决的问题，办成了一些原来多年想办办不到的事情。三是无私奉献精神。面对创优这一庞大的工程，全市上下表现出强烈的大局意识和奉献精神，涌现出一大批胸怀全局、公而忘私的先进集体和个人。可以说，创优中形成的"郴州创优精神"比拿到"中国优秀旅游城市"这个牌子更重要、更宝贵。这是创优取得成功的精神动力和重要保证，也是我市精神文明建设的重要收获。这种精神将为我们实现大旅游、发展大产业，实现全市跨越式发展注入强大的精神动力，我们一定要在今后的工作中不断发扬光大。

（二）再接再厉，形成创优工作的长效工作机制

拿到中国优秀旅游城市的牌子并不意味着创优工作的结束，它只是标志着我市的创优工作达到了新的起点，突破了新的高度。我们必须站在新的起点，新的高度上，以创优为动力，形成创优工作的长效工作机制，继续按照中国优秀旅游城市检查标准，提升我市的现代旅游城市功能，提高城市品位，继续打造我市生态休闲、福地福城、漂流探险、温泉健身等旅游品牌，不能有丝毫懈怠，更不能盲目乐观、裹足不前。

（三）以创优成功为契机，掀起第二次旅游创业的新高潮

获得中国优秀旅游城市，标志我市基本完成了旅游发展的第一次创业。我市旅游业发展取得了显著成绩，但也还存在一些发展中不可忽视的问题。一是旅游投入严重不足，我市旅游资源丰富，景色堪称一流，但景区内配套设施简陋，大部分景点只是粗放式建设；二是旅游人才缺乏，管理人才和导游人才严重不足；三是规划滞后，大部分县（市、区）还没有编制旅游发展总体规划，许多旅游区（点）也没有编制总规或修建性详规；四是体制滞后，企业缺乏灵活性和竞争力；五是旅游资源没有认真进行有效配置、优化组合，没有形成大旅游的格局。面对这种现状，我们必须以创优成功为契机，更新观念，与时俱进：一是从传统计划经济中解放出来，实现由计划经济向市场经济转变，树立大市场观念；二是从各自为政的狭隘思想中解放出来，实现由各自为政向市场主导转变，树立大旅游观念；三是要从"等、靠、要"的依赖思想中解放出来，树立旅游业是大产业的观念；四是要从分散经营思想中解放出来，实现由分散经营向集约经营转变，树立大产品、大品牌观念。我们要在旅游的各个方面大胆改革，着力创新，增强发展后劲。首先是体制创新，包括投资体制、旅游管理体制和企业经营体制的创新。其次是政策创新，以加快招商引资步伐、加快旅游业的发展。最后是经营创新，着力经营城市，培育旅游市场。我们要以创优成功为契机，促进我市旅游业的大提高，大发展，不断增强我市旅游的竞争力和吸引力。我们要着眼大区域，营造大环境，塑造新形象，发展大旅游，为掀起我市旅游发展的二次创业高潮而努力奋斗！

荣誉已成往事，在荣誉之后，我们应当放眼未来，我们的创优工作不仅仅是争荣誉，更重要的是要保品牌。在今后的工作当中，我们还要继续按照中国优秀旅游城市检查标准，不断完善城市基础设施、打造旅游品牌，进一步将郴

州的旅游业做大做强。创优工作只有逗号，没有句号，我们要以创优成功为起点，与时俱进，开拓创新，争创最佳优秀旅游城市，为我市开创大旅游，发展大产业贡献自己的力量！

（2004 年 1 月）

郴州生态旅游节，为湖南增光添彩

2004 年 9 月 16—17 日，2004 年中国湖南旅游节闭幕式及郴州（莽山）生态旅游节在宜章莽山隆重举行，获得圆满成功，办成了一次"最热烈、最隆重、最具特色、最具影响"的重大盛会，办出了郴州特色，办出了轰动效应。

一、节会基本概况

2004 年中国郴州（莽山）生态旅游节自去年启动以来，历时两年多，其间成功申办了 2004 年中国湖南旅游节闭幕式。节会紧扣"莽山壮美惊天下，原始生态第一山"的主题，体现特色，注重实效，精心策划了七大主体活动，各项活动环环相扣，严密紧凑，整体推进，各具特色。

一是突出了旅游景区。加大景区建设，两年内共投入景区基础设施建设和景区（点）建设资金达 1.8 亿元，开发了猴王寨、将军寨、天台山、猛坑石四大景区，108 处景点，参照星级旅游饭店新建了莽山、宜章、君泰三家大酒店，同时，还新建了莽山自然博物馆。开幕式、湘粤友谊雕塑揭幕、莽山开山大典暨 2004 年中国湖南旅游节闭幕式等主体活动全部在旅游景区进行，突破了以往只在局部景区（点）举办的做法，全景地宣传了景区，活动突出了自然与生态的和谐统一，气势磅礴，神秘奇特，影响深远。

二是突出了活动策划。揭天将军寨神秘面纱、瀑布攀岩、低空动力伞峡谷飞行表演、湘粤友谊雕塑揭幕等活动，既展示了景区的自然奇观，又给观众带来悬念，增强了活动的吸引力和影响力。

三是突出了媒体宣传。节会期间，邀请了《人民日报》、《中国旅游报》、《香港大公报》、《文汇报》、广东卫视、旅游卫视、广西电视台、四川电视台、浙江电视台、湖南日报、湖南卫视等 70 家省以上的新闻媒体近 300 名记者到会采访。参加活动的嘉宾中各类媒体、旅行商比重达到 70% 以上。广东卫视全程播出节会系列活动。

四是突出了安全有序。安全保卫工作是贯穿整个节会活动的重点工作，任务繁重而艰巨，我们将其放到突出位置，通过周密安排，精心部署，严格控制，合理调度，确保了整个节会期间的安全保卫工作万无一失。

五是突出了节会效果。凝聚了人心，展示了形象，全市上下做到心往一处想、劲往一处使，举全市、全县之力，大力营造了"人人都是组织者、人人都是参与者"的良好节会氛围，形成了"党政同心、上下联动、条块结合、全民参与、众志成城"的节会工作局面，充分展示了全市人民在市委、市政府的正确领导下，顾全大局、团结一致、奋发向上的精神风貌和求真务实的工作作风。扩大了宣传，打造了品牌。节会期间，各级媒体对节会所有活动进行了全方位的强力报道，共编发稿件、刊播专版、消息、图片及专题节目达 700 多条（篇），通过强势宣传，特别是通过莽山开山大典等系列活动的报道，让莽山这颗"养在深闺人未识"的璀璨明珠亮相于世人，享誉三湘大地和粤港地区，有力地打造了"中国原始第一山"的莽山旅游品牌，使之真正融入华南旅游经济圈，形成了我省旅游支柱"北有张家界、南有莽山景"的格局。节会期间，莽山景区除应邀嘉宾外，接待游客达 3 万余人次。扩大了对外开放，提高了招商引资效果，经贸洽谈会共发布招商项目 120 余个，涉及工业、农业、旅游开发、交通、房地产开发等行业，参加签约客商 200 余人，共签约项目 24 个，项目总投资 22 亿元人民币，合同引进外资 19 亿元人民币，创下了郴州签约金额历史新高。

二、节会的主要特点

1. 活动创意新颖。本届节会活动内容新颖，富有创意，轰动效应强。一是开山大典创吉尼斯纪录。开山大典用 4 万平方米巨幅红绸覆盖悬崖峭壁、怪石嶙峋的将军峰，神秘面纱的成功揭开，创下了"覆盖山体面积最大、操作难度最大"的吉尼斯纪录。二是悬崖瀑布攀岩惊险刺激。悬崖瀑布攀岩的三位勇士，面对飞流而下的将军寨瀑布发起挑战，为争夺"莽山森林王子"桂冠展开激烈角逐。三是低空峡谷动力伞表演震撼人心。低空峡谷动力伞表演的所有运动员都是国内精英，飞遍了祖国大江南北，但在林海莽莽、群峰峭壁的大山峡谷飞行尚属首次，具有极大的挑战性。四是湘粤友谊雕塑揭幕匠心独运。揭幕仪式的举行，对增进湘粤两省人民友谊，促进双方经济、文化、科技等领域的交流与合作，加强区域旅游合作，整合旅游资源，尤其对进一步扩大莽山景区在泛珠三角地区特别是湘粤两省旅游市场的影响力将起到巨大的促进作用。五是湘南起义纪念馆暨郴州红色旅游启动仪式影响深远。活动的举行，既缅怀了革命先烈，又拉开了郴州红色旅游的序幕，对继承和发扬革命前辈的光荣传统、弘扬民族文化、振奋民族精神具有强大的推动作用，为全面整合红色旅游资源、打造湘粤赣红色旅游经济圈、促进新型旅游支柱产业的发展注入了新的活力。

2. 组织工作精细。一是内容精练，各具特色。本届节会经精心策划、认真筛选，最后确定七大主体活动，每个主体活动力求精练充实、自成体系、各具特色。二是精心组织，周密部署。本届节会虽然活动场所战线长、跨度大，但在时间安排上非常集中，每个活动做到了有条不紊地进行。安全保卫工作是贯穿整个节会活动的重点，节会期间交通顺畅，井然有序；接待工作是节会活动的重头戏，本次节会动用了大量接待人员，县城各大宾馆都服从服务于节会工作大局，接待方案严谨周密，接待工作具体到位。在吃、住、行各方面安排妥当，有条不紊，确保了各位嘉宾吃、住舒心。三是投入的人力、财力、物力较大。作为本届旅游节的承办方宜章县，提出举全县之力，凝全县之智，聚全县之财，当好东道主。近两年来共投入莽山基础设施建设和景区（点）建设的资金达1.8亿元。

3. 部门配合到位。全市各级各部门把办好节会作为本单位本部门的一件大事来抓，积极主动，密切配合，共同为办好节会出资出力，出谋划策，确保了节会准备工作的有序进行和节会的高质量推进。全市各宾馆、饭店、旅行社及各旅游景点景区在加强旅游基础设施建设的同时，实行对口支持宜章，增强其旅游接待能力和服务水平，高质量完成节会接待任务，给领导和嘉宾留下了深刻印象。

三、几点体会

1. 领导重视是办好节会的关键。一是省委、省政府以及省旅游节组委会领导对本届生态旅游节十分重视和关心，给予了大力支持。贺同新副省长代表省委、省政府和省旅游节组委会省领导亲临盛会指导。二是市县两级领导高度重视，领导组织有力。市、县两级及时成立了分别由市委书记、县委书记任顾问，市长、县长任组长，分管领导任副组长的生态旅游节组委会，组委会下设一室六部，形成了市、县主要领导亲自抓、分管领导全力抓、其他领导主动抓、单位部门配合抓的节会工作领导机制。同时，建立健全节会工作责任制和责任追究制度、督查制度和调度制度，确保了节会各项筹备工作有序进行。

2. 周密策划是节会取得成功的前提。自节会筹备以来，按照"五高"要求，我们先后从有关部门抽调精干力量，组建了市、县两级专门班子，对节会主题活动、景区景点规划建设、旅游观光线路编排、后勤接待、安全保卫、广告宣传、邀请嘉宾客商等工作进行反复论证、精密策划，制订和完善了各项工作方案。

3. 广泛宣传是扩大节会影响的载体。精心营造节会强大的宣传攻势，做到荧屏有形、广播有声、报刊有文。印发宣传资料，编印了节会《活动指南》、生态旅游节《郴州通讯》特刊，制作了莽山风光光盘、莽山风光摄影、莽山风光画册；在深圳、郴州、香港、广州、长沙等地召开节会新闻发布会；广泛利用各种宣传媒体推介本届节会，在《湖南日报》《湘声报》《香港大公报》《中国经济时报》《中国旅游报》制作专版推介莽山节会活动。同时，邀请湖南卫视、凤凰卫视、广东卫视对节会活动进行跟踪报道，并在湖南卫视、经视、都市频道录播了开幕式和闭幕式盛况；发布户外广告，在京珠高速公路沙坪段和宜章入口、长沙火车站等地设立以莽山风光为背景的永久性巨型户外广告22块；节会办印发了会标、会旗和灯笼，分别在各主要活动场所、城区主要街道、各景区和各大宾馆统一悬挂和张贴，营造出了浓厚的节日氛围。

（2004 年 10 月）

再评八景影响大，郴州申报争入选

"新潇湘八景"评选活动是湖南旅游界的一件大事、一件好事，必将以其对我省旅游业的巨大推动作用而载入史册。依托丰富的资源优势和产业优势，郴州的各景点积极申报省旅游学会举办的"百姓喜爱的湖南百景暨新潇湘八景"评选活动，我市已有11家景点入选"百姓喜爱的湖南百景"，在此基础上，对照评选标准，我市推荐东江湖、苏仙岭、莽山、天堂温泉、万华岩、阳山古民居六家景区申报"新潇湘八景"。下面，我向大家陈述申报"新潇湘八景"景区的情况。

一、郴州市旅游产业发展战略思路

郴州市是位于湖南省最南端的中国优秀旅游城市。近年来，郴州市委、市政府以建设"经济强市、生态大市、旅游名市"为发展战略目标，高度重视旅游业的发展，把旅游业作为国民经济的支柱产业和第三产业的龙头来抓。依托丰富的资源优势、区位优势、交通优势和政策优势，郴州的旅游业获得了很大的发展。全市接待游客由1995年的70万人次，发展到2004年的630万人次，旅游综合收入由3亿元增长到33亿元，相当于全市GDP总量的8.4%，旅行社由4家增长到31家，旅游星级饭店由4家增长到25家，旅游经济发展水平跃居全省第三位，直接从事旅游业的从业人员由500人发展到15000多人。郴州旅游业伴随着改革开放的步伐，经历了从无到有、从小到大、从弱到强、从接待事业型到规模产业型的发展过程，形成了以生态休闲、漂流探险、林城福地、温泉健身、红色摇篮为主要特色的旅游发展态势。

在第一次旅游创业成功以后，郴州市委、市政府不失时机地提出了旅游业二次创业的目标，即用3—5年时间，创建中国最佳旅游城市，主要旅游经济指标在 2003 年的基础上再翻番。结合"十一五"计划,全市上下正掀起旅游二次创业的新高潮。

二、申报参评"新潇湘八景"景区的基本情况

(一)南国明珠——东江湖

东江湖是国家 4A 级旅游区,是湖南黄金旅游线上的一颗璀璨的明珠,为湖南省最佳旅游观光度假目的地和十佳旅游景区之一。东江湖 160 平方公里湖面烟波浩渺,81.2 亿立方米湖水晶莹剔透,其水质各项指标都达到了国家一类饮用水的标准。东江湖湖光山色与人文景观交相辉映,别具雄、奇、秀、旷、幽之特色,游览其间,让人心旷神怡,流连忘返,是广大游客旅游观光、度假、休闲、疗养、水上娱乐及商务会议的天然胜地。景区内主要有兜率灵岩、龙景峡谷、雾漫小东江、猴古山瀑布、东江大坝、拥翠峡、果园风光度假村群岛、五岛一村、东江漂流等景点,其中,东江漂流被省旅游局评为湖南省最佳专项旅游产品。漂流全长 28 公里,落差 75 米,途经 108 个激浪险滩,沿途原始次森林郁郁葱葱,古藤缠绕,鸟语花香,雄奇峻秀。漂流其间,不但可以体验浪遏飞舟、搏击中流的刺激,还可观赏两岸旖旎风光,倾听瑶寨山歌,给人探幽、猎奇之乐趣。东江漂流以其独特的生态环境和惊险刺激的历程被誉为"中国生态第一漂",成为郴州旅游的拳头产品和湖南旅游的一大亮点。东江湖景区内的雾漫小东江一景因其在国内仅此一处的独特性而被游客和中外摄影爱好者誉为"中华奇景"。东江湖景区已在国内外拥有较高的知名度和美誉度。近年来,东江湖景区以其独特的资源品位和骄人的经营业绩引起了境内外有实力的旅游商的高度关注,2005 年 1 月,台湾投资商珠海伶仃洋公司斥资 3 亿元人民币与资兴市人民政府签订了经营权转让合同,东江湖景区的发展迎来了又一良机。目前,资兴市人民政府已将把东江湖打造为国家 5A 级旅游区提上了议事日程,并将打造 5A 级旅游区和申报"新潇湘八景"作为今年的两件大事来抓。郴州旅游业的龙头——东江湖必将在湖南旅游中占有越来越重要的地位。

(二)天下第十八福地——苏仙岭

苏仙岭风景名胜区,位于郴州市城东,辖区面积 2751 公顷,主峰苏仙岭

海拔526米，属典型山岳型风景区。1987年2月18日，被湖南省人民政府批准列为首批省级风景名胜区。2002年10月25日，被国家旅游局评定为第四批国家4A级旅游区。

苏仙岭山势秀丽，小溪潺潺，古树参天，万竹吐翠，四季葱茏，绿华如盖。景区内植被种类丰富，古树名木众多，有中南地区最大最古老的古木群、郴州古八景之首的苏仙岭云松等。

"山不在高，有仙则名"，苏仙岭因西汉文帝年间，郴人苏耽（苏仙）在此修道成仙而得名。晋人葛洪的《神仙传》、清人蒲松龄的《聊斋志异》都曾记载苏仙的传说，苏耽普济众生、"橘井泉香"的典故为中国古老中医的两大经典典故之一。始建于西汉文帝年间的苏仙观就是人们为纪念苏仙而修建的。苏仙观山门上方的汉白玉石盘龙御碑"敕封苏仙昭德真君"为南宋景定五年理宗帝所御赐。明代大旅行家徐霞客也曾游玩于此，并将《游苏仙岭》记入《徐霞客游记》。明《万历郴州志》《光绪郴州直隶州乡土志》等将苏仙岭誉为"天下第十八福地"。宋代婉约派大词人、苏门四学士之一秦观曾被贬来郴，居住于苏仙岭山脚下的郴州旅舍，并在此写下了千古名作《踏莎行·郴州旅舍》。秦观去世后，苏轼于伤感中，为这首词写下了"少游已矣，虽万人何赎"的跋语，书法家米芾获秦词、苏跋后挥毫泼墨一并书写下来。南宋年间，郴州知军邹恭仰其精湛的艺术价值，特令人将米芾所书秦词、苏跋摹刻在苏仙岭摩崖上，秦词、苏跋、米书便构成了苏仙岭赫赫有名的三绝碑，位居全国十大三绝之首。党和国家领导人毛泽东曾多次提到三绝碑。1963年，原中共中南局第一书记陶铸来郴视察，登苏仙岭览秦词后"感其遭遇之不幸，因益知生于社会主义时之有幸"反其意，步其韵而作一阕。如今，陶铸同志的《踏莎行》手迹也刻于三绝碑旁，成为古老神奇的苏仙岭新的历史文化景观。1938年春，著名爱国将领张学良因发动震惊中外的西安事变被蒋介石软禁于苏仙观，写下了"恨天低，大鹏有翅愁难展"的名句。目前，苏仙岭屈将室已列为湖南省重点文物保护单位，张学良居住的两间厢房也已开辟为郴州市爱国主义教育基地，里面陈列了大量的文献资料。1981年，中国女排在郴集训后，获得了"五连冠"的殊荣，在郴集训期间，苏仙岭既是女排体能训练基地，又是放松休闲之地。1991年，中国女排在郴州参加完中国女排首次夺冠十周年纪念会后，为感谢苏仙岭，特为苏仙观捐资兴建了二龙戏珠景壁。

苏仙岭代表性的景观有：三绝碑、屈将室、苏仙观（又名南禅寺）、景星观、白鹿洞、脚盆井、郴州旅舍、万福山等。苏仙岭风景名胜区钟灵毓秀，已成为了湖南旅游产业的一颗明珠。

（三）中国原始生态第一山——莽山

莽山以蟒蛇出没、林海莽莽而得名。莽山国家森林公园总面积 2 万公顷，地处湘粤交界的南岭山脉中段，距郴州市、韶关市均为 130 公里，距长沙 385 公里，距广州 320 公里，是湖南省面积最大的国家森林公园。

莽山山奇、水秀、林幽、石怪、气爽，境内景色秀丽、奇峰叠翠、山深林密。她有华山之险峻、泰山之雄伟、西双版纳之神奇、张家界之俊俏，世人有"莽山壮美惊天下，中国生态第一山"之叹。又因其有一片在世界湿润亚热带中面积最大、保护得最完好的原生型常绿阔叶林和丰富的动植物资源，被称为"地球同纬度上的绿色明珠"。园里有高等植物 2700 余种，脊椎动物 300 余种，国家重点保护动物 33 种，国家重点保护植物 16 种。由于国内物种组成复杂，生物多样性丰富，莽山被称为"湖南最大的生物基因库"，享有"天然动植物博物馆"之美称。1992 年被批准为国家森林公园。1994 年被批准为国家级自然保护区。这里气候宜人，夏无酷暑、冬有冰雪。7 月份平均气温 22.7℃，1 月份平均气温 5.2℃。园内空气清新，每立方厘米负离子含量高达 106900 个，是最好的天然氧吧。现已开辟鬼子寨、天台山、猴山寨、猛坑石四大景区，配有齐全的旅游服务设施，是旅游观光、避暑休闲、登高探险、科学考察的理想胜地。目前，莽山正在全力打造国家 4A 级旅游区。来莽山探原始森林，赏烂漫山花，观瀑布碧潭，登高峰险崖，看云海日出，享山乡野趣，寻佛教文化，识瑶家风情，返璞归真，回归自然，会给您带来美的享受和愉悦的心情。《爬满青藤的木屋》《相思女子客店》激起了京华几多人的遐想，李自成归隐莽山的故事，更是为莽山增添了几许历史烟云。

（四）中国女排体能调养基地——天堂温泉

郴州天堂温泉地处湖南郴州市北郊许家洞镇天堂村。热水以上升泉形式流出，泉口流量 3000 吨 / 天。该泉水动态稳定，无色无味，无沉淀，透明，水质良好，富含对人体有益的锂、锶、锌、溴、碘、偏硅酸和二氧化碳。出口温度 58℃。属断裂带承压水。

这里环境优美，空气清新，温泉独特，交通方便，加上亲情化的服务，是旅游度假、健身娱乐、餐饮美食、行政会议的理想度假山庄。天堂温泉将中医文化和温泉沐浴文化有机地结合，建有园林式结构、日式风格的露天温泉沐浴区，设立了由老中医指导调制出的辅助治疗、美容养颜、温泉健身三大系列，25 个大小不一、功能各异的特色温泉浴池。其中以辅助治疗为特色的有人参浴、当归浴、太白浴、艾叶浴、薄荷浴、灵芝浴等浴池，以美容养颜为特色的有芦荟浴、鲜花浴、柠檬浴、牛奶浴、足浴等浴池，还辟有石板、冲浪、沙滩、儿童玩乐、深水游泳和冷热瀑布等娱乐为主的特色池等，能满足您追求健康、寻求快乐的需要。经常沐浴温泉有去疲劳、增食欲、促睡眠、减肥、护肤养颜、健身强体和辅助治疗七大好处。著名作家余秋雨先生沐浴之后，挥毫写下了"大地的恩赐，母亲的体温"，深刻揭示了天堂温泉的本质内涵。2003 年中国女排在郴州集训期间，每周两次到天堂温泉沐浴，把丢失了 17 年之久的世界冠军又夺了回来；2004 年春节刚过，女排姑娘又来到郴州集训，并把天堂温泉确定为女排恢复体能的调养中心，意在沐浴"灵泉"，祈求"福气"，增强体能，并在 2004 年雅典奥运会上勇夺冠军，再创辉煌。"此泉只应天上有，怎赖瑶池润人间"。

掩映在青山翠竹之中的一幢幢欧式别墅，尽显天堂温泉异国风情。优美的环境，现代化的设施，高规格的配置，加上一流的服务，正如湖南省人大常务副主任唐之享所说的，这里是"世外桃源"。

天堂温泉独特的生态文化、温泉文化、美食文化和保健文化定让您感到身体舒服，心情舒畅。

（五）世界溶洞奇观——万华岩

万华岩是国家 3A 级旅游区，位于郴州市西南方 12 公里处，是一个规模宏大、正在发育的地下河溶洞，既是国家 3A 级旅游区，又是国家地质公园，是国际旅游洞穴协会（ISCA）成员单位、国家旅游洞穴协会理事单位。2003 年顺利通过 ISO9000 和 ISO14000 质量体系认证，是太平天国军活动旧址之一。洞口竖有著名的宋代劝农碑，高 3 米，宽 2 米，上刻南宋郴州知军赵不退撰写的《坦山岩劝农记》，其中心思想为"务农重谷，天下之本"，堪称中国农耕史一绝。万华岩洞中有洞，洞下有河，洞里的石蟒、石狮、石廉、石田等三十多种天然的溶洞精品，千姿百态，具有古、奇、绝、幽等特点。溶洞全长约9公里，主洞长2246米，支洞长约7公里，游客在洞口乘舟逆流而上。明朝蔡来仪用"无数奇珍藏洞里，何时仙境落人间"的佳句赞美万华岩。1988年3月美国溶洞考察队鉴定"万华岩可与世界上任何一个壮丽的溶洞相媲美"。洞中的"水下晶锥"是全世界第二例发现的天然奇宝，万华岩开发的溶洞漂流项目为世界首创，仅此一家。

万华岩集自然景观与民间园林艺术于一体，洞外的图腾柱廊、湘南窗花艺廊、牌坊、怪石、浮雕、鱼池、水车、瀑布等景观更添风情，园林式的宾馆、酒家、茶楼、商店、伐舟、垂钓、烧烤等配套旅游服务齐全。万华岩每日向游客免费推出少数民族风情表演，每年7月举办极富地方特色的"西瓜节"，10月举办"极限挑战赛"（含越野、自行车、游泳、攀岩）。这些极大地弥补了溶洞旅游产品的缺陷，使万华岩成为了集溶洞观光和休闲度假于一体的综合性旅游区。

（六）和谐乡村典范——阳山古民居

阳山古民居群位于桂阳县正和乡境内，距市区30公里，经郴桂高等级公路、郴仰公路，与万华岩、仰天湖形成旅游金三角。村落因依骑田岭（古称阳山）而得名。这里青山环绕，秀水萦回，颇似《桃花源记》所述之境界。何氏自明初迁始祖而定，子孙繁衍，聚族而居，已近600年。村落始建于弘治年间（1497年），成于康乾盛世，而盛于道光年间。现存完好古建筑60余栋，11000平方米。村落坐北朝南，依山造屋，傍水结村，小溪流贯全村，谓之"金带环抱"。房屋结构严谨，错落有致，屋檐飞翘，雕梁画栋，在通风、采光、排水、防火处理上独具匠心。壁檐彩绘，木雕石刻，精致素雅，栩栩如生，历数百年沧桑而不毁，实属罕见。村落在布局上讲究"天地人和"，结构上体现儒家"中和"思想，是民俗文化与建筑的完美结合。

何氏族人自庐江郡迁徙而来，崇文尚武，求和睦，明礼仪，事农桑，涌现出进士、举人十余人，官至将军、翰林者多人，不以望族自居，助弱扶贫，自发设立了"重九会"敬老、"议学会"（助学）、"救婴会"（扶孤）、"禁戒会"（自律）、"宗源会"（祭祖）等，形成了"宽容诚厚重，和气致贞祥"的百年家风，是我国古民俗风情的"活化石"。

对照《"新潇湘八景"评选实施细则》和评选评分标准，我市这六大景区的资源品位高，开发潜力大，经营业绩好。通过严格的自评把关，郴州市委、市政府认为上述六家景区已符合申报参评"新潇湘八景"的条件，因而郑重地向省旅游学会提出申报。

"新潇湘八景"评选，利在当代，功在千秋。申报"新潇湘八景"既是荣誉，又是鞭策，郴州旅游业在上级领导和省旅游学会的关怀下，必将扬鞭奋蹄，再上层楼！

（2005 年 10 月）

沐浴灵泉圣水，体验林邑风情

　　今天，我们有幸借第三届中国"红三角"旅游推介会之契机，相聚在美丽的羊城。借此机会，向诸位简要介绍一下郴州旅游产业发展情况和发布2005年中国郴州生态（温泉）旅游节的新闻。

　　郴州市位于湖南省东南部。"郴"字，意为林邑，即林中之城，森林中的城市。郴州是湖南省的南大门，粤港澳的"后花园"，"红三角"旅游经济圈的重要板块之一。现辖一市两区八县，总面积1.94万平方公里，总人口465万。经过十年的发展，郴州旅游以"生态郴州、休闲福地"的清丽形象吸引海内外宾朋。

　　郴州是生态旅游王国。1.94万平方公里土地上，集山水洞泉石之精华，凝奇险秀美幽之神韵，为来郴游客展示出一幅郁郁葱葱、绿意盎然的生态画卷，森林覆盖率达68%，居三湘之冠。这里有：天下第十八福地——苏仙岭，既可倾听"雾失楼台，月迷津渡"的千古绝唱，又能领略"山不在高，有仙则名"的神奇，还能感怀"西安事变"爱国将军张学良当年"恨天低，大鹏有翅愁难展"的抱恨长叹；湘南洞庭——东江湖，烟波浩渺、水质清冽、岛屿众多，真可谓天上人间一湖水，万千景象在其间；中国生态第一漂——东江漂流，漂流其间，或惊险刺激，或平静悠然，让您的心灵完全倾服于大自然的魔力；国家森林公园——莽山，被誉为"中国原始生态第一山"。登上莽山最高峰——猛坑石，胸中顿涌"一览众山小"的豪迈情怀；国家地质公园——飞天山，自古有"丹霞奇境，寿山佛地"之美誉，明代旅行家徐霞客曾赞誉："无寸土不丽，无一山不奇"；福地洞天——万华岩，洞外有泉，洞中有河，神奇瑰丽的洞穴世界，蕴藏着石田、石幄等大自然沧海桑田的杰作，而其间的溶洞漂流，更是妙不可言；我国南方唯一的开放式狩猎场——五盖山国际狩猎场，80多平方公里的山林中，栖息着几十种野生动物。在"林中之城"的莽山、龙景峡谷等景区，富集高密度的负氧离子"氧吧"，徜徉其间，既有饱览美景、回归自然之惬意，又有调节身心、沁脾润肺之功效。此外，百里画廊——永兴便江、湘南翠屏——王仙岭等如诗如画美景，无不令游人一咏三叹。

郴州是湖南历史文化名城。秉承炎帝神农踏山涉水传播中原农耕文化之华夏远古文脉，由"林""邑"相携而成的"郴"城，雄踞巍巍五岭已逾2200多年历史。天降嘉禾，闪烁着中国农耕文化的理想之光；神农作耒耜，苏耽跨仙鹤，留下千古佳话和浪漫传说，赵云智取桂阳，岳飞驻军郴州，演绎了金戈铁马、忠肝义胆的传奇。李白、韩愈、柳宗元、秦观等文人墨客，写下了《踏莎行·郴州旅舍》《爱莲说》等蜚声文坛、脍炙人口的名篇佳作。这片红色的土地，涌现了邓中夏、黄克诚、欧阳海等无数中华优秀儿女，湘南起义的烽烟中，"朱毛"胜利会师，建立了井冈山根据地，奠定了新中国的坚定基石。如今，湘南起义指挥部旧址、邓中夏故居、黄克诚故居，已被国家、省旅游局评为红色旅游经典景区。在这里，你可以领略中国戏曲之祖，被联合国教科文组织批准为"人类口头遗产和非物质遗产代表作"——昆曲艺术的独特魅力；在这里，你可以与中国女排姑娘共鸣，沾福寿仙气，沐灵泉圣水，铸五连冠辉煌；在这里，你可以探幽阳山古老村落，聆听优雅山歌，品味独特风情，体验湘南民俗文化的精髓；在这里，你可以欣赏矿物晶体——奇石珍品，感受山川眼神，破解天地秘语。此外，三绝碑、义帝陵、叉鱼亭、革命历史遗址等历史文化景观，无不令游人念天地之悠悠，萌思古之幽情。

郴州是中国温泉之乡。温泉旅游资源广泛分布于全市11个县（市、区），是华南地区地热资源最丰富的地区之一。全市现已采、露的天然温泉点40多处，总流量约736.31升/秒，年自流水量达2300多万立方米。郴州的温泉富含多种对人体有益的矿物质和元素，如锂、锶、锌、溴、碘、偏硅酸、氡、二氧化碳等，具有调节内分泌、促进新陈代谢和生殖腺合成等功能，对治疗各种风湿病、皮肤病等具有显著疗效。现在已开发的温泉旅游景区主要有：被中国女排指定为体能调养基地的苏仙区天堂温泉，著名学者余秋雨先生欣然赞誉该泉："大地的恩赐，母亲的体温。"有蕴含《龙女牧羊》《柳毅传书》等神奇传说魅力的北湖区龙女温泉，这里历史文化积淀深厚，龙女与柳毅的民间传说故事被人们广为传诵，柳毅诚信笃实，一诺千金的典型形象更是深入人心，为后人所敬仰。有坐落于共和国开国元勋黄克诚大将故里，兼有自旋滑车、空中巴士、弯月飞车等 20 多个游乐项目的永兴县悦来温泉，冷泉与热泉共生一处，大千世界，仅此一绝。有距离韶关市丹霞山景区 70 公里，以水温高、流量大、水质好著称于世的华南温泉之王——汝城县热水温泉，热水温泉除有大量有益人体的健康矿物质外；氡，更是大大提升了该温泉的疗养价值。有原始于"泡汤"之说，比邻中华民族始祖——炎帝的陵寝，沐浴斋戒好祭祖的资兴汤市温泉。有位于"中国原始生态第一山"脚下的宜章一六温泉，汩汩清泉可以洗涤你登山跋涉的劳顿。此外郴州正在开发建设的温泉旅游项目还有北湖区仙岭温泉、嘉禾县钟水温泉等。

中国优秀旅游城市——郴州，自 1997 年以来，已举办了八届生态旅游节，成功打造了东江湖、飞天山、苏仙岭、莽山等生态旅游景区，已基本形成了"生态休闲、漂流探险、温泉健身、寿城福地、红色旅游"五大生态旅游品牌体系。目前已有国家等级旅游区（点）6 处，国家森林公园 3 个，国家地质公园 1 个，旅游星级饭店 30 家，国际、国内旅行社 33 家。2004 年，全市接待各类游客 630 万人次，实现旅游综合收入 33 亿元。为使"养在深闺人未识"的郴州温泉旅游资源走向"天下谁人不识君"，打造"中国温泉之乡"，中共郴州市委、市政府决定于今年 9 月 15 日至 18 日举办 2005 年中国郴州生态（温泉）旅游节。本届生态（温泉）旅游节由北湖区、永兴县、苏仙区、汝城县四个县区承办。旅游节的主题是"沐浴灵泉圣水，体验福地风情"。旅游节主体活动包括：9 月 15 日在北湖区举行生态（温泉）旅游节开幕式。在开幕式前后隆重推出精彩纷呈的五大系列活动。一是 8 月 20 日在龙女温泉景区举行"爱之情"万人灵泉沐浴活动。二是 9 月 11 日至 13 日在龙女温泉景区的湖南游泳跳水中心举行第七届亚洲游泳锦标赛跳水比赛。三是 9 月 15 日上午 9：08 在湖南省游泳跳水中心举行 2005 年中国郴州生态（温泉）旅游节开幕式，届时将举办独具特色的"龙舞碧水"文艺演出。四是 9 月 15 日上午 10：28 在龙女温泉百福广场举行有世界吉尼斯纪录的"中华百福大鼎"揭幕仪式，"中华百福大鼎"由有中国"鼎王"之称的上海嘉丰有限公司和江西桐青铸造有限公司策划、设计和铸造，其造型为四方形，青铜铸造，高 10.099 米，重 56 吨。围绕"福"字，我市将开展寻福、展福、享福、铸福、祈福、论福、请福等活动。五是 9 月 15 日上午 11：08 在龙女温泉仙池潭举行突出环保、突出人与自然和谐、突出构建和谐社会主题的"保护环境、珍爱生命"大型放生活动。晚上举行"星光灿烂耀北湖"——2005 年中国郴州生态（温泉）旅游节大型文艺晚会。9 月 16 日，游览永兴便江百里画廊风光，参加"中国银都"工业旅游首游式，晚上在悦来温泉享受盛赋民俗（民间嫁娶）风情的"金陵农家喜宴"，在《玉泉秋韵》的欢乐歌舞后，参与"放河灯"活动，度过金秋悦来欢乐夜。9 月 17 日，在饱览了苏仙区飞天山——丹崖碧水、龙湾薰衣草度假世界的美景后，在天堂温泉参加"中国温泉之乡"的授牌仪式和全国温泉旅游发展研讨会，晚上在这里欣赏世界顶尖超级模特中国区大赛。9 月 18 日，在湘粤赣三省边陲重镇汝城热水温泉举行生态（温泉）旅游节的闭幕式活动。瞻仰宋程理学鼻祖周敦颐的濂溪书院，晚上参加"走近汝城、月圆热水"大型温泉实景文艺表演暨 2005 年郴州生态（温泉）旅游节的闭幕式。9 月 20 日至 27 日在市区举办首届郴州旅游美食节暨旅游商品展销会。

开放的郴州，正张开热情的双臂欢迎八方宾朋参加 2005 年中国郴州生态（温泉）旅游节，参加令您赏心悦目的福城之旅活动。我们相信，郴州，会因你们的热情参与而显得更美丽，更生动，更精彩；郴州也一定会成为您施展才华的舞台，成就事业的沃土，休闲度假的家园，旅游观光的佳境！

（2005 年 7 月）

加快温泉旅游开发，打造中国温泉之乡

"郴江幸自绕郴山，天堂颔笑迎嘉宾"，欢迎大家相聚郴州，共商地热产业暨温泉旅游开发大计。乘此盛会，我就郴州温泉旅游发展，谈一些粗浅看法，敬请各位指正。

一、郴州温泉资源及开发状况

郴州位于湖南东南部，北瞻衡岳之秀，南至五岭之冲，属南岭山脉与罗霄山脉交错、长江水系与珠江水系分水地带。1.94 万平方公里土地集山水洞泉石之精华，凝奇险秀美幽之神韵，是中国优秀旅游城市。境内京广铁路、京珠高速公路、107 国道、106 国道纵贯南北，资郴桂嘉、鲁永高等级公路连接东西，南下广州、深圳，北上长沙、武汉均可朝发午至，是"返璞归真、回归自然"的自驾车旅游和中短距离旅游的最佳目的地。独特的地质、地理条件，造就了郴州丰富、优质的地热资源。郴州地热资源主要有以下几个特点：

（一）数量多。郴州地热资源密集，广泛分布于北湖区、苏仙区、汝城县、资兴市、永兴县、宜章县、嘉禾县、临武县、安仁县等九个县（市、区）。目前，已出露的天然泉点达 40 多处，其中日流量达 1 万立方米的有汝城热水，5000 立方米的有安仁龙海、永兴塘市 2 处，流量超过 1000 立方米的有北湖仙岭、永兴悦来等 11 处，总流量约 0.74 立方米 / 秒，年流水量达 2900 多万立方米。

（二）质量优。郴州温泉普遍富含硅、钠、钙、锂、氡等 30 多种对人体有益的元素，水温在 30℃—98℃之间，矿化度在 0.1—0.6 克 / 升之间，总硬度在 1.3—24 德度之间，pH 值在 7.1—8.8 之间，属低矿化、低硬度、高温弱碱性，重碳酸、硫酸钠型矿泉，具有调节内分泌、促进新陈代谢的功效，对风湿痛、皮肤病、妇科疾病等均有显著疗效。其中汝城热水温泉的"氡"含量高达 130IMA 左右，对不孕不育等生殖系统疾病均有较好的辅助治疗效果，俗称"送子泉"。

（三）分布佳。郴州温泉资源分布的区位条件极佳。除汝城热水、安仁龙海、资兴汤市外，其他大部分温泉，基本上是沿 107 国道和资郴桂嘉高等级公路沿线分布，而且绝大部分温泉毗邻其他类型旅游区（点），与其他资源互补，如苏仙区天堂温泉距飞天山国家地质公园仅 3 公里；永兴悦来温泉 5 公里内就有湖南省红色旅游重点景区黄克诚故居和板梁古民居；宜章一六温泉位于全国红色旅游经典景区——湘南暴动指挥部旧址与莽山国家森林公园的中途，资兴汤市温泉北望炎帝陵只有 15 公里，南接东江湖 45 公里；汝城热水温泉距世界地质公园丹霞山 68 公里，距井冈山 150 公里。

（四）文化内涵深。郴州温泉最早记载于《汉书·郡国志》，书曰："城南六里，西北有温泉"，即今天的仙岭温泉和龙女温泉。唐代曾誉汝城热水温泉为"灵泉圣水"，并流传着"后羿射日"的典故。中国民间四大传奇之一的《柳毅传书》也有龙女温泉的记载。汤市温泉则流传着炎帝斗旱神，出热水的故事。千百年来，乡民还保存着"净身息欲，礼拜炎帝"的风俗。

经过几年的开发建设，目前郴州已开发的温泉有：位于中心城区的四星级温泉宾馆——御泉大酒店；集湘南民俗风情与康体健身于一体的北湖龙女温泉；有被誉为南国御泉的中国女排体能调养基地——苏仙天堂温泉；有以大众娱乐为特色的永兴悦来温泉；有以温度高（98℃）、流量大（5540 吨／日）、质量好（富含 30 多种元素）著称于世的华南温泉之王——汝城热水温泉，总投资近 5 亿元。此外在建的还有安仁龙海温泉、北湖仙岭温泉、汝城暖水温泉、资兴汤市温泉、宜章一六温泉、嘉禾钟水温泉、临武金江温泉等，每年为 80 多万湖南省内和粤港澳地区的游客提供度假疗养、观光休闲、康体娱乐、商务会议等服务。郴州温泉资源的开发，极大地丰富了湖南省的旅游产品结构，弥补了湖南旅游冬季产品供给不足的缺陷。

二、郴州温泉旅游发展战略

（一）指导思想

充分利用国内旅游业迅猛发展和国内旅游消费升级的大好时机，立足温泉数量多、质量优、分布佳、组合好、容量大的优势，紧跟市场变化趋势和游客消费需求，整合资源，整体规划，科学定位，突出特色，树立形象，打造品牌，注重配套，按照"高起点规划，高标准建设，高水平经营"的要求，加强温泉旅游资源开发，夯实温泉旅游发展基础，拓展温泉旅游客源市场，优化温泉旅游经营环境，提高温泉旅游管理与服务水平，形成集康体娱乐、商务会议、观光休闲、度假疗养、科学考察等为特征的旅游形态，着力构建"大温泉、大品牌、大产业"的发展格局，不断扩大产业规模，使郴州温泉旅游成为湖南省旅游新的亮点和新的经济增长点。

（二）发展目标

力争五年内全市新建温泉旅游景区 3—5 处，改造提质 2—3 处，投资总额超过 8 亿元，全年接待温泉旅游者突破 400 万人次，温泉旅游年综合收入突破 12 亿元，占全市旅游综合收入的 1/6—1/5，成功打造"中国温泉之乡"旅游品牌，成为国内一流的温泉旅游景区。

（三）发展举措

1. 政府主导，科学规划

郴州市委、市政府将按照中国温泉之乡的总体要求，成立郴州温泉资源开发领导小组，负责全市温泉资源开发的领导与监管；建立健全资源所有权与经营权分离的政策措施，推动温泉资源开发的市场化进程；编制全市温泉旅游发展总体规划，进一步整合资源，形成"大十字"构架，即中部"天堂、龙女、仙岭、御泉"四大温泉，东部汝城热水、暖水温泉，资兴汤市温泉，南部宜章一六、城区温泉，西部嘉禾钟水温泉、临武金江温泉，北部永兴悦来温泉和龙海温泉。加强项目包装策划和招商引资，积极引导国家、集体、个体，内资、外资等社会大资本开发温泉旅游；旅游行业主管部门积极引导温泉旅游企业成立温泉联盟或温泉协会，充分发挥行业协会的协管、自律作用，形成公平的市场竞争秩序，实现全市温泉旅游的规划科学化、投资多元化、管理行业化、服务规范化的发展格局。

2. 打造品牌，提升品质

要借申报"中国温泉之乡"之机，打造"中国温泉之乡"旅游品牌，使之成为继中国优秀旅游城市之后，第二块全国性旅游品牌。同时，以申报"中国温泉之乡"为契机，进一步提升郴州温泉旅游开发档次。一是推动已开发的四大温泉景区，申报国家 4A 级旅游（点），并争创全国温泉旅游示范点。二是充分利用分布优势，进一步强化与之相邻的其他类型旅游区的整合，打造天堂温泉—飞天山、东江湖—汤市温泉—炎帝陵、莽山国家森林公园——六温泉—湘南暴动指挥部旧址、永兴便江—悦来温泉—板梁古民居—南岳衡山、丹霞山—热水温泉—井冈山、阳山古民居—钟水温泉—宁远舜帝陵、连州—金江温泉—仰天湖—万华岩等七条黄金旅游路线。三是注重人文资源与自然资源的有机结合，把握历史文脉，在深层次地挖掘整理温泉旅游景区历史文化、民俗风情的基础上，构建温泉旅游的企业文化，增强游客的认知程度和员工的敬业精神，从而提升郴州温泉旅游的文化品位。

3. 强化营销，拓展客源

要在分析旅游市场的基础上，建立健全全市温泉旅游营销系统，按照"政府引导、行业联动、企业跟进、市场运作"的模式，构筑以政府整体形象宣传和企业旅游产品宣传相结合的宣传促销格局，进一步完善温泉旅游营销的体系，拓宽宣传渠道。包括建立方便快捷，让利于客的分销系统；以客源为市场目标，"大台、大报、大刊、大网"齐上的宣传战略；以旅游行业为重点，惠及潜在客源的促销策略，特别要注重温泉旅游产品的个性化宣传。同时，在继续巩固湖南省内和粤港澳客源市场的基础上，借助武广客运专线和厦昆高速公路建设的大好时机，积极开辟湖北、江西、福建和广西客源市场，并有计划、有步骤地开拓台湾、日韩及东南亚市场，进一步丰富郴州温泉旅游的客源市场结构。

4. 完善配套，提升管理

要进一步加强温泉旅游保障系统建设。首先要加强旅游交通建设，用两年时间修建和改建好汝城岭秀至资兴黄草、资兴汤市至炎帝陵、资兴经程江口至永兴碧塘、五盖山至杨梅山至浙水、临武金江至仰天湖至北湖大塘等旅游黄金通道，使郴州旅游交通网络由放射型完善为网络型，缩短游客的在途时间。其次，成立旅游车队，健全客运线路，完善停车点（站），并顺应自驾车旅游蓬勃发展的大趋势，提升道路质量，建设汽车旅馆，增设加油站和维修站，满足游客安全性、舒适性、快捷性的旅游交通要求。再次是进一步完善景区内的接待服务设施，加大旅游区（点）内部标识、游览道路、餐饮住宿、通信网络、旅游厕所的建设力度。最后，还要加大专业人才引进力度，加强从业人员培训，为游客提供规范化、标准化、个性化的服务，建设一支门类齐全、职业道德佳、业务能力强的专业化从业人员队伍。郴州已开发的四大温泉投资主体都是本地国有大中型企业或股份制企业，具有资本雄厚的优势，发展的关键就在于要建立现代企业制度和按照国际标准进行开发与管理。以专业化、集团化、规模化、国际化、网络化为发展方向，采用所有权与经营权分离的方法，建立科学、规范、优质、高效的经营管理机制。

我们有理由坚信：通过这次会议，"中国温泉之乡"的品牌在郴州将更加深入人心，郴州温泉旅游一定会成为湖南乃至全国温泉旅游的一颗璀璨明珠。

（2005 年 9 月）

喜迎旅游黄金周，二次创业再出发

秋高气爽，丹桂飘香。值 2005 年中国郴州生态（温泉）旅游节胜利闭幕之际，我们又迎来了"十一"旅游黄金周。今年的"十一"旅游黄金周是我市提出创建中国最佳旅游城市、建设旅游名市的旅游"二次创业"发展目标后的第二个旅游黄金周，认真做好今年"十一"旅游黄金周各项准备工作，让广大群众度过一个欢乐、祥和、喜庆的黄金周，具有重要的政治意义和现实意义。我们一定要进一步提高思想认识，积极顺应新的发展形势和要求，以更加奋发有为的精神、更加开拓创新的思路、更加扎实有效的措施，确保实现我市"十一"旅游黄金周"健康、安全、秩序、质量、效益"五统一目标。

一、精心组织，周密部署，扎实做好"十一"旅游黄金周的各项准备工作

旅游黄金周是适应我国社会主义现代化建设进程中人们生活水平不断提高、旅游消费需求不断扩大而产生的。"十一"黄金周旅游是我国国内旅游的重要组成部分，也是一年中城乡居民出游规模最大的旅游黄金周之一，做好"十一"黄金周的旅游准备工作，意义十分重大。从我市今年"五一"旅游黄金周的情况看，由于各项工作部署早、组织周密、措施得力，游客接待量和旅游综合收入等主要指标均大幅攀升。据统计，"五一"黄金周全市接待游客 39.92 万人次，同比增长 33.75%；旅游综合收入 1.72 亿元，同比增长 51.5%；星级宾馆平均客房出租率达 97.1%。旅游接待总人次增幅、旅游综合收入增幅、星级宾馆平均客房出租率三项主要指标均居全省第一。值得指出的是，"五一"黄金周期间，交警部门的广大干警对自驾车来郴旅游的团队进行引导，确保了旅游交通安全畅通，深受外地游客好评；交通部门派出工作人员深入东

江湖、飞天山等主要旅游区（点）督促检查水上交通安全，确保了黄金周"安全度汛"目标的实现；旅游、工商、物价、质监、卫生等部门深入到相关旅游区（点）开展打假打非，整治、净化旅游市场，维护了消费者的合法权益；市电视台、报社、电台等新闻媒体的记者，不辞辛劳，全程跟踪报道黄金周的假日旅游信息，积极推介郴州丰富的旅游资源，扩大了郴州在省内外的影响力和知名度；气象部门及时发布假日气象预报，为游客提供了气象信息；市假日办和市旅游外事侨务局的工作人员24小时坚守工作岗位，认真值班备勤，调处投诉，及时汇总上报各种假日旅游信息，做到了准确无误、有条不紊。所有这些，为确保黄金周各项工作任务的圆满完成做出了积极贡献。我们在认真总结"五一"旅游黄金周工作经验的同时，一定要扎实做好即将到来的"十一"旅游黄金周的各项准备工作。全市各级党委、政府要按照"执政为民""以人为本"的要求，进一步增强政治意识和责任意识，继续发扬不怕疲劳和连续作战的工作作风，保持奋发有为、锐意进取的工作状态，扎实有效地做好黄金周的各项准备工作。旅游行业各单位要继续贯彻"精心组织、周密安排、落实责任、加强协调"的方针，切实加强领导，强化责任，精心组织，周密部署，统筹安排。要巧弹钢琴，统筹做好做细各项准备工作，各单位一把手要倾情倾力，亲自挂帅，切实担负起领导责任。各宾馆、酒店、旅游区（点）等旅游企业要以中国优秀旅游城市的标准全力以赴搞好接待和服务工作。各旅行社要认真做好组团和接团的工作计划安排，为客人提供满意的服务，将郴州旅游的良好形象展现在游客面前，力争今年"十一"黄金周再创佳绩。

二、硬化措施，强化监管，确保黄金周旅游安全万无一失

安全是旅游的生命线，没有安全就没有旅游。各单位要坚持"安全第一，预防为主"的方针，按照"安全第一，秩序质量第二，效益第三"的要求，切实把旅游安全工作放在头等重要的位置，认真开展旅游安全大检查。各成员单位要重点对主要旅游区（点）、宾馆、旅行社的交通安全、消防安全、治安安全、食品卫生安全、森林防火、旅游设施安全等进行大排查。旅游行业各单位要认真开展自查自纠活动，切实排除安全隐患。各旅游区（点）要加强对旅游设施安全及森林防火等进行大排查，认真解决停车场、检票门、公共厕所以及

狭窄游道等薄弱环节上的问题，对游船、缆车等游客运载工具和容易发生安全事故的旅游项目及机械设备要认真进行检查和整修，并制定旅游区（点）的环境整顿和游客疏导等各项应急措施，加大旅游安全检查的力度。要强化旅游安全管理，彻底消除旅游安全隐患，实现黄金周旅游"安全度汛"的目标。各旅游星级饭店要加强对本单位的消防安全、治安安全及食品卫生安全等方面的大检查，确保"十一"旅游黄金周无安全事故发生。鉴于旅游行车安全一直是黄金周中旅游安全事故的主体，公安、交通要集中进行一次旅游客运专项检查，重点查处"黑车"从事旅游客运的行为，以及带"病"运营、超载运营、超时运营等危及群众安全的行为。旅游接待用车应在技术性能检查合格的基础上发给专门车证，社会闲散车辆和农用车辆一律不准接待旅游团队。针对自驾车旅游日益成为时尚，来我市的自驾车游客尤其是自驾车旅游团队迅猛增长的情况，黄金周期间，公安、交通部门要主动加强对自驾车旅游团队的引导与帮助。旅行社在租用车辆时，必须选择信誉好的车队、技术性能合格的车辆和责任心强、技术过硬的驾驶员，并签订有关合同，明确事故责任追究制度和处理赔偿办法。要在驾驶员和旅行社陪同人员中认真开展安全防范教育，要求他们自警自重，在行车时注意车况、路况、人况，严禁违章驾驶和疲劳驾驶，对容易发生旅游行车事故的危险路段，要设立警示牌，以确保旅游行车安全。

三、创新方式，扩大影响，强势推进宣传促销工作

"十一"旅游黄金周，是全年旅游宣传的重要引爆点之一，要广泛宣传、大力炒作，进一步提高我市旅游的知名度和美誉度。要借"沐浴灵泉圣水，体验林邑风情"为主题的 2005 年中国郴州生态（温泉）旅游节成功举办的后续影响和"红色旅游年"这一有利契机，借势宣传，扩大宣传促销效果。各旅游企业特别是红色旅游景区（点）、温泉旅游度假区等在黄金周期间要举办 1—2 次主题鲜明、形式多样、参与性和互动性强的促销活动，以便吸引和留住游客。各旅游区（点）、旅行社等旅游相关企业一定要在前段工作的基础上，在巩固湘粤港澳区域宣传促销的同时，主动将促销触角延伸到华中、华北、长三角等区域，拓展客源市场。要继续组织好自驾车旅游团和自驾车散客的招徕和接待工作，对于自驾车旅游 30 台车辆以上的团队，要实行预先报告制度并做

好各种协调和引导工作。要充分发挥新闻媒体的作用，大力宣传黄金周旅游产生的经济效益和社会效益，积极引导社会舆论支持和完善旅游黄金周制度。市内各新闻单位要把旅游黄金周的宣传与塑造我市健康安全旅游目的地的良好形象有机结合起来，加强以引导性为主的宣传报道，积极推出寓教于乐、群众喜闻乐见的红色旅游、农业旅游、工业旅游等旅游新产品和生态旅游、民俗旅游、休闲度假旅游等大众性旅游项目，有效分流传统旅游景区（点）的客源压力，及时发布"十一"黄金周旅游的组织准备、安全健康保障、旅游新产品、旅游市场秩序、旅游接待单位的服务质量等方面的信息。要及时做好黄金周的宣传报道，对重大活动以及富有特色的活动要主动与新闻媒体联络，提供线索，搞好宣传报道，以提高知名度和吸引力。在做好宣传促销的同时，还要把做好黄金周宣传促销工作同营造粤港澳"后花园"、创建中国最佳旅游城市、建设"旅游名市"和改进管理、提高经营服务水平、提高经济效益、做大做强我市旅游产业紧密结合起来，促进全市旅游产业持续、快速、健康发展。

四、规范秩序，净化市场，全面提高旅游服务质量

整治和维护旅游市场秩序，切实保障广大旅游者的合法权益，是贯彻"以人为本"方针，确保黄金周旅游健康、有序运行的关键。要在全市范围内开展"破除封建迷信，倡导文明经营，打击欺诈游客行为，创造和谐旅游环境"为主要内容的旅游市场治理整顿活动。旅游、工商、公安、物价、质监等部门，要在黄金周前和黄金周期间大力开展联合执法和综合执法，全面整治和净化旅游市场秩序，并建立长效机制，确保旅游市场的长期有序发展。要坚决打击非法经营旅行社业务，整治旅游客运秩序，整顿出境旅游市场；要严厉打击旅游购物欺诈行为，依法打击非法从事导游活动，规范旅行社经营和导游服务行为；要重点查处"黑社""黑店""黑车"和"黑导"等无证经营行为和私拿回扣、索要小费、强迫购物等不正之风，打击非法"陪游""伴游"等丑恶现象；加强景区（点）文化娱乐场所及各社团内部的管理，严禁"黄、赌、毒"，特别是要严厉打击在火车站、汽车站、城市广场等游客集散地争夺地盘、拉抢游客和敲诈勒索等欺行霸市行为。各旅行社要贯彻"以人为本"的方针，坚持诚信立业、诚信壮业、诚信兴业，绝不允许组团社和接待社之间因未签合同

产生纠纷而发生扣留"人质"特别是扣留旅游者的违法行为，一经举报查实，将按有关规定从严查处，确保游客在郴度过一个舒适、安全、祥和、愉悦的"十一"旅游黄金周。各旅游区（点）要大力营造旅游购物环境，杜绝发生任何旅游购物欺诈行为，并始终以饱满的热情、宽松的环境、优质的服务和独具特色的旅游产品笑迎四方游客，真正让每位入郴的游客高兴而来，满意而归，营造我市人人为旅游、人人谋旅游、人人抓旅游的浓厚氛围。

五、加强值班，调处投诉，扎实搞好信息统计上报工作

为确保"十一"黄金周期间各项工作的顺利开展，保障各项具体工作环节的衔接和畅通，各有关单位必须把责任分解落实到人，认真组织安排好黄金周值班工作。节日期间，必须坚持领导带班制度，并安排责任心强、业务熟悉的人员实行24小时值班，对外公布值班（投诉）电话，要保证全天候有人接听和受理。值班期间，各值班人员要严格坚守岗位，以高度的政治责任感和使命感搞好信息统计上报工作，及时向市假日办报送有关统计信息。各类统计数字要做到科学、客观、准确，上报之前，必须有单位负责人签字，以保证"十一"黄金周预报统计工作的顺利进行。各成员单位之间的通信工具要保证24小时畅通，确保黄金周期间出现的问题能得到及时有效的解决。要及时调处投诉案件，对于节日期间的各类投诉案件，必须认真对待、及时调处，坚持把矛盾化解在萌芽状态。

新的机遇，新的希望，新的挑战，让我们满怀豪情，站在郴州旅游二次创业新的高度，借中国优秀旅游城市之誉，造郴州旅游发展蓬勃之势，励精图治，携手共进，攻坚克难，乘势快上，全面实现"十一"黄金周的各项工作目标，共谋郴州旅游发展大计，共创郴州旅游美好明天。

（2005 年 9 月）

旅游协会在郴州旅游产业发展中大有可为

一、认清形势，准确定位，充分认识旅游协会在推进我市旅游业中的作用

近年来，市委、市政府非常重视旅游业的发展，紧扣建设"经济强市、生态大市、旅游名市"的战略目标，依托丰富的旅游资源优势、便利的交通优势和独特的区位优势，大力开发生态旅游产品，不断完善旅游基础设施，强力推进宣传促销，着力规范旅游市场，我市旅游业始终保持着强劲的发展势头。

2004 年，全市共接待各类游客 630 万人次，实现旅游收入 33 亿元，发展速度和水平均位居全省前列，为全市经济持续快速发展和社会全面进步做出了重要贡献。但是，在肯定成绩的同时，我们也应清醒地看到，我市旅游发展中还存在一些不容忽视的问题，诸如旅游产业规模相对较小、精品旅游景区的龙头带动作用仍然不强、旅游基础设施还不够完善、旅游企业竞争力不强、旅游市场秩序有待进一步规范等。所有这些，在一定程度上制约了全市旅游业的发展。旅游协会是旅游企业自己的组织，其设立的使命和宗旨就是为企业服务、为行业服务、为政府服务。随着我国市场经济体制的不断完善和政府职能转变的到位，客观上要求我们旅游协会要科学准确地定位，要围绕自己的工作目标来强化相应职能，原来由政府承担直接管理的部分职能，将由行业协会来承担。这是社会主义市场经济的内在要求，是依法治国和依法行政的客观需要，也是进一步解放生产力、消除发展中体制性障碍的有效途径。市旅游协会要尽快承担起政府管理方式转变后的相关职能，积极推进全市旅游业快速发展。

二、强化服务，维护秩序，积极发挥协会的职能作用

旅游业牵涉面广、关联度高、带动力强，是一项复杂的系统工程。面对加入世贸组织后国内旅游业激烈竞争的新形势，市旅游协会要按照为"会员服务、企业服务、政府服务"的宗旨，充分履行协会职能，创造性开展各项工作，特别是要在开展行业自律，维护旅游市场秩序，提高服务质量，加强交流合作，培养旅游人才等方面发挥积极作用，为全市旅游业的快速发展做出应有的贡献。

1. 充分发挥参谋作用，为政府决策提供服务。市旅游协会要紧紧围绕为行业服务的宗旨，针对我市旅游业发展过程中存在的薄弱环节和突出问题，发挥代表广泛、人才荟萃的优势，紧跟国际国内旅游业发展的新形势，研究新课题，拓宽新领域，在旅游政策制定、景点开发、市场营销、行业管理等方面积极向政府部门建言献策，为政府宏观决策提供科学的依据和政策建议，充分发挥协会的参谋助手作用。

2. 加强行业自律，维护市场秩序。要根据形势发展的需要，借鉴旅游发达地区协会管理市场的先进经验，抓紧制定行规行约，积极探索维护旅游市场秩序的途径和办法，加强行业自律，规范市场秩序，保护企业平等竞争，维护企业合法权益，促进行业健康发展。各会员单位要严格按照行业标准规范自身的组织行为和企业经营管理行为，使我市的旅游行业管理走上法制化、科学化、规范化道路。

3. 认真搞好服务工作，积极维护会员权益。要充分发挥纽带和桥梁作用，全心全意代表行业群体利益，按照会员企业的共同要求，在符合国家法律、法规的前提下，通过多种形式，积极配合企业开拓市场，提供信息，适时组织交流、论坛、联谊、考察等活动，努力引进和促进一些旅游合作项目，并积极组织企业开展有利于行业发展的工作。同时，旅游协会要成为联系政府、联系部门、联系企业的桥梁，积极反映会员的呼声和要求，切实维护会员的合法权益。

4. 抓好人才培训，提高行业水平。兴旅之道，在于人才。人才是旅游经济发展的基础和保证。今后，市旅游协会要高度重视旅游人才的教育培训工

作。要抓紧培养旅游中高级职业经理、市场营销、规划开发、信息技术等方面的专业人才。同时，要积极配合市旅游外事侨务局培训中心，切实抓好导游员、服务员等旅游从业人员的岗位培训和技能培训，努力提高其职业道德和服务水平。要制定相应的政策，积极引进国外智力和省外的旅游管理人才及先进的管理经验，以此提高我市旅游管理水平和服务质量。

5. 积极开展宣传促销，不断拓展客源市场。加大旅游宣传促销，不断拓宽客源市场，既是各级旅游行政主管部门的重要职责，也是市旅游协会的重要任务之一。市旅游协会要充分发挥民间团体组织的优势，主动出击，积极和国内外重要客源目的地旅游行业协会和中介组织建立合作关系，积极宣传我市丰富的旅游资源，提高郴州的知名度和美誉度，拓宽旅游发展空间，推动我市旅游业快速发展。

三、加强自身建设，积极开拓进取，努力开创协会工作新局面

做好旅游协会工作，关键在于加强自身建设。市旅游协会要准确把握新形势下工作的特点和趋势，审时度势，进一步解放思想，与时俱进，大胆探索，扎实工作，开拓进取。市旅游协会要认真学习旅游业管理方面的法律法规和政策，不断提高会员的思想政治素质和工作业务水平。同时，要积极依靠会员和理事，发扬以往的优良传统，充分调动理事的积极性，特别要以积极的态度和高度的热情做好服务工作，为理事们施展才华铺路搭台。要研究建立与理事的经常性联系、沟通的渠道和有效的工作机制。各位理事要以主人翁的态度，关心旅游协会的建设和发展，积极参加各种活动。要尽快完善相关制度，明确工作任务，在市旅游外事侨务局的统一领导和业务指导下，创造性开展工作。

旅游协会的责任是重大的，任务是光荣的，随着旅游经济的快速发展，旅游协会的作用将日益为社会所关注。我们要以敢为人先的精神，努力开拓，积极进取，为实现我市旅游二次创业、创建中国最佳旅游城市做出新的贡献。

（2005 年 12 月）

强力打造"农家乐"旅游休闲品牌

"农家乐"旅游是近年来新兴的又一大众休闲方式，越来越受到广大游客和消费者的青睐。它作为一种特色、一种品牌，具有新颖性、趣味性、参与性强的特点。目前，我市"农家乐"旅游发展迅速，据不完全统计，全市"农家乐"旅游项目已达104家，成为郴州旅游的新亮点。下一步如何继续发展壮大，促进和带动旅游市场的繁荣和发展，要着力做好四方面工作：

一、提高认识，突出特色，加强引导

发展"农家乐"旅游是满足人们日益增长的物质文化生活需要的重要举措，是发展旅游产业、推动农村经济全面发展的重要选择，是调整产业结构、增加农民收入的重要途径，是丰富旅游产品、提升旅游品位的重要尝试。它反映了农村在党的十一届三中全会以来所发生的巨大变化，体现了广大农民纯朴、厚道、自强不息的生活内涵，再现了农村山清水秀、鸟语花香的大自然风光，越来越成为广大市民不可缺少的生活需求，潜力巨大，前景看好。近年来，郴州依托丰富的山水资源、福地文化和便捷的交通区位优势，抓住生态旅游节、京珠高速公路（耒宜段）开通等契机，采取政府引导、统一规划、部门扶持、农户自主建设、行业统一管理的方式，大力发展以感受自然风光、品味乡土文化、体验农家生活为主要内容的"农家乐"休闲旅游。现在，来品尝"农家乐"食宿的游客不仅有本市的，还有衡阳、长沙等省内其他市区的，也有广东和港澳台的。"农家乐"旅游项目既给城市居民带来了休闲的体验，又促进了当地农村社会经济的发展。例如资兴市黄草镇的群众去年直接从农家休闲游中创收500万元，有的"农家乐"业主仅此一项年收入就多达7万元，最少的也有1万多元，农户人均从中增收600多元，镇财政也因此增收了18万余元。永兴县开发建设的"农家乐"在不到半年的时间里，已共接待游客 8 万多人，收入 240 万元，个别业主每月纯收入达到了 2 万多元，解决就业 120 多人。"农家乐"之所以在郴州有这样的发展势头，是因为它以景点作依托、以山水做陪衬、以城乡作纽带，有生机、有灵气、有活力，具有"土、特、新"等特点。"土"有青砖瓦屋，"特"有船上农家，"新"有别墅农庄。民风民俗，原汁原味，既有远离都市的恬静，又有返璞归真的清幽。这些构成了郴州"农家乐"的固有特色，如果没有这些特色，就打造不出"农家乐"旅游品牌，所以说，特色是发展"农家乐"旅游的生命。所谓特色，就是"人无我有，人有我优，人优我特"。发展"农家乐"旅游在打好资源牌、做活特色文章的同时，还要当地党委、政府的高度重视和大力引导，要有各职能部门的相互协调、紧密配合和广泛支持，共同为"农家乐"业主营造一个宽松的发展环境。

二、促销造势，丰富内涵，分类发展

"农家乐"旅游品牌的形成和其他品牌一样，既靠建设，也靠宣传，更靠发展。要扩大市场份额就必须促销造势，加大宣传促销力度。因此，在加强"农家乐"旅游设施建设的同时，要善于整合各种资源，开拓旅游市场，既要通过自身的发展、完善的设施、一流的服务赢得较好的口碑，形成自己的品牌和质量，又要重视、组织、安排好各方游客，变被动接待为主动服务，普遍提高游客的感知质量，还要根据不同游客的需要，把食农家饭、睡农家床、品农家节目等进行分类指导、分类发展，形成规模经营，力求全方位拓展。同时，要围绕摘农家菜、捉农家鸡、钓农家鱼等活动激发游客的乡土兴趣，让他们流连忘返，回味无穷，常来常往。在此基础上，一方面突出吃、住特色，着力挖掘农村传统的美食文化，另一方面注重开发建设一些休闲的旅游项目、娱乐项目，如垂钓、真情对对碰、水上竹筏等活动，把引导游客与参与当地的民俗文化活动结合起来，丰富和完善"农家乐"的内涵。只有这样，"农家乐"旅游才会大有市场，大有发展。

三、完善设施，强化管理，扩容提质

"农家乐"旅游是一项常抓常新的产业，通过近两年的努力已形成了一定规模，得到了快速发展，越来越为游客和消费者所认同和接受。但其基础设施、服务水平、项目内容仍无法满足不同层次游客的需求。"农家乐"旅游仍存在内容单调、参与性项目少、服务欠规范、宣传促销力度不大等问题。有的地方只是把"农家乐"建成了农家饭庄、农家旅店，缺乏"农家乐"的实质内容和乡村氛围，给人留下一种找不到感觉的悬念。因此，发展"农家乐"旅游要在加大政府引导力度的同时，按照旅游牵头、部门参与的原则，加强部门协调配合，着力完善基础设施特别是水、电、路等配套建设。组织和发动项目业主有计划、有针对性地进行绿化、美化、亮化，尤其要对"农家乐"项目区的环境卫生、社会治安进行综合整治，给游客营造一个安心、放心、舒心的休闲氛围，从而构筑"农家乐"特色旅游板块，提升"农家乐"旅游品位。要通过强化管理、扩容提质，实现"农家乐"旅游项目的持续健康快速发展。一是项目业主在经营管理上要体现"农家"风味，注重道路交通、环境卫生、人文自然相统一，力求形式多样、风格各异、乡土气息、原汁原味。二是要制定"农家乐"旅游的统一标准和规范的管理办法。三是要规范市场秩序，实行"诚信"经营，明码标价。四是要鼓励"农家乐"业主不断完善服务项目，突出"土、特、新"，扩大"农家乐"的内涵。五是要加强业务培训，提高服务水平，树立良好的职业道德风尚。六是要挂牌管理，定期检查，对检查不合格的限期整改，整改达不到要求的摘牌处理并公开曝光，营造一个竞争有序、优胜劣汰、服务优质的发展氛围。

四、条件优惠，部门参与，市场运作

在完善"农家乐"基础设施建设，丰富"农家乐"旅游内涵的同时，要按照"大旅游、大文化、大市场、大效益"的发展思路，坚持"农家乐"旅游开发精品化、市场化战略，运用"政府引导、市场运作、部门扶持、业主经营、自负盈亏"的发展模式，制定一些优惠措施，调动各方面的积极性，有效整合

"食、住、行、游、购、娱"等要素，不断提高整体水平，实现"农家乐"旅游跨越式发展。永兴县在"农家乐"建设初期，由旅游部门牵头、规划、设计，对口扶持单位和当地党委、政府共同参与，进行统一规划、统筹安排、合理布局。县直单位联系一家项目业主进行对口扶持，为业主在建设过程中提供5000元借贷资金。项目完工后，试营业半年内不收取任何费用，半年后有关收费项目进行减半征收，有些项目还可以免收。这些优惠措施的制定和实施，极大地促进了该县"农家乐"旅游项目的快速发展。但是，在"农家乐"旅游的发展过程中，也要切忌一哄而起、遍地开花，应重点在交通适宜、季节性较强的旅游景区（点）附近和城乡接合部相对集中发展。

（2002 年 4 月）

坚持科学发展观，加快建设大旅游

一、"十五"期间全市旅游产业发展的主要成就

"十五"期间，我市依托丰富的资源优势、独特的区位优势和便利的交通优势，以创建中国优秀旅游城市、中国温泉之乡为契机，大力发展生态旅游，着力营造粤港澳"后花园"，努力建设经济强市、生态大市、旅游名市，旅游经济实现了又快又好的发展，取得了显著的成效。"十五"期间，成功创建为中国优秀旅游城市、中国温泉之乡；全市共接待各类游客 2095.3 万人次，年均递增 25.4%；旅游综合收入 136.66 亿元，年均递增 26.14%；旅行社发展到33 家；旅游星级饭店发展到 31 家；开发成熟和比较成熟的旅游景区发展到 25家，其中等级旅游区 8 家；直接从事旅游业的从业人员增加到 20000 人。尤其是过去的一年，全市旅游开发力度进一步加大，客源市场大大拓宽，行业管理全面加强，旅游环境大为改善，假日经济持续火爆，旅游经济保持了持续快速健康发展的强劲势头。全年接待各类游客 631.4 万人次，居全省第二位；实现旅游综合收入 42.2 亿元，居全省第三位，旅游综合收入占全市 GDP 的比重达 8.8%；被授予中国温泉之乡。几年来，我市旅游业发展迅猛，郴州已经成为省内乃至国内具有较大影响力和知名度的区域性旅游热点，旅游业已成为我市发展速度最快、最具活力的新兴产业和新的经济增长点之一。今年 2 月 27日至 28 日，国家旅游局原副局长程文栋率队的国家旅游局专家组在考察调研郴州旅游业发展情况时，对我市旅游产业的发展给予了高度评价："郴州在旅游资源并不十分丰富的条件下取得如此大的成绩，出乎意料；郴州发展旅游产业的经验和举措很典型，不虚此行；郴州不愧为湖南乃至华南地区的旅游'黑马'。"

"十五"期间，我市旅游发展呈现以下四大特点：

（一）瞄准目标，强势推进，形成了全市发展旅游产业的浓厚氛围

"十五"初期，我市主动顺应旅游发展大势，自我加压，市委、市政府适时提出了创建中国优秀旅游城市的目标。2004年，市委、市政府又提出了用3—5年时间创建最佳中国旅游城市、建设旅游名市的新目标。围绕发展定位，科学谋划，统一思想，狠抓落实。市委、市政府每年坚持召开一次高规格的旅游发展工作会，特别是从去年开始采取轮流在县（市、区）召开旅游发展大会，把工作部署、现场参观、旅游促销三者有机结合起来，并把旅游业纳入县（市、区）经济社会发展年终综合考核体系，形成了党政全力推动、部门密切配合、全社会整体联动的旅游发展格局，对进一步加大政府主导力度、调动各级各部门乃至全社会的积极性、做大做强旅游产业具有开拓意义和示范作用，在全省首开先河，并得到省领导一致推崇。多年的实践证明，我市的旅游发展思路是正确的，机制是顺畅的，措施是有力的，成绩是显著的。

（二）政府主导，多元投资，构筑了全社会大办旅游的良好格局

实施政府主导战略是许多国家和地区发展旅游业的成功经验，也是我市旅游业取得显著成效的一个重要原因。"十五"期间，我市大力实施政府主导发展战略，有力地促进了旅游业的快速发展。市里专门设立旅游产业发展引导资金，用于鼓励旅游项目的开发建设。市、县（区）两级结合当地实际，按照重点景区在哪里，水、电、路、通信等基础设施就配套到哪里的原则，加大旅游基础设施建设力度，建成了一批上档次、上规模的旅游项目和配套设施，旅游接待能力不断增强。在加大政府投入的同时，市里还制定了一系列优惠政策，鼓励和支持外来企业、国有企业、民营企业投资开发旅游业。"十五"期间，全市共发布旅游投资项目280余个，实现签约项目近210个，旅游投入达60余亿元，其中投放旅游业的外资、民资达40亿元人民币，促成了东江湖、仙岭温泉、龙女温泉、莽山国家森林公园、飞天山国家地质公园、永兴中国银都、湘南风情园、梦里故乡等景区（点）的整体开发和扩容提质；新建和改造了郴州华天大酒店、郴州宾馆、万国大厦、御泉大酒店、君泰大酒店、宜章大酒店、莽山大酒店、永兴银都大酒店、东江湖国际度假山庄、东江明珠大酒店、依波茵花园酒店等20多家旅游宾馆酒店；水泥硬化了三江口至热水、一六至莽山、益将至热水等一批旅游交通公路。全市通过旅游招商和吸纳本地资金，形成了政府主导、各方参与、市场运作、企业主体、内资外资一齐上的全社会大办旅游的良好格局。

（三）突出精品，打造品牌，提升了旅游产品的综合竞争力

"十五"期间，我市抢抓旅游发展先机，突出重点，追求特色，不断深化产品内涵，提升旅游品质，延伸产业链条，走出了一条旅游精品带动发展之路。我市凭借独特的山水资源和优越的区位交通优势，围绕生态旅游的主题，倾力打造旅游知名品牌，特别是坚持不懈举办中国郴州生态旅游节，成功打造了东江湖、飞天山、苏仙岭、莽山、温泉等一批旅游精品。目前，全市已初步形成了五大旅游品牌，即以"中国生态环保第一湖"东江湖、国家地质公园飞天山、"中国原始生态第一山"莽山国家森林公园、"湘南翠屏"王仙岭生态公园、"百里画廊"便江风景区等为标志的生态休闲品牌；以"亚太生态第一漂"东江漂流、万华岩洞穴漂流、珠江源漂流、五盖山国际狩猎场等为标志的漂流探险品牌；以天下第十八福地苏仙岭、郴州女排训练基地、百福广场等为标志的寿地福城品牌；以汝城热水温泉、苏仙天堂温泉、北湖龙女温泉、永兴悦来温泉等为标志的温泉健身品牌；以湘南暴动指挥部旧址、《三大纪律六项注意》颁布地、黄克诚故居等为标志的红色摇篮品牌。

（四）广泛宣传，强力营销，提升了郴州的知名度和美誉度

"十五"期间，市委、市政府高度重视旅游宣传促销工作，基本形成了品牌化、立体化宣传促销的格局。一是准确定位客源市场。我市利用毗邻广东的优势，把市场锁定在国内最大、消费能力最强的珠三角地区，着力营造粤港澳"后花园"，收到了极好的市场效果。二是大力开展节会促销。五年来，我们每年举办一届生态旅游节，每年打造一个旅游品牌，有效地整合了资源要素，提升了全市旅游整体形象，扩大了旅游客源市场，同时也有力地打造了中国郴州生态旅游节节会品牌。三是持之以恒抓促销。发布广告促销，在市城区新建了两处"中国优秀旅游城市"城标雕塑，在主要景区（点）、三星级以上旅游饭店制作了"中国优秀旅游城市"标志物，在市城区、耒宜高速公路郴州段天桥上及宜章出入口处制作了20余幅大型户外宣传广告，制作编印了郴州风光画册、郴州旅游电视风光片、郴州旅游一图通、中国郴州纸镇等旅游宣传品，创作了一批旅游歌曲，使郴州旅游深入人心。四是开展活动促销。每年坚持参加广州国际旅游交易会和国内旅游交易会，多次在长沙、广州、深圳、香港等地举办旅游推介会。借助媒体促销，邀请省内外的旅行商、新闻媒体到郴州踩线采风，选择"大报、大台、大刊、大网"拍摄制作旅游专题，全方位宣传报道我市丰富的旅游资源，极大地提升了郴州在外的美誉度。"十五"期间，市外共有70余家传媒播出和刊发我市旅游报道3000余篇。五是有的放矢抓促销。主动顺应市场变化，适时推出能满足市场需求的产品，实行重点促销。利用冬天与广东在气候上的差异推出"潇湘林城赏冰挂，冰天雪地泡温泉"的独特产品；利用京珠高速公路开通、自驾车游大量增加的时机，在广东各大城市适时举办"自驾车潇洒游郴州"的专场推介活动等，使我市的自驾自助游成为全省新的旅游亮点。六是区域合作抓促销。发挥与周边城市特别是广东地区人缘相亲、地缘相近、经济相融、文化相通、旅游资源各有优势、各具特色的特点，利用空间上的整体性、文化上的同源性、资源上的互补性，发展区域旅游联合，先后与广东韶关、江西赣州构建了"红三角"旅游经济圈，与永州联合打造了"大湘南旅游经济圈"，并在旅游合作的深度和广度上进一步推进，共同铺筑旅游无障碍通道，加快建设我市与其他市州的旅游经济一体化进程。目前，全市已基本形成了政府主导、部门联动、企业互动的大旅游宣传促销格局。

回顾五年来的旅游工作，我们取得了很大的成绩，但是我们也要清醒地看到当前我市旅游产业发展上存在的问题。主要有：旅游产业规模相对较小，且发展不平衡；旅游投入不足，特别是旅游招商引资的力度还需加大；旅游交通尤其是景区之间的交通网络还未完全形成，旅游道路标准低；旅游业国际化程度不高，入境旅游亟待加强；旅游商品开发不够，具有本地特色的旅游工艺品、纪念品不多；旅游管理人员和从业人员素质有待提高，管理水平和服务质量尚需进一步加强。这些问题，务必引起我们的高度重视，并要采取切实可行的措施，认真加以解决。

二、"十一五"期间全市旅游产业发展的基本构想

"十一五"是我市全面建设小康社会和建设旅游名市的关键时期，也是把我市旅游产业培育成支柱产业的关键性阶段。我们一定要加压奋进，努力开拓，实现郴州旅游产业新的飞跃。

指导思想：以胡锦涛总书记关于"特别是要把具有湖南特色的旅游业做大做强"的重要指示和科学发展观为指导，按照全面建设小康社会和构建和谐社会的要求，坚持科学发展观，创新发展思路，加快发展速度，提高发展水平，创建最佳中国旅游城市，打造国内重要旅游目的地，努力建设国内休闲度假旅游胜地，真正确立我市旅游产业的支柱地位，为全面建设小康社会做出更大的贡献。

主要工作目标：打造国家 5A 级旅游区 2 家以上，国家 4A 级旅游区新增6 家以上，打造国家级工农业旅游示范点 2 家以上；建设五星级旅游饭店 3 家以上，新增 4 星级旅游饭店 10 家以上，打造国际旅行社 3 家以上；拥有全国导游资格证的导游员 2000 人以上；到 2010 年，全市年接待游客 1200 万人次，其中入境游 30 万人次，旅游综合收入 80 亿元以上，相当于全市 GDP 的12%—15%。

基本工作思路："十一五"期间，我们要充分发挥资源、区位、交通优势，借助中国优秀旅游城市、中国温泉之乡两大旅游知名品牌，充分挖掘地方文化内涵，继续打造我市生态休闲、寿地福城、漂流探险、温泉健身、红色摇篮五大特色旅游产品，全面建设温泉、湖泊、山地度假旅游产品，扩大旅游产业规模，提升旅游产业档次；围绕民俗民居、丹霞山水、红色旅游、福文化、度假休闲等产品，精心策划，将中国郴州生态旅游节打造成全国知名的节会品牌；进一步完善旅游交通等基础设施，实现区域公路对接，构建便捷、快速的大旅游交通网络，将所有进入景区的公路建成三级以上的公路；强力开拓市场，大力发展入境旅游，全面提升国内旅游；加大旅游商品的研发力度，推出具有地方特色和文化内涵的文艺节目；加强旅游管理人才和专业人才的培养，提升旅游服务的整体水平。

三、2006 年全市旅游工作的主要任务和措施

2006 年是实施"十一五"规划的开局之年，开好头、起好步至关重要。因此，我们要抢抓新机遇，迎接新挑战，发挥新优势，促进新发展。

指导思想：坚持以科学发展观为指导，按照构建和谐社会的总体要求，不断创新发展思路，继续深化行业改革，强力打造旅游精品，强化宣传促销，规

范市场管理，壮大行业队伍，实现旅游发展由数量规模型向数量规模与质量效益并进型转变，为建设国内重要旅游目的地、创建最佳中国旅游城市、国内休闲度假胜地奠定坚实基础。

工作目标：全年接待国内外游客700万人次，同比增长11%，力争730万人次；实现旅游总收入51亿元，同比增长20%以上，相当于全市GDP总量的9.5%，力争53亿元。

工作思路：突出"三个三"，即继续夯实旅游规划、基础设施、人才队伍三大基础；主攻精品建设、市场开拓、商品研发三大重点；确保游客接待量、在郴停留时间、消费支出三个增加。

工作措施：

（一）强化政府主导，形成旅游产业发展合力

进入新的发展时期，省委、省政府对旅游产业寄予了更高的期望，强调要加快旅游业发展。应省委、省政府邀请，国家旅游局专门派了高规格的专家组到我省进行专题调研，年内省委、省政府将出台有关旅游产业发展的新政策。机遇与挑战并存，我们一定要抢抓机遇，进一步强化政府主导作用，树立大旅游观念，形成发展合力。

要真正确立旅游支柱产业地位。各县（市、区）党委、政府要牢固树立"大旅游、大产业、大市场"意识，切实加强对旅游产业的组织领导，把旅游产业摆在支柱产业的地位来看待，要像抓工业、抓农业一样抓旅游，真正做到态度坚决不动摇、力度加大不放松、领导加强不削弱，强力推进旅游产业发展。各级各部门主要领导要关心支持旅游工作，经常过问旅游业发展情况，及时对旅游工作提出指导性意见。特别是旅游资源丰富、发展潜力大、工作任务重的县（市、区），党政主要领导要把旅游业作为"一把手工程"，抓在手上，放在心上，投入更多的精力抓好旅游工作。分管领导要亲自抓、亲自管，全面掌握旅游工作开展情况，及时协调解决工作中的实际问题。其他县（市、区）和各部门各单位也要开阔思路，围绕全市旅游产业发展这个大局出思路、做文章、上产品、搞服务，充分挖掘自身潜力，全力搞好积极配合。旅游业不能光从本地看，要放在全省全国的大局当中来看，要发挥自身优势，抓住自己的关键点，抓住最有优势的方面做深做透、做大做强。

要加大对旅游产业的政策扶持力度。为促进全市旅游产业又快又好发展，

市委、市政府制定了《郴州市旅游业"十一五"发展专项规划》，年内还将出台《关于进一步加快旅游支柱产业发展，创建最佳中国旅游城市的决定》，市财政大幅度增加了旅游节会工作经费、宣传促销经费、旅游产业引导资金，准备组建郴州市游客咨询服务中心。各县（市、区）党委、政府对旅游产业发展要高度重视，统筹协调，整体推进，强化目标管理考核。要加大对旅游产业发展的投入，结合自身实际，进一步完善加快旅游产业发展的政策保障体系，制定出台扶持加快旅游产业发展的具体措施，促进我市旅游产业快速健康发展。

要形成加快发展旅游业的合力。旅游业是一项跨行业、跨部门的综合性产业，关联度高，涉及面广。发展旅游产业，绝不仅仅是旅游部门或少数部门的事情，而是需要社会各方面的支持，需要各部门的密切配合。全市各级党委、政府和各部门都要树立全市"一盘棋"的思想，确立大旅游的观念，紧紧围绕建设"经济强市、生态大市、旅游名市"的战略目标，主动搞好服务，把自身的工作做细做透，扎扎实实为加快旅游产业发展多办好事、多干实事、多做贡献。要站在贯彻落实科学发展观、构建和谐社会的高度来重新审视发展旅游产业的重要意义，真正树立抓旅游就是兴产业、抓就业、调结构、促开放、抓文化的观念，进一步增强加快旅游产业发展的责任感和使命感，以思想的大解放来推动旅游产业的大发展。省政府已将市（州）旅游业发展情况纳入年终综合考核，市里将进一步加大和完善对县（市、区）和相关部门的目标考核。各县（市、区）、各有关部门一定要高度重视，确保我市的旅游业发展再上新台阶，营造全社会关心旅游、支持旅游、投资旅游的浓厚氛围。

（二）加大资金投入，着力完善旅游基础设施

旅游产业发展具有"前期大投入、小产出，中期中投入、中产出，后期小投入、大产出"的特点，我市的旅游业处于前期向中期转化阶段，必须进一步强化政府扶持资金在市场开拓、资源开发、基础设施建设等方面的主导作用。

要加大旅游招商引资和多元化投资力度。一是加大招商力度。要拿出全市旅游产业招商引资的具体项目，认真做好旅游招商项目的包装、论证工作，组织专门力量向外招商，通过召开项目推介会、小分队招商、委托代理招商、网上发布信息等形式，吸引更多的资金投入我市旅游产业的发展。要善于运用市场经济的方法解决项目发展资金问题，善于策划旅游项目的资本运作，借力使力，借鸡生蛋。要将旅游资源开发和景区经营性、服务性项目向国内外投资者

开放，广泛开展以项目为主体的招商引资工作。要广泛开展各种形式的招商引资活动，坚持内资、外资并举，国资、民资并重的方针，高强度、大力度、超常规、持之以恒地做好旅游招商引资工作。鼓励重点景区经营权出租，力争实现全年全市旅游招商引资实际到位资金10亿元以上。市里对旅游的行业招商引资高度重视，安排了专项资金，提出了工作要求，组织专门招商活动，实行目标考核。请各县（市、区）、各相关部门一定要高度重视旅游招商引资工作，有效解决旅游投入不足的问题。二是全面启动民资。在构筑"政府、企业、个人"一起上的前提下，积极建立"外资、民资"同时上的大旅游投资格局，要积极引导以民营经济为主的各种经济成分、社会力量兴办旅游经济实体，投资开发旅游项目。三是拓宽融资渠道。要按照市场经济的规律和原则，优化资源配置，强化资本运作，加大银行融资的力度。要鼓励和引导旅游企业建立现代企业制度，规范运作，为企业上市打下基础。在坚持严格保护、科学规划、合理开发、永续利用的前提下，鼓励和吸引更多的投资主体参与旅游业的开发与经营。以承包、租赁、购买股权，授让开发权、经营权、收益权等形式，有计划地把景区（点）经营权拍卖、转让或出租给主要客源地的客商来经营，以达到既盘活资源又引进客源的双重效果。

要加快旅游基础设施建设步伐。一是加快旅游交通网络建设，构筑便捷快速的旅游交通网络。今年重点要建好桂阳—阳山古村—四清湖、栖凤渡—岗脚古村、马田—板梁古村—悦来、市区—梦里故乡、岭秀—黄草、东坡—大奎上、炎帝陵—汤市、资兴—程江口—碧塘、飞天山内部道路等九条旅游线路，由市交通局、市公路局列入全市通乡通村公路建设计划。二是加快旅游发展环境建设。健康、安全、环保、舒适的旅游环境是旅游者选择旅游目的地的首要条件，也是增强旅游活力和竞争力的关键所在。要围绕改善旅游行、游、住、食、购、娱六大要素，积极加强旅游交通、景区、酒店、商场、道路标识等设施建设，特别是要加强为自驾车旅游者服务的配套设施建设，形成便捷、舒适、配套的旅游基础设施；加强旅游通信、医疗卫生、宾馆餐饮、生态环保以及城市公共信息图形配套设施建设；进一步建立健全游客投诉、旅游咨询、紧急救援、散客服务等旅游服务机制，尤其是要建设好市城区和各景区的游客咨询服务中心；切实加强旅游安全管理，防止各类旅游安全事故特别是重特大恶性事故的发生；进一步做好旅游重大事故应急预案，保证信息收集、公布渠道畅通，提高旅游危机管理应对能力。

（三）突出精品建设，实现旅游产品扩容提质

旅游产品是基础，精品名牌是拳头。增强旅游的吸引力和竞争力，归根到底是要打造旅游精品、形成旅游特色。在这方面，我们与国内旅游发达地区相比差距还很大，一定要下更大的力气，采取过硬的措施，全面实施旅游精品战略，在旅游开发、建设中注重打造品牌，努力形成自己的旅游特色。

要加大旅游精品建设力度。要全面启动东江湖创"5A"、莽山创"4A"及申报国家地质公园的工作；以天堂、热水创"4A"为动力，进一步提升我市温泉旅游景区的档次；大力发展乡村游，以举办2006年中国郴州生态（民俗民居）旅游节为契机，着力开发桂阳阳山古村，苏仙岗脚古村、段家大院（两湾洞），永兴板梁古村，湘南风情园二期等民俗民居项目；申报验收1—2家国家级、3—5家省级工农业旅游示范点，开发建设一批城郊生态休闲度假公园；抓好湘南暴动指挥部旧址、《三大纪律六项注意》颁布旧址等红色旅游区（点）以及中国女排竹棚馆、义帝陵等历史人文景点的开发。

要加快旅游商品、美食、歌舞开发步伐。鼓励和支持企业大力开发具有地域性、纪念性、艺术性和礼品性的旅游商品，积极构筑品牌化、系列化、规模化的旅游商品生产销售网络，不断满足旅游者的需要。培养一批信誉好的商贸企业，实现我市旅游商品同旅游景区的配套开发和建设，繁荣旅游市场。开发建设旅游购物一条街，确保有市场、有商品，延伸旅游产业发展链条。挖掘地方美食，不断丰富我市的美食文化内涵，扩大特色小吃规模，搞好包装，形成品牌，推向市场，打造独具郴州特色风味的美食系列。大力挖掘昆曲表演、嘉禾民歌、瑶族歌舞等特色文化，尽快形成固定的表演场所，每天定时表演，不断满足游客的文化需求。

（四）强力宣传促销，积极拓展旅游市场

旅游经济是形象经济、印象经济，旅游经济的发展离不开宣传促销。因此，要有战略家的眼光、经济学家的思维、军事家的魄力、文学家的色彩、艺术家的浪漫，大力开展整体促销、联合促销，培育和开拓市场。

要创新宣传促销思路。要进一步完善旅游市场促销体系，坚持部门联动、政企联手、市场运作，坚持旅游目的地形象宣传和企业旅游产品促销相结合的宣传促销机制。市里要将旅游宣传纳入全市对外交往和宣传的计划，每次重大

外宣、招商、对外友好和文化交流等活动，都要与旅游宣传有机结合起来，统筹安排；要改变过去单个的景区促销和各唱各调的促销方式，树立所有景区"一盘棋"的思想，坚持整体宣传，突出"生态福地郴州、休闲度假天堂"的主打品牌，塑造郴州的整体旅游形象；要完善旅游服务设施、引导设施和标示设施，制作信息含量大的郴州旅游地图，把全市所有的景区（点）、道路及里程详细标示。

要拓宽宣传促销渠道。要积极邀请国内外旅行商、新闻记者和艺术家到郴州进行实地踩线和采风，创作反映郴州旅游的文艺作品、艺术品，制作展示郴州旅游形象的宣传品；要继续创作出能够唱响中国优秀旅游城市、中国温泉之乡、粤港澳"后花园"等旅游品牌的知名歌曲作品；要认真组织好9月份的2006年中国郴州生态（民俗民居）旅游节暨经贸洽谈活动，使其成为在国内外具有较高知名度的节会旅游品牌；要精心设计、编印一批高质量的音像和图文宣传品，强化互联网宣传和国内外旅游交易会、展销会的宣传；4月12日，市委、市政府在广州举办的"福载郴州"——2006年湖南郴州（广州）投资说明暨旅游推介活动取得了极大的成功，对郴州旅游的发展将产生重大而深远的影响。下一步要认真组织这次旅游发展大会期间百名旅行社商、媒体记者宣章踩线采访活动和8月份在长沙举行的生态（民俗民居）旅游节新闻发布会及11月份在长沙举行的首届中部地区投资贸易洽谈会上的旅游宣传促销。

要强化区域旅游合作。在继续巩固珠三角、长株潭衡等主要客源市场的基础上，大力拓展港澳，省内湘中、湘北及华中、华东市场，积极向台湾及东南亚市场延伸。继续强化与"泛珠三角"、"红三角"、大湘南旅游经济圈在市场开拓、交通互连、客源共享、信息互通和行业共管等方面的合作，促进区域旅游资源和市场互补，加快推进无障碍旅游实质性进展。

要大力发展入境游。入境游是衡量一个地方旅游业发展水平的重要标志。国家旅游局提出要"大力发展入境游，积极发展国内游，规范发展出境游"。近年来，我市在这方面下了不少功夫，但因入境游客在郴停留时间过短，导致份额过少，入境游人数很不理想，入境游成为我市旅游发展中的一条短腿，对此，我们一定要进一步认清形势，把握机遇，以入境旅游为重点，大力开拓境外客源市场。今年，市里将参照省里的做法，出台《郴州市入境游奖励办法》，对在组织入境游方面做得好的旅游企业给予奖励，同时，还将组织旅游企业到港台及东南亚一带开展宣传促销活动，以招徕更多的海外游客来郴旅游，力争我市的入境游有较大的突破。

（五）加强行业建设，着力提高旅游管理服务水平

要按照建设社会主义物质文明、精神文明的总体要求，紧密联系行业实际，深入开展各种行之有效的精神文明创建活动，切实提高行业管理和服务水平。

要推进旅游诚信体系建设。在全市范围内，深入开展"向文花枝同志学习"活动，深入挖掘"花枝精神"的深厚内涵，大力推进旅游诚信体系建设，使旅游行业的诚信建设成为诚信郴州建设的重要组成部分。发挥各类旅游机构和组织在推进旅游诚信建设中的有效作用，倡导和鼓励各类经营单位增强信用意识，深入持久地开展旅游诚信建设，塑造诚信旅游形象。

要切实加强行业管理。一是要鼓励和支持有实力的旅行社参与现有旅行社的改组改造，积极培育和引进品牌龙头旅行社，进一步提升旅行社的规模和综合竞争力。鼓励和支持旅游区（点）两权分离，培育和壮大市场主体。二是加快旅游饭店星评步伐，扩大我市星级饭店覆盖面，积极引进国内外知名品牌，提升我市旅游星级宾馆管理、服务水平和整体竞争力。三是努力抓好旅游安全。安全无小事。要健全和完善旅游安全工作的长效机制，实行旅游安全责任制和责任追究制，坚决杜绝重大旅游安全事故的发生。我们要继续实行旅游安全一票否决制。各县（市、区）、各旅游企业凡是出现重大旅游安全事故、重大旅游投诉事件，在年终旅游综合考评中，一律一票否决。四是规范市场秩序。要坚持从源头上解决游客关注的热点、难点问题，坚决打击恶性价格竞争、购物欺诈等非法违规活动，严厉查处"黑社""黑车""黑店""黑导"等非法行为，坚持不懈地净化旅游市场。五是努力提高服务质量。要按照"旅游服务创品牌"的要求，在全市普遍开展文明服务、人性化服务、细微服务等质量建设活动，提升全市旅游行业的文明程度。要树立以人为本的服务理念，坚持精细管理、科学管理、规范管理，全面提升郴州旅游的服务水平，真正打造郴州旅游的服务品牌。

要加快旅游人才培养。要开展多形式、多层次的旅游人才培训，培养适应旅游市场需求的各级各类专门旅游人才，突出抓好旅游高级行政管理人才、高级经营管理人才和高级旅游服务人员培训，抓好旅游扩大就业和再就业专题培训，抓好其他旅游职业培训、岗位培训和资格考试培训等工作。通过行之有效的措施，切实提高全体旅游从业人员的业务素质和思想政治素质，为全市旅游业的进一步快速发展提供强有力的人才保证和智力支持。

要加强行业自律。要尽快成立旅行社、旅游饭店、旅游景区（点）等行业分会，进一步完善市旅游协会的机构和职能，发挥其在代表行业利益、维护市场秩序、促进行业自律和旅游市场中介等方面的积极作用，使协会工作和政府管理良性互动，为行业创造良好的发展环境。

（六）精心组织节会，打造郴州生态旅游节会品牌

市委、市政府决定于今年 9 月 16—17 日举办以"览湖湘经典古村，品林邑魅力风情"为主题的 2006 年中国郴州（民俗民居）生态旅游节，全力打造中国郴州生态旅游节品牌形象，推动我市旅游产业更快、更好发展。

要加大资金投入，在项目建设上下功夫。以节会带动项目建设，以项目建设促进旅游发展。要从郴州旅游发展的全局出发，围绕节会主体活动开展，遵循重点突出、特色鲜明、品位上乘的原则，切实加大节会项目的资金投入，采取财政拨款、银行贷款、招商引资、市场运作、上级支持、社会筹集等办法，加快项目建设。重点要加快桂阳县正和乡阳山村 3A 级旅游景区（古民居修缮、游客中心、宗祠、村前广场、仿古石桥、荷塘、景区指示牌、门楼、旅游厕所等）建设；桂阳县商业步行街二期开发和黄沙坪国家矿山公园开发建设；桂阳县新东方大酒店的改造，平阳、金龙、汇泉三星级宾馆改造、评定；永兴县高亭乡板梁古村和苏仙区岗脚乡岗脚古村参观点建设；湘南风情园二期工程（购物一条街、酒吧一条街）开发建设；要加快北湖区梦里故乡 3A 级景区、仙岭温泉、四清湖，嘉禾县钟水温泉，临武县东林庵景区，奇石、矿物晶体展览馆和奇石公园等的开发建设；加快阳山村至郴仰公路 5 公里、西凤渡 107 国道至岗脚古村段 4 公里、永兴马田镇经板梁古村至悦来温泉段 5 公里、北湖区政府至梦里故乡 5 公里、郴仰公路至四清湖 1 公里的公路改造。

要突出节会主题，在活动策划上下功夫。要多动脑筋、多花精力、多下功夫、多借鉴成功经验，认真做好、做活主体活动策划这篇大文章，做到主题明、定位高、形式新、方式活。今年旅游节主要活动必须围绕民俗文化做文章，要以大气魄、大手笔、大主题的方式，在旅游节围绕湘南地域风貌的民俗风情，策划一至两个在国内外颇具影响力、较强轰动效应的主体活动，增强旅

游节的吸引力和关注度；要以原生自然的形态，复古再现历史的生活状态，让游客参与其中，充分感受到湘南民俗风情的独特魅力；要扩大社会各界对节会的支持率和参与度，减轻财政的节会负担，逐步转变节会由政府大包大揽、唱"独角戏"的局面。

要扩大对外影响，在宣传造势上下功夫。今年旅游节的宣传推介要做到有策划、有节奏、有高潮、有创新、有突破，宣传声势要覆盖全省、辐射全国、影响国外；要在全国范围内，选择"大台、大报、大网、大刊"，专题宣传郴州优美的生态环境和深厚的人文底蕴，扩大旅游节在国内外的影响力；要积极参加各类旅游推介活动，召开旅游节专题新闻发布会，提升旅游节在主要客源市场的知名度和美誉度；要加强与省内外新闻媒体的沟通联系，邀请一批有影响力的新闻记者参加旅游节，对旅游节进行跟踪报道；要在主要交通要道、城区、旅游景区、活动现场设立大型户外广告牌，宣传本届旅游节，增强市民对节会的认知程度；要安排省内外主流电视媒体对节会重要的主体活动进行现场直播或录播，让更多的人知晓旅游节，感受旅游节；要撰写好郴州民俗民居旅游导游词，拍摄好一部郴州民俗旅游形象电视宣传片，编印好一本郴州民俗旅游画册，进一步丰富郴州民俗旅游宣传资料。

要注重民俗内涵，在文化挖掘上下功夫。要以举办民俗旅游节为契机，深挖地域历史文脉，建设湘南民俗文化精品工程，把神农文化、福寿文化、孝神文化、蔡伦文化、三国文化、湘昆艺术、民族风情等历史文化资源，整合为旅游资源，真正实现丰富的文化旅游资源转化为优质的旅游文化产品的目的；要加大对古民居的调查研究、保护整修工作，通过对湘南古民居的保护性开发，把祖先留下的优秀传统文化，告知当代人，流传后代人。

四、加强领导，周密部署，切实做好"五一"黄金周各项工作

"五一"黄金周即将来临，为做好今年"五一"黄金周的各项准备工作，确保旅游黄金周"安全、健康、质量、秩序、效益"五统一目标的实现，全市上下一定要抓住机遇，高度重视，迅速行动。

要全面启动"五一"黄金周的各项准备工作。各县（市、区）人民政府、

市假日旅游协调领导小组各成员单位、全市旅游经营单位一定要加强领导，统筹安排，强化措施，认真做好黄金周的各项准备工作。各宾馆、酒店、景区（点）要以中国优秀旅游城市的高标准搞好接待服务工作。旅行社要认真做好组团和接团工作的计划安排，要将郴州旅游的良好形象展现在游客面前。

要大力开展宣传促销工作。全市旅游经营单位要在"五一"黄金周来临前夕，策划组织在珠三角、长株潭、湘南、湘中、湘北等主要客源地，开展有针对性的各种宣传促销活动。在"黄金周"期间，各景区（点）要策划1—2项有创意的促销活动，积极招徕客源。市里各新闻媒体要认真做好黄金周旅游的宣传报道，特别要注意捕捉有亮点的素材，使宣传报道更加生动、活跃，争取在全国、省级等媒体上稿。

要扎实开展旅游安全大检查。全市各级各部门一定要强化旅游安全意识，牢固树立"安全第一""安全就是效益"的指导思想，加强对旅游安全隐患的排查。市假日旅游协调领导小组各成员单位要对照各自职责要求，认真扎实地开展旅游安全大检查，杜绝旅游安全事故的发生，确保"五一"黄金周安全度汛。同时，要进一步加强黄金周的值班、调度和统计工作，确保旅游市场井然有序、游客投诉及时处置、旅游形势及时反映。

潮平两岸阔，风正一帆悬。这次我们对"十五"我市旅游产业发展成果进行了总结，对"十一五"的发展进行了动员，全市各级各部门和广大旅游工作者要紧紧围绕建设"经济强市、生态大市、旅游名市"的战略目标，坚持以科学发展观为指导，进一步解放思想，抢抓机遇，开拓创新，真抓实干，为实现郴州经济又快又好发展，把旅游业打造为郴州支柱产业做出新的、更大的贡献！

（2006 年 4 月）

以举办节会为平台，全力建设旅游名市

2005 年中国郴州生态（温泉）旅游节已经落下帷幕，2006 年中国郴州（民俗民居）旅游节又将拉开序幕。我们要全面总结温泉旅游节的经验，全面安排民俗民居旅游节的工作。

一、2005 年中国郴州生态（温泉）旅游节情况总结

（一）旅游节基本情况回顾

本届生态（温泉）旅游节是我市规模最大、历时最长、活动最多、地域最广、各方反映很好的一届盛会。

1. 领导重视，组织严密。为精心组织筹备好本届节会，市委、市政府和北湖、苏仙、永兴、汝城四个承办县（区）分别成立了高规格的旅游节组（承）委会，形成了主要领导亲自抓、分管领导专职抓、其他领导主动抓的节会工作格局，并建立了严格的节会工作考评机制。筹备期间，市多名领导多次亲临节会现场督查指导工作，及时解决了筹备工作中的各种问题和困难。四个承办县（区）细化了各项工作目标，制定了严格的节会工作督查和奖励措施，并加大了财政资金的投入力度，有力地保障了节会的成功举办。北湖区为办好旅游节，安排了 21 名区级领导分工负责项目建设和节会各项组织活动，确保了各项准备工作的有条不紊、有序推进。旅游节全区投入各类资金 2 亿多元，其中财政资金投入 3000 多万元。汝城县为承办旅游节闭幕式，财政投入 1000 多万元用于节会项目建设。苏仙区为成功申报"中国温泉之乡"不遗余力，投入了大量的人力、物力和财力。市组委会一室七部及市直相关单位，以办好节会为己任，通力合作，做了大量卓有成效的工作，为实现"特色突出，水平高超，成效明显"的节会总体目标，做出了突出贡献。节会期间，全国政协原副

主席毛致用，国土资源部、国家旅游局等领导和部门亲临节会现场指导，给予了节会有力的支持。本届旅游节由于领导重视、组织严密，赢得了到会嘉宾的高度评价。贺同新副省长盛赞我市生态旅游节品牌魅力独特，旅游发展来势强劲，郴州各级党委、政府和各部门抓旅游发展的积极性空前高涨，在某种程度上、某些方面比张家界抓得更实、抓得更好、抓得更有成效。

2. 主题鲜明，活动精彩。本届旅游节紧紧围绕"沐浴灵泉圣水，体验福地风情"的主题，结合郴州温泉旅游资源特点，立足"水"字做文章，深挖地域历史文化。在活动策划上，彰显了温泉旅游和地域文化特色，突出了"大气魄、大手笔、大视野"；在活动节奏上，前呼后应，磅礴如歌，高潮迭起。本届旅游节策划的十大主体活动中，第七届亚洲游泳跳水锦标赛，高手如林，竞技场面激烈；寻找美丽"小龙女"活动，佳丽如云，喝彩不息；"龙舞碧水"大型文艺演出，匠心独运，欢快流畅；珍爱环境的放生活动，切合时代，顺乎民意；中华百福大鼎揭幕仪式，气势恢宏，古朴庄重；"星光灿烂耀北湖"明星演唱会，明星荟萃，气氛活跃；金秋悦来欢乐夜活动，地域特色浓厚，民俗表演精彩。荟萃国内知名专家和企业精英共商温泉开发的高层峰会，尽现温泉魅力的世界顶尖超级模特大赛，展示温泉地域人文风情的闭幕式暨"欢腾的热水"民俗情态游，汇集国内精美小吃的旅游美食节等活动都有机地将温泉旅游与现代文明、本土文化、健身疗养、餐饮美食等融为一体，生动活泼，精彩纷呈，寓意深远。

3. 盛况空前，影响广泛。本届旅游节自寻找美丽"小龙女"活动开始，至旅游美食节结束，历时近三个月，大小活动20多个，涉及北湖、永兴、苏仙、汝城、资兴、宜章六个县（市、区），数十万市民积极参与，吸引了包括中直机关、省领导，省直有关部办委局，港澳、广东、浙江等地数千名嘉宾出席，云集了中央电视台、《中国旅游报》《香港大公报》、新华社湖南分社等100多家新闻媒体；香港国际华商观光协会、台湾中华两岸旅行协会、澳门安泰旅行社、广东羊城铁旅等300多家境内外旅行社，韩国SK集团、美国美洲食品公司、台湾总商会等400多家投资商。活动时间跨度、活动规模档次、嘉宾参会人数均创历届旅游节之最。

（二）旅游节的主要成效

1. 完善了基础设施，推动了旅游开发建设。本届旅游节共安排了22个重点建设项目，总投资近 5 亿元，开发了百福大鼎、龙女寺、郴州游泳跳水中心、龙女高尔夫训练场、湘南风情园、中国银都工业旅游示范点、汝城温泉文化园、龙湾旅游度假村等一批新的旅游区（点），进一步丰富了我市的旅游产品供给。完成了龙女温泉、悦来温泉景区的提质改造工程，进一步改善了景区设施条件，提升了景区品位。按五星级标准新建了华天（郴州）大酒店等一批旅游服务设施，评定了万国、御泉两个四星级旅游饭店和永昌兴、银都、王朝三个三星级旅游饭店，进一步增强了我市的旅游接待能力。改造了汝城文明至县城、资兴市区至程江口、107 国道至天堂温泉等交通道路，进一步改善了我市的旅游交通条件。

2. 提升了温泉景区品位，打造了温泉旅游品牌。为打造"中国温泉之乡"旅游品牌，我市积极做好申报"中国温泉之乡"的各项工作，邀请了中矿联专家及珠海御温泉等国内知名温泉企业的负责人参加旅游节，策划了中国温泉之乡（郴州）地热产业开发暨温泉旅游发展峰会，共同探讨郴州温泉开发大计。加大了对温泉旅游产品的提质改造力度，评定了省内中心城区第一家四星级温泉旅游饭店——御泉大酒店和我市第一个国家 3A 级温泉旅游景区——悦来温泉度假山庄，建设了国内首家温泉游泳跳水中心和以温泉为主题的汝城温泉文化公园，编制了天堂温泉—飞天山、永兴便江—悦来温泉—板梁古民居—南岳衡山、丹霞山—热水温泉—井冈山等七条温泉旅游黄金线路，强化了温泉文化、生态文化、地域文化的有效整合，提升了郴州温泉的文化品位。10 月 28日，我市正式被中国矿业联合会命名为"中国温泉之乡"，成为全国第五、湖南唯一的"中国温泉之乡"。

3. 提高了我市的知名度和美誉度，扩大了郴州的对外影响。本届旅游节加强了宣传推介力度，国内外近百家新闻媒体先后加入到旅游节宣传报道的阵营，发布节会新闻千余条。节会前，在《人民日报》《中国旅游报》《湖南日报》《羊城晚报》等主流报纸进行了专版宣传；在广州国际旅游展销会和桂林国内旅游交易会上举办了旅游节专题推介会；在香港、南沙、长沙三地举办了旅游节新闻发布会；在省内主流媒体投放了旅游节宣传广告；在网络媒体设置了旅游节专栏；在节会现场、高速公路、城区主要路段设置了 50 多块大型户外宣传广告，扩大了旅游节的影响力，树立了郴州旅游的良好形象，提升了郴州旅游在省内外的知名度和美誉度。节会期间，新华社、中央电视台、《人民日报》、《中国旅游报》、《香港大公报》、《香港文汇报》、《湖南日报》、湖南卫视、湖南经视等强势媒体，聚集郴州，跟踪报道旅游节，郴州人民广播电台与中央人民广播电台连线直播了节会活动，湖南经视全程录播了旅游节开幕式盛况。市、县（区）两级节会办分别向嘉宾发放了《郴州旅游电视风光片》《郴州旅游一图通》《旅游节活动指南》等宣传资料。旅游节盛况之空前、氛围之热烈、气势之宏大，在国内外掀起了一阵"郴州"狂潮。

4. 获得了良好的综合效益，促进了郴州经济社会发展。旅游节巨大的热点效应、广泛的社会影响、无限的潜在商机，为我市建筑、广告装饰、印刷、餐饮、运输等行业创造了价值不菲的市场需求，吸引了市内企业以不同形式支持旅游节，呈现了节会树品牌、企业得实惠的双赢局面，形成了郴州节会经济的雏形。借助节会平台，我市招商引资获得了大丰收，节会期间，我市共签约招商项目 58 个，合同金额达 29 亿元人民币，其中引进外来资金 27 亿元人民币，涉及旅游景区开发、工业项目建设、城市经营等多个行业，为郴州社会经济发展注入了新的活力。同时，通过举办旅游节，还培养和造就了一支特别能干事、特别能干成事的干部队伍，并有效提升了市民的文明素质。

二、2006 年中国郴州（民俗民居）旅游节工作要求

为继续打造中国郴州生态旅游节品牌，提升郴州旅游产品的文化含量，带动我市西部旅游的开发建设，为进一步完善我市旅游产业布局，推动我市旅游产业更快、更好发展，市委、市政府决定于明年 9 月中旬，举办 2006 年中国郴州（民俗民居）生态旅游节。旅游节主题为"览湖湘经典古村，品林邑魅力风情"，由中共桂阳县委、桂阳县人民政府和市直有关单位共同承办，中共苏仙区委、苏仙区人民政府和中共永兴县委、永兴县人民政府协办。为确保郴州（民俗民居）生态旅游节圆满成功，各承办单位要及早准备，统筹安排，不断创新，务求实效。

（一）要加大资金投入，在项目建设上下功夫

以节会带动项目建设，以项目建设促进旅游发展，是我们举办旅游节的主要目的，承办县区要围绕节会主体活动，遵循重点突出、特色鲜明、品位上乘的原则，切实加大对旅游产业的资金投入，按照财政拨款一部分、银行贷款一

部分、招商解决一部分、市场运作一部分、上级支持一部分，社会筹集一部分的方法，着力加快六个方面的重点项目建设。一是要尽快改造、建设桂阳县城经阳山至郴仰公路、临武金江至仰天湖、汝城岭秀至资兴黄草、资兴经程江口至永兴碧塘、资兴至炎帝陵等旅游基础设施；二是要开发建设以湘南风情园、桂阳阳山、永兴板梁、苏仙区岗脚古民居为代表的民俗文化旅游景区；三是要开发建设以仰天湖、嘉禾钟水温泉、临武东林庵和金江温泉为代表的、能带动我市西部旅游发展的景区开发项目；四是要挖掘、整理以神农文化、蔡伦文化、三国文化、孝神苏仙、昆曲艺术、嘉禾山歌为代表的地域文化旅游资源；五是要新建、改造一批旅游星级宾馆，重点完成桂阳新东方大酒店四星级和蔡伦、平阳、金龙等宾馆三星级的改造、评定；六是要加快建设郴州旅游服务中心，以及服务于自驾车旅游的其他服务设施。

（二）要突出节会主题，在活动策划上下功夫

增强节会效果，关键在于活动的策划。因此，我们要多动脑筋、多花精力、多下功夫、多借鉴成功经验，认真做好、做活主体活动策划这篇大文章。一是活动主题要明。明年旅游节的主题是民俗民居，旅游节的主要活动必须围绕民俗文化做文章，策划的活动要体现出湘南地域风貌的民俗风情。二是策划定位要高。要以大气魄、大手笔、大主题的方式，在旅游节策划一至两个在国内外颇具影响力、较强轰动效应的主体活动，增强旅游节的吸引力和关注度。三是活动形式要新。要尝试改变"会议＋游玩"的传统节会形式，力争以原生自然的形态，复古再现出历史的生活状态，让游客参与其中，充分感受到湘南民俗风情的独特魅力。四是举办方式要变。要在坚持"政府引导、专业操作、市场运作"的前提下，吸引、支持企业参与到节会活动的策划与组织实施之中来，进一步扩大社会各界对节会的支持率和参与度，减轻财政的节会负担，逐步转变节会由政府大包大揽、唱"独角戏"的局面。

（三）要扩大对外影响，在宣传造势上下功夫

旅游是注意力经济，知名度就是客源，美誉度就是市场。明年旅游节的宣传推介一定要做到有策划、有节奏、有高潮、有创新、有突破，宣传声势要覆盖全省，辐射全国，影响国外。市、县两级组委会要制订详细、切实可行的旅游节宣传工作方案，做到有计划、有目标、有经费。一是要在全国范围内，选择"大台、大报、大网、大刊"，专题宣传郴州优美的生态环境和深厚的人文底蕴，扩大旅游节在国内外的影响力。二是要积极参加在长沙、广州、香港等地举办的各类旅游推介活动，召开旅游节专题新闻发布会，提升旅游节在主要客源市场的知名度和美誉度。三是要加强与省内外新闻媒体的沟通联系，邀请一批有影响力的新闻记者参加旅游节，对旅游节进行跟踪报道。四是要重视广告宣传。在主要交通要道、主要城区、旅游景区、活动现场设立大型户外广告牌，宣传本届旅游节，增强市民对节会的认知程度。五是要安排省内外主流电视媒体对节会重要的主体活动进行现场直播或录播，让更多的人知晓旅游节，感受旅游节。六是要撰写好一篇郴州民俗旅游景区导游词，拍摄好一部郴州民俗旅游形象电视宣传片，编印好一本郴州民俗旅游画册，进一步丰富郴州民俗旅游宣传资料。

（四）要注重民俗内涵，在文化挖掘上下功夫

以民俗为主题的旅游节，与前几届生态旅游节有明显的区别，民俗旅游在内容上是要让游客充分感受、体验千百年流传下的、独具地方特色的民俗文化魅力。在表现形式上需要演绎历史长河中闪光的瞬间，增强游客与景区原住民的交流、对话。因此，我们各相关部门要以举办民俗旅游节为契机，深挖地域历史文脉，建设湘南民俗文化精品工程，把神农文化、福寿文化、孝神文化、蔡伦文化、三国文化、湘昆艺术、民族风情等历史文化资源，整合为旅游资源，真正实现丰富的文化旅游资源转化为优质的旅游文化产品的目的。尤其是要加大对古民居的调查研究、保护整修工作。湘南的古民居是一部湘南地域千年历史的大百科全书，古香古色的建筑中，蕴含着古代建筑规划、衣食住行、娱乐习俗、祈福祭祖、民俗变迁等丰富的文化内涵，要通过对湘南古民居的保护性开发，把祖先留下的优秀传统文化，告知当代人，流传后代人。

（五）要加强统筹协调，在提质增效上下功夫

举办旅游节是一项系统工程，各项筹备工作时间紧、任务重、涉及面广、开拓性强。桂阳县县委、县政府要尽快召开会议专题研究，抓紧成立2006年中国郴州（民俗民居）生态旅游节承办委员会，明确一名县级领导专职抓旅游节的筹备工作；要从各单位抽调一批政治觉悟高、综合素质好、业务能力优、创新意识强的年轻干部从事节会的各项工作；要抓紧制订节会总体工作方案，切实抓好节会活动策划，并逐项认真抓好落实；要制定严格的节会工作督查和奖惩措施，将责任明确到人、任务分解到人，尤其是旅游节重点建设项目

和主体活动，要有专门的工作班子加以推进。市组委会要加强对承办县的工作指导、督查，市节会办要定期将节会活动筹备、组织情况和重点项目建设情况向市组委会汇报，对节会筹备工作落实较差的、进展缓慢的责任单位要发出专门督导函，并向市组委会主要领导汇报。市组委会各部室要围绕节会的项目建设、活动策划、文化挖掘、宣传推介、经贸洽谈等节会重点工作，切实加强与桂阳县的沟通、衔接，要全力支持、主动参与、上下联动，确保旅游节的各项准备工作强力推进，确保旅游节的举办取得圆满成功。

同志们，雄关漫道真如铁，而今迈步从头越。我们坚信，在市委、市政府的正确领导下，按照建设"经济强市、生态大市、旅游名市"的战略目标要求，齐心协力、开拓创新、务实求效，就一定能把2006年中国郴州（民俗民居）旅游节办成旺人气、聚财气、扬名气的盛会，就一定能为郴州旅游的更快、更好发展，为构建和谐郴州做出新的、更大的贡献。

（2005 年 12 月）

郴州生态旅游节应坚定不移地办下去

我市自1997年起开始举办旅游节，当时为山水旅游节，2000年改为生态旅游节，一直由市里举办。为了推动县（市、区）旅游产业发展，从2001年起，改由各县（市、区）轮流举办，至今已举办了九届。一年一度的旅游节已成为推动郴州旅游发展的主要推动力，使郴州旅游从无到有，从弱到强，从小到大，从在全省旅游默默无闻到被誉为湖南旅游的一匹黑马继而成为一匹骏马，得到了国家旅游局，省委、省政府及省旅游局和社会各界的广泛赞誉，列入了中国节会50强。

一、主要成效

通过举办一年一度的生态旅游节，统一了对旅游产业地位和作用的认识，加大了政府主导力度，推动了景区开发、接待设施、基础设施及城市的建设，打造了旅游品牌，提高了郴州旅游的知名度和市民的文明素质，可以说是一举多得的好事、实事。

（一）推动了建设。每年的旅游节都会确定一批旅游景区开发、旅游接待设施、旅游基础设施及城市基础设施等方面的重点建设项目。近几年来，先后开发和提升了东江湖、苏仙岭、飞天山、莽山、龙女温泉、天堂温泉、热水温泉、悦来温泉、阳山古村等旅游景区，先后新建了五连冠、国际大酒店、宜章大酒店、莽山大酒店等10多家星级酒店，先后改建了资兴黄草—岭秀、宜章一六—莽山、汝城三江口—热水、郴州—飞天山、郴仰路经阳山至桂阳等旅游公路。据不完全统计，九届旅游节用于旅游景区开发、旅游接待设施、旅游基础设施等方面建设的投入达8亿元以上，极大地加大了旅游景区开发力度，提升了旅游接待能力，改善了旅游交通条件。如1997年的郴州山水旅游节，市里在短时期内完成了环城南路、苏仙南路、人民西路的建设，仅 100 天时间就建设好了郴州体育场观众台，旅游节前有五连冠、晶鑫、金叶三家三星级宾馆完成了建设和星级评定，全面提升了市里的接待能力和改善了城市基础设施。（莽山）生态旅游节开发了猛坑石、将军寨、天台山、猴王寨四大景区，建设了莽山大酒店、宜章大酒店、君悦大酒店等接待宾馆。可以说，如果没有旅游节的推动，市里也好，宜章也好，不可能这么快、这么大地推动如此多的相关项目建设。

（二）打造了品牌。通过一年一度的生态旅游节，东江湖、苏仙岭、飞天山、天堂、热水等先后获得了国家 4A 级旅游景区、"国家地质公园""中国温泉之乡"等称号，打造了生态休闲、林地福城、温泉健身、漂流探险等生态旅游品牌。

（三）扩大了影响。每年旅游节的宣传活动有策划、有创新、有突破。如东江湖国际漂流赛、摩托艇邀请赛，飞天奖得主畅谈飞天山、驻外使节走进飞天山，莽山开山大典，百福大鼎祈福，"拥护青山绿水、走进健康郴州"系列活动，"天赐阳山、和风古韵"大型实景演出等。每年吸引了几十家新闻媒体加入了郴州旅游节的宣传，《人民日报》《中国旅游报》《湖南日报》《羊城晚报》、湖南卫视、凤凰卫视、广东卫视等国内外著名媒体都对郴州旅游节做过详细的跟踪报道，宣传声势覆盖了全省，辐射了全国，影响到了国外。国内外已有超百家新闻媒体先后加入过旅游节宣传报道的阵营，发布了节会新闻千余条，扩大了旅游节的影响力，树立了郴州旅游的良好形象，提升了郴州在省内外的知名度和美誉度。

（四）促进了发展。旅游节的举办，极大地促进了旅游经济的发展。全市接待各类游客和旅游综合收入由 1996 年的 105 万人次、4 亿元增加到 2006 年的 677 万人次、46.3 亿元，双双由全省第 10 位跃居全省前列。星级宾馆也从 1996 年的 4 家发展到现在的近 40 余家，其中四星级旅游饭店 4 家、五星级旅游饭店 1 家，旅游综合收入占 GDP 的比重由 2.5％增加到 2006 年的 8％以上，旅游业已成为我市名副其实的支柱产业。

（五）锻炼了队伍。九届旅游节的成功举办，形成了一套系统的工作机制和获得了大量的节会工作经验。从市里到县（市、区），培养、锻炼了一批节会工作经验丰富的领导和干部，其中不少走上了更高的领导岗位。如宜章县旅游局成立时间不长，许多干部都是新手，通过直接承办旅游节，整体素质得到了极大提升，人数不多的旅游局，去年在县直机关综合考评中位居县直机关前列。

二、继续举办

近年来，我国旅游业飞速发展。2006 年，全国国内旅游人数超过 13 亿人次，相当于全国国民平均每人每年出游一次。各地党委、政府充分认识到了旅游业发展的美好前景，纷纷将旅游业列为支柱产业或者第三产业的龙头，加大了对旅游基础设施、旅游资源开发、旅游产品促销的工作力度和投入力度，政府主导旅游业发展的新局面全面形成。郴州旅游既面临极大的发展机遇，也面临日趋火热化竞争的严峻挑战。我认为，继续举办一年一度的生态旅游节，是郴州旅游继续快速发展、立于不败之地的重要抓手、现实选择和有效捷径。

（一）省委有要求。近期，应湖南省委之邀，国家旅游局组织了一个高规格的旅游调研考察组来湖南考察调研。专家组在调查之后向省委建议，湖南应明确把旅游业作为支柱产业，省委常委会已经予以认可。省第九次党代会报告明确提出，要将旅游产业培育发展成有规模、有实力、有永续发展力的支柱产业。省委、省政府主要领导来郴调研时也专门强调，郴州要继续立足丰富的生态旅游资源优势和良好的区位条件，加快旅游支柱产业发展。

（二）省政府有部署。湖南从 90 年代中期就开始办旅游节，当时是三节，即常德桃花节、岳阳龙舟节、张家界森保节，头两年是省里统一办，后来由有关市自己办。真正长期坚持且效果好的要算我市从 1997 年开始办的旅游节，借鉴云南、四川及郴州举办旅游节会的成功经验，从 2003 年开始，省里正式举办湖南旅游节，至今已经举办了三届，时间固定在每年的 9 月 12—18 日，节会要求各市（州）都举行节会活动，节会的开闭幕式采取的是各市（州）申办制，而且还要进行评比表彰。湖南旅游节已经成为推动湖南旅游发展的一个重要平台，省政府明确今后要长期办下去，而且要越办越好。我市的生态旅游节已被列为一年一度湖南旅游节的一项重要活动。

（三）郴州旅游发展有需求。大凡各地举办旅游节会主要有两种类型，一种是老牌旅游区，开发有一定基础，主要是想通过办节进一步加大宣传力度招揽客源。如一年一度的桂林山水旅游节、黄山国际旅游节。另一种是新开发的旅游区，希望通过旅游节一方面促进开发和建设，另一方面是打造品牌和促销。这方面最成功的是四川。四川省委、省政府近几年高度重视旅游产业的发展，一年一度的旅游发展大会和四川国际旅游节结合起来，在各市州和重点景区轮流举行，先后在乐山市的峨眉山、成都市的都江堰、川西北的九寨沟、小平故里广安等地举行，每次省市州委书记，省市州长都出席，书记、省长做重要讲话，邀请国内外嘉宾参加节会。四川省这几年旅游业取得了突飞猛进的发展，旅游景区的开发水平和档次位居全国前列，一年一度的国际旅游节功不可没。前几年发展较快的海南、云南现在都反过来开始向四川学习，四川已经成为中国旅游业的一面旗帜。郴州旅游起步较晚，尽管旅游资源丰富，但真正能够称得上世界级的旅游资源几乎没有，国家级的也需要打造。这几年我们采取第二种类型举办旅游节，取得了很好的效果，得到了方方面面的赞誉，可以这样说，没有一年一度的旅游节，就不会有郴州旅游的今天。我以为，在今后一段时期内，办好一年一度的旅游节仍将是我市旅游产业发展的主要推动力。

三、总体思路

（一）提前做出规划。提前一年确定下一年度节会的主题及承办地，以便早作准备，取得更好效果。2007 年，拟由永兴县承办，主题突出百里丹霞山水；2008 年，拟在市里举办，突出福寿文化，以"天下第十八福地"苏仙岭、郴州体育训练基地和百福大鼎为平台，祈福喜迎奥运；2009 年，拟由安仁县承办，突出神农药文化或由嘉禾县承办，突出民歌文化；2010 年，拟在市里举办，突出休闲度假主题，同时争办湖南旅游节开幕式。

（二）市县轮流举办。从 1997—2000 年，旅游节一直由市里办，2000 年后由各县（市、区）轮办，今后旅游节可考虑由市与县（市、区）轮流举办。这样既可推动县（市、区）旅游产业发展，也可加强中心城区的基础设施、接待设施和市属景区的建设。

（三）集中分散结合。除市里统一组织的一年一度的生态旅游节外，市里鼓励各县（市、区）、各景区、各旅游企业自主举办一些有创意的节庆活动。这几年不少县和旅游景区已经在这样做。如安仁春分节、万华岩西瓜节、莽山溯溪挑战赛等。这方面可进一步加强研究、加强策划、加大推动，市里给予一定补助和奖励。

（四）加大节会投入。前几年的旅游节，各承办县（市、区）高度重视、全力以赴，市里也给予了大力支持，但是不少景区投入仍然不足，如（飞天山）生态旅游节，当时重点放在了节会活动上，景区只是建了一些码头和厕所，当年客源市场十分火爆，节后的"十一"黄金周接待旅客 4.6 万人，同比增长 6.3 倍，列当年全国"十一"黄金周增幅最大的十大景区，还上了中央电视台。但这几年客源增长不大，明显感到后劲不足。反观莽山，由于 2004 年（莽山）生态旅游节同时承办了湖南旅游节闭幕式，资金投入较大，光是道路、景区、接待设施建设投入就超过 1 亿元，现客源市场来势很好，莽山大酒店经常订不到房。宜章几家民营企业正合股投资 6000 万元建一家四星级酒店，今年"五一"之前可以开业，还有深圳一家公司投资兴建四星级酒店的合同也已签约，预计未来几年，莽山游客还会大幅度增加。桂阳阳山、永兴板梁在旅游节前，有些领导对两处景点开发信心不足，但是旅游节后，两处景点游客如织，"十一"黄金周日接待旅客达 4000 人以上，桂阳阳山已有投资商参与开发，永兴板梁也有不少客商表达了开发意向，广东一公司准备投资 800 万元以板梁古村为背景专门制作一部电视剧，现正在板梁深入生活考察。因此，办旅游节的重点景区必须投入达到一定的规模，才可以一方面吸引投资，另一方面吸引大量后续客源。这几年市里对县（市、区）办节的支持力度不断加大，最初为 30 万元，现已达 200 万元，但仍然偏少，承办县（市、区）财政至少拿出了 1000 万元以上（不包括基础设施投入）。因此，今后旅游节应举全市之力举办。市里每年统筹 500 万元资金，同时各承办县（市、区）财政拿出不少于 1500 万元用于景区建设和旅游节庆活动开支，加上企业投资、招商引资、银行融资，总投入应不少于 5000 万元，确保每年节会的成效。

四、明年永兴承办

（一）办旅游节有较好基础。永兴县已先后举办过两届龙舟节，近两年又协助了市里的温泉和民俗民居旅游节，在旅游景区开发、旅游接待设施、举办旅游节会经验等方面已有了较好的基础，应该说与已承办过旅游节的县（市、区）当年条件相比是最好的。

（二）对全市旅游发展有较强带动。一般来说，中短距离旅游者从出发地到达旅游目的地以不超过三小时车程为宜，郴州旅游南口宜章莽山和汝城热水目前已初步打通，通过这两个口可以吸引粤港澳的旅客并延伸至郴州其他景区。处于北口的永兴目前尽管旅游客源已有一些，但主要是市内、耒阳及衡阳等周边游客，一旦永兴旅游更好地发展起来，北口更大地打开，既可减少北向游客从出发地到旅游目的地的时间，又可吸引长株潭和省内湘南、湘中、湘北乃至武汉的大量游客，继而带动全市旅游的发展。

（三）促进百里丹霞景区开发。整合永兴、资兴、苏仙三县（市、区）丹霞旅游资源，打造百里丹霞品牌是今年我市旅游发展确定的一项中心工作，但光有好的策划和规划还不够，如果没有一定的开发基础，无论是招商还是揽客都会有一定难度。今年以百里丹霞为主题举办生态旅游节，不仅可以为下一步百里丹霞景区整体打造打下一个扎实的基础，而且有利于挤进全国一流的丹霞地貌景区和世界自然遗产。目前，广东丹霞山、湖南崀山、江西龙虎山、广西资源等国内著名的七大丹霞地貌景区正在谋划联合申报世界自然遗产，我们必须高度重视，要挤进这一班车，否则今后再好的品牌也不可能挤入国内一流的丹霞景区行列。但要挤进，目前我们的开发基础和知名度还不够，必须通过旅游节促进开发，借势造势，融入其中。

（四）思想上已经有准备。大十字架区域六个县（市、区），只有永兴没有承办过生态旅游节。两年前就举办生态旅游节的问题已给县里吹过风，这几年县里通过举办节会已尝到甜头，相信永兴有信心、有能力办好今年的生态旅游节。

（2007 年 3 月）

辑三

开放篇：实施"开放兴郴"首选战略

构建郴州创新体系，促进郴州技术创新

江泽民总书记指出："创新是一个民族进步的灵魂，是一个国家兴旺发达的不竭动力。""建设国家创新体系，这是关系中华民族发展的大战略。"

朱镕基总理在九届全国人大四次会议《关于国民经济和社会发展第十个五年计划纲要的报告》中指出："坚持把改革开放和科技进步作为动力。经济发展和结构调整，都要靠体制创新和科技创新来推动。"

由此可见，"创新"已成为当今我国政治经济生活中的一个重要话题，也是加快我国经济发展、加快社会主义现代化进程的必由之路和不竭动力。

一、技术创新及其相关的概念

（一）创新理论的发展及技术创新定义

美籍奥地利经济学家熊彼特在 1912 年出版的《经济发展理论》一书中最先提出了"创新"的概念。他指出，创新包括引入一种新的产品或提供一种产品的新质量，采用一种新的生产方法，开辟一个新的市场，获得一种原料或半成品的新的供给来源，实行一种新的企业组织形式五种情况。他强调了技术创新在经济发展中的作用，并对发明创造和技术创新进行了区别。他认为前者是知识的创造，即科技行为；后者是科技成果的商品化，即经济行为。他说："先有发明，后有创新；发明是新工具或新方法的发现，创新则是工具或新方法的实施。"熊彼特的这些观点，不仅对经济增长理论产生了深远的影响，而且直接导致了"技术创新经济学"这门新学科的诞生和兴起。

后来包括诺贝尔经济学奖获得者索罗在内的一大批学者对技术创新理论进行了较为全面的研究，但至今对技术创新仍没有一个较严格的定义。

1988 年，联合国在《科技政策要览》中指出："技术进步，通常被看作是一个包括三种互相重叠又相互独立要素的综合过程。第一个要素是技术发明，即有关新的或改进的技术设想，发明的重要来源是科学研究。第二个要素是技术创新，它是指发明的首次商业化应用。第三个要素是技术扩散，它是指创新之后被许多使用者采用。"

据上可知，第一，技术创新是知识财富开发全过程中的一个特殊阶段，即技术与经济之间的中间转化环节。第二，技术发明者不一定是"技术创新者"，只有那种敢于冒风险、把新发明引入经济之中的企业家才是"技术创新者"。这就是说，市场化、产业化是技术创新成功与否的唯一判断标准。第三，"科技成果推广"强调的是科技成果的作用，但科技成果的使用者没有指明，是处于被动状态的；而"技术创新"则是着眼于经济发展，强调的是企业自身的主体行为。这些是我们开展技术创新活动必须注意的问题。

（二）技术创新与其他创新的关系

1. 科技创新。科技创新从狭义上讲，是指科学技术的发明创造。故科技创新从狭义上说，属于技术创新的"创新源"范畴。但目前我们使用科技创新的概念都是取其广义之意：泛指通过科技体制和科技体制的变革，使科技和经济能有效结合。从这个意义上说，科技创新等同于技术创新。

2. 知识创新。知识创新是 1997 年才出现的新词。按照德布拉·摩·阿米顿于 1997 年 4 月出版的《面向知识经济的创新战略》一书的定义，"知识创新是指为了企业的成功、民族经济的发展和社会进步，创造、演化、分配和应用新的思想，使其转变成市场化的商品和服务"。因此，从总体上看，对知识创新的理解应属于狭义的"科技创新"的范畴。

（三）大创新观

根据我国的国情，要全面贯彻实施《中共中央、国务院关于加强技术创新、发展高科技，实现产业化的决定》，就必须树立"大创新观"。即我们的创新活动至少要包含技术创新、制度创新（含经济制度创新、体制创新、发展模式创新）、意识创新（含价值观念创新、伦理道德创新、观念创新、理论思想创新、创新精神）、机制创新（含市场动力机制创新、政企银结合投入机制创新、内在激励机制创新）、管理创新（含管理模式创新、组织形式创新、管理方法创新、管理手段创新）五个方面的内容。

（四）创新体系建设的三个层面

根据国外技术创新的成功经验，技术创新体系包含三个层面：

第一个层面是企业。它是创新的主体。要让企业在市场机制的激励下从事创新。

第二个层面是科研机构、大学。它是重要的技术创新源。知识经济时代的来临使企业的创新活动越来越依赖于它们生产的知识。

第三个层面是中介服务机构。它是沟通知识流动的重要环节。不同层次、不同领域的咨询服务机构是沟通科研部门与企业间知识流动的纽带和桥梁。

由此可见，技术创新是一个大的系统工程，它是企业内部的研究开发部门、生产部门、营销部门，以及企业与企业外的研发机构、高校、中介机构及其他企业互相作用的结果。正因如此，中央领导及中央文件多次强调要加强创新体系建设。

二、发展和完善创新体系的迫切性和必要性

科学技术发展史表明：18 世纪的工业技术革命导致了英国的称霸；19 世纪的科技革命促使德国和美国的崛起；20 世纪 40 年代的科技革命形成了美苏两极格局；20 世纪 70 年代的电子技术革命形成了美、日、西欧三足鼎立之势；20 世纪 90 年代的信息技术革命使苏联衰落，打破了世界的两极格局。科学技术发展史还表明：到 18 世纪上半叶的 1750 年，中国的经济还处于世界前列，当时中国的制造业产值占世界总产值的 40% 以上，是英国的四倍，而到 1860 年，英国的制造业产值已超过了中国。正是对新技术认识的不足、对技术创新重视不够，才使中国在 110 年的时间里从遥遥领先到明显落后。世界的现代化进程、中国的百年沧桑、世界格局的演变，宣示了这样一条规律：哪个国家重视技术创新，率先进行和完成新的科技革命，掌握并积极推广最先进的科技成果，其经济就会发展，社会就会进步，国力就会增强，国际地位就会随之提高。这条规律概括起来，就是"科教兴国"。而"科教兴国"战略的全面实施，很重要的一个方面就是通过创新体系的建设促进技术创新，通过技术创新发挥出科技对经济社会发展的巨大作用。这一点是至关重要的，也是十分迫切和必要的。

1. 完善和发展国家创新体系是提高国家的整体创新水平、增强综合国力、适应国际激烈竞争的需要。综合国力竞争的前沿正推移到创新领域。企业虽在创新体系中居于至高地位，但负担不起系统整合的作用，只有发挥政府的组织功能，才能把创新体系扩展到高层次，也只有到达高层次，才可以与国际竞争相匹配。

2. 完善和发展国家创新体系是促进我国社会主义市场经济与国际经济接轨的需要。我国正在建设的社会主义市场经济，既是国际经济的重要组成部分，又受到国际政治经济格局的影响。在这样一种背景下，强调国家创新体系的作用具有十分重要的意义。

3. 完善和发展国家创新体系是我国经济发展和实现三步走战略的需要，是促进科技与经济结合的需要。国家创新体系的完善与发展，将给我国的经济与科技体制改革带来新思路，能为解决我国的科技与经济两张皮的现象提供有效的途径和方法，为增强技术创新能力提供制度保证与技术基础，最终有助于提高中国产业的素质和国际竞争力。

4. 完善和发展国家创新体系是实现跨越式发展的根本途径。从郴州来看，我市在全省14个市州的多项科技指标排名都较偏后。如：1997年，科技进步基础排名第10位，科技活动投入排名第12位，科技活动产出排名第11位，高新技术产业化排名第9位，科技促进经济社会发展排名第7位，企业科技机构数排名第13位，从事R&D人员数排名第8位，技术开发项目数排名第11位，综合排名第9位。这几年，在市委、市政府的正确领导下，在全市各行各业有志者的努力下，通过实施技术创新和"科教兴郴"战略，使全市科技指标在全省的排名有了明显的上升，在2000年的科技综合排名已上升到全省的第6位。由此可见，加大技术创新力度将是我市走向全面进步的根本出路。当然，这也对我市进一步建设和完善我们的区域创新体系提出了更高、更新、更严格、更迫切的要求。

三、加速我市区域创新体系建设的构思

（一）区域创新体系是国家创新体系的重要组成部分

根据系统论的观点和国家创新体系的含义，国家创新体系是由若干个子系

统，即区域创新体系互相联系、互相作用的有机结合体。根据经合组织的定义，国家创新体系由政府、企业、大学、科研院所和中介机构等要素构成。

在我们国家，由于长期实行计划经济模式，故在现实中产生出一些很特别的情况：一是因不同的行政隶属关系而有不同的级别。二是经济发展不平衡导致了区域间、产业间的差距。

因此，创新仅靠国家级的大学、科研院所、企业是远远不够的。我们应在国家创新体系的整体框架下，构建自己的区域创新体系。

（二）我市区域创新体系构架的初步设想

1. 指导思想

认真贯彻《中共中央、国务院关于加强技术创新、发展高科技，实现产业化的决定》和九届人大四次会议批准的"十五计划纲要"，结合实施以"科教兴郴"为主线的市委"一三五"总体构思，紧紧围绕"大十字"经济走廊和郴资桂经济一体化建设总目标，以企业为主体，以市场为导向，通过导入新观念、新机制、新技术，按照"疏导源头、培养主体、联建基地、加强中介"的要求构建郴州区域创新体系，通过技术创新促进郴州高新技术产业快速发展，促进传统产业的改造和升级，促进经济结构的调整和优化，把我市的经济发展转变到依靠科技进步上来。

2. 基本原则

（1）符合社会主义市场经济和科技发展客观规律。

（2）区域技术创新与区域经济发展战略相协调。

（3）技术创新、制度创新、意识创新、机制创新、管理创新相结合。

（4）政府引导与市场机制相结合，以市场实现程度为检验技术创新成功与否的最终标准。

（5）有所为，有所不为。有限目标、重点突破、互联组建、开放公用、公平竞争、优胜劣汰。

3. 总体目标（"十五"期间）

（1）科技水平达到省内中上水平。

（2）科技人才达到9万人，且结构趋向合理。

（3）50%以上骨干企业建立产学研一体化的技术开发机构。

（4）建立完善的技术创新服务体系。

（5）技术创新支撑体系得到实质性的加强。

（6）通过技术创新全面促进全市"十五计划"目标的实现。

4. 具体措施

（1）营造一个有利于技术创新的外部环境，引凤筑巢

①在全市上下大力宣传普及科学知识，以达到全面提高全民科技意识的目的。也就是首先要抓观念、意识创新。

意识创新十分重要，科技意识创新就更重要。我认为我市的科技意识创新有两个重点：第一，要切实把"科技是第一生产力"的思想牢固树立起来，从领导到一般群众，要把思想从原来"有事找领导"转变到"有事找科技"上来，即要有用科学技术来解决生产中的困难的意识。第二，要强化"全民用科技"的意识。例如，在当今信息社会时代，电子商务、办公自动化、计算机辅助设计、虚拟生产、远程信息共享等科技成果就在我们身边，如果我们不具有主动应用这些科技成果的意识，对这些科技成果视而不见，就会被信息社会所淘汰。因此，我们要彻底丢掉"科技成果很难、很深""与自己无关，是科技部门、科学家的事"等错误观念，主动去运用各类成熟的科技成果，使科技工作从虚走向实，从科技部门、部门科技走出来，真正变成全民的科技。这项工作要制度化、经常化。由市科委牵头，会同计委、经委、农委、科协等单位，每年举办一些宣传活动，各新闻媒体应积极配合参与。

②设立"郴州市技术创新突出贡献奖"。重奖有突出贡献的单位和个人。具体由市科委、财政牵头，拿出方案，报市委、市政府审定。

③简化办事程序。营造发展高新技术、引智引技的良好环境。凡是引进高新技术、创办高新技术企业、合资开发高新技术项目的，要实行高效率、快节奏的"一站式"办公。具体由市科委、工商、公安、专利等部门负责。

④引进智力资源。今年可开展"引智引技年"活动，今后将此项活动纳入政府工作重点之一。考虑在市科委设立外国专家局，今后还可考虑每年组织外国专家到郴州考察、投资、技术交流；另外可由市政府出面，聘请有关专家组成郴州市科教兴郴顾问团。通过引进智力、技术、人才，鼓励各大专院校到郴联办中试基地、试验场（厂）等方式，弥补我市创新源不足和创新主体不活的缺陷。

⑤强化创新人才的培养。鼓励知识分子在产权问题上大胆探索。市组织、人事、科技部门每年都可选调一批青年科技带头人到清华、北大及省内院校进

修；同时，选派在职的县级青年干部到发达地区挂职学习，甚至国外去深造，以培养创新能力、开拓创新思路。

⑥加强知识产权保护，为技术创新提供一个良好的、能平等竞争的外部环境。

（2）实施管理创新，激活源头层和主体层

我市目前有11个市属科研所，各类专业技术人员59598人，其中高级职称1463人，中级职称18624人。这是一支不可忽视的创新源头力量。但由于结构、体制方面的原因，这些创新源头几乎未能进入主战场。这就要求我们实施管理创新。

①理顺管理体制。对上述"一区五园""两带四基地"的建设要打破原有行政区域管辖的局限，通过市政府专设的机构进行统一指挥，实行科学决策、专家负责、分层管理的决策管理制度；在支持力度上，打破部门、地区的分割，用竞争的方式集中最有优势的力量，最大限度地有效调动、利用和集成各种智力资源、经费资源、部门资源、地区资源，为实现有效突破提供良好的软硬件环境。

②深化科研和科技管理体制改革，对现有独立科研机构进行全方位改革。对农业等社会公益型科研所进行合并重组，加大扶持力度，工作重点放在先进技术的引进、推广和应用上；对技术开发类研究所坚持走自收自支、自负盈亏、自我发展的道路，逐步发展成为集科研、开发、生产、经营为一体的科工贸型企业。

③建立企业内部的科研开发和技术创新体系。引导国有大中型企业逐步完善产学研相结合的技术创新机制，使之成为技术开发的主体，在生产实践中不断提高技术创新能力，特别是自主创新能力。

④大力发展民营科技企业。对民营科技企业在项目立项、获得科技三项费用支持、融资、评职称等方面与国有企业一视同仁。鼓励科技人员创办、领办科技企业，允许科技人员以职务技术搞股份制企业。引导民营科技企业向"专、精、新、特"方向发展。

（3）采取各种有效措施，发展壮大创新服务层

①通过资源重组，将农科所、蔬科所、林科所、生物所合并重组为新的农业技术推广中心，从事农业新技术推广活动。

②将郴州市技术市场办公室、郴州市科技情报所、专利事务所、生产力促进中心合并为郴州市常设技术市场，从事技术转让、技术咨询（科技信息检索、查新、专利信息检索）、技术培训、技术合作开发、技术服务等技贸活动和对创新企业进行孵化的活动。

③按照市县科技体制的基本功能是"吸纳、转化、推广、创新"的特点和"直接、灵敏、广泛、高效"的要求，对市县科技管理体制进行改革、创新，使"科技部门"和"部门科技"充分协调，使之更适应技术创新管理的需要。

④具有行业、部门服务性质及第三公证职能的机构要逐步成为面向社会的计量、质量、检测、测试和技术咨询机构，为企业创新提供支撑服务。

（4）开展制度创新，加强创新支撑体系建设

①初步建立和完善以政府财政投入为引导、企业投入为主体、金融贷款为支撑、外资和社会集资为补充的多渠道、多层次的科技投入体系。市（县）级科技三项经费达到财政预算支出的 2% 以上。

②优化创新资金环境。市科技口、工业口、农业口的经费都要集中向高新技术产业化项目、高新技术改造传统产业项目、技术创新项目投放。

③建立项目论证、资金投入跟踪管理制度，有效地防范项目投资风险。

④建立有规模的高新技术产业引导资金，重点扶持那些科技水平高、经济效益好但有一定风险的高新技术项目开发。

四、坚持有所为，有所不为，突出郴州技术创新工作的重点

1. 根据郴州资源、科技队伍的实力，突出重点行业。郴州的特色主要在矿产和农业。首先在矿产资源开发利用方面有许多高科技含量的大文章可做。如宜章与清华大学合作利用石墨生产锂电池。必须注重纳米材料这个领域。据报道，用碳纳米管贮存氢做成电池给汽车供能，每年可节约 15 亿升汽油，既改善了环境又节约了能源；用纳米技术生产的涂料既清洁，又隐形，在军事领域有十分广阔的用途。郴州石墨资源如此丰富，完全可以通过高科技作为一个重点行业来开发。其次在农业领域，前面我讲了"三个一批"的思路，这里我还想强调一下运用基因工程提升传统农业的前景。东江的湘云鲫（鲤）是基因工程在养殖业方面运用的典范。在种植业、林业方面也有许多文章可做。辽宁

省是我国转基因作物种植的大省，南方还没有。我们郴州地处亚热带季风湿润气候和中亚热带季风湿润气候的过渡地带。由于气候适宜，在1.9万平方公里的土地上，生长着各种乔、灌木树种100多科、385属、1400多种；中草药类植物175科、1159种；各种农作物品种1200多种。我们的科技、农业、林业部门能否引进一些转基因作物、植物试种和推广。这样一方面可改善种植业、林业的结构，另一方面可通过应用生物技术、基因工程技术来提高我市这些传统作物的附加值。

在重点行业，我们应制订郴州的"863"计划，紧跟国内一流的技术、人才，加强技术的引进、消化、吸收，然后强化自主创新，通过几年的奋斗，达到或接近国内的先进水平。

2. 突出重点区域。市本级和郴资桂一体化的"大十字"经济走廊是我们的重点区。

3. 突出重点领域。我市的技术创新一定要突出"引智引技"和"消化、吸收、创新"。作为技术创新的源头，我市的科研院所和大专院校的力量都很薄弱，必须借助外脑——外面的科技力量。这就要引智引技。作为市县级的科技工作重点，不应该放在科学研究尤其是基础研究上，而应该放在引进、消化、吸收、推广、创新上。

日本战后经济腾飞的经验之一就是"拿来我用"：用少量的资金引进技术，用10倍的资金去消化、吸收、创新，用100倍的资金实现产业化（推广），这样可节约大量的资金和时间。这点确实值得我们学习。今后，我们的科技三项经费的使用方法，可在此模式上进行创新。

在这个重点领域，我们首先要在创新服务层上下大力气，强化各中介机构服务功能，通过常设技术市场等中介服务机构，引进智力、人才、技术，这样才能站在巨人的肩膀上，结合郴州的资源，全面开展我市的技术创新工作。

（2001年3月）

与时俱进，开拓创新，推动各项工作再上新台阶

一、2002 年分管工作简要回顾

（一）旅游外事侨务工作再上新台阶

全市旅游工作按照近抓创优、远抓做大做强的思路，目标明确，重点突出，加压奋进，圆满完成了各项工作任务。全年接待各类游客 440.33 万人次，同比增长 22.3%；景点门票收入 2245 万元，同比增长 45.7%；旅游综合收入 20.78 亿元，同比增长 33.2%，占全市 GDP 的 7.26%，比上年增加 1.23 个百分点，高于全省 2.1 个百分点。旅游业继续保持持续、快速、健康发展的强劲势头，旅游支柱产业地位日渐突出。

1. 创优工作取得阶段性成果。市委、市政府高度重视创优工作，各级各部门积极支持、密切配合、全力以赴做好创优工作。年内先后召开大小会议 30 多次，广泛宣传发动、周密安排部署，各级各部门都成立了"创优"工作班子，明确工作职责，实行责任制和责任追究制，在全市形成了"全市同心、上下联动、条块结合、全民参与"的创优工作格局，确保了各项工作顺利推进，成效显著，高分顺利通过省检，现正按照"巩固完善抓提高，狠抓整改促达标，突破难点促平衡，全面发展保成功"的要求，抓紧进行整改和各项工作的扫尾，并做好了全面迎接国检的各项准备。

2. 生态旅游节取得圆满成功。2002 年郴州（飞天山）生态旅游节的全部活动于 9 月 15—17 日有条不紊地进行，环环相扣，严密紧凑，整体推进，各具特色。开幕式盛大热烈，气势恢宏，盛况空前，受到与会领导和嘉宾的交口称赞；演唱会节目精彩，气氛热烈，群星荟萃，艺术水准创郴州历史新高；展览活动丰富多彩，让人耳目一新，成为我市精神文明建设的新亮点；经贸洽谈

硕果累累，签约项目 39 个，签约金额 2.9 亿美元，创郴州历史最高；名人访谈飞天山和驻华大使郴州行活动对于推介飞天山、宣传郴州、发展郴州生态旅游起到积极的促进作用。整个活动受到领导、来宾和社会各界的一致好评，实现了市委、市政府提出的"隆重、热烈、节俭、实效"的目标，达到了统一思想、凝聚人心，展示形象、扩大宣传，加快建设、促进发展，美化城市、锻炼队伍的目的，我市被省组委会评定为"2002 年中国湖南旅游节最佳活动组织奖"。

3. 民营投资旅游业方兴未艾。始终坚持政府主导、市场运作的方式，多渠道、多形式招商引资，加大旅游投入，加快旅游基础设施和景区（点）开发建设，增强旅游接待和服务功能。据不完全统计，年内全市投资旅游开发建设的资金达 10 亿多元，其中外资、合资、民营股份等资金近 5 亿元，掀起了民营投资旅游开发建设的新热潮。如郴建集团、山河集团分别投资改造完善了国际大酒店、五连冠大酒店，飞虹集团和港商投资开发了王仙岭旅游度假区，浙江千岛湖旅游集团投资东江湖岛屿开发，玖合玖公司投资兴建了龙潭湖度假山庄，黄沙坪矿和民营股份投资兴建了天堂温泉度假山庄。此外，飞天山度假村、百鸟山庄、莽山、汝城热水温泉等景区（点）的开发建设都有外资、合资和民营股份经济参与。

4. 旅游宣传营销成效显著。进一步丰富和拓宽旅游宣传促销载体，在做大做强整体宣传促销策划的同时，培植出了更多的热点、卖点，使我市旅游市场更加繁荣。一是媒体促销。先后制作了《飞天山之歌》《郴州风光》等歌曲、影碟和广告，对全市旅游进行全方位的宣传，特别是 6 月份组建开通了郴州旅游招商信息网站，实现了"网上常年促销"零的突破。二是参展营销。组织有关旅游企业参加广州国际旅游展销会和借郴州（上海）经贸合作活动周暨投资说明会之机，赴上海、江苏等八省（市）开展"郴州旅游大篷车"宣传活动，实现了面对面与游客交流，心贴心推销我市丰富的旅游资源。三是窗口促销。在市博物馆设立旅游行业展览室（厅），展示了我市丰富的旅游资源和独具魅力的旅游景区，形成了大面积的"窗口效应"。四是节会促销。成功举办郴州（飞天山）生态旅游节，来郴嘉宾和旅行商、客商及其他游客 6 万余名，他们既参加了节会主体活动，又观赏了我市美丽的生态风光，同时，来自 25 家全国各大新闻媒体的 70 多名记者对节会主要活动和我市旅游资源进行了全方位的宣传报道，共刊播专版、信息、图片及专题节目 20 余篇（条、幅），其中规模盛大的开幕式在湖南都市频道进行了现场直播，湖南卫视，中央电视台二、三频道进行录播，对推介我市旅游资源起到了十分重要的作用。由于节会的带动，"十一"黄金周期间，我市旅游异常火爆，全市共接待游客 30.89 万人次，同比增长 100%，其中生态旅游节的主题公园——飞天山接待游客 6.43 万人次，同比增长 4 倍，成为全国增长速度最快的十大景区之一；全市旅游综合收入 1.2 亿元，同比增长 244.29%；星级宾馆平均客房出租率 92.3%，位居全省第一。

5. 旅游发展环境不断优化。国际大酒店、天湖大酒店顺利通过了 ISO9000 质量保证体系认证，苏仙岭、东江湖、万华岩风景区通过了 ISO9000 质量保证体系认证和 ISO14000 环境管理体系认证，同时，苏仙岭、东江湖景区均通过了国家 4A 级旅游区等级评定，万华岩风景区通过了国家 3A 级旅游景区等级评定，龙华山庄和北湖公园被评为 2A 级景区（点）；举办了两期导游员培训班，培训人数 245 人，有 4 人取得国家中级导游员证。目前，全市已有 77 人取得国家导游员资格证，全市旅游从业人员的整体素质进一步提高。

6. 外侨工作有新进展。成功召开了市侨联第二次代表大会，选举产生了新一届侨联领导班子；与美国拉雷多市结成友好城市；永兴侨胞引进外资 400 万元，用于修路、办厂；郴州华侨金行引进 600 余万元侨资，开发旅游纪念品和工艺品。

（二）科技工作实现新突破

全市科技系统紧扣市委、市政府"科技兴郴"和加快推进"三化"进程的战略决策，突出发展大科技工作思路，以科技创新为主题，以开展"工业科技年"活动为主线，以引资引智引技和培育高新技术产业为重点，采取有力措施，狠抓工作落实，各项工作实现了新突破。

1. 科技活动开展得有声有色。成功举办了郴州首届自有新技术新产品展示展销会，展示我市新技术、新产品 200 多项，126 个项目实行了网上交易，签约成交 19 个，汇编发布项目 139 个，实现技贸成交额 3000 余万元；成功举办了全市 5 月科技周活动，市城区 2 万余人直接参与，成为我市 50 多年来一大科技盛事，组织科技专家"郴州行"、大型科技下乡等八大系列活动，80 位省级以上著名专家分赴我市 56 家企业和 23 个乡镇开展咨询活动，共解决科技难题 28 个，达成合作协议 22 个；郴州（飞山天）生态旅游节技术交易会成绩喜人，签订技术交易合同项目 10 项，技贸成交额 2 亿元。科技部门送科技下乡活动 40 余场次，参与下乡科技人员 1000 多人次。

2. 引技引智成效明显。全年共引进国内外科技专家教授 200 余人，签订科技项目合同达 300 余项，签约成交项目 67 项，签约金额达 6.5 亿元，其中，市科技工业园入驻项目 8 个，签约金额 5 亿元；我市 100 多家企业与全国 80 多家高等院校、科研院所建立了密切的技术合作关系。

3. 高新技术产业发展来势良好。通过多年产业布局结构调整，我市立足资源优势已初步形成了以开发区和工业科技园为中心，沿 107 国道和郴资桂高等级公路布局的高新技术产业带，确立了新材料技术、电子与信息、生物医药技术、光机电一体化技术四大高新技术领域和有色金属、建材、机械电子、农产品深加工四大高新技术产业的开发格局，产业规模已粗具雏形。全市已有 102 家高新技术产品生产单位，新增 22 家。目前为止，年产值过亿的有 4 家，过 5000 万的有 8 家，有 5 家被认定为省级高新技术企业，1 家被认定为国家重点高新技术企业。全年累计完成高新技术产品总产值 20.18 亿元，同比增长 21.8%，拉动全市工业增长 5.9 个百分点，对全市工业生产增长的贡献率达 27.8%；全市实施中的高新技术产业项目 68 个，占全市产业项目的 20%，其中国家级项目 11 个、省级项目 16 个；民营科技企业已达 152 家，同比增加 35 家，年技工贸总收入近 10 亿元；郴州市科技工业园已创建成为省级高新技术开发区。

4. 科技创新能力和科技成果转化能力不断增强。全年取得各类科技成果 87 项，达到国内先进水平以上 18 项，获省级科技进步三等奖 2 项，列入国家、省级科技计划项目 20 项。东江库区工程鲫（鲤）繁殖中试基地建设累计投资 200 万元，年产鱼苗 3500 万尾，年产值达 1000 万元，已通过省科技厅验收；汝城优质水果组培项目已被国家科技部立项，并获 10 万元无偿支持；两个农业科技项目被列入国家农业科技成果转化基金，获无偿资金 110 万元；苏仙现代农业高科技园、北湖区稻仙园、资兴生态农业观光园等农业高新科技园区粗具规模；组织实施农业科技推广项目 200 余项。汝城争创全国科技工作先进县工作进展顺利，取得阶段性成果。

（三）科协工作出现新起色

科协工作紧紧围绕推进"三化"进程这一中心，突出科普重点，强化为全市科技工作者服务的意识，积极履行桥梁纽带职责，各项工作稳中有进。

1. 学术活动不断推进。科技工作者围绕推进"三化"进程，撰写了许多学术论文，我市 10 余篇学术论文在全省获奖，其中市计算机学会秘书长刘少云撰写的《信息化带动工业化的政策建议》获 2002 年度"湖南科技论坛"优秀论文一等奖，市科协撰写的《关于全市科技示范户的调整与建议》在《郴州通讯》全文刊登，另外，在参加湖南省第九届自然科学优秀学术论文评选活动中，我市有 7 篇论文获奖。2 月份，市科协召开了"推进郴州经济跨越式发展科技专家座谈会"，与会者围绕我市推进"三化"进程和实现我市经济跨越式发展进行热烈讨论，专家学者的研讨成果整理汇编成册后分送有关领导和部门，作为决策参考依据，受到领导好评。

2. 科普工作深入开展。加大了《科普法》的宣传力度，举办《科普法》培训班 26 期，科技工作者撰写的《〈科普法〉是我国科普发展史的里程碑》《提高科普法制认识，推动科普事业发展》等文章，在《湖南科协》等杂志、报刊刊登；共组织、开展科技下乡活动 518 次，参与下乡科技人员 3600 人次；全年推广实用技术 91 项，发放科普资料 19 万份，举办科普展览 23 次，参观人数达 12 万；大力实施城镇和农村"十、百、千"科普示范工程，积极开展青少年科技创新大赛、科普讲学和"世界珍稀蝴蝶标本展览""秦始皇兵马俑自然奇趣科普展览"及"大手拉小手，流动天文馆神州行"等科普教育活动，直接受教育者 10 万余人。在全省青少年科技创新大赛中，我市有 27 件作品获奖，其中 4 件获一等奖、11 件获二等奖，32 项被选送参加全国第 17 届青少年科技创新大赛。

3. "讲、比"竞赛取得实效。我市企业科协充分发挥其在国有企业改革中的积极作用，在全市开展的以技术创新为重点的"讲理想、比贡献"竞赛活动中，涌现了一批省、市先进典型。在全省"讲、比"竞赛总结表彰大会上，山河实业集团科协被评为 2000—2001 年全省"讲、比"竞赛先进集体，七一一矿科协王生阳、柿竹园矿科协袁节平、周源山矿科协谢海燕同志被评为先进个人，市经贸委蒋礼忠同志被评为优秀组织者。另外，王生阳还被推荐为第九届全国"讲、比"活动先进个人，蒋礼忠被推荐为 1997—2001 年全国"讲、比"

活动优秀组织者。

4. 组织建设不断加强。市科协成功召开二次代表大会，选举产生了新的市科协领导班子，并借此东风，建立健全了全市 11 个县（市、区）科协组织机构，配齐配强了科协领导班子，下发了《关于在民营企业中建立科协组织的通知》，召开了郴州市民营企业科协组织建设工作座谈会，湖南鸿达环保制造有限公司率先组建了全市第一家民营企业科协，全市科协工作正朝着良好的方向发展。

（四）知识产权工作继续保持全省先进水平

知识产权工作紧紧抓住实施专利战略和推进工业化进程的重点，结合我市"工业科技年"等活动，积极开展各项专利管理和服务工作，取得了明显成效。自 2000 年以来，各项工作年年上台阶，从 2000 年的全省第四名上升到 2002 年的第二名，市知识产权局连续三年被评为"湖南省专利工作先进单位"。

1. 知识产权及专利工作宣传力度不断加大。在"4·26"国际知识产权日、5 月"科技活动周"和"12·4"全国法制宣传日期间，通过开展社会公众知识产权认知度调查、组织专利知识宣传展板宣传展示和举办培训班等活动，开展专利及知识产权宣传咨询服务。共发放宣传资料 5100 余份、问卷 400 份，收回有效答卷 393 份，展出专利宣传展板 20 块，举办知识产权培训班 30 期，参训人数 3000 余人次。

2. 专利申请量逐年增加。全年完成专利申请 163 件，比上年增长 11%。其中发明 15 件，占 9.2%；实用新型 99 件，占 60.7%；外观设计 49 件，占 30.1%。职务发明 41 件，比上年增长 48%，专利授权 69 件。

3. 专利转化成效明显。全市有 19 家企业开展了专利试点，实施专利项目 93 件，创产值 47554 万元，利税 6452.6 万元，其中市粮油机械有限公司"立式复着水白米抛光机"项目获全省专利技术实施优秀奖。

4. 专利行政执法进一步加强。开展了查处流通领域假冒专利违法行为的集中执法行动，全面检查了我市各商家上报的 303 件专利标记商品，查实 14 件假冒专利产品，并责令整改。

（五）文化事业实现新发展

市文化局始终突出基层文化事业的发展和文化基础设施的建设这两项重点，将"大文化"思想融入文化体制改革和事业发展之中，做到了"三个注重"，即：注重把文化作为事业来建设，注重把文化作为产业来发展，注重把文化作为行业来管理。文化产业不断壮大，文化市场不断规范和繁荣，群众文化生活不断丰富。

1. 文化事业建设得到加强。在永兴成功召开了全市农村文化工作会议，会议出台了一系列硬措施，规定"十五"期间全市各乡镇要建好宣传文化服务中心，把文化工作纳入目标管理内容，解决乡镇文化专干待遇等。进一步推动了我市基层文化事业的快速发展。市、县、乡（镇）文化设施得到了进一步改造和完善，兴建和恢复了一批乡镇文化站，兴建了一些上档次的文化设施，如投资近 3000 万元兴建了市博物馆，现已部分投入使用；投资 700 万元重建了人民电影院，不久将投入使用。

2. 实施文艺精品工程，大力发展群众文化活动。先后派出 30 余人参加省、市举办的文化培训学习，举办文艺创作培训班 8 期，创作剧（节）目近300 个，培养了一批优秀文艺人才。其中音乐剧《啊，队长！》和大型花鼓戏《药都传奇》深受群众喜爱；张富光、傅艺萍荣获文化部和联合国教科文组织颁发的"促进昆曲艺术奖"，雷子文、余茂盛荣获文化部颁发的"长期潜心昆曲艺术事业成就显著"奖，另有五人荣获文化部"促进昆曲艺术提名奖"。傅艺萍还荣获全国戏剧表演梅花奖。湖南省昆剧团的学员凡桂伟、李媛获全国少儿戏曲表演小梅花奖银奖。

举办了第三届郴州艺术节，历时 9 个月，观众人数 20 万之多；圆满完成了（飞天山）生态旅游节和纪念黄克诚诞辰 100 周年文艺演出的创作、排练、演出；引进朝鲜平壤艺术团来郴访问演出，活跃了郴州演出市场；开展大型广场主题文化活动 17 场，放映电影 10 场，参与群众 30 余万人次，推出了"欢乐广场"特色文化品牌；我市五岭广场文化活动被省委宣传部、省文化厅评为全省优秀广场文化活动。市文化局被评为全省广场文化活动先进单位。各专业剧团艺术演出 1309 场，其中下乡演出 1129 场次，演出收入 134.4 万余元。

3. 加大文化市场整顿与管理力度。在各类文化市场整治活动中，全市全年共出动检查人员 8000 余人次，清查文化市场经营网点 5000 余家次，查缴非法物品 65 万余件，处罚违法违规经营场所 700 余家，通过整治，文化市场得到进一步规范。市文化市场稽查支队被评为全省"扫黄打非"工作先进集体。

全年全市文化产业经营额达 3 亿余元，娱乐、演出、音像制品、电影、书报刊经营、艺术教育培训等市场逐步得到了健全和发展，为繁荣我市文化事业、满足群众的文化需要、丰富群众文化生活做出了应有贡献。市歌舞剧团实施联大靠强，与武警湖南消防总队联合组建文工团，现已演出20余场，收入20多万元，取得了初步成效。

4. 文物工作取得新进展。安仁县被省政府授予"全省第二批文物保护工作'五纳入'先进县"；南塔、濂溪书院等文物保护单位得到逐步修缮。

（六）民族宗教工作有新的进步

合并不久的民族宗教事务局各项工作正常运转，开局良好，基本实现了市政府年初提出的"两个突破，一个确保"的工作目标，实现了"1+1"大于2。

1. 促进了民族地区经济发展。采取"对开发特色产业和优势资源优先安排资金"的办法，鼓励和帮助民族乡镇加快项目建设，大力招商引资，有力地促进了经济发展。一年来，全市13个民族乡镇新上项目32个，引进外资7000多万元，为经济发展注入了强劲的活力。全市民族乡（镇）GDP总量38022.87万元，同比增长11.56%；财政收入1419万元，同比增长15.8%；农民人均纯收入1470元，同比增长7%。各项经济指标均高于全市平均水平。组队参加了国家民委在北京举办的国际经贸洽谈会，签约项目13个，成交额5100万元，居全省第二名，荣获省民委表彰，获得"优秀组织奖"。

2. 强化了民族事务管理。通过签订民族乡（镇）目标管理责任状，对民族乡镇各项工作进行量化评分，年初下达工作任务和目标，年终检查考评验收，考评结果作为次年安排项目资金的主要依据，有效地促进各县（市、区）民族工作和民族乡镇工作顺利开展。认真落实少数民族优惠政策，圆满完成"两种考生"的资格审查工作。

3. 发展了少数民族文化体育事业。先后举办了瑶族起春节、瑶族长鼓舞培训班和民俗风情展，在第五届全省少数民族传统体育运动会上，我市取得了1金4银3铜的历史最好成绩，并获"道德风尚奖"。

4. 加强了少数民族干部培养。制定并出台《郴州市关于进一步做好培养选拔少数民族干部工作的实施意见》，做好了2003年全市少数民族干部培训班的筹备工作，协助汝城成功举办一期少数民族干部培训班，选送少数民族干部参加国际瑶族学术研讨会。通过扎实有效的工作，使少数民族干部素质有了质的提高。

5. 加强宗教事务管理，确保社会政治稳定。认真贯彻、落实《湖南省宗教事务管理条例》和全国、全省宗教工作会议精神，出台了《中共郴州市委、郴州市人民政府关于做好宗教工作的通知》，依法对宗教活动场所进行年检，查处四处非法庙宇建设，督促桂阳、永兴、安仁、汝城等县建立健全宗教事务管理机构，落实业务经费和人员编制，加强宗教工作，指导苏仙岭顶庵和市基督教北街教堂的规划建设，妥善处理天主教房地产和藏传佛教在郴活动等问题，确保了全市宗教界基本稳定。

在肯定成绩的同时，我们也要清醒地看到工作中存在的问题和不足：

1. 旅游工作方面：旅游产业的发展现状与建设经济强市、生态大市、旅游名市相比还有差距。主要表现为旅游招商引资还需加大力度；景点景区开发特色不突出，在开发过程中存在"城镇化"的倾向，影响了景区的自然生态环境；旅游企业体制创新步伐不快，旅行社"散、小、弱、差"现象没有得到根本解决，整合资源和集约化经营的步伐迈得不快；旅游纪念品、工艺品开发力度不大；散客旅游服务和市内"一日游"的意识不强，不便于来郴散客的出行旅游；旅游交通的可进入性仍然是制约我市旅游业发展的一大瓶颈。

2. 科技工作方面：全社会"科技兴郴"的整体意识有待进一步提高；高新技术企业数量和规模还不够大不够强；引智、引技、引资三者结合不够；对部门科技工作指导有待进一步加强；专利申请总量仍然偏少，结构不够合理，发明专利比例偏低。

3. 文化工作方面：大文化发展总体思路还不够明确，文化产业发展有所滞后。文化基础设施建设需进一步加强，文化精品不多，还需进一步妥善处理好文化市场的管理与培育的关系。

4. 民族宗教工作方面：对民族地区经济发展的指导有待于进一步加强，民族宗教政策落实没有完全到位；重点宗教场所建设与管理、民族宗教工作机构和队伍建设等方面均有待于进一步加强，少数民族干部培养要进一步重视和加强。

二、2003 年的工作要点

指导思想和总体目标：高举邓小平理论伟大旗帜，以"三个代表"重要思想和党的十六大精神为指导，全面贯彻市委经济工作会议和市二届四次人大会议精神，突出重点，培育典型，形成特色，打造亮点，创新方法，改进作风，与时俱进，纵比上台阶，横比争一流，以扎实有效的工作为我市经济实现跨越式发展和全面建设小康社会的奋斗目标做出新的、更大的贡献。

旅游外事侨务局

1. 旅游经济继续保持持续、快速发展。①接待国内外游客528万人次，同比增长20%，其中入境游客10万人次；②旅游综合收入25亿元，同比增长20%，占全市GDP的8%，其中旅游创外汇1500万元；③景点门票收入3170万元，同比增长40%；④旅游业在第三产业增加值的比重达20%；⑤旅游购物占旅游综合收入的17%。

2. 进一步加大旅游投入。年内总投入10亿元，其中财政性投入1亿元，招商引资9亿元（市内资金3亿元，市外资金6亿元）。景点景区的旅游建设投入4亿元。争取上级投入旅游资金100万元，争取市内产业引导资金200万元投入旅游开发，争取将莽山景区的公路建设列入国债项目，并获得1000万—1500万元国债资金的支持。

3. 进一步抓好旅游基础设施建设。特别是改善旅游交通条件，加大景区（点）的可进入性，提升旅游区（点）的品位和档次。重点改造提升1813线—飞天山、107国道—莽山、益将—热水、三江口—热水温泉、郴州—仰天湖、黄草—东江漂流起漂点、1813线—汤市七条旅游公路。

4. 切实抓好全市旅游总体规划的实施，编制好郴资桂生态旅游走廊建设规划，全面完成重点旅游景区建设规划，严格规划管理，确保旅游景区发展建设的品位与档次，高度重视景区建筑物与周围整体环境的协调，防止污染景区环境。

5. 加大景区开发建设力度。要突出特色，打造品牌。要围绕建设生态园林城市的总目标，大力发展生态旅游产业，打造"林城、福地、农耕文明"的旅游品牌。重点抓好宜章莽山、资兴市东江湖岛屿开发及东江漂流配套完善；抓好苏仙区飞天山、王仙岭、天堂温泉的进一步开发；抓好永兴悦来温泉和一线天景区、北湖区龙女湖、汝城热水温泉开发和五盖山野猪产业化及娱乐性狩猎设施建设、凤林山庄改造、苏仙岭顶庵及福地亮点建设、万华岩洞外开发。同时，指导其他县着力开发建设1—2个精品旅游景区（点）。

6. 做好旅游宣传促销，实施 111223 工程。即编制一套系列宣传资料，组织好一次大型踩线活动，举办好一次大型节会（生态旅游节）；开通两列旅游专列（上海—郴州、深圳—郴州），在中央两大媒体各做一期专题节目（在《中国旅游报》制作一期专版，在中央电视台制作一期专题和郴州旅游形象广告）；举办三次"走进生态旅游王国和粤港澳'后花园'——郴州"大型宣传促销活动（分别在长沙、深圳、广州举行）。同时，各县（市、区）景点景区、宾馆、旅行社一年至少要策划 2—3 项大的宣传促销活动。

7. 切实做好"五一"、"十一"、春节三个旅游旅游黄金周的工作。确保黄金周接待人数和旅游综合收入与上年相比增长 30% 以上，整个黄金周组织工作井然有序。

8. 加大旅游接待设施的建设和管理力度，进一步提高全市旅游接待的品位和档次。首先是加强国际大酒店及其贵宾楼和五连冠的服务和管理，按五星级标准加快五洲大酒店的建设，力争在 2003 年 5 月竣工投入使用；其次，各县（市、区）要建设一个比较好的接待宾馆，并强化管理。

9. 进一步提高旅游队伍整体素质。一是加强导游员和景点景区讲解员的培训和管理，力争 2003 年底全市国家级导游员超过 180 人，其中粤语导游员达 50 人，当年参考导游人员 200 人以上。二是加强宾馆管理人员与员工的培训，力争培训上岗率达 98%。三是加强旅游行业管理。继续坚持旅游企业例会制度，实行目标管理、分类管理、考核结果定期公示和末位淘汰制。

10. 大力开发旅游商品，尤其是旅游工艺品和纪念品。全年旅游商品销售收入过亿元，其中旅游工艺品、纪念品过 1000 万元。引导和支持建设好兴隆步行商业街和旅游购物一条街。

11. 深化旅游企业体制改革，整合旅游资源，组建 3—5 家有实力的旅游开发集团。

12. 切实抓好旅游安全，全年要杜绝重、特大事故的发生。并实行旅游安全"一票否决"制。

13. 外事侨务工作继续抓好海外联谊这个重点，加大招商引资引智工作力度，有效推动我市经济发展特别是旅游业的发展。年内引资 1500 万元。

14. 全面规范外事工作管理，加大对因公出国人员通过旅游渠道出国的查处力度，认真组织好市委、市政府统一出国组团考察。进一步抓好友城工作，尤其是要在实际成效上下功夫。

创优办、节会办

1. 对照《中国优秀旅游城市》的标准，再次查漏补缺、攻坚克难，抓好督促整改工作，全面迎接国检，确保创优一举成功。创优成功后，要继续抓好日常督查检查工作，对照标准每季度全面督查一次，半年开展一次抽样调查，并把各行业的抽样调查结果向社会公布。

2. 全面指导资兴市创建中国优秀旅游城市工作，今年资兴市要对创优工作进行自检，市里要对其进行模拟检查。

3. 指导协助宜章县举办好（莽山）生态旅游节，成功打造莽山旅游品牌，使之成为继东江湖、飞天山旅游区之后的又一具有魅力和特色的风景旅游区，推进郴州的生态旅游上档次、上水平，为发展我市生态旅游、壮大旅游支柱产业创造有利条件。

科技局

1. 进一步加大科技宣传力度，强化市民科技意识。要有科室负责日常科技宣传和科普工作，继续抓好一年一度的科技活动周。

2. 进一步发挥科技对经济发展的促进作用。科技对经济发展的贡献率要达到 50% 以上。

3. 做大做强高新技术产业。培育和发展有色金属、建材、机械电子、农产品深加工等高新技术产业，重点扶持发展恒基伟业、高斯贝尔、金箭焊料、湘晨高科、亚光冷热、宇腾化工等高新技术企业，着力抓好市高新技术开发区投资的软、硬环境的改善，特别是基础设施的配套建设，指导、帮助和督促入区的高新技术企业如金箭焊料、湘晨高科等尽快建成投产并做大做强，培育一批我市高新技术产业化的龙头企业。高新技术产值占全市 GDP 比重达 8%，高新技术产值占全省的 10%，高新技术产品产值增长 25% 以上，高新技术产品增加值占工业增加值的 8%。力争全市年产值过 5000 万元的民营科技企业达 10—12 家，过亿元的民营科技企业达到 6—8 家，过 2 亿元的 1—2 家。

4. 加大科技工作经费投入。要建立多元化的科技投入机制。全年科技开发 R&G 投入占 GDP 的 0.52%；科技三项费预算年增长 20% 以上；争取用于科技方面的市产业引导资金达 300 万元；争取用于我市的省高新技术产业引导资金 500 万元，全市 102 家生产高新技术产品的科技企业的科技开发投入要占销售收入的 5% 以上，其他科技企业科技开发投入占销售收入的比重要达到 3%—5%。

5. 进一步增强部门抓科技的主动性和责任感，拓展科技工作面，调动各方面的工作积极性，变科技部门为部门科技。市科技局要对全市科技工作相关部门的科技工作提出明确要求，并且每季度要调度工作情况，加强指导督查。尤其要突出抓好用高新技术和先进的适用技术改造和提升传统产业。

6. 进一步做好引资引智工作。要在巩固前几年引资引智成果的基础上，把引资金、引项目与引管理、引人才、引技术相结合，注重工作的实效性。进一步优化科技发展环境，用好的环境引资金和项目，用好的项目引来优秀人才。签订科技项目合同 400 项，成交项目 100 项，签约金额 8 亿元，项目实施率 80% 以上，完工项目 40 个，引进外资 100 万元，每年有 300—500 名省内外高层次科技专家常年活跃在郴州。同时，加快原有引资引智引技项目转化为现实生产力的步伐，要建立激励机制，出台奖励办法，重奖科技人才。

7. 大力推进农业科技的创新和应用，进一步做好送科技下乡的工作。要积极推进优质种苗工程的实施，充分发挥科技在推动农业产业化进程中的作用；要扶持一批农业创新基地和示范园区的建设，进一步提升农业科技队伍的水平。要继续开展好送科技下乡的活动，全年科技部门开展送科技下乡要达50 次以上，参加的科技人员要达到 1500 人次以上。

8. 要进一步加快科技成果的转化和推广应用，争取实现科技成果 40% 的转化率、20% 的推广率。

科协

1. 加大科普工作力度。围绕学校、社区、企业和乡镇等重点，抓好科学技术普及教育工作，继续实施城镇和农村"十、百、千"科普示范工程，组织开展企业科技人员"讲理想，比贡献"的活动及青少年科技活动。

2. 强化学会工作。重点建设好土木建筑、环境保护、医学、烟草、水利水电、农机等学会组织，充分发挥其在我市两个文明建设中的作用。围绕推进我市"三化"进程，加强课题调研，撰写有价值的可供市委、市政府决策参考的调研论文 10 篇以上，并开展郴州市第四届自然科学优秀学术论文评审活动。与有关部门联合开展郴州市首届青年科技奖评选活动。

3. 抓好科普载体建设。按照市长办公会议精神，认真做好土地置换和科学馆的建设以及有关遗留问题的解决工作，尽快启动新科学馆规划建设，力争年内新馆基本完工。

4. 在郴资桂沿线抓好 2—3 家科技示范基地、3—5 个科普示范乡（镇）和 8—10 户科技示范户。以点带面，促进发展。

5. 协助抓好老科协的工作。老科协工作者是一支重要的"编外科技大军"，老科协是党和政府联系老科技工作者的桥梁和纽带，要健全县（市、区）老科协组织，根据老科技工作者的优势，突出重点课题，力求抓出成效。

知识产权局

1. 进一步加大知识产权的宣传、培训，以及对专利申请的组织指导和咨询服务力度，力争 2003 年全市专利申请量达到 190 件以上，比上年增长 15%以上。其中发明专利 25 件。

2. 大力推进企业专利工作和促进专利的转化实施。以开发区和工业园为重点，积极推进全市工业园区高新技术企业专利工作的开展。扩大全市专利试点企业的覆盖面，开展专利试点的企业要超过 30 家，实施专利项目 120 件以上。加强企业自主知识产权的管理与保护，开展企业专利战略研究。

3. 抓好我市国家专利信息地方网络和专利执法装备建设，进一步提高我市技术创新中专利技术信息的综合利用能力和强化专利行政执法手段。

4. 抓行政执法，坚决查处假冒冒充专利行为，加强知识产权保护，营造良好的经济发展环境。

文化局（新闻出版局、版权局）

1. 全面完成省、市下达的文化工作目标任务。力争文化事业费实际拨款增加 5%—8%。

2. 发展文化事业，繁荣文艺创作。重点加强公益性文化设施建设和基层文化设施建设以及文化队伍建设，建设和配套完善各县（市、区）文化馆和图书馆等文化设施，稳定乡镇文化专干队伍，切实巩固基层文化阵地；继续开展广场文化、社区文化、校园文化活动，丰富和活跃群众文化生活。着力抓好昆曲重点剧目和嘉禾民歌的挖掘和创作，争取列入国家文化精品工程。

3. 壮大文化产业。深化文化体制改革，以文化娱乐、书报刊、演出、艺术培训等市场为载体，以个人、民营等社会投入为重点，积极培育和发展文化产业，力争全市全年文化产业经营户达到 2800 家，收入超过 4 亿元。规划建设市中心城区文化市场一条街，树立文化产业的整体形象。同时，规范和整顿文化市场，重点清理整顿政治性非法出版物和淫秽出版物以及校园周边的网吧等。

4. 加大经费投入。文化事业的政府投入要达1000万元，其中，市本级550万元；文化产业的社会投入全市要达到3000万元。

5. 重视文博工作。继续抓好市博物馆建设和配套完善；强化文物的保护管理工作，加强历史文化遗产保护和恢复，挖潜提升本土文化。全面贯彻落实文物保护"五纳入"工作。完成首批市级文物保护单位的公布工作。

民族宗教局

1. 指导帮助民族地区发展经济。年内全市民族乡（镇）GDP总量达42965.85万元，同比增长13%；财政收入1646万元，同比增长16%；农民人均纯收入1602元，同比增长9%。全社会固定资产投资8000万元以上，加大少数民族项目的扶持力度，积极参与民族乡镇扶贫攻坚，重点抓好1—2个扶贫示范点的建设。

2. 进一步落实好少数民族优惠政策，特别是各种税费减免政策，确保民族地区政治社会大局的稳定。

3. 进一步加强少数民族干部的培养、教育、管理和使用。与市委组织部在市委党校合办一期50人少数民族后备干部培训班，向市、县组织人事部门推荐提拔一批少数民族干部，推荐至少10名少数民族干部到发达地方挂职锻炼，选送5人以上少数民族干部到省委党校等高等院校学习。民族乡镇中，少数民族干部至少占乡镇干部总数的30%。

4. 加快民族地区社会事业发展。着力抓好民族教育，九年制义务教育普及率达80%。突出挖掘民族文化，大力发展少数民族体育事业；重点帮助莽山瑶族乡开发民族文化产业项目，促进民族地区各项事业的全面发展。

5. 切实做好民族乡二种考生和其他地方少数民族大中专考生资格审查工作，严格把关少数民族成分更改工作，维护少数民族合法权益，巩固发展平等团结的民族关系。

6. 严格对宗教场所的审批，控制新建宗教场所，严禁乱建庙宇。

7. 规范对已批准建设宗教活动场所建设的管理，包括项目的规划设计、场所建设以及宗教活动和宗教教职人员的管理，抓好落实天主教房地产问题，切实维护宗教领域的团结稳定。

8. 积极引导宗教与社会主义社会相适应，加强爱国主义、社会主义教育，引导宗教界人士多为社会做善事、好事。

三、工作要求

（一）与时俱进，全面贯彻落实十六大精神

贯彻落实十六大精神，关健是要坚持与时俱进，做到"四新"：发展要有新思路，改革要有新突破，开放要有新局面，各项工作要有新举措。落实到实际工作中，就是"五要"：

一是工作要有计划。每月的 25 日前各部门要将本月的工作完成情况及下月需要市政府或政府办领导参加的重大活动和重点工作以及需要社发科参加的活动书面呈报社会发展科，每季度、每半年和年终前进行工作小结和总结并形成书面材料分别在每季度、每半年和年终的最后一个月的 25 日前送社会发展科，由社会发展科综合后每月的情况在下个月的第一个工作日，每季的情况在下季的 5 日以前，半年或一年的情况在下半年或下一年度的 10 日以前，报市政府分管副市长和分管副主任并通告各单位。凡是需要市级领导参加或需要通知县（市、区）政府领导参加的活动，一般情况下提前 15 天告知社会发展科，并向市政府分管副市长请示，经批准后方可实施。凡需向市政府分管副市长或分管副主任汇报请示的事项，除分管副市长或分管副主任直接通知外，都必须在前一周的周五之前与社会发展科联系，再由社会发展科综合考虑安排。从 2003 年起，凡没有预先上报安排的活动或汇报请示，除紧急突发事件外，其他一律不做安排，规范办事行为。

二是工作要有重点。工作要分清轻重缓急，每个时期要突出每个时期的重点工作，各个部门要根据本部门本单位的实际，年内抓几件影响全局的重点工作，集中人力、物力、财力，抓住不放，抓紧抓好，不要眉毛胡子一把抓。如，今年旅游工作重点应放在旅游景区开发、各类创建和节会活动（包括郴州市和资兴市的创优、莽山生态旅游节、莽山和飞天山创 4A 级旅游景区等）、旅游投入（尤其是旅游招商引资）和旅游宣传促销上；外事工作主要是抓好统一组团出国工作；侨务工作应突出海外联谊和引资引智引技工作；科技工作主

要以搞好引技引智引资、发展高新技术产业、大力开展部门科技及加大科技投入为重点；知识产权工作重点是抓专利申请和专利实施工作；科协工作突出抓好科普和科学馆建设；文化工作要积极抓文化精品工程和广场文化活动，加强文化载体建设（完善博物馆的配套设施，建设好文化市场一条街），壮大文化产业；民族工作重点是抓好民族地区经济发展和民族干部培养使用工作；宗教工作重点就是加强宗教场所建设与管理，解决天主教历史遗留问题，督促抓好佛教宗教场所内部管理与佛教界宗教人士队伍建设。

三是工作要有典型。每个部门都要抓好5—7个典型，其中要抓1—2个县（市、区）的典型，要抓3—5个企业和下属单位的典型，并善于总结提高，每年至少要开两次现场会，推广典型经验，用典型带动整个工作。

四是工作要有创新。有特色才会有魅力，有亮点才会有发展，各部门各单位要用创新的意识统揽各项工作，包括创新工作思路、创新工作方法、开创新工作手段。绝不能按部就班，因循守旧。全年要形成2—3个有特色、有亮点的工作或方法。尤其要适应社会主义市场经济体制和政府职能的转变，强化服务意识，不断探索市场经济条件下政府工作的新思路和新办法。

五是工作要规范。按程序，讲规矩，这是提高政府工作水平和效率的重要手段。要按照市政府办对政府工作规范化管理的要求切实抓好落实。要坚持领导外出请假与报告制度，分管部门主要负责人离开郴州市，必须向分管副市长请假，经同意后由其单位办公室及时告知社会发展科，分管部门主要负责人离开中心城区，必须告知单位办公室。要坚持重要业务活动报告制度，凡是重大的业务活动，各分管部门要在活动举行前报告市政府办，并邀请社会发展科的同志参加，以便了解掌握情况。要坚持逐级呈报制度，凡是向领导的请示和汇报材料以及为领导准备的讲话材料，由相关单位办公室或相关业务科室拟初稿，报分管领导、主要领导把关签字后，送交社会发展科，由社发科报市政府办领导阅示后呈报市政府领导。

（二）积极主动，努力做好本系统本部门工作

被动就要挨打，只有把握好主动权，才能打好主动战，才会有新发展。各部门各单位要增强工作的主动性，创造性地开展工作：一是主动争取。包括争取资金项目和上级领导部门的重视支持，充分发挥班子成员特别是"一把手"的主观能动性。要多请示汇报，让上级领导知晓你们正在干什么和干了些什么，否则，资金项目和领导的重视支持不可能垂青于你；二是主动协调。协调是关键，协调是生产力。政府办和社发科要加强与对口单位的联系和协调，同时要为对口单位开展工作做好协调，各对口部门的负责人，特别是主要负责人要加强与其他部门的协调，相互交流沟通，为本部门创造性地开展工作创造良好环境；三是主动指导。政府办及社会发展科的同志要加强对对口部门的联系、沟通，全面了解掌握其工作动态，更好地指导部门工作。各对口部门单位的领导及干部要多深入基层，了解情况，及时掌握工作动态，指导县（市、区）和基层单位工作开展。

（三）强化责任，全面落实目标考核责任制

今年要全面建立健全分级目标管理考核制度。我将对市政府办分管领导及社会发展科的工作进行目标考核；市政府办及社会发展科联合市委组织部对各对口部门实行目标管理考核；各对口部门要对县（市、区）和相关责任单位和企业实行目标管理考核。各部门在制定目标管理考核办法时必须将单位工作分成几大块，而后再将其分解细化，根据工作重点拟定好考核指标（分值），每项工作都要明确负责的领导和科室，做到职责明确、任务清楚，便于考核和管理。各对口单位要将班子成员的分工情况，包括联系科室、部门、县（市、区）、下属机构或企业以表格形式制定出来，2月中旬前交社发科。同时，各部门要建立比较完整系统的统计工作体系，便于指导工作和提高目标考核的准确性，并将有关统计数据及时、准确上报。各级的目标考核方案必须在2月底以前完成。各对口部门对县（市、区）和相关责任单位及企业的目标考核方案要报市政府办及社会发展科备案。各部门要强化创优争先意识，把本单位工作放在全省同行业之间进行比较，要力求本部门的工作每年在全省的排位有所前移，能够评先评优。考核工作小组每季度必须对各考核单位工作完成情况进行一次督查分析，年终进行综合考评。一季度以督促目标考核的方案制订及落实为主，年中进行初步的综合评估，三季度以督促工作的薄弱环节为主，年底进行全面的综合考评。年终考评以后，对工作完成好的部门和领导，将给予表彰奖励，对工作完成不好的，将给予通报批评，直至否决。

（四）转变作风，快速适应政府职能的转变

作风就是形象，干部作风好坏直接体现出政府职能的转变程度大小。如今政府不再是过去计划经济条件下的直接的微观的行政干预型的政府，而是一个

市场经济条件下的间接的宏观的全面服务型的政府。政府的职能部门就是要为企业和群众提供全面优质服务。为此，我们只有尽快转变干部作风，努力提高服务水平，才能适应形势发展的需要。我所分管的部门和对口的科室，务必落实"八个坚持、八个反对"，努力建设"三强五好"领导班子，坚决反对和克服形式主义、官僚主义等问题；坚决反对欺上瞒下、逐利追名和"文山会海"、照抄照转等歪风。体察群众疾苦，常怀爱民之心，多办利民之事，善谋富民之策，关心群众生活，解决群众困难。全面落实公开承诺制、首问责任制、工作责任制和责任追究制等制度，做到"一个窗口对外、一条龙服务、一站式办事"，并兑现承诺，奖优罚劣。以好的作风取信于民，以好的作风施惠于民，密切党群干部关系。

（五）勤政廉政，树立人民公仆为人民的良好形象

成由勤俭败由奢。当前对我们党的干部的具体要求就是"四不"：不偷懒，不贪财，不忘身份，不辱使命。各部门各单位领导干部尤其是主要领导要乐于作表率、勇于当模范，拿出更多的时间，团结一班人，集中精力谋大事，抓大事，干大事；要主动承担起职责，及时掌握工作情况和进度，做到心中有数，坚决克服"以其昏昏，使人昭昭"和"脚踩西瓜皮，滑到哪里算哪里"的不思进取、不谋发展的不良现象，要以求实、务实、扎实的作风取信于民，各对口部门的领导到县（市、区）督促指导工作不得少于两次，到基层调查研究不得少于六次。下基层调研、制定政策，工作部署、检查指导工作等都要立足于求实效，不做表面文章，不搞花架子，埋头苦干实干，帮助基层和企业解决些实实在在的问题和困难，切实树立清正为民的良好形象，用扎实的工作真正服务为民、施惠于民、满意于民。

（2003 年 1 月）

提高认识，加大力度，推动全市旅游招商引资大突破

（一）进一步提高对旅游招商引资工作重要性的认识

郴州旅游从 1994 年起步，到 2003 年成功创建为中国优秀旅游城市，实现了郴州旅游第一次创业的目标，旅游人数、旅游综合收入、旅游相关投入由 35 万人次、5000 万元、5000 万元增加到 530 万人次、25 亿元、10 亿元，可谓成绩卓著，而推进这一目标实现的关键是外来资金、民间资金和企业投入旅游业。旅游招商引资也是实现旅游二次创业的重大举措和继续推进旅游支柱产业发展的根本出路，没有旅游招商引资的大突破，就不会有郴州旅游进一步的大发展，全市上下，尤其是旅游行业各单位在这个问题上一定要进一步统一思想，深化认识。

（二）进一步明确旅游招商引资工作目标

今年市委、市政府为了推动和促进旅游招商引资工作，已将旅游招商与工业、农业招商并列为三大产业招商，并明确了工作目标和奖惩措施。今年全市旅游招商的总体目标是：全市旅游项目招商引资到位外来资金确保 3 亿元，争取 4 亿元，力争 5 亿元。要实现旅游区（点）的招商引资，尤其是整体旅游景区出租实现新突破；旅游高星级宾馆提质建设实现新突破；引进国内大的旅行社兼并我市的旅行社或在我市设立旅行社及分支机构实现新突破；旅游基础设施、旅游商品开发、旅游娱乐等配套设施建设招商实现新突破。

（三）进一步策划和包装旅游招商引资项目

一是要提高旅游招商引资项目的质量。市、县两级旅游部门要督促和指导旅游企业和项目业主认真做好旅游项目的规划、论证、策划和包装，重大旅游招商引资项目要按照国际惯例进行论证，项目包装要达到商业计划书的要求。二是要扩大旅游招商引资领域。旅游业是竞争性行业，要按照中国入世承诺的

时间表，对国内外放开旅游业的经营领域，国有经济在这一领域的比重将逐步降低，对于国内民营资本进入旅游业投资的一律放开。用一句时髦的广告词，"只要不违法，没有什么不可以"。三是旅游项目的策划、包装不能局限于旅游景区、旅游宾馆、旅行社等领域，对于旅游基础设施建设、旅游商品开发、风味餐馆、旅游娱乐等项目也要纳入旅游招商项目一并考虑，全面开放。

（四）进一步加大旅游招商引资的力度

一是要强化和创新旅游招商引资方式。市里每年要组织1—2次专题的旅游招商活动，尤其是要认真组织和参加7月份在南沙举行的"红三角"经贸洽谈活动、9月份的（莽山）生态旅游节、10月份在长沙举行的"湘洽会"，要在珠三角、长三角、环渤海区域广泛开展小分队敲门招商等活动。要积极探索网上招商和委托代理招商等招商新方式。二是要拓宽旅游招商引资渠道，要针对现有的旅游集团、已投入旅游业的上市公司、有多元化经营意向的投资集团和公司加强有针对性的招商引资活动。三是市、县两级旅游部门要把旅游招商引资作为全年工作的重中之重。四是各相关部门要把旅游招商引资作为全市招商引资工作的重点给予重点支持和积极参与。五是各旅游企业要把旅游招商引资作为企业做大做强的根本出路不遗余力地主动争取。

（五）进一步强化旅游招商引资的责任和措施

一是对全市旅游行业招商引资实行目标责任制，严格奖惩兑现。二是对全市旅游行业招商引资情况每月一调度，对重点项目实行市、县两级领导跟踪负责制。三是对在旅游招商引资过程中的行政不作为或损害旅游招商环境的实行责任追究制，决不姑息迁就。

站在我市旅游二次创业的新起点，我们要树立新理念，抢抓新机遇，创造新优势，发展大旅游，推动全市旅游招商引资迈上新台阶。

（2004 年 4 月）

总结成绩，正视差距，推动招商引资暨商务
工作跃上新台阶

一、肯定成绩，正视差距，充分认识招商引资和商务工作发展的新形势

"十五"期间，我市坚持开放带动首选战略，努力建设大市场、发展大贸易、搞活大流通，全市招商引资和商务工作成效显著。全市累计实际利用外资 9.15 亿美元，实际利用外资由 2000 年的 7803 万美元增长至 2005 年的 2.44 亿美元，年均递增 21％，实际利用外资总量连续五年位居全省第二，华润电力、高斯贝尔等一批战略投资者落户郴州；外贸进出口总额由 2000 年的 2473 万美元攀升至 2005 年的 2.62 亿美元，年均递增 60％；郴州国家级出口加工区、郴州二类公路口岸的设立，填补了湖南省的空白；郴州海关建设工作也有了新突破；国际经济技术合作从零起步，五年累计外派劳务 2000 余人次，郴建集团、郴电国际、黄沙坪矿等一批企业纷纷走出国门，大力开展境外工程承包和项目开发，把全市对外开放提升到了一个新的水平；消费市场日益繁荣兴旺，社会消费品零售总额由 2000 年的 107.1 亿元增至 2005 年的 178 亿元，年均递增 11％，流通产业从业人员达 48.6 万人，成为除农业以外就业人数最多的行业；市场建设日新月异，全市五年累计新建各类市场 60 个，新增营业面积 368 万平方米，年成交额过亿元的市场达 15 个；"放心肉"工程稳步推进，定点屠宰由手工作坊式向机械化、规模化、规范化迈进，全市共屠宰牲畜 160 万头，实现税费收入 7608 万元。

2005 年，全面超额完成了年初制定的各项目标任务。

——利用外资增势强。全市新批外商直接投资企业 52 家，同比增长

26%；合同利用外资 4.58 亿美元，同比增长 136%；实际到位外资完成 2.44 亿美元，同比增长 64%；内联引资项目 951 个，合同引资额 234.7 亿元，实际到位资金 82.4 亿元，同比增长 21%，实际到位资金总量跃居全省第二位，较上年前移两位。全市引进外来投资 103 亿（不包括市外省内），已占到全社会固定资产投资的 54%。苏仙、北湖的外资到位和资兴、永兴的内联引资受到了省政府表彰。同时，往年招商引资工作成效开始凸显，全市涉外税收累计达 28495 万元，其中国税 23665 万元、地税 4830 万元。

——对外贸易来势好。全市进出口总额完成 26214 万美元，同比增长 57%；其中出口完成 24657 万美元，同比增长 59%，远远高于全国和全省的平均增幅。永兴县荣获全省外贸出口十强县的称号。随着郴州出口加工区的申报成功，我市加工贸易获得快速发展，全市加工贸易进出口总额完成 2052 万美元，同比增长了 20%，占全市进出口总额的 7.8%。

——外经工作步子稳。全市累计外派劳务 840 人，同比增长 5%。境外投资在郴建集团、郴电国际的引领下稳妥出击，永兴富兴贵公司在香港开设了华利饰品有限公司加工金银首饰；北湖区伊斯达公司在乌干达的坎帕拉开办了乌干达伊斯达公司、北湖区第一建筑公司在香港开办的华泰建筑公司获得了省商务厅的备案。

——社会消费市场旺。全市实现社会消费品零售总额 178 亿元，同比增长 13.8%。其中：城市零售 129.6 亿元，增长 13.1%；农村零售 48.2 亿元，增长 15.9%。贸易业零售额 109.4 亿元，增长 13.1%；餐饮业零售额 61.3 亿元，增长 15.3%。大型商店和商品交易市场份额增加，全市限额以上贸易企业 91 家，实现消费品零售额 27.4 亿元，增长 53.9%。桂阳县被评为全省流通工作先进县。

——市场建设提质快。市场建设的重心注重由增量向提质转变。共新改扩建市场 15 个，总投资 3.51 亿元，新增营业面积 3.8 万平方米。目前全市拥有各类社会零售商业、饮食业、服务业商业网点 11.6 万个，各类商品市场 307 个。

——定点屠宰管理严。全市牲畜定点屠宰场共宰杀牲畜 32.1 万头，其中宰杀生猪 31 万头，宰杀菜牛 1.1 万头，上交各项税费 1607 万元。全市各县（市）城区的定点屠宰肉品市场占有率均达到 92% 以上，肉品质量合格率

100%。

我市招商引资和商务工作虽然取得了一定的成绩，但是，与招商引资和商务工作在国民经济发展中的地位还不相符，与我市作为湖南省南大门的优势还不相称，与兄弟市州也还存在不少差距，主要表现在：

首先，利用外资总量不大，质量不高、发展不平衡。2005年，我市利用外资总量虽然在全省位列第二，但只及第一位的长沙市的27%、赣州市的40%。招商引资工作近年来成效显著，但利用外资质量不高，引进的战略投资者不多，特别是生产企业偏少，世界五百强生产型企业无一家落户郴州，尚未起到带动全市经济的龙头作用，县与县之间、园区与园区之间、行业与行业之间、部门与部门之间发展不平衡。

其次，对外贸易结构不优，品牌不响。2005年，我市外贸出口在全省排名第四位，但进出口总量却排在第七位，人均出口创汇53.8美元，尚未达到全省56.5美元的平均水平，分别只及长沙、株洲、湘潭的33.5%、36.5%、35.9%；外贸出口结构不良，贸易方式单一，90%为一般贸易，加工贸易严重滞后，加工贸易占外贸总额的比重不到10%，出口产品结构不尽合理，资源性产品仍占全市出口的相当比例，外贸进口总量极少，去年外贸进口只有1557万美元，排在全省第九位；外贸进出口占GDP的比重仅为4.54%，分别低于全国、全省3.89和3.13个百分点，说明我市经济外向度不高，基础薄弱，不能强力带动出口和消费；外贸出口品牌不响，出口企业普遍规模不大、档次不高、基础设施陈旧、技术力量薄弱、人才短缺、资金紧张，在国际市场上没有叫得响的知名品牌，在全省首批22个出口名牌中，我市只有"金旺"一个品牌。

最后，社会消费增长不快，功能不强。由于我市产地市场缺乏强大的本地产品支撑，消费品市场主要以销地市场为主，城镇商业网点布局规划工作滞后，商业网点布局不尽合理，市场培育相对滞后，专业市场在农村、小区拓展不足，在国内外知名连锁商业企业抢滩郴州市场时，本地连锁商业企业纷纷举白旗，更谈不上开拓外地市场，导致社会消费水平和层次不高。2005年，全市社会消费品零售总额虽较上年增长了13.8%，但低于全省增幅0.6个百分点，且已连续五年低于全省平均水平；全市社会消费品零售总额占GDP的比重仅为37.3%，分别低于全国、全省1.2和0.8个百分点；全市社会消费率约为37%，分别低于全国、全省8和4个百分点，表明郴州消费拉动经济增长的功能不强，现代化、市场化发展程度较低。

在商贸流通方面，问题显得更为突出。一是市场培育和发展相对滞后，缺乏流通业发展的科学规划。由于流通业放开较早，较长时间以来，其发展受市场牵引倚重而受政府规划指导倚轻，在城市中心区缺乏科学合理的规划，存在着布局定位趋同、业态趋同、结构趋同，功能不齐全的问题，农村、小区市场拓展不足。二是流通业资本投入不足。由于缺乏政策引导和鼓励，近年来，对流通业的资本投入多为自发、自然投入的社会零散资本，投资方向多为小型的品牌代理和餐饮服务业，而缺乏集中的优势资本的投入，没有大型投资项目的拉动，在广大农村显得尤为突出。政府对发展流通业缺乏政策引导和专项扶持资金，商业银行对传统零售服务业的支持力度不大，使传统的流通企业投入减少，流动资金短缺，经营困难，许多企业处于苦苦支撑和勉强经营的状态，企业抗风险能力严重不足。三是现代物流发展严重滞后。物流园区建设滞后，第三方物流发展基本上是空白，导致物流成本较高，已严重影响了招商引资和商贸流通业的发展。四是流通业现代化程度偏低，经营理念滞后，管理水平较低。国外著名商业企业在中国抢滩成功，其中一个共同经验是经营理念、管理方式和营销技术的现代化，建立了强大的信息技术网络，为其科学的现代化管理提供了保证，而我市商业企业在经营管理上差距较大，管理创新明显不够，单凭简单复制店铺布局，只能以豪华的装修及低水平的服务来面对顾客，企业在购销运存甚至日常的行政管理中大多采用人工方式，特许经营、多式联运、电子商务等现代营销和服务方式还未得到充分发展，缺乏系统的科学管理制度和规范的操作规程。五是对大型流通企业集团的培育不够，其辐射和带动作用不强。在市属国有流通企业中，由于改革改制问题，对资产优化重组的引导和工作力度不大，同时，包括民营资本在内的流通企业间的参股、控股、承包、兼并、收购、托管很少，流通领域内的资本流动很不活跃，企业难以实现规模扩张，难以培植和发展有知名品牌、主业突出、核心竞争力强的大型企业集团。

数字和事实上的差距，归根结底还是反映在思想认识上和工作力度上的差距。招商和商务工作的内容涵盖了拉动经济增长的"三驾马车"：投资、消费、出口。作为投资的主力军，2005年，我市实际利用外资和内联引资的总量已占到了全社会固定资产投资总额的54%，但是，由于部门利益作祟，郴政

〔2005〕1号文件的优惠政策不能完全落实到位，市行政服务中心未能真正做到"一站式"服务，个别单位和个人的"索拿卡要"现象仍然存在。另外，招商引资考核力度还需加大，特别是对市直部门和四个重点行业招商的考核，对部门促动不是很大。至于消费与出口工作由于一些地方和部门的领导思想认识不到位，重生产、轻流通，忽视消费对国民经济的拉动作用；算小账，丢了西瓜拣芝麻，因为出口退税在账面上加大了地方财政的支出就不支持出口业务，无形中压缩了外贸企业的发展空间，导致"三驾马车"成了"独轮车"。事实上，外贸和消费对我市的国民经济拉动作用效果是显著的。2005年，我市外贸对GDP增长的贡献率达9.2%，外贸对GDP增长的拉动度为1.1，即拉动了全市GDP增长12.7%中的1.1个百分点，为GDP增长做出了较大贡献。而消费在国民经济拉动方面其作用更不容小视，据测算表明，投资每增加1%，可以拉动GDP增长0.2%，居民消费则可以拉动GDP增长0.4%，据此测算，2005年，我市社会消费拉动GDP增长达到了5.6%左右。由此表明，流通业对拉动国民经济的动力十分强大。但多年来我们对促进出口、扩大内需重视不够，措施不硬，基本上处于市场自发推动状态，影响了其对经济增长作用的充分发挥。

但是，只要我们引起足够的重视，对外贸易、扩大内需工作还是大有潜力可挖。在对外贸易方面，作为湖南承接珠三角梯度转移的首选地，珠三角的生产型企业大部分均为加工贸易企业，只要我们加大对珠三角地区的招商力度，加工贸易在郴州的发展是有很大空间的，何况我们还有郴州出口加工区、公路口岸等开放型经济发展的新平台。在扩大内需方面，我市的农村消费市场启动力度不大，我们可以以中央提出的建设社会主义新农村为契机，以"万村千乡"市场工程为切入点，大力开拓农村市场；同时，大力发展旅游产业，深度挖掘城市消费，鼓励城市居民消费，在汽车、住房、教育等消费方面予以政策扶持，我市的出口、消费一定能够迎头赶上，对全市经济社会又快又好、高速高效发展做出新的、更大的贡献。

二、明晰思路，明确目标，全面完成"十一五"开局之年的各项目标任务

2006年我市招商引资和商务工作的总体要求是：以科学的发展观总揽全

局，全面落实开放带动首选战略，以招商引资为龙头，以引进战略投资者为重点，以开拓国际国内市场为途径，坚持内外开放并举，引进外资和引进内资并重，开拓国际市场与国内市场并行，积极扩大出口、努力增加消费，构筑大开放、大招商、大贸易、大流通、大市场的新格局。

全市招商引资和商务工作的主要目标是：实际利用外资 3 亿美元，同比增长 23%，力争 3.5 亿美元；实际引进内资 100 亿元，增长 21.4%，力争达到 120 亿元；实现社会消费品零售总额 201 亿元，增长 13%，力争增长 13.5%；对外贸易总额 3.3 亿美元，增长 25.8%，力争达到 3.5 亿美元；境外工程承包合同额 3795 万美元，力争 4000 万美元；外派劳务 850 人，力争达到 1000 人；进入全省外资十强县 2 个，力争 3 个，其中五强县 1 个；内资十强县 1 个，力争 2 个；外贸出口十强县 1 个，力争 2 个；商贸流通十强县 1 个。

围绕以上总体要求和主要工作目标，重点抓好以下几项工作：

（一）以引进战略投资者为重点，进一步提高招商引资的规模和质量

郴州经济的发展，要以推进"三化"为重点；推进"三化"，要以工业化为重点；推进工业化，要以招商引资为重点；招商引资，要以引进战略投资者为重点。郴州的招商引资正处于关键时刻，各级政府要以主要精力抓招商引资，各级领导必须亲力亲为，真正做到招商引资"第一菜单"由第一责任人来抓，引进战略投资者由战略决策者来抓。全市招商引资力度只能加大，不能削弱；招商引资氛围只能更浓，不能淡化；招商引资措施只能更加有力，不能软化。

1. 认真抓好"三库"建设

要抓好招商引资工作，必须重视基础工作和日常跟踪联系与服务。重点是要抓好"三库"建设。一是项目库。各级发改部门要牵头开发一批投资额度大、投资回报高、带动作用强的大项目、好项目对外招商。二是客户库。要对所有联系过或接触过的客商建立客户库，并分层次建立广泛性、经常性的联系与交流，以加深感情，促进投资。三是外来投资企业库。要为外来投资企业建立专门的档案，经常了解企业在郴投资与经营情况，及时协调和解决投资和经营中的困难与问题，为外来投资企业提供优质服务，要力促外来企业在郴进一步扩大投资规模。同时，要争取外来投资企业积极参与到我市的以商招商工作中去。

2. 突出引进战略投资者

今年乃至整个"十一五"期间我市招商引资的重点，要转到大力引进战略投资者上来。要瞄准世界 500 强跨国公司、国内 500 强知名企业（包括大型国有企业和民营企业）、国内外上市公司寻求战略合作，引进战略投资。"十一五"期间，我市要力争引进战略投资者 10 家以上，其中重大战略投资者 5 家以上。鼓励各类企业积极引进战略投资者，完成企业的资源整合和技术、规模升级，实现企业核心竞争力的跨越式提升，引导华润电力、钻石钨、华录数码、高斯贝尔等企业扩股增资、拉长产业链、集聚产业群、培育"小巨人"式企业，使之成为同行业中有较强带动力的骨干企业。

3. 切实提高招商实效

要创新招商引资方式，加强招商引资的针对性和实效性。一要注重重点区域。重点突出珠三角、长三角、台湾及东南亚等区域。二要注重园区招商。各类开发园区是招商引资的主要载体，其中心任务就是招商引资，真正把园区建设成为我市对外开放的样板区、改革与创新的试验区、产业发展的集聚区、高新技术的孵化区、城镇化的延伸区、高素质人才的创业区。要举全市之力抓好郴州出口加工区建设，进一步完善和落实封闭式管理，争取用较短时间将郴州出口加工区建设成为我省承接国际产业转移和沿海加工贸易转移的基地。对市经济开发区、市有色金属产业园、郴州出口加工区（以下简称市级三大园区）的市级经济管理权限和相应的行政管理权限要授权到位，为外来投资者提供便捷、优质、高效的服务。要鼓励和引导产业项目向园区集中，鼓励飞地招商，市里将划出一定规模的土地，由有实力的外商、中介组织或地方政府开发，并给予税收分成。对于各县（市、区）引进到市级三大园区的工业项目，园区与各县（市、区）将采取招商引资任务与税收分成的政策。对于市直部门引进到市级三大园区内的工业项目，将认可为比引进资金更多的招商引资任务。三要注重县（市、区）和行业招商。县（市、区）掌握着主要的招商引资资源，是招商引资的主体，一定要担负起全市招商引资的重任。工业、农业、旅游、交通等产业部门一定要充分认识到没有招商引资的大突破就不会有本行业的大发展，牢固树立抓好招商就是抓行业发展的思想，切实实现双赢。四要注重专业招商。一是各县（市、区）、市直一类、二类有招商引资任务的单位都要建立常年招商引资小分队，要按照"三个人、一台车、一笔专项经费"的要求切实抓好小分队的招商。二是大十字架区域的六个县（市、区）至少要到沿海发达地区设立一个常年的驻外招商联络机构，开展全天候的招商。三是市里将派出四名副处级干部到省政府驻外办事处的招商合作处进行挂职锻炼；将组织20—30名处级干部到香港参加为期半年的"红三角"地区开放型经济研讨班的学习；各县（市、区）、乡镇要组织500—800名离职或挂职干部去沿海地区闯市场，增长见识，结交朋友，以此来培养一支高素质、能吃苦、开拓型的招商引资专门队伍。所有出外挂职、学习、离职人员都必须有引进1—2个项目的硬任务。五要大力开展产业链招商。要围绕有色金属、石墨、电子信息、食品、加工贸易等行业或龙头企业大力开展产业链招商，降低产业配套成本，发挥集聚效应，形成产业集群，增强产业发展吸引力和后劲。六要注重以商招商。积极为外来投资企业做好服务工作，创造良好的创业条件，提高投资回报率，增强外商满意度，通过他们的宣传和推介，形成以外引外、以商招商的投资带动效应，达到留住一个、引来一片的目的。七是要注重开展委托代理招商和网上招商。要制定更优的招商引资奖励政策，鼓励专业中介机构投身到我市招商引资工作中来，同时，还要积极探索网上招商。

4. 精心组织各类招商活动

招商引资需要有必要的活动、必要的载体、必要的宣传。没有宣传、没有各种形式的洽谈会、论坛，郴州的优势条件、发展潜力就不能得到国内外广大投资者的充分了解，合作也就无从谈起。今年市里将集中统一组织三次重大招商活动：一是4月12日，在广州举行的"福载郴州"——2006年湖南郴州（广州）投资说明暨旅游推介活动；二是9月16日—17日，在桂阳举办的2006年郴州生态（民俗民居）旅游节暨经贸洽谈会；三是11月，参加商务部在长沙举办的首届中国中部地区投资贸易博览会。各县（市、区）、各园区、市直有关单位一定要高度重视，早做准备，精心组织。特别是4月12日广州的经贸洽谈活动，我们在活动形式上做了创新，把投资说明、旅游推介、文艺表演、图片展览、项目签约、特产品尝、抽奖活动等有机结合起来，届时湘粤两省领导、东南亚驻广州使节、众多客商、旅行商、媒体记者将莅临盛会，预计将成为我市在外地招商暨旅游推介史上规模最大、形式最活、影响最深远的一次活动。请各县（市、区）、各园区、各有关单位一定要按照市委、市政府下发的工作方案的要求，高标准、高质量地完成任务，确保活动圆满成功。同时，按照有所选择、突出特色、注重实效的原则，组织有关县（市、区）、园区、企业和项目单位参加"厦交会""高交会""红三角"经贸洽谈会、"珠洽会"、浙江招商会等招商活动。此外各县（市、区）、各园区、四大行业招商引资的主管单位都要至少单独组织一次综合性或专题招商活动。

5. 加大载体建设力度

郴州出口加工区、公路口岸和海关新院是外向型经济发展的三大重要载体，也是我市招商引资的核心竞争力，要加快建设。郴州出口加工区要确保按限定时间封关运行；郴州公路口岸今年年底要正式开始启用；郴州海关新院今年要完成主体工程及外装修。同时，要切实加大园区建设的力度，特别要重视标准厂房建设，以提高招商引资的吸引力。

6. 进一步加大督查考核力度

要进一步完善招商引资综合考评办法，特别要重视省、市重大招商活动签约项目的履约率。招商引资在年终综合考评体系一级权数比重由4.2%提高到5%。按招商引资和以商招商的实绩，继续评选招商引资"十佳领导干部""十佳乡（镇）""十佳外来投资企业"。实行招商引资与干部使用挂钩的政策，对于在招商引资做出了重大贡献的个人，在这次市、县、乡三级党委换届中将给予提拔重用。

（二）优化结构，以质取胜，加大国际市场开拓力度

出口是经济增长的三大需求之一，是一个区域国际竞争力的集中体现，努力扩大出口，是郴州加快发展的内在要求。要按照"扩大经营队伍、加快品牌建设、开拓国际市场、推动电子商务、加强服务促进、加大培训力度、优化外贸环境"的基本思路，力争全市对外贸易取得新的发展。

1. 大力推进科技兴贸和品牌兴贸战略，调整和优化出口商品结构

积极实施"科技兴贸"和"以质取胜"战略，在继续巩固我市服装、矿产品、农产品等传统产品的出口的基础上，制定鼓励政策，引导和支持三资企业、民营企业和市内高新技术企业产品出口。要大力发展加工贸易，调整贸易方式，积极扩大具有较强竞争力、科技含量和附加值较高的机电产品及高新技术产品出口，努力提高我市出口产品的创汇盈利能力和市场竞争能力。要引导和支持企业参加国际标准认证、安全认证和环保认证，使我市更多的企业和产品获得国际市场"通行证"。要积极参加第二届"湖南省出口名牌"评选活动，

力争有 2—3 家出口品牌企业入选。

2. 大力培育和发展出口基地，加快重点企业的出口步伐

重点培育永兴、北湖、苏仙三大出口基地县；培育 10 家以上出口创汇 1000 万美元的大户；培育 5 家以上出口创汇过 5000 万美元的龙头企业。逐步形成以兴光冶炼、金旺实业、金贵有色为龙头的有色金属出口基地，以嘉玛服饰、俊丰印染为龙头的服装及纺织品出口基地，以华录数字、高斯贝尔数字科技为龙头的电子信息产品出口基地，以嘉禾锻造、联合器材为龙头的五金及工艺产品出口基地，四大基地年出口力争突破 2 亿美元以上。切实抓好白银等贵重金属出口配额的申报和使用工作，并在广交会、东盟博览会上尽可能多地争取摊位，组织重点企业参加出口展销和网上配对采购。

3. 大力培植出口主体，积极开拓国际市场

要进一步壮大自营出口队伍，重点推进市、县外贸企业的重组和联合，着力培育新型外贸出口主体，尽快赋予更多的生产企业进出口经营权，力争全市有进出口经营权的生产企业到今年底累计达 200 家以上。要落实市场多元化战略，确定一批优势出口企业和产品进行重点扶持，优先安排信贷资金进行技术改造，提高出口产品的竞争力。要积极做好中小企业国际市场开拓基金的申报工作，鼓励有条件的企业走出国门，开拓国际市场。要在巩固东南亚、拉丁美洲出口市场的基础上，大力拓展欧美、中东、非洲等有增长潜力的出口市场。同时，要通过加快加工贸易的发展速度，鼓励企业引进国外的先进技术改造传统产业、引进国外的管理和技术提高企业的技术含量、进口国外的资源到市里加工等多种途径促进外贸进口。

（三）积极引导，稳妥出击，坚定不移地实施"走出去"战略

实施"走出去"战略，是新时期扩大对外开放的重大举措，要紧紧围绕推进"三化"进程和加快产业调整升级，充分发挥比较优势和竞争优势，以优势产业和企业为依托，积极稳妥地实施"走出去"战略，带动商品、技术、劳务的出口。

1. 着力建立劳务外派和培训机制

要进一步加快全市外派劳务基地建设步伐，力争在年内完成基地建设的申报、审批和注册等工作，为建立全省性的劳务基地打下基础。要尽快建立劳务基金、劳务保证金贷款担保及劳务保险等外派劳务鼓励政策，为外派劳务提供便利。要建立外派劳务人员培训和外派劳务人才储备机制，要按照国外企业需要什么人才就培训什么人才的要求，为劳务外派储备人才。要加强与省内外外经企业、国外用人企业的联系，及时掌握国际劳务市场动态，疏通劳务外派渠道，把外派劳务进一步做大做强。

2. 大力加强国际经济技术合作与交流

要充分发挥市政府驻南非商务联络处的"窗口"作用，在南非建立综合性基地，并以南非为突破口，推动企业及其产品销往南非乃至整个非洲市场。进一步促进市内企业加强与中央和省企业的合作，尤其是黄沙坪矿与省内其他有色企业的合作，通过"借船出海"、联合投标的方式锻炼队伍，积累经验，壮大实力，为直接承担工程项目奠定基础。

3. 大力鼓励市内企业"走出去"，参与国际市场竞争

落实企业"走出去"的融资、保险、担保等支持政策，引导和鼓励优势行业和企业到发展中国家和地区设立生产加工企业和专业市场，推动传统产业转移和升级。重点跟踪郴电国际在境外项目投资、建设的落实情况，指导和帮助郴电国际尽快办理海关、税务、外汇等手续，加快项目建设进度。

（四）统筹安排，强化措施，努力开创我市流通工作新局面

商贸流通业作为国民经济的重要组成部分，是推进"三化"进程的重要支撑、吸纳就业的重要渠道、财政增税的重要来源，也是满足人民群众不断增长的物质文化需求的重要产业。当前流通业所依赖的商品资源、基础设施、技术条件等都得到了很大改善，要抓住流通业面临的良好机遇，推动商贸流通业迈上新的台阶。

1. 进一步突出抓好商贸流通的重点工作

一是必须进一步突出流通先导行业的地位。国家"十一五"规划明确提出：扩大内需是我国经济发展的长期战略方针和基本立足点。要努力调整投资消费关系，把增加居民消费特别是农民消费作为扩大消费需求的重点，不断拓宽消费领域和改善消费环境。流通业是先导产业，是经济发展的"血脉"，已成为经济发展的"火车头"。我们要进一步强化全市上下发展流通的意识，营造全社会重视流通、支持流通、发展流通的良好氛围，改善流通发展的外部环境和支撑条件，全力推进流通业的加快发展，不断增强流通对经济社会发展的先导力、支撑力和带动力。

二是必须进一步突出招商引资对流通业态的促进功能。积极推进流通业的招商引资，采取各种有效措施，吸引国际、国内资本投资商贸设施建设项目，特别是引进国内外知名的商贸流通企业落户郴州，不断提高利用外资的水平。对投资兴建大型的、具有先进业态的商贸设施项目，要在政策上给予相应扶持，以促进我市商贸流通业的快速发展。要进一步拓宽流通业对外开放的领域，最大限度地向外资、民资开放。鼓励外资、民资进行独资经营或合资、合作经营商品批发、零售等流通业态。在积极引进国内外大型连锁企业和物流企业的同时，认真学习国际上先进的流通观念、模式、业态、管理技术，推动我市流通业实现营销技术、经营方式和管理创新，鼓励流通企业进行内外贸一体化经营，建立自己的营销网络和配送中心，千方百计扩大销售、提高效益，以加快我市流通业现代化步伐。

三是大力发展连锁经营、物流配送和电子商务，推进流通现代化。现代物流发展慢、配套能力差、采购成本高是造成经济竞争力不强、影响投资环境的重要因素。我们要充分发挥毗邻广东、靠近港澳的优势，努力使"十一五"期间以连锁经营、物流配送和电子商务为主要形式的现代流通有大的发展。首先要引导各类流通企业通过连锁经营方式加快扩张。其次要整合资源建设专业化、社会化的物流配送企业，特别要加快第三方物流企业的发展。最后要加快物流园区建设，特别是与公路口岸配套的出口货物物流园区建设。

四是认真研究消费需求新变化，积极引导和扩大消费。首先要调整零售业业态，认真处理好传统百货等业态和现代超市等业态的关系，实现资源合理配置；其次要因地制宜发展小区商业，逐步形成门类齐全、便民利民的城市服务网络；最后要积极培育新的消费热点和新型消费方式，推进消费结构升级。

五是必须进一步突出流通服务"三农"、统筹城乡发展的作用。郴州要实现跨越式发展，全面建设小康社会，重点和难点都在农村。发展农村经济，解决"三农"问题，统筹城乡发展，建设社会主义新农村，是构建和谐社会的一项重要内容。目前，我市城乡发展不平衡，城乡流通业发展水平差异较大，农民增产不增收的问题十分突出，一个重要原因就是流通体系不畅、基础设施落后、流通成本高。因此，在当前我市农村正在从"温饱型"向"小康型"转变的过程中，构建城乡双向流通网络、畅通农产品流通渠道，是促进农民增收、缩小城乡差别、推进城乡协调发展的现实选择。

六是必须进一步突出市场建设重点。建立和完善市场体系是流通工作的重要内容。一方面，我们要加快新型市场的建设和培育，进一步完善市场体系，另一方面，要加大资源整合力度，对已投入运营的各类市场逐步提高档次和管理水平，重点是通过专业市场的建设和培育，形成一批区域性的大型专业批发市场。同时，积极促进专业市场与加工业的衔接互动，形成各具特色的企业群和产业集聚区。

2. 进一步做好市场体系和商业网点规划工作，抓好农村商品流通改革与市场建设试点

市场体系的建设与完善，首先是要做好科学规划，实施规划引导。要把流通工作作为全市经济工作的重点之一，加快商品市场体系、现代流通体系、市场监控体系、流通法规体系和商业信用体系建设，因地制宜，确定工作重点，提出工作目标，制订工作规划。商业网点规划是整个商贸流通发展规划的重要组成部分，要加强商业网点规划，这是优化流通结构、引导流通资源优化配置的重要举措，对于保持我市流通业的快速健康发展，最大限度地满足城乡人民生活需要具有重要意义。各级商务、规划部门要加强配合，加快推进市、县两级商业网点的规划工作，乡、镇和村商业网点规划工作也要提上议事日程，并切实提高规划的科学化水平，提高规划在执行中的权威性，引导流通业有序健康发展。当前，要以抓好"万村千乡"工程为切入点，完善农村流通网络。实施"万村千乡"市场工程是推进社会主义新农村建设的一项重要举措，也是商贸流通企业的发展商机和历史责任。实施这项工程对扩大农村消费、提高农村流通的商品质量，更好地为"三农"服务有着十分重要的作用，对推动我市构建农村现代消费网络是一个良好的发展机遇。要继续争取商务部的支持，使用好农村市场建设引导资金，加大政策扶持和工作力度，确保这项工程成为成效显著的"富民工程""富商工程"。商务部确定在我省开展农村商品流通改革和市场建设试点工作，我市苏仙、宜章、安仁均列入试点范围，这是立足农村、服务农业、紧贴农民的"民心工程"。各县（市、区）要高度重视，认真研究，制订本地区的发展规划和具体实施方案，落实配套措施，细化目标任务，抓好落实。当前要扎实做好"万村千乡"市场工程试点和农产品连锁经营试点工作，形成以县城为依托，以乡镇为重点，向行政村辐射的格局。积极鼓励大中型流通企业、连锁企业，以投资新设、吸收加盟等多种方式，在试点县、乡

（镇）和人口聚集度较高的行政村，做好"农改超"工作，建立和改造"农家店"，力争用3—5年时间在试点县（市、区）70%的乡镇和50%的村培育出300个左右"农家店"，尽快形成以城区配送中心为龙头、乡镇店为骨干、村级店为基础的农村销售网络，畅通城市消费品和农产品双向流通的渠道。"万村千乡"工程工作的主体在县（市、区），国家、省、市三级会在政策、资金等方面给予一定的引导与扶持。

3. 强化市场调控手段

加大商业特种行业的监管力度要按照"准确监测、深刻分析、快速反应、及时调控"的要求，针对市场运行中的难点、热点问题，建立预测预警机制，加快市场运行监测分析系统建设，进一步完善城市生活必需品、重要生产数据、重点流通企业三大网上直报系统，建立和完善市场监测平台；加强对重要节日、市场波动和突发事件的运行监测，提高监测、预警、调控和处置能力，逐步建成覆盖全行业的便捷、高效的市场信息公共服务体系。要建立和完善重要商品储备制度，保障各种公共突发事件以及市场异常波动时的供应。对于商务系统现在承担监管职能的拍卖、典当、废旧物资回收、成品油、民用爆破等特殊行业，有特殊的规定和要求，要进一步规范流通秩序，加强管理，重点规范商品市场准入、经营者市场准入制度，促进市场有序竞争。一是要严格准入。对于典当等准金融机构，涉及人民大众的生活消费安全的成品油、报废汽车，严格按国家的标准，必须不折不扣地遵循准入制度。二是要规范运作。对许可证的发放，不符合条件的不予审批，已审批过的不规范运作的，年审时要取消。三是要做好规划。对成品油、加油站等要做到统一规划、统筹安排，避免重复建设、恶性竞争。

4. 狠抓食品消费安全，扎实推进"放心工程"

民以食为天，食品安全责任重于泰山。继续推行和完善生猪定点屠宰，加强对集贸市场、超市和餐饮业的用肉管理，打击白板肉、注水肉和病害肉的违法经营行为，强化台账管理，完善证票制度，严格检疫检验，坚决杜绝群体性食物中毒事故。要进一步加强酒类产品的产销管理，认真贯彻执行商务部《酒类流通管理办法》和酒类商品批发、零售经营管理规范的"两个标准"，严格按照国家标准对经营企业进行规范。积极扶持百福酒业、青岛（郴州）啤酒等本地生产企业的发展，加大对假冒伪劣酒的打击力度，扎实推进"放心酒"工程。大力发展酒类连锁经营、物流配送等现代流通组织形式。

5. 抓好商贸流通企业改革改制工作

坚持因企制宜、循序渐进、重点突破、积极稳妥的原则，以妥善安置职工为大前提，以产权制度改革为核心，大胆探索改革模式，坚定不移地抓好商贸流通企业的改革改制工作，到 2007 年，基本完成商贸流通企业的改革改制工作。对企业改制，既要顶住压力、坚定不移、依法操作，又要周密部署、谨慎从事、扎实推进。指导改制企业根据自身实际，提出切实可行的改制方案，制定实施步骤，因企施策。对已列入今年改革改制计划的企业，要切实完成任务。

三、优化环境，转变职能，构筑高效率的政务体系

优化发展环境是政府的重要职责。各综合部门、产业部门、涉外部门要以扩大开放为己任，胸怀全局，准确定位，会同各方，多做贡献，共同推进商务工作的发展。

（一）大力推进依法行政，为招商引资和商务发展提供规范、高效的政务服务

经济发展环境包括健全完备的法制环境、高效透明的政务环境、导向清晰的产业环境、需求畅旺的市场环境、安定和谐的社会环境、明礼诚信的人文环境、山清水秀的自然环境、完善配套的基础设施环境等。对于政府来说，依法依规办事、提高高效透明的政务服务水平是环境建设最主要的任务。要进一步深化行政审批制度改革，大力精简行政审批事项，努力实现政务服务的少环节、快节奏、高效率。要改进行政管理方式，充分利用政务服务中心，实行一个窗口对外、一站式办公、一条龙服务。各涉外部门、窗口部门、执法部门，要大力改善开放型经济的公共服务，努力提高公共服务的质量、效率和水平，降低投资者的政务成本。要以热情、优质的服务吸引和留住来郴州投资兴业的境内外客商。

（二）努力转变政府职能，共同支持各类内外资企业和流通业的发展

企业是社会财富的创造者。没有企业的发展，就没有全市经济社会的发展。政府各部门要切实转变职能，把为人民服务的行动落实到为各类内外资企业和

流通企业的服务上。商务、招商部门要以企业为中心，以为企业服务为已任，在市场拓展、行情咨询、信息发布、政策引导、协调政企关系、搭建招商和贸易平台等方面进一步做好工作，搞好服务，力争取得更大的成效。发改委要制定清晰的产业导向，牵头做好项目开发，搞好产业政策宣传；外事侨务部门要发挥优势，加强对外联络，积极寻求对外合作服务；贸促会要广交朋友，积累资源，加快服务体系建设，努力为企业架设引资之桥梁、编制出口之纽带、构筑合作之平台、建设开放之窗口；各执法部门要胸怀全市经济发展全局，以执法促管理，以管理促发展；外事、公安部门要为企业管理人员、技术人员、营销人员提供规范的出入境管理和少环节的出入境服务；金融、保险部门要进一步密切汇贸、银贸、保贸协作，为企业提供有效的外汇服务和融资、保险支持；宣传部门在做好外宣工作的同时，要加大对重点企业、重点项目的宣传力度，对贡献突出的外来投资者和企业家要给予其应有的社会地位和荣誉；各级优化办要加强对部门的监督，鼓励依法作为，鞭策不作为，查处乱作为，对各类损害企业正当利益、破坏发展环境的典型案件要坚决查处，决不姑息迁就。

（三）强化工作措施，确保商务工作各项目标完成

一是要落实目标责任制。省政府对我市下达了今年招商引资和商务工作的目标任务，市政府已将任务分解到了各县（市、区）、园区和各有关部门，各目标责任单位要抓好落实，按进度要求加大推进力度。

二是要落实考核奖励机制。要进一步完善考核考评办法，健全目标考核体系。重点考核招商引资工作的力度和实绩。

三是要落实通报督办机制。市政府将对各县（市、区）、园区的招商引资情况每月一通报，对四个重点招商行业和市直有关责任部门每个季度一通报，对60个重点乡（镇）招商引资情况每半年一通报。同时，每个季度将在《郴州日报》上对各县（市、区）、园区、四个重点招商行业情况和市直有关部门招商引资完成情况的通报进行公布。对郴州出口加工区、海关新院建设、公路口岸建设等市政府已组成专门的督查组，每半个月督查通报一次。通过加强通报督办，以确保全年目标任务的顺利完成。

（2006 年 3 月）

支持郴州建设承接沿海产业梯度转移的"桥头堡"

为配合国家实施中部崛起战略，统筹区域协调发展，引导沿海产业向中西部转移，从 2006 年开始，商务部提出并在大力实施"万商西进"工程。特别是首届中博会的成功举办，极大地提高了中部地区的知名度和吸引力。应该说沿海产业向中西部转移的推进工作正在全方位、宽领域、大力度地推进，但从目前统计数据看，尽管中西部地区实际使用外资增速加快，但东部沿海的增幅更大。2007 年 1—3 月，中西部地区实际使用外资占全国的比重为 12%，比多年来中西部利用外资总额占全国比重 13% 不仅没有上升，反而下降了 1 个百分点。因此，"万商西进工程"还需继续加大力度。而从中西部的实际情况看，由于各个省、市之间区位交通、基础条件、经济发展水平等相差较大，在目前条件下，有些地方承接沿海产业转移的条件还不完全具备，十分有必要突出重点区域，实现重点突破，然后带动和促进其他地区承接。湖南省郴州市在承接沿海产业梯度转移方面除了与周边地区相比有不少相似之处外，还有其独特的优势：

（一）区位交通优势

沿海产业向中西部转移最为重要的原因是降低综合营商成本。沿海产业向中西部转移降低的主要是水、电、劳动力等成本，相应增加的是物流成本。通过公路运输，如果不给予补贴和优惠政策，离沿海口岸 500 公里以外，企业营商成本与沿海相比就会增加。因此，对于加工贸易企业而言，一般难以转移到超过 500 公里以外的中西部地区，而湖南郴州就在离珠三角口岸 500 公里范围之内。正因为这方面的原因，前年湖南省在申报国家级出口加工区的时候，舍弃了基础设施、发展水平较高的长沙，而选择了湖南最南部的郴州。当然，类似郴州区位条件的中西部地区城市还有，例如江西赣州、广西玉林等。但这些城市的交通条件在可以预见的将来是很难赶上郴州的。从铁路来看，京广铁路贯通郴州南北，是我国最早的铁路之一，也是我国铁路交通的主动脉，4月份铁路提速后，郴州至广州不到三个小时。正在建设的武广高速客运专线2009年通车后，郴州到广州只需要一个小时，而且今后还可直接连通香港，而现在的京广铁路将改为货运专线，既会提高运速，也可保证运能。从公路运输来看，除了107国道贯通郴州南北外，2003年京珠高速就已通车，而赣粤高速2005年才通车，玉林到广州的高速公路现还在建设之中。在广东省"十一五"交通规划中，出省的高速公路大通道共有八条，连通郴州及湖南的就有三条，除了京珠高速外，清连高速正在改造，明年即可通车，而从深圳对接湖南郴州汝城的深湘高速不久也将动工，京珠高速复线也在规划之中，郴州将成为对接珠三角高速公路线路最多的城市。从区位交通条件来看，郴州是承接沿海梯度转移条件最优的城市。

（二）承接平台优势

从承接沿海加工贸易梯度转移的角度看，出口加工区应该是政策最优惠、通关最便捷、服务最完备的区域。目前广东的粤北、粤西、粤东等地区均没有出口加工区，江西赣州的出口加工区还在建设之中。因此，目前郴州是距沿海口岸最近的出口加工区。郴州出口加工区是2005年6月3日经国务院批准设立的，总面积3平方公里，一期用地1.4平方公里，现已投入了2.8亿元完成了行政办公大楼、卡口检验设施、围网及巡逻道、查验仓库等园区设施，即将封关运行，而且目前园区已引进了大连华录、香港博宇城、台湾台达、莱富集团等近10家电子企业。湖南省已正式把郴州列为全省第二大电子信息产业基地（另一个为省会长沙）。从承接平台而言，目前郴州的优势也十分明显。

立足于区位交通、承接平台等方面的优势，郴州市委、市政府多年来一直把"开放带动"作为郴州经济发展的首选战略，着力打造沿海产业的承接基地，郴州经济社会取得了很大的进步与发展，地方财政收入、实际利用外资连续六年位居湖南省第二位（仅次于长沙），但由于受物流成本偏高、产业链不配套、企业融资难等因素的影响，郴州的优势与潜力尚未充分挖掘出来。2006年，全市实际利用外资2.68亿美元，比周边的赣州市还少。因此，郴州市委、市政府作出进一步扩大开放、全面对接"粤港澳"的决定，要在思想观念、基础设施、产业发展、管理体制等方面与"粤港澳"全面对接，进一步提高对外开放水平。但由于郴州过去的经济基础较差，开放度较低，客户资源较少，需要商务部给予更多的关注与支持。

1. 把郴州作为承接沿海产业梯度转移的"桥头堡"

根据郴州在中西部无可比拟的区位交通和承接平台优势，根据沿海产业向中西部转移近期不可能所有地区都具备条件的实际，建议商务部把郴州作为承接沿海产业梯度转移的"桥头堡"，并给予重点扶持，集聚发展，为全国树立典型与示范。

2. 帮助郴州加大宣传推介力度

虽然郴州承接沿海产业转移具有较强的优势和条件，但现外界了解不够，请求商务部充分利用各种平台，特别是中博会、1998 年投洽会给予重点推介，同时在商务部组织的各种投资促进活动中提供平台或机会给郴州进行宣传推介。

3. 支持郴州开展投资促进活动

现每年郴州都将举行两次大的招商活动：一次是"走出去"。每年 4 月中旬在粤港澳地区举行大型招商推介会。一次是"请进来"。每年 9 月中旬都会邀请大批客商到郴州参加经贸洽谈会。建议商务部外资司派人参加并负责联系部分重点客商。同时，每年牵头组织一次粤港澳具有产业转移意向的企业和客商到郴州商务考察、投资兴业。

4. 支持郴州有色金属产业园升格

郴州有色金属产业园是 2003 年经湖南省政府批准的省级开发区，已顺利通过了国家园区清理整顿，并已公示给予保留，郴州出口加工区就落户在郴州有色金属产业园内。现郴州出口加工区是国家级的，而母区郴州有色金属产业园是省级的，二者显然不配套。国家级经济开发区与省级经济开发区相比具有明显的品牌效应、机构设置、资金投入、政策优惠、管理权限等方面的优势，现郴州要承接沿海产业转移，关键是要加快园区建设，构筑承接平台，打造投资洼地，形成产业集聚，而郴州有色金属产业园升格为国家级开发区显得尤为关键和紧迫，请求商务部给予重点支持。

5. 支持郴州园区基础设施建设

郴州有色金属产业园区及郴州出口加工区设立时间晚，现有基础设施建设任务很重，资金投入很大。根据测算，现国家批准的 5 平方公里的园区要做到"七通一平"，需有 10 个亿左右的投资。目前，经多方筹资只完成了 5 个亿的投入，资金缺口较大，靠郴州目前的财政短期内难以解决，请求商务部出面协调国家开发银行解决园区基础设施贷款 5 亿元。

6. 解决郴州出口加工区部分运转经费

出口加工区作为海关特殊监管区域投入很大，而园区内企业的增值税是免征，两头在外的加工贸易企业的进口关税免征，因此，从财政直接收益而言，出口加工区对地方财政的直接贡献并不多，而每年出口加工区的运行费用却较高，特别是园区建设初期资金需求更大，请求商务部在中西部外贸发展资金中每年补助郴州出口加工区 2000 万元运转经费，连续安排五年。

7. 帮助郴州引进战略投资项目

要解决物流成本偏高、产业链不配套等沿海产业向郴州转移所遇到的瓶颈，关键是要引进战略投资者，请求商务部发挥与跨国公司联系紧密的优势，为郴州引进 3—5 家龙头企业，特别是电子信息方面的战略投资企业，以带动产业的配套与集聚。

（2007 年 3 月）

"万商西进"工程应内外资并举

为了贯彻落实党中央、国务院提出的树立科学发展观，统筹区域协调发展，顺应国际产业向中国转移和东部沿海产业向内地转移的大趋势，从去年开始，商务部提出了"万商西进"工程，即用三年左右时间推动一万家左右的东部外资和民资企业到中西部开展投资贸易，并列为了部里十三大重点工程之一。"万商西进"工程的实施，特别是去年成功地举办了第一届中博会，极大地提高了中西部的知名度，推动了中西部的对外开放和招商引资，已经取得了明显的成效。为了该工程的进一步推进，现提出一些不成熟的建议，不当之处，请批评指正。

一、统一思想，提高认识

20 世纪 70 年代末期以来，我国通过实施开放带动战略，吸收外资不断跃上新台阶。截至 2006 年底，我国累计实际吸引外资超过 6000 亿美元，2006年当年实际利用外资 695 亿美元，在全球东道国中排第四位，继续保持发展中国家吸引外资头号大国地位，占发展中国家吸收外资总额的 20％，占全球总额的 6.7％，对促进经济发展、提供财政税收、引进管理技术、解决劳动就业等方面都产生了积极的作用。随着利用外资规模的不断扩大，不论是国内还是国外，都出现了一些不和谐的声音，比如"中国威胁论""我国利用外资规模已经不小了""外资冲击了国内某些产业""外资并购威胁到国家经济安全等"，对这些问题如果没有一个正确的认识和看法，势必影响我国利用外资工作和"万商西进"工程的推进。

首先，从全国来看，去年我国实际利用外资只占到全社会固定资产投资的 5％，且呈逐年下降趋势，而这其中还有不少是国内企业为了获得外资企业所享受的税收等政策优惠，借道国外一些国家避税岛注册壳公司，然后再以外资名义运用收购等手段使资金回流。据有关专家分析，我国实际利用外资 1/3 左右是这种回流的"假外资"。即使按商务部的统计，英属维尔京群岛也占到我国实际利用外资的 9%。因此我国实际利用外资规模仍有很大潜力和空间，尤其是对中西部而言，无论是固定资产投资规模，还是实际利用外资规模都不是很大，中西部地区占全国实际利用外资的总量还不到 12%。就以湖南省郴州市而言，在中西部利用外资方面算是比较好的，去年实际利用外资只有 2.68 亿美元，占当年全市全社会固定资产投资的比重也只有 10%，而且发展不平衡，好的县（市、区）一年到位外资有 3000 万—5000 万美元，而差的仅有 300 万—500 万美元，西部的一些市、县的总量更小，还做不到"又好又快"，只能是争取"又快又好"。

其次，从拉动经济的三驾马车来看，全国是投资、出口两驾马车快行，消费滞后，而对中西部而言，则是投资一马当先，出口和消费滞后，或者也可以说投资是拉动中西部经济发展的主要动力，而这其中外来投资又占了十分重要的位置，从中西部的实际情况来看，靠原始积累太慢，靠财政投入太少，靠银行贷款太难，唯有招商引资来得最快。例如湖南省去年外来投资占全社会固定资产投资的比重为 33%，而郴州市则达到了 64%，招商引资对中西部的重要性可见一斑，中西部地区绝大多数地方都是把招商引资作为各项工作中的重中之重来抓。因此，招商引资是中西部发展的战略选择，"万商西进"工程是中西部发展的战略举措，也是服务和支持中西部发展的德政工程、民心工程。这就不难理解为什么中西部许多省层层要实行招商引资目标考核。前不久我到江苏扬州参加了烟花三月国际经贸旅游节，他们的有关领导给我介绍招商引资就是压力工程，压力大成效就明显。当然如果经济发展到一定程度，外来投资对经济发展的拉动作用降低了，政府自然而然地会取消有关考核。如浙江省从前年开始就取消了招商引资目标考核，宁波市更是要求外商投资规模需达到 1 亿美元以上才能供地。因此，现在国家提出要纠正一些地方层层下达分解招商引资指标的要求，目前在中西部很难落实到位。我觉得目前要纠正的主要是给一些党群部门、非经济部门等下达招商引资任务。如果地方政府及商务部门不层层下达招商引资目标任务了，就说明该地区资金很充裕了，那么商务部门在促进投资方面的重要性就会降低。国务院对节能减排方面不也层层下达目标任务吗？而且每年还要向人大会报告。因此作为商务部自身而言，我觉得不宜主动提出纠正层层下达招商引资任务的方式，这既不利于中西部的招商引资，也会降低商务部门在地方政府中的地位。

最后，从世界来看，随着世界经济一体化进程的加快以及中国对外开放的成功实践，许多国家，特别是广大发展中国家都纷纷向中国学习，改善投资环境、提供优惠政策，吸引国外投资，特别是中国周边的越南、泰国、马来西亚、印度等国家已经成为中国利用外资的重要竞争对手，而东部沿海随着经济的发展出现了土地、能源、劳动力紧缺等问题，营商成本在不断上升，迫切需要产业升级，那么这必将推动东部沿海产业转移，如果国家不给予中西部特殊优惠政策，沿海的产业就不一定转移到中西部，而可能会转移到东南亚。因此，我们要进一步增强扩大对外开放，积极利用外资，强调大力推进"万商西进"工程的紧迫感和责任感，为承接国际和沿海产业转移，促进中西部扩大开放，推动东中西协调发展积极努力。

二、统一总揽，整体推进

从投资的角度来看，外来客商到中西部投资既包括外资，也包括内资。而且随着我国经济近30年的持续、快速增长，已经培育出了一批有实力的国有、民营大企业、大集团，而这些大企业、大集团由于对国内情况和政策了解熟悉，往往在向中西部投资方面比外资企业更加主动先行。以湖南省为例，2006年全年所有外来投资为885亿元，而来自东部沿海等地区的内资就有685亿元，占整个外来投资的77%，而郴州市的内联引资则占到整个外来投资的83%，对整个中西部而言，吸引外来投资一个重要方面是内联引资。因此，"万商西进"工程不仅要推动境外企业和已经在东部投资的外资企业向中西部发展，而且还要促进东部等地区的内资企业向中西部挺进，这样效果将会更明显，同时来得也更快。对于内联引资，中西部省（市、区）都很重视，如江西、湖南等省都有经协办专抓此项工作，而且每年有安排、有活动、有任务、有考核、有奖励。中共中央政治局委员、广东省委书记张德江同志刚调到广东工作不久就发出了加强泛珠三角区域经济协作的倡议，得到了9+2省（市、区）的积极响应，每年举行一系列活动，其中一个重要的活动就是泛珠三角经贸洽谈会，已成功举办了三届，第四届将于今年 6 月在湖南长沙举行。省际商务考察活动也十分频繁，已经促进了很多广东的企业到中西部去投资。原浙江省委书记习近平从福建调到浙江工作后就提出了要跳出浙江发展浙江，鼓励浙江企业到中西部投资发展，并且每年都亲自率党政和经贸代表团到中西部省份访问，促进区域间的经济合作。站在全国这个层面，国内区域投资和贸易促进的工作已经在做，比如说首届中博会，不仅邀请了大批外商参会，而且也有不少国内客商参加。贸易促进工作，不论是外贸还是内贸都是由商务部在抓，工作推进力度很大。从投资促进的角度来看，不仅包括国际投资促进工作，也应该包括国内区域间的投资促进工作，随着我国经济的不断发展，企业的不断发展壮大，这方面的工作任务将会越来越重。但目前我国对于国内投资促进工作重视不够，研究推进得也不够，国家应该明确商务部在国内投资促进方面的职能，加强这方面的工作。而商务部在推进"万商西进"工程的过程中，也要重视内联引资与利用外资统一总揽，整体推进。

三、政策引导，政府推动

要强力推进"万商西进"工程，既要靠商务部的支持和推动，也要靠中西部自身的吸引力。这其中很重要的一个方面就是要有区域政策倾斜，否则的话，东部已经进入了工业化的中期，经济已迈上了快速、持续发展的轨道，如果说此时取消区域优惠政策，那么东部与中西部就完全不在一个起跑线上，中西部永远也赶不上东部，这与国家统筹区域协调发展，构建和谐社会的目标是不一致的，而且如果不给中西部地区给予区域倾斜政策的话，对中西部也是不公平的。因为过去国家用公共资源支持了东部，使东部率先崛起了，如果现在不给予中西部以倾斜，显然是不公平、不合理。我们国家在制定公共政策时，往往对于区域差异性考虑不够，我国幅员辽阔，各地情况和经济发展水平差别很大，不分差别的采取同一政策往往既不符合实际，也难以达到目的。比如这次工业用地改协议出让为招拍挂，这一点本来无可厚非，但现在基准地价不分东中西部的差别，而是按城市行政级别大小来确定地类的办法显然不合理，像广东的东莞、江苏的昆山等市与中西部的地级、县级市为同一档次地类，在中西部反响就很大，类似的情况还不少。因此，建议国家要制定更加有利于吸引客商到中西部投资的政策与措施，在区域协作、投资规划、开放领域、产业政策、项目布局、基础设施、园区建设、税收优惠、土地供应、银行贷款、财政贴息、资金投入、服务外包等方面给予政策倾斜和大力支持，这样才能有效地引导和推动万商西进。

四、突出重点，提高实效

中西部幅员辽阔，各省优势特点不一，经济发展水平差异较大，招商引资不可能一刀切地齐头并进。目前，一是要突出毗邻东部沿海，承接沿海产业转移更具条件和优势的地区，比如湖南、江西、安徽等中部省份；二是要突出中西部省会城市和对外开放水平较高的部分地级市；三是要突出国家级园区（包括经开区、高新区、出口加工区）和部分重点省级开发区；四是要突出中西部省（市、区）的重点优势领域和项目，例如重大基础设施建设（高速公路等）、优势资源开发（水电、旅游资源、矿产资源等）、沿海产业梯度转移及加工贸易、面向国内市场为主的先进制造业、商贸流通业等领域。建议由商务部牵头编印专门的中西部招商引资手册（包括投资环境介绍、优惠政策说明、重点城市、重点园区、重点领域、重点项目推介等方面），扎实做好招商引资基础工作。目前"万商西进"工程的一个重要平台是中博会，要充分利用好这个平台，大力宣传国家鼓励中西部发展的各项政策，加强项目的对接和洽谈。另外1998年投洽会、泛珠经贸洽谈会、西洽会等平台也要充分利用，同时还要积极支持和配合中西部各省（市、区）举办投洽会。除了投洽会以外，也要注意通过加强其他多种有效方式推进万商西进。因投资洽谈会与贸易、旅游交易会还是有所区别的，贸易、旅游交易会既可在会前洽谈，也可在会上洽谈并迅速签订合同加以实施，而投洽会的工作主要是在会前、会后，洽谈周期也要长得多。因此，在抓好投洽会的同时建议采取多种方式推进"万商西进"工程，如可以考虑举办中西部最具投资潜力城市、国家级园区、加工贸易、重大基础设施、重点产业等专业专题招商会。也可由商务部分期分批组织境外客商和东部客商以小分队形式到中西部各个省份进行投资考察，还可组织中西部省份赴境外招商和组织中国驻外商务参赞、国外驻华商务参赞中西部行等活动，通过多种方式推动投资促进工作。

五、打造平台，营造洼地

各类开发园区具有产业聚集、土地集约、政策优惠、基础设施相对完善、机构精简、管理权限较大等方面的优势，对区域经济具有重要的带动和辐射作用，应该作为推进"万商西进"工程的重要平台给予高度重视和大力支持。目前，国家级经济开发区有 54 个，我个人觉得总量偏少。以湖南为例，开发区清理整顿之前湖南共有 150 多个开发区，后省政府清理之后上报国务院审批的省级以上的开发区是 99 个，最后国务院批准的是 60 多个。但湖南省政府明确，国务院没有批准的 30 多个开发区可以比照国务院批准的省级开发区享受相应政策。因此，实际上是近 100 个省级开发区，但国家级的开发区只有长沙经开区一个，占省级以上开发区的比重仅 1% 左右。因此，建议增加中西部国家级开发区的数量，中部每个省份设 2—3 家，西部每个省份设 1—2 家，并给予大力扶持和帮助，尤其是园区基础设施建设和建园初期更要重点支持。一般园区要实现七通一平，一平方公里至少要投入 1 亿—1.5 亿元，这么大的投入光靠园区所在地政府财政解决是很难的。例如湖南郴州有色产业园是 2003 年湖南省政府批准设立的省级开发区，现园区建设投入已超过 3 亿元，郴州市财政安排了 3000 万元，其余资金主要来自于开行贷款。如果没有上级政府和金融机构的大力支持，要尽快完善园区的硬环境，形成投资洼地是很难的。为了推动中西部地区国家级开发区的建设与招商，建议借鉴广东省的相关做法〔广东省委、省政府要求珠三角的市、县、镇对口在粤东、粤北、粤西山区的市、县（区）设立开发园区，由山区市、县提供土地，珠三角的市、县负责基础设施和招商，园区项目产生的税收由珠三角市、县、镇与山区市、县按 4:6 分成〕，按照政府推动与经济手段相结合的办法推进园区建设与招商。

六、把握关键，突破瓶颈

目前，沿海的企业向中西部拓展和转移主要有四个方面的原因：一是综合营商成本较沿海低；二是市场准入门槛比沿海低；三是为了拓展国内市场；四是中西部的许多优势资源开发项目沿海不具备。应该说不论是国内还是国外的客商往中西部发展的意识已开始形成，但目前效果还不是特别明显。截止到2007年3月底，全国实际利用外资东部地区占87％，而今年1—3月东部占到了88％，还提高了1个百分点。因此，"万商西进"工程的工作任务还十分繁重。我觉得目前关键是要认真分析阻碍沿海企业向中西部投资的障碍，并采取切实有效的措施加以解决，才能吸引沿海企业向中西部投资。从调查了解和郴州的实际情况来看，影响沿海产业向中西部转移除了基础设施、行政环境等方面的因素外，目前企业反映最强烈的主要是四个方面：一是物流成本偏高。沿海产业向中西部转移，尽管水、电、劳动力等成本降低了，但相应物流成本增加了，一般成本平衡点为500公里左右的距离，也就是说目前的公路交通费用只能使沿海企业转移至离沿海口岸500公里以内的范围，否则，营商成本不是降低了，反而是升高了。二是产业链不配套。中西部由于外来企业少，产业聚集度不高，不少上游零部件或产品还需要到沿海采购，这样既不利于产业链配套，也相应增加了产品生产周期和物流成本。三是劳动力市场不发育。尽管中西部劳动力资源很丰富，但由于企业少，还没有形成长期、稳定的劳动力市场，找工作相反还不如沿海方便，同时，现在有不少年轻的农民工出外除了谋生之外，还希望开阔视野，增长见识，而且对于文化生活方面的需求也在不断上升，而中西部与沿海还有不少差距，特别是一些开发区往往离中心城区有一段距离，商业服务业还不是很发达。四是企业融资难。以湖南省为例，全省14个市（州），除了省会长沙存贷为逆差外，其余13个市（州）均为顺差。像郴州市招商引资、地方财政收入连续多年在湖南位居第二位，但银行的存贷顺差竟达到100多亿元。因此，现在是中西部的存款大部分都投到了东部，导致中西部不论是外来企业，还是本地企业银行融资都十分困难。以上四个方面是制约沿海产业向中西部转移的关键性制约因素，如果这些瓶颈不能得到有效突破，沿海企业要大批量向中西部转移还有一定的困难。要突破这些瓶颈，中西部地方政府应该采取切实有效措施，比如给予重点外来企业物流成本补贴，加大劳动力培训力度，加强开发区第三产业发展等，但有些问题国务院有关部门给予支持和帮助将大大缩短解决问题的时间，比如说商务部可重点支持中西部地区引进跨国公司和战略投资者，通过龙头企业的引进，带动上下游企业在当地聚集和配套，这样既加强了产业配套，又降低了物流成本。铁道部对于重点出口企业的铁海联运可给予运输保障和费率优惠。各类商业银行可给予中西部省份更多的贷款额度。只有通过上下联动，才能有效突破产业转移的瓶颈，万商西进也才能真正渐成气候。

七、强化队伍，专业推进

招商引资是一项系统工程，牵涉到社会的许多方面，需要领导的高度重视，需要各部门的大力支持，需要全社会理解配合，但从根本上来说，还是各级商务部门的职责。而作为一个投资者，要把一大笔资金投到一个地方或者一个项目不是一件轻而易举的小事，投资者需要反复、充分论证，那么怎么样根据投资者的需求创造相应的投资环境，提供相关资讯，有针对性推介相关项目等，这些都是专业性较强的工作，需要一支思想开放、思维活跃、业务精通、敬业爱岗的专业队伍。因此，必须全面提高中西部地区各级商务部门干部队伍的整体素质，才能为"万商西进"工程提供人才保障和优质服务。建议一是要配优配强中西部各级商务部门的领导班子；二是要切实加大商务队伍的培训力度。通过举办各种类型的招商引资培训班，加大中西部地区商务部门干部到部里及沿海发达地区挂职和部里及沿海发达省份商务部门干部到中西部挂职或任职的力度等多种有效形式，全面提高商务队伍整体素质，以适应强力推进"万商西进"工程的工作需要。

（2007 年 4 月）

加快"加工贸易梯度转移重点承接地"郴州的建设

为大力实施"万商西进"工程，湖南省委、省政府强力推进湘南开发，郴州市委、市政府抢抓机遇，进一步扩大对外开放，积极主动承接沿海产业转移，取得了一定成效。

一、郴州承接沿海产业转移的比较优势

郴州作为湖南省的"南大门"，是中西部地区距离粤港澳最近的城市之一，是商务部授牌的全国九个"加工贸易梯度转移重点承接地"之一，承接沿海产业转移比较优势明显。

（一）综合成本优势。郴州与珠三角地区相比，在用地、土建、标准厂房出租、用水、用电、劳动力等方面具有明显的比较优势，综合营商成本比珠三角低20%左右。具体详见"郴州市与珠三角主要投资生产要素成本比较表"。

郴州市与珠三角主要投资生产要素成本比较表　　（2007年8月）

	土地价格（万元／亩）	土建成本（元／平方米）		工业用水（元／吨）	工业用电（元／度）	物流集装箱（元／个）	劳动力最低工资（元／月）	目前综合投资成本	争取普通货运车享受标准货柜封关待遇后的综合投资成本
		砖混结构	钢架结构						
郴州	16.8	600左右	400左右	1.51	0.60	6500元（3250元）	500元	郴州比珠三角低20%左右	郴州比珠三角低25%—30%
珠三角	23.6	900—1200	480—700	1.95	0.90	1000元左右	690元		

（二）交通区位优势。郴州毗邻广东，靠近港澳，距广州市仅为300多公里，京广铁路和京珠高速公路、106国道、107国道纵贯南北。南下广州、深

圳均可朝发午至。郴州境内正在兴建武广铁路客运专线和宜连高速公路、厦蓉高速公路、衡临高速公路，将进一步拉近郴州与珠三角和港澳的时空距离，使郴州成为重要的交通枢纽。目前，郴州正在建设湖南省唯一的二类公路口岸——郴州公路口岸，将具备海关、检验检疫、银行、税务、保险、外汇管理、货运代理等综合服务功能，形成"一站式""一条龙"服务的快速大通关平台。

（三）资源保障优势。郴州矿产资源、洁净淡水资源、生态资源丰富。已探明的矿产资源达 110 多种，有色金属储量 390 万吨，其中钨、铋、钼、微晶石墨储量居全国第一，铅、锌储量分别居全国第 3 位、第 4 位，矿产资源潜在价值为 2651 亿元以上，素有"中国有色金属之乡""中国南方重点林区""湖南能源基地"的美称，郴州柿竹园多金属矿区被国际地质界誉为"世界有色金属博物馆"。煤炭储量 11 亿吨，是全国 19 个重点产煤市州之一和华南地区重要的能源供应地；火电和水电装机总量超过 300 万千瓦，水能蕴藏 170 万千瓦，是联合国国际小水电中心设在中国的唯一基地。洁净淡水资源丰富。有半个洞庭湖之称的郴州东江湖，湖内符合一级饮用淡水资源为 81 亿立方米。森林覆盖率为 63.8%。旅游资源得天独厚，全市 110 处风景名胜，集奇、险、秀、美于一体，汇山、水、洞、泉于一身，是以生态休闲、漂流探险、温泉健身为主要特色的新兴旅游胜地。

因此，湖南省郴州市可作为承接沿海产业向中西部地区转移的"桥头堡"。

二、郴州近年承接沿海产业转移所做工作及成效

近年来，郴州以争创开放、体制、产业、环境新优势为先导，全面贯彻落实"开放带动"首选战略，承接沿海产业转移工作取得了一定成效。据统计，2005—2006 年，落户郴州的珠三角产业梯度转移项目共 72 个，占该市引进项目的 73%，实际利用外资 3.23 亿美元，占该市的 71%，其中人民币出资 17.45 亿元，占实际利用外资总量的 77%。利用外资总量连续六年名列全省第二，对外贸易快速发展。2006 年，全市出口总额达 2.8 亿美元，在全省排名由 2001 年的第 11 位跃升至第 5 位。加工贸易步入快速发展期。2006 年，全市加工贸易进出口总额 2615 万美元，是 2001 年的 8 倍，年均增长 51.65%。今年

1—7 月，加工贸易进出口总额完成 3061 万美元，增长 173％。沿海产业向内地转移的趋势明显加快，主要呈现三种形式：一是部分沿海企业近年来发展势头迅猛，在继续保留珠三角老厂的同时到郴州重新设立新厂；二是把零部件的生产转移到郴州，总装及出口放在珠三角；三是把生产基地全部搬到郴州，而把研发和营销中心放在珠三角。我们主要做了三方面的工作：

（一）政策先行，建立承接产业转移的政策体系。先后出台了《关于加快我市主动承接珠江三角洲等沿海地区产业转移的意见》（郴政发〔2006〕1 号）和《关于加快对接珠三角推动郴州又好又快发展的决定》（郴发〔2007〕2 号）等文件，推动郴州从思想观念、基础设施、产业、人才劳务、科技创新、运行机制、政策环境等八个方面的无缝对接。

（二）优化载体，依托各类园区积极承接产业转移。郴州把工业园区作为产业发展的最佳载体和最优平台，先后建立有色金属、稀贵金属冶炼及深加工、电子信息技术、新材料、农副食品加工、机械、化工等产业集群发展的开发园区，其中国家级出口加工区 1 个、省级经济开发区 6 个、省级产业园 3 个，以及一批特色工业小区。郴州出口加工区利用自身特殊政策优势，增强对境内外电子产业的吸引力，努力建设成为湖南数字视讯产业基地，已入园各类企业 6 家，产业集聚效益开始显现。郴州有色金属产业园利用产业特色优势，突出引进有色金属深加工项目，形成湖南有色金属深加工"洼地"。目前正在加大特色园区招商，大力引进产业龙头型项目和与之配套的上下游项目，使之成为郴州承接沿海产业转移的重点园区。

（三）创新方式，积极主动承接沿海产业转移。一是突出专业队伍招商。郴州在"珠三角"地区设置 10 个招商联络处，从市招商局、六个县（市、区）招商合作局和市管三个园区各选派 2 人组成，其中东莞 5 个、深圳 5 个。二是选派 10 名县处级以上领导干部到深圳、广州、北京、上海等发达地区挂职招商。三是开展活动招商。先后举办了福载郴州（广州）招商活动，福城郴州（深圳）招商活动，香港、东莞加工贸易暨出口加工区专题招商会，积极组团参加"中博会""泛珠三角经贸洽谈会""厦交会"等重大招商活动，今年 9 月计划在东莞配合湖南省政府开展加工贸易专题招商周活动。四是就地接待洽谈招商。外商到郴投资考察络绎不绝，平均每天至少一批，有时一天有好几批次。仅今年 1—6 月共接待来郴考察客商 29 批 276 人次，其中外籍客商 5 批

20 人次。

三、郴州出口加工区开发建设情况

郴州出口加工区是 2005 年 6 月经国务院批准设立的国家级开发园区，是目前湖南省唯一以出口加工为主的特殊经济区。位于郴州市东部，距 107 国道、京珠高速公路、京广铁路及在建的武广高速铁路不到 10 公里。规划面积 3 平方公里，生活配套区 0.3 平方公里，计划分两期进行建设：其中一期 1.4 平方公里，二期 1.6 平方公里。

一期开发已经按照湖南省委、省政府提出的高起点规划、高标准建设、高效率管理、高水平运作的要求，完成了基础设施和监管设施建设。2007 年 7 月 20 日顺利通过了国家海关总署等九部委组织的验收，获得了一致好评，被认为是中西部地区按新标准建设得最好的出口加工区。目前已入园的企业 6 家。如郴州华录数码，一期投资 4 亿元，主要生产 DVD、DVB、CD，现已投入生产；香港博宇诚电子，总投资 2 亿元，产品为电子整机，现已动工建设。正在洽谈的项目有 8 个，其中，莱富集团已于今年 8 月 26 日正式进入郴州出口加工区，总投资 6500 万美元；台达电子集团于今年 8 月 28 日正式登陆郴州出口加工区，计划总投资 1 亿美元，首期投资 800 万美元。目前，一期开发土地已用完，正准备启动二期开发。

二期规划开发面积 1.6 平方公里，概算投资约 2.8 亿元。主要开发项目包括征地拆迁、"七通一平"、海关专用巡逻道、围网、监控系统等软硬件设施。拟定 2007 年底前启动，或申请国家开发银行贷款，或采用 BOT 方式开发。

四、郴州承接沿海产业转移存在的困难和问题

郴州虽然在承接沿海产业转移过程中有一定的优势，但广东沿海加工贸易经过 20 多年的发展，形成了较完整的配套产业链，劳动力市场发达，靠近港口，物流成本低廉。因此，郴州要积极有效地承接沿海产业转移，目前还存在一些困难和问题：

1. 物流成本偏高。沿海产业向中西部地区梯度转移，可以降低土地、水、

电、劳动力等成本，但也会增加物流成本。据测算，如以公路运输为主，沿海加工贸易产业向中西部地区转移宜不超过 500 公里，否则，降低了的水、电、劳动力等成本不足抵消相应增加的物流成本。再者，中西部地区目前产业链还不配套，转移进来的企业要到沿海采购原材料，这样又增加了转移企业的成本。

2. 产业链不配套。目前中西部引进的加工贸易龙头企业不多，产业集聚不强，相应地要增加企业的物流成本和生产周期。

3. 郴州重点承接产业转移载体——郴州出口加工区一期开发土地已用完。郴州有色金属产业园区又不属国家经济开发区，享受不到国家扶持政策，因此，出现"两难"状况。

4. 衡阳海关郴州监管组不是一级海关，通关不便捷，出口加工区没有保税物流功能，加工贸易深加工结转困难。

5. 东南亚地区竞争激烈，在土地、劳动力、税收优惠政策等方面低于我国中西部地区。如越南，城市区域非农业生产经营用地最高价为 18.09 万元（折合人民币）/ 亩，最低价为 0.69 万元（折合人民币）/ 亩；国际标准办公场所租金是 135—180 元（折合人民币）/ 平方米·年，河内市和胡志明市当地标准的办公场所租金为 18 元（折合人民币）/ 平方米·年，一般工人最低工资为 315 元（折合人民币）/ 月。

五、请求商务部支持和协调的有关问题

中西部地区加工贸易起步晚、发展慢，相对沿海发达地区而言，经济发展水平处于劣势。要推进中部崛起、西部大开发战略和"万商西进"工程，促进沿海产业向中西部地区转移，特提出如下建议：

1. 进一步统一思想，形成合力。建议商务部牵头，协调国务院有关部门，按照中央提出的落实科学发展观、统筹区域协调发展的精神和贯彻实施中部崛起、西部大开发的战略部署，从大力支持万商西进及产业转移的角度提出支持意见，并以国务院办公厅的名义下发执行。

2. 制定有利于产业转移的差别政策。商务部、海关总署今年出台的 44 号公告，对于列入了限制类目录的加工贸易企业向中西部转移就起了重要的向导

和推进作用，建议尽快出台与44号文件相配套的具体操作办法并抓好跟踪落实。同时，进一步研究和推进新的加工贸易限制类目录的出台。国家发改委、商务部近期将出台修订后的《外商投资企业产业指导目录》，此目录出台后，建议尽快修订《中西部地区外商投资企业产业指导目录》。特别是对于全国外商投资企业产业指导目录中列入了限制类的部分产业，根据实际可在中西部列入鼓励类。

3. 建议国家尽快确定一批承接沿海产业转移重点地区和重点园区予以优先扶持，以点带面，分步推进沿海产业向中西部地区转移。建议将湖南省郴州市列为全国承接沿海产业转移示范区，将郴州出口加工区、郴州有色金属产业园区列为全国承接沿海产业转移示范园区，享受省一级的综合行政审批权限。鉴于目前国家级开发区的升级工作暂停，建议商务部提请国务院先行批准同意郴州有色金属产业园区享受国家级开发区的有关待遇和政策，待开发区升级工作解冻后再考虑该园区的升级问题。

4. 建议给予湖南省唯一的国家级郴州出口加工区叠加保税物流功能。对沿海海关认定的A类、B类加工贸易企业，如内迁或到中西部重新设厂，内地海关凭以往资信状况，继续将该企业纳入A类、B类企业管理；建议在出口加工区内的加工贸易企业，全部按A类企业管理；建议海关进一步简化中西部加工贸易企业通关手续，缩短通关时间。

5. 建议交通部加快京珠高速公路加密线，尤其是湖南衡阳至广东连州段的建设，解决目前京珠高速公路车流量过大问题。推动在珠三角的出口口岸：如深圳盐田港、广州黄埔港建设铁路专线，开通郴州至沿海出口口岸的铁海联运，给予加工贸易企业铁路、公路运输费率20%的优惠。建议增加湖南至香港货柜车车牌，开通郴州至香港汽车客运直通车，方便客货运输和经贸往来。建议将因公和因私赴港澳的审批权限下放到郴州市审批，开放郴州居民赴港自由行，以有利于两地人员往来。

6. 建议设立"中西部地区承接沿海加工贸易产业转移扶持资金"。主要用于扶持承接沿海加工贸易产业转移重点地区和重点园区的基础设施、环保设施、对外营销、信息化建设、技术培训、标准厂房建设、物流补贴等。建议鼓励中西部地区在沿海设立长年驻点招商机构，并像"万村千乡"工程一样给予一定支持。为加快建设全国九个"加工贸易梯度转移重点承接地"之一的郴州市，建议从国家开发银行给予中西部开发区的300亿元贷款的指标中，安排5亿元贷款指标给郴州有色金属产业园区，安排3亿元贷款指标给郴州出口加工区，用于支持基础设施建设，此次贷款指标不列入郴州市本级开行贷款指标。扩大郴州出口退税基数，降低市、县财政分摊出口退税比例，如因承接沿海加工贸易企业而增加的出口退税基数部分，由中央、省财政分担。给予税收政策扶持，建议继续延长郴州享受革命老区的优惠政策。

7. 建议郴州出口加工区和郴州有色金属产业园区用地指标单列。国土资源部和财政部对全国承接沿海产业转移示范区和示范园区的土地出让金全部留用于当地财政，新增土地使用费免收免交，基准地价调低25%，农村集体用地可流转为建设用地，以弥补其基础设施和园区建设的投入不足，支持其加快发展，以起到典型示范作用。

8. 建议加大金融扶持力度。在全国承接沿海产业转移示范区内设立中小企业担保中心，担保金额在2亿元左右；允许渣打银行、汇丰银行驻香港的金融机构和国家进出口银行在郴州设立分支机构，以利于沿海转移企业延续原来的融资渠道；同时扩大驻郴商业银行授权、授信，给予产业转移企业自由贷款支持，支持设立郴州城市商业银行、潇湘银行郴州分行。

9. 建议商务部牵头，加强承接沿海产业转移专题招商活动的组织力度。每年在东部沿海牵头组织一些产业转移的专题招商活动，协助支持中西部地区举办类似招商活动，推动东部沿海商务部门组织有意转移的企业到中西部进行商务考察；促进中西部重点承接示范区和示范园区的干部到东部沿海政府部门和开发园区挂职招商；协调推进东部的国家级经济开发区到中西部设立互惠互利的专业园区；把万商西进工程与服务外包"千百十工程"有机结合起来，对东部服务外包基地城市的支持与该城市对产业转移的支持挂起钩来。

（2007年5月）

湖南郴州有色金属产业园区发展情况调研报告

近期我对湖南郴州有色金属产业园区、湖南郴州出口加工区发展情况进行了实地考察，并听取了园区管委会的情况介绍，现将调研情况报告如下：

一、郴州概况

郴州位于湖南省东南部，毗邻广东，靠近港澳，连接南北，是湖南省对外开放的"南大门"。全市辖二区一市八县，国土面积 1.94 万平方公里，总人口 460 万。2000—2006 年，全市 GDP 平均增长 11.39%，高于湖南省平均水平 0.7 个百分点，财政总收入年均增长 19.9%，工业增加值平均增长 16%，全社会固定资产投资平均增长 24.1%，实际利用外资平均增长 18.2%，实际利用外资总量连续六年位居湖南省第二位，外贸进出口总额平均增长 49.9%，是湖南省最具发展活力的城市之一，也是中西部地区最具投资潜力和综合比较优势的地市之一。2005 年 6 月，经国务院批准在湖南郴州有色金属产业园区设立郴州出口加工区，2006 年，郴州位列跨国公司眼中最具投资潜力的中国城市第 13 位，2007 年 3 月，被商务部命名为"加工贸易梯度转移重点承接基地"，2007 年 7 月，郴州出口加工区一期工程通过了国家九部委的正式验收。

二、湖南郴州有色金属产业园区基本情况

湖南郴州有色金属产业园区于 2003 年 4 月经湖南省政府批准设立，园区规划面积 22.5 平方公里（含出口加工区 3 平方公里），由中国城市规划设计研究院规划设计，是全国唯一以有色金属深加工为主的园区。园区定位为：湖南省乃至我国中南部地区重要的集有色金属加工、研发和商贸服务一体化的综合

基地；全国知名的钨、锡、铋、铅、锌等有色金属重要的深加工基地及出口基地；国家级的有色金属高新技术研发中心以及有色金属高新技术成果商品化和产业化基地。重点发展有色金属深加工、电子信息、机械制造等产业，是湖南稀贵金属深加工产业基地和数字视讯产业基地，也是郴州市城市"南延东进"发展规划（1995—2015 年）的东城区和工业新城，承担着有色金属产业园区和城市副中心的双重角色。

湖南郴州出口加工区于 2005 年 6 月经国务院批准设立，位于湖南郴州有色金属产业园区规划范围内，是目前湖南省唯一的国家级出口加工区。重点发展电子信息、精密机械、新型材料等产业。规划面积 3 平方公里，其中一期1.4 平方公里，二期 1.6 平方公里。一期已完成基础设施和监管设施建设，并于今年 7 月通过国家海关总署等九部委组织的联合验收。在全国 60 个国家级出口加工区中，有 9 个出口加工区落户于省级开发园区。在全国 9 个加工贸易梯度转移重点承接基地中，有国家级出口加工区 5 个，其中只有郴州、赣州 2个出口加工区落户于省级开发区（见表 1）。

表 1　全国九个加工贸易梯度转移重点承接基地出口加工区情况

序号	出口加工区	落户开发区	落户开发区级别	出品加工区批准时间	出口加工区规划面积	出口加工区封关时间
1	郴州出口加工区	湖南郴州有色金属产业园区	省级	2005 年 6 月	3 平方公里	2007 年 7 月
2	南昌出口加工区	南昌高新技术开发区	国家级	2006 年 5 月	1 平方公里	2007 年 9 月
3	赣州出口加工区	赣州经济开发区	省级	2007 年 5 月	2.93 平方公里	
4	武汉出口加工区	武汉经济技术开发区	国家级	2000 年 4 月	2.7 平方公里	2001 年 10 月
5	芜湖出口加工区	芜湖经济技术开发区	国家级	2002 年	2.95 平方公里	2003 年 2 月

三、园区发展情况

（一）主要经济指标高速增长。湖南郴州有色金属产业园区平均增幅超过中部九个国家级经济技术开发区主要经济指标增幅，截至2007年8月，有色金属产业园区累计完成GDP23.74亿元；完成工业增加值21.59亿元，税收收入3.5亿元；进出口总额1101.5万美元；外商实际投资5907万美元。主要经济指标年均增幅均超过中部九个国家级经济技术开发区主要经济指标增长平均值（见表2）。今年1—8月，有色金属产业园区经济继续保持快速增长的良好势头。实现国内生产总值6.17亿元，同比增长50.38%；完成工业增加值5.39亿元，同比增长59.88%；税收收入1.29亿元，同比增长27.98%；进出口总额668万美元，同比增长456.67%；外商实际投资1660万美元，同比增长13.62%。

表2　园区与中部国家级经济技术开发区主要经济指标年均增幅比较

单位	年份	GDP（亿元）	工业增加值（亿元）	税收收入（亿元）	进出口总额（万美元）	外商实际投资（万美元）
园区	2003年	0.36	0.24	0.1	/	/
	2004年	2.96	2.18	0.44	/	760
	同比增长（%）	722.22	808.33	340	/	/
	2005年	4.2	3.58	0.55	172.5	804
	同比增长（%）	41.89	64.22	52.27	/	5.79
	2006年	6.97	6.59	0.99	379	1843
	同比增长（%）	65.95	84.08	79.23	119.71	129.23
	2007年（预计）	9.25	9.00	1.42	1550	5500

单位	年份	GDP（亿元）	工业增加值（亿元）	税收收入（亿元）	进出口总额（万美元）	外商实际投资（万美元）
园区	同比增长（%预计）	32.71	36.57	44.08	308.97	198.43
	2005—2007年平均增幅（%）	46.85	61.62	58.53	82.42	56.89
中部九个国家级经济技术开发区平均值	2005年	117.04	87.45	14.48	6.63	1.74
	2004年	93.21	68.14	10.81	4.30	2.04
	同比增长（%）	25.57	28.34	33.95	54.17	−15.96
	全国增幅（%）	9.90	16.40	20	23.20	−0.50

注：1. 由于出口加工区2007年7月封关运行，2003—2006年数据为有色金属产业园区主要经济指标；2. 中部九个国家级经济技术开发区相关数据来源于《2006年中国外商投资报告》。

（二）产业发展特色鲜明，有色金属深加工和电子信息产业已成为园区主导产业。园区围绕有色金属深加工和电子信息两大重点产业，着力打造特色鲜明的产业集群，2006年，实现工业总产值20.11亿元，其中有色金属深工业产值18.37亿元，占工业总产值的91.35％。目前，已有19家有色金属深加工企业落户园区，建成投产10家，产值过5亿的企业2家，被列为郴州市十大标志性企业2家，高新技术企业4家。已有7家电子信息企业落户园区，建成投产3家，其中中国华录集团是国家120户试点企业集团之一；台达电子集团是IT界500强企业。

（三）产业集群效应凸显，一批战略投资项目相继入园。园区产业链条的不断延伸，将有色金属深加工和电子信息两大产业有机地融合在一个链条上，形成了强大的辐射带动能力。如海志电池（惠州）有限公司原材料的70％来源于园内企业，该公司投资在园内的企业将于2008年8月竣工投产。公司生产的免维护密封铅酸蓄电池又是园内企业台达电子集团生产电源器的原材料，台达电子集团竣工投产后，将带来配套企业 20—30 家。园内企业格瑞特电子、西部矿业锡深加工项目的原料主要是园内企业生产的锡，其生产的电子焊料是电子信息产业不可或缺的原材料。今年以来，引进战略投资项目 8 个，项目总投资 58.6 亿元，建成投产后可实现销售收入 150.23 亿元，税收 5.38 亿元。这 8 个项目全部为国家鼓励类高新技术产业项目，其中 4 个是园区产业链延伸项目，这些战略投资项目入园后，预计带来配套企业 30—40 家，总投资 20 多亿元，年销售收入 50 多亿元（见表 3）。

表 3　入园重大项目情况一览表

序号	项目名称	投资总额（亿元）	年销售收入（亿元）	税收（亿元）
1	LED 产业化基地	27.84	56.88	2.16
2	高速工具钢	3.5	11.31	0.56
3	年产 1000 吨氧化铋	0.8	3.5	0.20
4	年产 10 万吨铅冶炼	6.08	18	0.82
5	密封铅酸免维护蓄电池	4.5	15	0.78
6	西部矿业锡深加工项目	5	17.1	0.86
7	台达电子	1 亿美元	19.8	–
8	莱富电子	0.65 亿美元	15.2	–
	合计	58.60	150.23	5.38

注：1—6 为有色金属产业园区项目，7—8 为出口加工区项目。

四、园区未来三年经济发展预测

随着珠三角产业梯度转移步伐加快，"中部崛起"以及泛珠三角区域合作的不断深入，园区经济正在步入高速行驶的轨道。预计到 2010 年，有色金属产业园区和出口加工区将实现工业总产值 228.25 亿元，国内生产总值 74.41 亿元，税收收入 8.57 亿元，进出口总额 13.39 亿美元，外商实际投资 2.85 亿美元（见表 4）。其中有色金属深加工和电子信息产业实现的工业总产值、GDP、税收将分别占园区总量的80%以上。

表4　未来三年主要经济指标预测

经济指标	工业总产值（亿元）	国内生产总值（亿元）	税收收入（亿元）	进出口总额（亿美元）	外商实际投资（亿美元）
2007年	35.75	9.25	1.42	0.155	0.55
同比增长（%）	80.25	127.14	95.07	1725.81	87.27
2008年	64.44	21.01	2.77	2.83	1.03
同比增长（%）	96.07	96.05	70.40	178.45	60.19
2009年	126.35	41.19	4.72	7.88	1.65
同比增长（%）	80.65	80.65	81.57	69.92	72.72
2010年	228.25	74.41	8.57	13.39	2.85

注：数据包括有色金属产业园区和出品加工区主要经济指标，由于出口加工区企业从2008年开始正常运行，因此2008年主要经济指标特别是进出口总额同比增长率较高。

五、建议

（一）将湖南郴州有色金属产业园区升格为国家级经济技术开发区。其理由：一是目前园内的出口加工区为国家级出口加工区。在全国60个国家级出口加工区中，仅9个出口加工区落户于省级开发园区，在全国9个加工贸易梯度转移重点承接基地中，有出口加工区5个，其中仅郴州和赣州两个出口加工区落户于省级开发区规划范围内，已封关运行的仅为郴州出口加工区建立在省级开发区规划范围内。园区升格后，可更进一步发挥毗邻港澳的区位优势和加工贸易梯度转移重点承接基地的优势，成为全国加工贸易梯度转移示范园区。二是园区已形成有色金属深加工和电子信息产业集群，且具有较强的辐射带动能力。园区升格后，可打造集电子信息、加工贸易及有色金属深加工、贸易、研发于一体的平台，成为中南地区独具产业发展格局的特色园区，对于提高我国有色金属产业的加工、研发水平具有良好的示范带动作用。三是园区未来三年主要经济指标将以 80% 以上的速度发展，预计到 2010 年，园区将实现工业总产值 230 亿元以上，国内生产总值 75 亿元以上，对华南地区有色金属深加工和电子信息产业具有强大辐射带动作用，拉动湘南、赣南、粤北经济的快速发展，成为华南地区经济发展新的增长极。鉴于目前国家级开发区的升级工作暂停审批，建议商务部提请国务院先行批准同意郴州有色金属产业园区享受国家级开发区的有关待遇和政策，待开发区升级工作解冻后再来考虑园区升级。

（二）协调国家开发银行给予贷款支持。2005 年以来，为了出口加工区尽快封关运行，湖南省、郴州市两级先后投入 3 亿多元，使出口加工区成为中西部地区出口加工区中配套最完善的出口加工区。但有色金属产业园区建园四年多来，基础设施总计投入不到 2 亿元，由于资金严重不足，仅完成了 5 平方公里的"三通一平"（包括出口加工区一期建设 1.4 平方公里）。目前，园区已开发的土地基本饱和，由于资金严重不足，加上国家土地政策偏紧，征地成本越来越高，给园区进一步发展带来了较大的困难。为促进园区的快速发展，建议从国家开发银行中西部贷款 300 亿元的指标中，安排 5 亿元贷款指标给郴州有色金属产业园区，安排 3 亿元贷款指标给郴州出口加工区，用于支持基础设施建设，此次贷款指标不列入郴州市本级开行贷款指标。

（2007 年 9 月）

388

必须以更大决心、更大力度推动招商引资

近年来，我市充分发挥资源优势和交通区位优势，坚持实施开放带动首选战略，始终把招商引资作为第一菜单，推动了郴州经济快速健康发展。七年来，全市累计实际利用外资13亿美元，引进内资300亿元人民币。到位总量外资由2000年的7803万美元增加到2006年的2.67亿美元，年均增长40％，内资为108亿元，实际利用外资总量连续六年、内联引资总量连续两年位居全省第二位，2006年引进内、外资总量达129亿元，占当年全社会固定资产投资的60％。实践证明，招商引资是加快郴州发展的重要动力、战略举措和现实选择。

目前，我们既面临着世界范围产业向中国转移，沿海产业向内地转移和中部崛起的历史机遇，也存在一系列的挑战和困难。主要表现在：一是物流成本偏高；二是产业链不配套；三是劳动力市场不发育；四是周边竞争激烈，特别是广东粤北、粤东、粤西山区和邻省江西赣州、广西玉林等地；五是郴州系列腐败案，既影响了干部抓招商引资的决心，也影响了外来投资者的信心；六是经济发展环境出现反弹。这些问题如不引起我们高度重视并切实加以解决，不仅会影响郴州进一步的对外开放，而且还会影响未来郴州经济社会的发展。必须以更大决心、更大力度推动招商引资。为此，提出如下建议：

（一）统一思想认识

要继续坚持六个不动摇：一是坚持实施开放带动首选战略不动摇；二是坚持党政主要领导亲自抓、负总责的领导机制不动摇；三是坚持政府推动、企业主动、社会联动的工作机制不动摇；四是坚持对招商引资实行目标考核不动摇；五是坚持对招商项目给予鼓励优惠不动摇；六是坚持对招商项目引资人给予奖励不动摇。继续把招商引资作为第一要务、第一责任、第一菜单，并尽早召开全市招商引资大会给予进一步明确，确保力度不减，人心不散。

（二）加强组织领导

1. 明确各级党政一把手为招商引资第一责任人。多年的实践证明，许多工作事在人为，事在领导者为，事在一把手为。而招商引资工作主要领导的重视与参与显得尤为重要。一方面，许多时候招商引资是靠感情招商，有许多投资者就是通过一把手去感受和体会一个地方的招商引资环境；另一方面，现在越来越多的客商采取的是独资，那么有关项目落户的条件洽谈必须由主要领导出面才能决策。

2. 在各级政府安排一名副职分管招商引资工作的同时，各级党委也要加强对招商引资工作的领导，明确一名副书记分管招商引资工作。

3. 分管领导的主要精力应突出招商引资。要用60％以上的精力来抓招商引资工作。

4. 各级政府其他领导也要把分管工作方面的招商引资作为其重要工作职责，把分管工作方面的招商引资与整体工作一起研究、一起部署、一起检查。

（三）强化工作机构

1. 建议市招商局升格为正处级单位，并增加编制。招商引资任务重、责任大、协调任务多，现市招商局存在小马拉大车的现象。一是级别低。我市招商合作局为副处级事业单位，而兄弟市州如益阳市招商局是政府组成单位（把市统计局从政府组成单位变为非组成单位，让出指标），株洲则是正处级事业单位。二是编制少。现市招商局定编15人（包括两名驻外招商联络人员）。1995年市里成立招商局时定编就有13人，当时还只负责外资，现招商引资总量已经是1995年的5倍以上，而且还增加了内联引资等职能，但编制还是一样，因此，建议将市招商局升格为正处级单位，并增编至18—20人。

2. 建议市招商合作局与市经济协作办两块牌子一套人马。现市经济协作办挂在市招商合作局的督查考评科，级别偏低，且我市经济协作办的主要职能是内联引资，不论是内资还是外资，其联络洽谈、督查考评应统筹考虑，不要成为"两张皮"，因此建议市招商合作局与市经济协作办两块牌子、一套人马，其内设科室应按照内外资招商联络、洽谈、管理、考核统一考虑来进行职能分工。

3. 建议市、县两级政府分管领导协助常务副市长（副县长）分管驻外机构和优化办，以有利于强化驻外机构的招商引资职能及协调项目落户过程中所碰到的环境方面的问题。

4. 郴资桂和京珠高速沿线的六个县（市、区）既是全市招商引资工作的重点，也是全市其他商务工作的重点，为了确保两方面工作都不受影响，建议招商合作局单列，明确为正科级单位，定编8—10人。其他县可视情而定。

5. 配优配强招商局干部。由于市、县两级招商局成立晚，且为事业单位，级别低，很多有能力且适合招商工作的干部不愿到招商局工作，使招商局干部队伍整体素质受到影响。

（四）加强园区建设

1. 整合园区。当前招商引资的关键主要是土地、税收等问题，而这些问题只有在国家级的园区才能得到较好的解决。现国家发改委已正式发文认可郴州出口加工区为国家级开发区，我们要充分利用这一平台整合市里园区，实行"一区多园"，争取优惠政策，同时可争取按副厅级配备机构。

2. 配强力量。园区是招商引资的重要载体，要配备强有力的园区班子，聚集一批懂招商会招商且有事业心的优秀人才，园区才能充分发挥其应有的作用。

3. 夯实基础。要加大园区基础设施建设力度，完善园区各项配套功能。加大土地资源储备力度，加快标准厂房建设步伐，实行厂房招商。

（五）提高招商实效

1. 突出重点区域。郴州经济联系主要是珠三角，我市煤炭、农副产品等主要销往珠三角，劳务输出也主要是珠三角。而资金、客源，无论是内资、国内游客，还是外资、境外游客，70%以上来自珠三角。要明确全面对接珠三角的指导思想，尽早出台"关于加快对接珠三角"的一系列文件。从招商引资的角度来看，就是要把"珠三角"区域作为全市招商引资的重中之重。

2. 突出产业转移。尽管我们也有不少资源开发类项目，但能源项目已谈得差不多了，有色精深加工项目受资金、技术、专业化程度等方面的影响，一是不可能有大批企业介入，二是还有一个过程，目前比较现实且数量多、见效快的还是沿海加工贸易企业内移。因此，我们一定要突出产业转移。

3. 突出专业招商。前几年我市提倡和推动全民招商，取得了很好成效，而全民招商主要是以亲情招商，以朋友招商，经过这几年的发展，许多亲情资源已被挖掘得差不多了。再者，招商引资毕竟是一项专业性较强的工作，还是需要强化专业队伍的作用，走专业化招商的路子。专业化招商，一是要强化招商职能部门、产业经济部门、涉外经济部门、政府驻外机构等单位的招商职能;二是要深入到"珠三角"等重点区域进行小分队招商,敲门招商,特别是驻点招商。常年驻点招商既可以确保实现真正全天候的招商,也可降低招商成本,有效提高招商引资实效。2005年4月,市招商局在东莞设立了招商联络处。该联络处成立20个月以来,先后邀请51批360余人次客商来郴商务考察,邀请580余人次参加市本级及各县(市、区)、园区在东莞、南沙、广州、深圳等地举办的各种招商活动,累计签约项目5个,合同金额24.9亿元,在谈项目12个,投资额达30多亿元,较好地发挥了招商联络处对外招商的窗口、联系外商的纽带、两地信息的中转站、全天候招商小分队等作用。但是有些地方设立的招商联络处并没有发挥应有的作用。通过一年多的实践,我们体会到,要办好驻外招商联络处要把握几个关键,一是要选好点(应选在产业转移企业多的东莞、深圳等地);二是要选对人(要选那些对外交往能力强、客户资源多、事业心强、肯吃苦的人);三是要加强管理。对驻外招商联络处不能放任自流,要有目标,有要求,有检查,有考核,有奖惩;四是要提供必要的工作条件。如必要的工作经费、交通工具等。

(六)强化工作措施

1. 继续对县(市、区)、园区、行业招商、产业经济部门、涉外经济部门、政府驻外机构等单位实行招商引资目标考核责任制。

2. 继续实行对县(市、区)、园区招商引资任务完成情况月度通报,对行业招商、市直有关部门招商季度通报,对重点乡(镇)招商半年通报制度。

3. 借鉴江西的经验,由市政府主要领导及相关领导每季度召开一次招商引资调度会、重大签约项目调度与协调会、重大招商项目用地协调会、政银企联席会。

4. 继续实行重大项目领导跟踪服务责任制。

5. 对市直相关部门实行优化环境目标考核。

(2007年11月)

辑四

成长篇：一份耕耘，一份收获

全面提高自身素质　争当合格的"一把手"

为了着力实施"一把手工程"，全面加强领导班子思想政治建设，6月8—10日，市委举办了党政"一把手"学习班，我有幸参加了这次学习，感到受益匪浅。

一、找准了位置，明确了职责

自己作为旅游局的行政一把手，在平常的学习和工作实践中，对"一把手"的地位和作用有一定的认识和亲身的感受，但我感到还是不系统、不全面、不深刻，通过市委举办的这期党政"一把手"学习班，我对"一把手"的地位和作用认识有了新的提高。

"一把手"在领导班子中处于核心地位，是一班人的"班长"，是领导集体的核心，是指挥部的主帅。"一把手"的这种地位，是由其被赋予的权力和担负的职责所决定的。"一把手"核心地位的真正确立，必须靠自己在领导活动实践中，通过自己努力，工作能力以及实绩逐步形成。"一把手"如果自身素质不高，就难以胜任，"一把手"也只能是徒有虚名。"一把手"对班子建设和事业成败有着十分重要的作用。在政治上起导向作用，在班子团结协调上起凝聚作用，在决策和决策实施过程中起中心作用，在思想作风方面起表率作用。由此可见，"一把手"一方面具有重要的地位，另一方面又肩负着重大的责任。

认识是行动的先导，有了正确的认识，我们当好"一把手"就具备了一定的思想基础。在当前各项改革处于攻坚阶段、社会朝纵深发展的关键时刻，举办"一把手"学习班既是十分及时的，也是非常必要的。举办"一把手"学习班，可以帮助我清醒地认识到自身所处的重要岗位，时刻牢记党和人民赋予自己的重大责任，从而自觉地尽心竭力把郴州的旅游工作搞好。

二、不断提高自身素质，努力当好"一把手"

"一把手"往往是享有盛名的，盛名之下，副还是难副，最关键取决于"一把手"本人的素质。江泽民总书记提出在"两个转变"的新形势下，要"建设高素质的干部队伍"。因此，素质问题对于"一把手"是相当重要的。如何提高自身的素质？主要是通过加强理论学习和实践锻炼两条途径。首先，要提高政治素质。要认真学习马克思、列宁主义理论、毛泽东思想，特别是邓小平同志建设有中国特色社会主义理论，学习江总书记关于"领导干部要讲政治"的重要讲话。通过政治素质的提高，培养自身的"德"。在改革、发展和稳定的大局中，始终把握坚定的政治方向，经受住各种考验，同时要牢固树立全心全意为人民服务的思想，永做人民的公仆。其次，要提高业务素质。市旅游局是旅游行政主管部门，担负着全市旅游事业发展的政策研究、宏观规划、景点开发、行业管理、教育培训、综合协调等方面的职责。如果不加强学习，无法实施正确的管理，就会成为外行，外行领导内行就会闹笑话，"一把手"的地位就会虚置，不能令人心悦诚服，尤其是"一把手"的作用得不到充分发挥，将会给旅游事业的发展带来不利影响。最后，要加强实践总结。要在从事旅游事业领导工作的实践中不断总结，把零星认识升华为系统认识、把感性认识上升到理性认识，不断提高领导工作水平。

提高素质，是当好"一把手"的基础，而当好"一把手"，是提高素质的真正目的。那么如何当好"一把手"？今后我将从以下几方面努力：

1. 大胆开拓，锐意进取

我市旅游业起步晚，基础差，与全省旅游发达地市相比有一定的差距，这与我市丰富的旅游资源优势和良好的区位条件不相称。因此，我市旅游业不能墨守成规，要用超常规的办法，实现超常规的发展，这就要求我一定要大胆开拓。首先，要广泛宣传郴州旅游发展的有利条件，争取各级领导和各有关部门对郴州旅游发展的重视和支持。其次，要有一个全新的发展思路，并要把自己的这种思路变成全市旅游行业乃至全社会的共同行动。最后，要真抓实干，狠抓工作的落实，使旅游业发展成为我市国民经济的支柱产业，旅游工作创全省先进水平。

2. 勤政为民，竭诚奉献

要有高度的事业心，强烈的使命感、责任感，在勤政上做先锋，真心实意地为人民利益殚精竭虑，竭诚奉献。党和人民把郴州旅游事业发展的重担交给了我，我所做的一切都与郴州旅游发展乃至郴州经济发展息息相关，责任重大，使命光荣。要时刻树立"为官一任，造福一方"的思想，不能有丝毫的懈怠和疏忽。作为领导，是人民的勤务员，时刻要牢记党全心全意为人民服务的宗旨，当好人民的公仆，心中时刻装着人民，为人民群众办好事，办实事，"先天下之忧而忧，后天下之乐而乐"。同时，还要树立正确的人生观、价值观、权力观，上不亏党，下不亏民，"视名利淡如水，看事业重如山"。

3. 讲究领导艺术，当好合格"班长"

领导工作是依靠一定的方法进行的。"一把手"在工作中常常会面对困难的环境和棘手的问题，这时就需要有高超的领导艺术，才能应付自如。旅游局是党政分设的，而且党组书记又是老局长。自己是行政一把手，同时又是非党干部，因此，正确处理好党政的关系至关重要。对于事关全局的一些大事，要通过党政联席会，按照民主集中制的原则进行决策。要明确各自的职责，做好合理的分工，自己主要负责行政工作，书记主要负责党务工作，班子的其他成员各自承担自己所分管的工作。在班子内部要善于协调，加强团结，形成相互尊重、和睦共事的氛围，同时还要正确处理好与一般干部的关系，对下属干部要根据各自的特长进行合理分工、明确职责，充分调动干部职工的创造性和积极性，"千斤重担众人挑"。此外，还要正确处理好批评与自我批评。要心怀坦荡，从善如流，宽以待人。对于自己在工作中的失误要勇于承担责任，对于群众的正确意见要虚心接受，对于干部职工工作中出现的一些不足要及时指出。

4. 清正廉洁，当好表率

"公生明、廉生威"，作为一个单位的领导不能严格要求自己，廉洁自律，那就会在群众中失去威信。因此，要把"堂堂正正做人，清清白白做官"作为自己的座右铭，严格执行中央、省、市委关于领导干部廉洁自律的各项规定，凡要求下属做到的，自己首先要做到，凡禁止别人做的，自己坚决不做，在廉政上作表率，努力塑造"清官"形象。

（1998 年 6 月）

肝胆相照永同心　荣辱与共勤为民

——在全省党外人士合作共事经验交流会上的发言

尊敬的各位领导，同志们：

我很荣幸、也很高兴有这么一个机会把我近年来的工作、学习等方面的情况向领导和同志们做一个简要汇报，不当之处，请批评指正。

我是中国民进会员，1985 年毕业于北京大学地理系自然地理专业，同年分配到省建委，1986 年调省国土局。1995 年 9 月经公开选调任郴州市旅游局局长，1999 年 2 月任郴州市政协副主席兼市旅游局局长，2000 年 5 月至今任郴州市人民政府副市长。参加工作特别是走上副市长岗位以来，我始终坚持以倾心事业为第一追求，以服务为民为首要天职，时刻谨记全心全意为人民服务的最高宗旨，紧密团结在中国共产党的周围，肝胆相照，荣辱与共，各项工作均取得了不少成绩，为郴州的经济社会发展做出了一定贡献，赢得了领导和人民群众的好评。本人年度考核连续多年被评为优秀，多次被评为"先进工作者""先进个人"等，1999 年还被国家人事部、国家旅游局评为"全国旅游系统先进工作者"。概括起来，我的工作主要体现为"四个新"：

旅游业发展跃上新台阶。经过不懈努力，旅游业已发展壮大为郴州支柱产业，旅游经济发展水平由 1995 年的全省第 9 位上升到目前的第 3 位，旅游综合收入占全市 GDP 的 7% 以上，高于全省近 2 个百分点；景区由过去的苏仙岭、万华岩、北湖公园三个老景区（点）发展到目前的苏仙岭、万华岩、北湖公园、东江湖、飞天山、五盖山、王仙岭、便江、仰天湖、热水温泉、天堂温泉、龙女温泉、永兴悦来温泉、北湖梦里故乡、莽山 15 大旅游区（点），其中，苏仙岭、东江湖均被评为景区最高荣誉 4A 级；涉外星级宾馆、饭店由 1995 年的 4 家发展到目前的 22 家，档次由二星级发展到四星级、五星级，宾馆客房出租率在 2002 年达 84%，居全省首位；随着中国优秀旅游城市的成功创建，景区（点）的通信设施，旅游标识标牌、厕所等都得到了根本性改善。同时，一年一度的生态旅游节越办规模越大，越办形式越活，越办档次越高，越办影响越大，大大提升了全市的旅游知名度和美誉度，产生出了良好的节会效应。如去年飞天山生态旅游节之后的"十一"黄金周期间，全市接待游客量同比翻了一番，其中飞天山国家地质公园同比增长 4 倍，是全国增长最快的十大景区之一，旅游综合收入同比增长 244.29%。来郴游客年均达 450 余万人次。今年尽管受到"非典"影响，但"非典"过后的郴州旅游业异常火爆，与去年同期相比，主要旅游经济指标均翻了一番。郴州旅游被领导和同行誉为湖南旅游业中一匹强劲的"黑马"。

科技工作实现新突破。全市科技工作在全省排位不断前移，位居第 5 位，其中 2001 年被评为全省唯一的引智引技先进单位。三年来，共签订科技项目合同 600 余项，其中签约成交项目 200 余项，签约金额 10 多亿元，是历年签约金额总数的 5 倍。高新技术产业快速发展，全市确定了新材料技术、电子与信息、生物医药技术、光机电一体化技术等四大高新技术产业综合开发新格局，全市高新技术产品生产企业由 1999 年的 48 家发展到目前的 116 家，其中 5 家被认定为省级高新技术企业，1 家被认定为国家火炬计划重点高新技术企业。市科技工业园、市有色工业园成功创建成省级高新技术开发区，全市 11 个县（市、区）有 9 个进入国家科技进步先进县行列。科普协会、科技宣传、青少年科技活动等均获全省先进。专利工作连续三年被评为省先进，资兴东屋机电有限公司的"防堵双重管油水冷却器"和郴州粮油机械有限公司的"立式双辊碾米机、立式双辊白米抛光机"项目分别荣获了郴州有史以来的第一个国家发明奖二等奖和国家科技进步奖二等奖。

文化事业得到新繁荣。张富光、傅艺萍、雷学文、余茂盛等 10 多位文艺工作者分别荣获文化部、联合国教科文组织颁发的"促进昆曲艺术奖""长期潜心昆曲艺术事业成就显著奖""全国戏剧表演梅花奖"等，剧目《荆钗记》曾代表我省参加第七届中国戏剧节评选并荣获曹禺戏剧奖优秀剧目奖。全市投资近 2 亿元用于市博物馆、市群艺馆、市人民电影院等文化基础设施建设。全市文化产业年经营额近 10 亿元，上交税金 7000 万元，年均增长 10% 以上。成功举办了三届文化艺术节，"欢乐广场"文化品牌成功推出并长盛不衰，五岭广场文化活动还被评为全省优秀广场文化活动。

民族宗教、外事侨务等工作取得新发展。全市 13 个民族乡镇近三年内共引进外资近 2 亿元，GDP 总量、财政收入、农民人均收入等增长速度均高于全市平均水平，少数民族和汉族和睦相处，齐头并进。三年来，未出现过不稳定事件。制定了培养、选拔少数民族干部工作的实施意见，有效促进了民族干部的成长成才。全市宗教历史遗留问题得到妥善解决，宗教界稳定祥和。同时，严格落实"三宽三严八不批"要求，公派出国人员审查无一差错，并在海外侨胞中大力开展招商引资引智，三年来共引进各类开发资金 4000 余万元，引进科技人员 50 余名，为我市经济社会发展注入了新活力。

工作无止境，奋斗不停歇；树木参天起，不忘大地情。我深知，成绩和荣誉的取得离不开省委、省政府的正确领导，离不开组织的无尽关怀和培养，离不开干部群众的大力支持和全力配合，正是这十多年为人民服务的切身经历，正是这十多年与共产党风雨兼程的峥嵘岁月，让我树立了执政为民的目标追求，让我坚定了与中国共产党荣辱与共的理想信念。这也是十多年来工作能取得成绩的启示所在。

一是坚决拥护中国共产党的领导，始终如一地与中国共产党肝胆相照，是党外干部奋发有为的基石。中国共产党是中国工人阶级和中国人民的先锋队，中国共产党的宗旨是全心全意为人民服务，而民主党派也是要团结本党派的同志一道，为中华民族的伟大复兴而奋斗不息。中国共产党是执政党，民主党派是参政党，大家都从不同角度为民族的发展与繁荣积极努力。虽然我是党外干部，但我一直是共产党的坚定拥护者，始终把共产党作为指路明灯，把自己当作党的领导干部，在思想上、政治上全力维护共产党的权威，自觉学习马列主义、毛泽东思想、邓小平理论，特别是"三个代表"重要思想，并以焦裕禄、孔繁森、郑培民、胡昭程等党的好干部的代表为榜样，不断加强党性锻炼，在工作中坚决贯彻执行共产党的路线、方针、政策，与共产党真诚合作、团结共事。实践证明，只有在共产党的正确领导下，与党合作共事，始终遵循"肝胆相照、荣辱与共"的多党合作方针，非党干部才会有用武之地，才会创造辉煌的业绩。

二是永不放弃自身学习，努力提高综合素质，是年轻干部干好工作的前提。学习是提高自身素质的根本，是推动工作与时俱进的动力。一直以来，特别是走上副市长岗位后，我深知自己尚且年轻，知识、工作能力与其他领导相比还存在很大的差距，但我坚信"勤能补拙"，始终把学习当作提高自身素质的第一追求，当作年轻干部干好一切工作的根本前提，工作再忙，学习不断，工作再紧，学习不止。认真学习了马列主义、毛泽东思想、邓小平理论和"三个代表"重要思想，认真学习了政府工作的业务知识，特别是自己所分管工作所需知识，学习法律法规，并将理论学习和工作实践结合起来，做到学以致用。三年来，共撰写调研报告、学术论文20余篇。2000年8月至2002年2月，先后在国防科大进行了为期四个月的英语强化培训，赴美国海沃加州州立大学进行了为期六个月的学习培训，期间，撰写的《政府如何应对WTO》《美国新经济的解读及我们的对策》中文论文和《西方国家的政府再造》英语论文，受到了领导、老师、同学的好评。

三是把握角色积极配合，切实到位尽职尽责，是副职领导必须具备的素质。角色定位准确与否，直接影响着领导艺术、工作绩效和事业发展。作为副市长，我首先是坚决贯彻执行党委意图，自觉接受人大的依法监督，虚心听取人大代表和人民群众的意见和建议；其次，坚决执行行政首长负责制，全力维护一把手权威。对于分管工作中的重大问题，及时向一把手汇报，争取一把手的支持和重视，并做好调查研究，协助正职作出科学决策并认真组织实施。与此同时，协助市长开展工作，对分管工作积极独立思考，敢于负责，尽职尽责，出色完成各项任务。并在此基础上，考虑问题注重大局，思考问题兼顾全局，力争做到"不错位""不越位"和"不缺位"。

四是自始至终与时俱进，一以贯之推进创新，是当代领导紧跟时代的要求。思路决定出路，有新的思路才会闯出新的出路。履职三年来，按照"发展要有新思想，改革要有新突破，开放要有新局面，各项工作要有新举措"的要求，我积极贯彻党的"实事求是，与时俱进"的思想路线，在深入调研的基础上，根据郴州实际情况，及时提出了分管工作改革与发展的一些基本思路。如提出了"发展大科技、大旅游、大文化""把旅游业作为第三产业的龙头和国民经济新的支柱产业来发展""建设生态园林城市、营造粤港澳'后花园'"，根据市、县两级科技工作的实际，提出了要切实抓好引智引技工作和科技成果的推广和应用，"积极繁荣文化事业，大力发展文化产业"等观点。可以说，正是在这些思路的指导下大胆开展工作，才实现了全市旅游的大跨越、文化的大繁荣、科技的大发展。

五是勤政为民踏实苦干，廉洁奉公严格纪律，是领导干部取信于民的法宝。勤政为民、廉洁自律，是对人民公仆的基本要求，也是我不懈追求的最高境界。我将郑培民同志"权为民所用、情为民所系、利为民所谋"和"做官先做人、万事民为先"的"为民"精神落到工作实践中，做到勤政为民、清正廉洁、尽职尽责。多年来，我全身心投入干工作，开动脑子勤谋工作，撒开两腿勤跑基层，放开双手勤干公务，不敢偷懒，不敢懈怠，生怕工作不够勤勉、不够扎实，干不出成绩，有负组织重托、人民期望。我很少休息过完整的双休日，晚上加班也是常事，连续有三年的春节都是在工作岗位上度过的，力争用扎实的作风和创优争先的干劲，赢得一流的工作业绩。同时，我严格管住自己的嘴，不乱说话乱吃请；严格管住自己的手，不乱收红包礼金；严格管住自己的腿，不该去的地方坚决不去，始终不忘自己的成长是党和人民所培养，手中的权力是人民所赋予。到郴州工作八年多，我从未有过亲戚到郴州做生意、承揽工程，我对自己身边的工作人员要求也十分严格，尽力树立一个清正廉明的领导干部形象。

尽管我做了一些工作，但我深知，这些都是我的职责所在，并且与党和人民的要求相比还有不少的差距。我将以这次会议为契机，进一步解放思想、开拓创新、扎实工作、廉洁奉公，以优异的工作成绩回报组织的关心和厚爱。

我的发言完了，谢谢大家！

（2003 年 3 月）

感恩郴州

初冬季节，大洋彼岸的美国人正在过感恩节。

在这个初冬季节里，根据组织的安排，我将从郴州调到省环保局工作。岁月匆匆，一晃我已与郴州人民一起度过了整整 12 个春秋。回想 12 年前，刚过而立之年、尚不很成熟的我肩负着组织和人民的重托，到郴州任市旅游局局长，而今天，已过不惑之年的我带着沉甸甸的收获从市人民政府副市长的岗位上离开，与郴州广大干部群众一起走过的四千多个日日夜夜，这挥之不去的记忆将成为我生命中的永恒。我为郴州做的事太少太少，而郴州给予我的太多太多，即使用我一生的努力都难以回报。在这离别之际有太多话想说，有太多感情要表达，千言万语汇成一句话：感恩郴州！

感恩郴州大地。郴州资源丰富：地下有丰富的矿产资源，地上有丰富的旅游资源。苏仙岭，东江湖，莽山，飞天山，万华岩，五盖山，龙女、天堂、悦来、热水四大温泉度假区，阳山，板梁古民居，一个个响亮名字，已成为旅游者心中的向往。虽然曾经有"船到郴州止，马到郴州死"的说法，但经过郴州人民的勤劳奋斗，伴随着我们国家的对外开放和发展繁荣，今天的郴州区位优越、交通便利，毗邻广东，靠近港澳，京广铁路、京珠高速及在建的武广高速客运专线贯通南北，拉近了郴州与世界的时空距离。正是由于郴州的资源、区位和交通优势，"开放带动"首选战略才能取得明显成效，"中国优秀旅游城市""中国温泉之乡""粤港澳'后花园'"的创建和打造才有了坚实的基础。

感恩郴州人民。郴州人民开放开明。郴州虽是内陆城市，却有着大海的博大胸怀。郴州人民用极大的热情接纳了我这个外乡人，工作上支持我，生活上关心我，使我很快融入了郴州这个大家庭，与大家一起同甘共苦，郴州已成为我名副其实的第二故乡。郴州人民用"外商发财、郴州发展"的理念欢迎一切外来投资者，使郴州有了利用外资连续七年位居全省第二的佳绩。郴州人民勤劳敬业。不论是十次旅游节的举办，还是"中国优秀旅游城市""中国温泉之乡"的创建；不论是"开放带动"首选战略的实施，还是广州、深圳等大型经贸和推介活动的组织；不论是湖南省唯一的国家级郴州出口加工区的申报，还是中西部一流的出口加工区建设，郴州的广大干部群众都是尽职尽责、全力以赴，不知加了多少班，度过了多少个不眠之夜。至今我还清楚地记得1997年郴州山水旅游节开幕式的演出，光演员就多达11000余人，许多中小学生在炎炎烈日下，步行一小时以上往返于学校与排练场。正是这些同学们的精彩演出，使得在现场观看、时任省委副书记的储波同志发出了郴州旅游是湖南乃至华南地区一匹黑马的赞叹。时隔多年，我还常常在心中由衷地感谢这些可爱的同学们。在招商引资的过程中，许多干部都是超负荷工作，因而有了"女人当作男人用，男人当作超人用"的说法。每当想起这些，我心中都会涌起深深的敬意和歉意。郴州人民充满智慧，一年一度的生态旅游节就是郴州人民智慧的集中展现。东江国际漂流赛，飞天奖得主走进飞天山，"拥抱青山绿水、走进健康郴州"系列活动，莽山开山大典，创吉尼斯纪录的百福大鼎，"沐浴灵泉圣水、体验福地风情"的系列活动，中国十大古村结盟，"天赐阳山，和风古韵"大型实景演出，浪漫永兴银河会——中法青年爱情歌曲PK赛等一个个富于创意的策划，每一个都可列入中国旅游策划的经典。正是这些亮点频频的策划，使得郴州生态旅游节进入了全国节庆50强。

感恩组织培养。曾记得地改市之初，郴州大力推进干部使用制度改革，加大了干部公开选拔力度。1995年，郴州面向全省公开选拔六个市直部门正职和两个副职，这种力度在全省都是空前的，使我有机会被破格提拔为市旅游局局长，1999年提拔任市政协副主席，2000年又当选为市人民政府副市长。为了进一步培养我，2001年组织选派我参加了湖南省首批中青年干部赴美培训班，2007年又推荐我到商务部外资司挂职任副司长。正是由于组织的关心和培养，才使得我各方面素质在较短时间内得到了提高，才有可能为郴州做一些实实在在的事，也才能获得"全国旅游系统先进工作者"和"各民族党派、工商联为全面建设小康社会作贡献先进个人"等荣誉称号。可以说，没有组织的培养，就不可能有我的今天。

在郴州的12年，伴随着郴州的发展，我个人也在不断地成熟与进步。然而个人总是渺小的，一滴水只有融入大海，才能永不干涸。12 年的郴州岁月，是我生命中最宝贵的财富，无论我身在何处，我都会常怀感恩之心，饮水思源，感恩郴州；无论何时，我都会常怀关爱之情，关心郴州，回报郴州。

（2007 年 11 月）

爱在寒冬

冰 灾

1月13日，我国南方降下了新年的第一场瑞雪，"瑞雪兆丰年"，田间地头的农民们正盘算着今年会有一个好收成，而城里的居民们见到久违的瑞雪，纷纷走出家门，拍照留念。

然而兴奋的心情随着低温冰雪天气的持续迅速离去，50年难遇的冰雪很快使我国南方大部分地区变成了一场冰灾。京广铁路由于断电被迫中断，京珠高速拥堵了绵绵不断几十公里的车龙，而位于南岭山脉北麓的郴州市，由于独特的地形气候条件成了这次冰灾的重灾区。从1月13日以来，连续一个月出现了雨雪冰冻天气，特别是从1月26日到2月6日除夕，郴州城区停电，对外交通受阻，饭店、银行、加油站、公交系统大面积瘫痪，电视、网络等现代信息渠道中断，郴州成为一座冰雪围困的"孤城"，郴州人民经历着寒冷、黑暗、焦虑和期待。

这次冰雪灾害，一是降雨雪量大。全市累计平均降雨雪量142.3毫米，比1954年的雨雪量多129.7毫米。二是持续时间长。从1月13日起连续一个月维持雨雪冰冻天气，有资料记载的雨雪持续最长的1954年只有10天。三是受灾范围广。全市全面受灾，受灾人口达451.4万人。四是灾害损失重。全市因灾死亡8人，95%的工业企业停产，倒塌房屋11923间，直接经济损失达174.49亿元。五是救灾难度大。京广铁路、京珠高速等交通主动脉中断，输电线路全部中断。郴州在自身遭受严重冰灾的情况下，还要承担几十万名滞留司乘人员的救援保障任务。据国家民政部、国家减灾委的专家判断："郴州发生的这次冰雪灾害是世界上一次大面积、极端性气候事件，是江南地区持续时间最长的一次雨雪冰冻过程，影响地区的人口之多是世界罕见的。"当我春节后带着长江商学院 EMBA 11 期同学们的爱心再次踏上郴州这片生态王国时，到处见到的是垮塌的铁塔和断枝的树木，随行的同事惊叹，灾情惨烈。六是重建任务重。尽管全国各地 1 万多电力职工在奋力抢修被损的线路，城区要到 3 月底，农村要到 4 月底，电力线路才能全部恢复正常，而林木和生态的恢复，据专家分析，一般的要 10—20 年，严重的要 30—50 年。

抗　争

面对历史罕见的冰雪灾害，党中央、国务院，湖南省委、省政府十分关心，温家宝总理，中央有关部委，湖南省委书记张春贤、省长周强均亲临一线指导抗灾救灾。郴州市迅速成立了抗冰救灾应急指挥机构，制订了总体工作方案，设立了 15 个工作组，统筹调度，科学安排，靠前指挥，共赴危难，围绕"保交通、保供电、保民生"的总体要求，顽强拼搏，奋起抗灾，有力地组织了全市抗冰救灾的三大战役。全力以赴疏导交通，抢修电力、通信设施。在京珠高速和 107 国道郴州段，每天有数千干部群众、公安干警和武警消防官兵破冰铲雪，疏导车辆，维持秩序。有 1.5 万名省内外电力职工、军队日夜奋战在抢险抢修第一线，终于在 2 月 3 日下午 6：00 打通了京珠高速，在除夕夜的晚上 7：30，郴州大部分城区通了电。妥善安置受灾群众。京珠高速公路郴州段共设立了 58 个救助站，救助被困人员 27.2 万人次，安置救助受灾群众。尽最大努力保障物资供应，及时组织灾后重建。在这场罕见的抗击冰雪的战斗中，先后有 3 名市级领导、多名处级干部在现场指挥除冰、供电供水抢修时受重伤住院，有 4 位抗灾英雄倒在工作岗位上，涌现出了郴州军分区政委魏永景等一大批抗灾救灾先进模范人物。

奉　献

冰灾阻挡着我们回家的脚步，但阻挡不住长江人的关爱。当我在北京被困三天后，于 1 月 29 日深夜飞抵长沙黄花机场，机场和厚厚的冰雪使我强烈感受到这次冰灾的严重性及损失的巨大，于是我有了发动长江 EMBA 11 期同学为重灾区郴州募捐的想法。次日，我给刘蕾老师和少林班长做了报告和沟通，得到了他们的支持，很快又得到了孙昕老师及北京、上海两个班班委的积极响应。两个班班委迅速向同学们发出了募捐的倡议，很快我的电话就繁忙起来，有的同学询问灾情，有的同学表示慰问，有的同学慷慨解囊，无数同学的心为冰灾而牵动，无数同学的情为灾区而奉献。

长江同学的爱通过电波在寒冷的冬日里漫天飞扬，高燃、张德胜、孙敏杰、王薇、韩小红、万铜良、赵海奇、韩红丽等同学的爱心来了，蔡虎、冯炜、杜辉明、顾刚、关勇、孙鹏、罗文新、刘红亮、李奕敏、刘春宁、梁丽涛、刘炳海、刘兴华、刘琪、刘明胜、聂海涛、束韶华、石祖义、孙方敏、宋兰、魏宇、魏红革、吴珑、王昕、王亚军、王迪、王远航、王德源、李志刚、孙勇、徐猛、徐夔、徐藤、叶红、于东升、杨圣军、杨军日、张丽萍、赵海奇、赵萌、朱永强、周永恒、张士忠、张焰、张琳、张良、张春堂、张霞等同学的善款到了（排名不分先后，如有遗漏，深表歉意），更有不少同学甘当无名英雄，捐款后不留名。特别值得一提的是，苏寿梁同学个人捐款达15万元。还有张惠莲、朱宏图、陈元先、贺亚军、夏群等许多同学因错过了统一捐款的时间而深表懊悔，纷纷表示要继续捐款的意愿。短短四天的时间，长江11期同学共捐款34.37万元。王汝鹏等同学还利用自己的工作关系或社会资源为郴州争取钱物。一时间，长江商学院的名字在福城大地上广为传播，"为天地立心，为生命立命"的长江精神在老区人民的心中广为传颂。

感　恩

长江人的爱心让郴州人民深受鼓舞，深受感动，长江人的温暖驱赶严寒、融化冰雪。郴州市委书记葛洪元、市长戴道晋让我转达对所有长江11期同学的感谢。2月15日下午，郴州市专门安排了长江商学院EMBA 11期同学的捐赠仪式。郴州市委常委、市委统战部部长钟本强，郴州市政协副主席吴章钧及市直有关部门的负责同志出席了捐赠仪式。我代表长江商学院EMBA 11期的同学将34.37万善款交到了钟部长手中，钟部长代表郴州市委、市政府向长江商学院及捐款同学颁发了荣誉证书，诚挚地感谢他们为郴州市2008年特大冰雪灾害赈灾、慷慨捐赠善款，代表受助灾区和灾民表示崇高的敬意。郴州电视台、《郴州日报》、郴州人民广播电台进行了报道并现场采访了我。我代表同学们向灾区人民表示了慰问，并祝愿灾区能够早日恢复重建。在这里我要再一次感谢我亲爱的同学们，你们让中华民族的传统美德发扬光大，你们无愧于长江这个光荣的称号。谢谢大家，祝好人一生平安！

（2008 年 3 月）

图书在版编目（CIP）数据

爱在郴州 / 潘碧灵著 . —北京：中国文史出版社，2017.10
（政协委员文库）
ISBN 978-7-5034-9685-1

Ⅰ . ①爱… Ⅱ . ①潘… Ⅲ . ①区域经济发展—郴州—文集
Ⅳ . ① F127.643-53

中国版本图书馆 CIP 数据核字（2017）第 259665 号

责任编辑：梁玉梅

出版发行：**中国文史出版社**
网　　址：www.chinawenshi.net
社　　址：北京市西城区太平桥大街 23 号　邮编：100811
电　　话：010—66173572　66168268　66192736（发行部）
传　　真：010—66192703
印　　装：北京地大彩印有限公司
经　　销：全国新华书店
开　　本：16 开　插页：1 页
印　　张：26　字数：439
版　　次：2018 年 1 月北京第 1 版
印　　次：2018 年 1 月第 1 次印刷
定　　价：69.80 元
